개정판

新 국가안보론

황진환 외 공저

박영사

개정판 머리말

2001년 『국가안보론』이 출간되고, 전면 개정을 거쳐 2014년 『新국가안보론』이 출간되었다. 『新국가안보론』이 출간된 이후 10여 년 동안 국가안보를 공부하는 많은 독자들이 꾸준히 사랑해 주신 것에 대해 깊이 감사를 드린다. 전면 개정이 이루어진 후 개선해야 할 방안 도출되었지만 좀 더 빨리 개정을 하지 못한 점에 대하여 너그러운 양해를 구한다.

이번에 출간된 『新국가안보론』(개정판)은 다음 세 가지 점에서 기존의 내용을 보완했다. 첫째, 비전통안보위협에 대한 내용을 추가했다. 이 책이 처음 출간되고 개정되었을 당시 국제안보환경의 중요한 쟁점은 탈냉전 및 서구와 이슬람 세계 간의 갈등이었다. 최근 포괄안보 및 인간안보에 대한 개념이 대두되고 새로운 틀에서 안보를 바라보는 현상이 나타나기 시작했다. 이는 전통적 안보위협 요인과 더불어 비전통적인 안보위협이 가중되었기 때문에 발생했다. 2장에서는 비전통안보위협의 종류에 대해서 살펴보고 이에 대응하기 위한 군대의 역할에 대하여 살펴보았다.

둘째, 일부 챕터의 내용을 사례 중심에서 이론 중심으로 조정했다. 기존의 자력방위론과 군사혁신론을 하나의 챕터로 통합하여 군사력건설론으로 개정했다. 통합된 두 챕터는 본질적으로 군사력건설을 주제로 하기 때문에 군사력건설에 대한 이론적 접근을 강화하고 4차 산업혁명이 군사력건설에 주는 함의에 관하여 살펴보았다. 기존의 위기관리론 역시 사례 위주의 내용을 개정하여 위기와 관련된 이론적 논의를 강화했다. 군사위기의 본질과 군사위기가 확대되는 조건, 군사위기의 확대를 방지하기 위한 군사위기 관리 방법의 장점과 단점을 제시했다.

셋째, 안보정책결정론의 내용을 보강했다. 기존 안보정책결정론의 주요 내용은 안보정책결정 과정과 안보정책결정 모델에 관한 내용이 주를 이루었다. 안보정책결정을 이해하기 위해서는 국가안보정책의 특성과 정책결정에 참여하는 공식적 및 비공식적 행위자에 대해 살펴볼 필요가 있다. 국가안보정책의 공공재로서의 본질적 특성에 관하여 자세히 소개하고, 국가안보정책결정에 영향을 주는 다양한 행위자의 종류와 특징에 대해서 제시했다.

『新국가안보론』 개정판은 기존 교과서의 집필 방향을 계승했다. 안보를 바라보는 세 가지 접근인 절대안보, 공동안보, 협력안보의 프레임을 그대로 유지한 가운데, 각 프레임에 기반한 정책수단과 기제가 이 책의 중심을 이루고 있다. 각 접근에 기반하여 발전한 각각의 정책수단이 어떻게 국가안보의 증진에 기여하는지에 대한 메커니즘을 설명하고 각 정책수단이 갖는 장점과 한계에 대하여 제시했다. 또한, 한부 수준의 학생들의 학습이 효과적으로 진행될 수 있도록 각 챕터의 학습목표, 탐구중점, 핵심개념을 제시하고 요약과 더 읽으면 좋은 글을 추가했다.

이 책의 개정에 참여한 공저자들의 노력과 헌신에도 불구하고 개선하고 추가해야 할 부분이 있음을 부인할 수 없다. 이에 대해서는 독자 여러분의 아낌없는 조언과 비판을 기대한다. 이 책의 기초적인 토대를 닦아주신 기존 공저자들에게 깊이 감사드리며, 새로운 챕터의 집필에 참여해 주신 공저자들의 헌신에도 감사를 드린다. 끝으로 이 책을 기꺼이 출판해주신 박영사에 감사드리며 출판 실무를 담당해 주신 최동인 팀장님께도 깊은 감사를 드린다.

2024년 9월
집필자를 대표하여
성 기 은 씀

초판 머리말

『국가안보론』을 2001년에 출간하고 13년이라는 시간이 흘렀다. 당시 국가안보론이라는 제목으로 국내에서 처음 출간된 책이었다는 이유에서 많은 점이 부족했음에도 그동안 독자들이 꾸준히 사랑해 주신 것에 대해 먼저 깊은 감사를 드린다. 반면, 그동안 독자들이 간간히 제기하였던 책의 난이도와 구성, 일부 주제들의 적실성 등에 대한 날카로운 지적들을 그때그때 수용하지 못한 점에 대해서는 정말 죄송한 마음을 금할 길 없다. 많은 교수들의 공저(共著)로 이루어졌다는 점이 적시에 개정판을 준비하기에 어려움을 더했다. 이 점에 대해서 독자 여러분의 너그러운 양해를 구한다.

이번에 출간된 『新국가안보론』은 다음 세 가지 점에서 기존의 『국가안보론』을 전면 개정한 성격을 띠고 있다. 첫째, 국제안보환경의 변화에 따른 이론을 보강하는 한편 각 장에 삽입된 사례들을 최신화하였다. 이론의 보강 측면에서는 탈냉전 시대에 안보개념의 확대 문제라든가 안보 연구패러다임을 보완하였고 자력방위론·군사동맹론·군사변혁론·위기관리론·안보정책결정론 등은 전면 수정하였으며, 시민사회의 역할과 국가안보 부분은 새롭게 추가하였다. 또한 각 주제별로 예시된 사례들은 가급적 독자들이 이해하기 용이한 최근의 사례들을 사용하고자 하였다.

둘째, 구성을 국가안보의 정책수단 혹은 기제들을 중심으로 단순화하였다. 이 책에서는 안보방법을 절대안보, 공동안보, 협력안보 등으로 구분하고 국가안보를 달성하기 위한 정책수단을 자력방위, 동맹, 위기관리, 군사변혁, 군사외교, 군비통제, 집단안보 등으로 살펴보았다. 이와 함께 여기에 최근 중요성이 증대되고 있는 시민사회의 역할을 안보 달성을 위한 중요 고려요소로 포함시켰다.

셋째, 장별·주제별 난이도를 학부 수준에서 이해가 용이하도록 조정하는 한편, 강의 및 학습에 편리성을 강구하였다. 이 점에서 특히 중점을 둔 것은 각 장별로 서두에 학습목표, 탐구중점, 핵심개념 등을 첨부하여 본문의 이해를 돕도록 하였으며, 말미에는 중요 개념이나 내용을 요약하고 '더 읽으면 좋은 글'을 추가하여 학습을 용이하게 하도록 한 점이다.

　이 책은 총 10장으로 구성되었다. 제1장 '국가안보의 이해'에서는 국가안보의 개념과 국가안보 개념의 변화 추세, 그리고 국가안보 연구패러다임에 대해 살펴보았다. 제2장 '자력방위론'에서는 자력방위의 개념과 조건, 그리고 구체적인 사례에 초점을 맞추었다. 제3장 '군사동맹론'에서는 동맹의 개념과 관리 문제, 동맹의 변화요인을 제시하였다. 제4장 '군사변혁론'은 군사변혁의 개념과 등장배경, 그리고 미래전 양상에 중점을 두고 있다. 제5장 '위기관리론'에서는 위기관리의 개념과 전략, 천안함 폭침 사례를 기초로 한 위기관리 절차를 중점적으로 다루었다. 제6장 '군사외교와 협상'에서는 군사외교의 개념과 협상방법, 협상의 성공요인에 대해 살펴보았다. 제7장 '군비통제론'은 군비통제의 개념과 군비통제 성립의 조건, 그리고 남북한 군비통제 사례에 대해 초점을 맞추었다. 제8장 '집단안보론'은 집단안보의 개념과 평화유지활동을 중점적으로 다루었다. 제9장 '국가안보와 시민사회' 부분은 시민사회의 개념과 시민사회의 안보 관련 기능에 대해 조망하였다. 마지막으로 제10장 '안보정책결정론'은 안보정책의 결정요인과 결정과정, 그리고 정책결정모형을 다루고 있다.

　이 책의 각 장은 해당분야의 전공 교수들이 집필을 담당하였다. 책을 출간하기까지 그동안 공저자들의 적지 않은 노력과 기대에도 불구하고 아직 미진하고 보완할 필요가 있음도 부인할 수 없다. 이에 대해서는 독자 여러분의 아낌없는 조언과 애정어린 비판을 바랄 뿐이다.

　끝으로 이 책이 나오기까지 많은 분들이 도움을 주었다. 공저자들과 함께 자료 수집 및 정리 과정에서 헌신적인 노력을 보여준 강정일, 박근재, 나웅하, 조선웅, 조원광, 이화준에게 심심한 사의를 표한다. 아울러 이 책을 기꺼이 출판해주신 박영사의 안종만 회장님과 편집과 출판 관계자 여러분께도 깊은 감사를 드린다.

2014년 2월
집필자를 대표하여
황 진 환 씀

차 례

제 1 장 국가안보의 이해 　　　　　　　　　　　　　　황 진 환

제 4 장 군사동맹론   윤 정 원

제 7 장　군비통제론　　　　　　　　　　　　　　　황 진 환

제10장　국가안보정책과 기구　　　　　　　　　　이 만 석

국가안보의 이해

제 1 장

황 진 환

1. 국가의 개념과 국가안보의 의미를 연계적으로 이해한다.
2. 탈냉전 이후 국가안보 개념의 확대 원인과 양상에 대해 알아본다.
3. 현실주의·자유주의·구성주의 등 다양한 국가안보 연구패러다임의 의미와 각각이 함축하고 있는 안보달성방식을 이해한다.

1. 근대 민족국가의 개념이 태동하게 된 역사적·사상적 배경은 무엇인가?
2. 정보혁명의 의미는 무엇이며, 안보 영역에 어떠한 영향을 미쳤는가?
3. 냉전시대와 비교하여 탈냉전 이후 국가안보 개념은 안보의 주체, 영역, 방식의 측면에서 어떻게 변화하고 있는가?
4. 현실주의, 자유주의, 구성주의 연구 패러다임이 함축하고 있는 주요 전제와 안보 달성방식의 차이는 무엇인가?

- 민족(국민)국가(nation-state)   • 국가안보   • 정보혁명   • 절대안보   • 공동안보   • 협력안보
- 포괄적 안보   • 안보딜레마   • 국방딜레마   • 현실주의   • 국제체제의 무정부상태   • 자력구제
- 자유주의   • 상호의존   • 국제제도   • 구성주의   • 정체성

:: 17세기 중엽 근대 민족국가가 등장한 이래 국가의 안보 문제는 개별국가들이 추진하여야 하는 최우선의 과제로 다루어져 왔다. 반면 국가안보 개념에 대한 모호성과 복잡성은 점증되고 있다. 지구상에 다양한 형태의 국가들이 등장하고 안보의 대상 역시 변화되면서 국가안보 개념은 내포(內包)와 외연(外延)이 확대되고 있기 때문이다. 이 장에서는 국가안보의 개념을 이해하기 위하여 먼저 국가의 속성과 안보의 대상을 살펴본다. 또한 탈냉전 이후 확대되고 있는 국가안보의 개념을 안보의 주체, 안보의 영역, 그리고 안보방식의 차원에서 살펴본다. 아울러 다양한 안보 연구패러다임들을 제시하고 각각이 함축하고 있는 국제관계에 대한 기본시각과 이를 토대로 한 안보기제들을 조명해 보고자 한다.

제1절 국가안보와 국가이익

홉스(Thomas Hobbes)는 국가가 없는 자연상태(state of nature)를 '만인에 대한 만인의 투쟁'으로 표현하였다. 인간은 자신을 둘러싼 약육강식(弱肉强食)의 세계에 대한 공포로 인해 자기보존의 문제에 관심을 집중하게 되고, 타인으로부터 자신을 보호하기 위해 전능한 권력을 가진 우월한 주권에 개인 스스로를 복종시킴으로써 국가(state 또는 commonwealth)라고 불리는 리바이어던(Leviathan)이 등장하게 된다.[1] 국가는 일정 지역의 구성원들이 대내·외의 적으로부터 공동체를 지키고 유지하기 위해 만든 조직이다. 이러한 국가제도는 1648년 유럽의 30년 종교전쟁을 종결시킨 웨스트팔리아(Westphalia) 조약 이래 정착되었다. 유럽 에서 웨스트팔리아 조약이 가지는 의미는 종교 중심의 신성로마제국을 붕괴시키고 정치적으로 독립적인 주권 국가를 탄생시켰다는 것이었다. 웨스트팔리아 조약을 통해 유럽의 각국은 독자적인 외교 정책을 실행할 수 있게 되었고, 이로부터 외교 정책과 국내 정책이 서로 다른 영역에 속하게 되었으며, 각각 상이한 정책수단을 사용할 수 있게 되었다. 이러한 측면에서 이 조약은 각자의

▲ 홉스의 『리바이어던』 표지

지리적 영토 내에 배타적 권한을 가진 주권국가로 구성된 근대 국제체제의 시작으로 볼 수 있다.[2]

독일의 법학자인 옐리네크(Georg Jellinek)는 그의 저서 『일반국가학』(Allgemeine Staatslehre)에서 근대 국가의 3대요소로 국민, 영토, 정부를 제시하였고 이러한 국가의 자격요건은 현재까지 적실성있게 평가받고 있다. 국가란 하나의 정치적 단위로, 일반적으로 국민국가만을 의미하며 국민이 해당 국가의 통치없이 존재할 때 이를 국가라고 부르지 않는다. 동시에 국가만 존재하고 그에 상응하는 국민이 존재하지 않거나, 또는 주권을 행사하는 영토를 가지지 못할 때 이를 국가라 부르지 않는다.

한편 부잔(Barry Buzan)은 정치사회적 관점에서 국가를 보다 정교하게 개념화하고 있다. 그는 국가의 세 가지 구성요소로서 물리적 기반, 제도, 이념을 제시하였다.[3] 첫째, 물리적 기반은 구체적인 속성을 지닌 요소로서 국가를 이루는 국민과 영토 등을 의미한다. 이때, 영토는 그 영역 속에 존재하는 천연자원과 인공적인 부를 포함한다. 이러한 물리적 기반은 국가를 규정짓는 가장 명확하고 구체적인 요소로서 국가를 정

▲ 게오르게 옐리네크

의하기 위한 기초를 제공한다.

둘째, 제도는 물리적 기반을 통치하기 위한 조직과 그것을 움직이는 규범 및 법률을 말한다. 이는 단순히 존재하는 물리적 기반을 통제 및 관리하고 보호할 수 있는 기능적인 장치를 의미하며, 이때 주권(sovereignty)은 영토 내에서 작동하는 최고의 권력으로서 국가의 물리적 기반과 통치 제도를 연결해 주는 역할을 한다. 그리고 국가를 다른 구성원 및 영역을 지닌 다른 사회 구성체들과 구분해 주는 핵심적 근거를 제공한다.

셋째, 이념은 국가의 정통성이 국민에게 투영되어 형성된 정체성을 의미한다. 이는 세 가지 요소 중에서 가장 추상적으로 보이지만, 정치사회적 관점에서 국가를 설명할 수 있는 핵심 개념이다. 물리적 기반과 제도가 국가를 정의하는 데 필요한 기능적 접근이라면 이념은 목적에 기반을 둔 접근으로 국가의 존립 목적과 역할에 대해 말해준다. 이러한 이념을 이루는 핵심은 민족(nation)이다. 민족은 공통의 역사, 문화, 인종적 유산을 공유하는 대규모 집단을 말하는데, 이는 중요한 안보의 대상으로서 국가가 무엇을 보호해야 하는지에 대한 근거를 제공한다.

국가를 구성하는 위의 세 가지 요소들은 서로 유기적으로 연결된 개념이며, 동시에 각각 중요한 안보의 대상이 되기도 한다. 그러나 이들은 그 범주가 명확하지 않으며, 국가마다 구성 요소들의 범주가 어떻게 설정되느냐에 따라서 국가안보의 의미가 달라진다. 다시 말해, 국가의 물리적 기반 및 제도가 작동하는 영역과 국가의 이념을 형성하는 민족이 분포하는 영역에 따라서 보호해야 할 안보의 대상도 달라지는 것이다. 따라서 이들을 구분할 필요가 있는데, 민족(이념) 영역과 국가(국민, 영토, 제도) 영역의 구성 형태에 따라서 세 가지의 국가 모형을 제시할 수 있다.[4]

첫째, 민족국가(nation-state)는 민족 영역과 국가 영역이 비교적 일치하는 국가로서 민족이 국가에 선행하며 국가 형성사에서 가장 기초적 형태로 등장하였다. 일본, 이탈리아, 헝가리 등으로 대표되는 민족국가 모형에서 국가와 민족의 관계는 매우 긴밀하다. 민족은 국가에 정당성을 부여하고 국가는 민족을 보호하는 것을 목적으로 한다. 즉, 국가안보가 민족안보와 일치되는 진정한 의미의 "national security"가 구현된다.

둘째, 국가 – 민족(state-nation) 국가는 국가 영역만이 존재하며, 민족의 의미가

약한 국가 모형이다. 이러한 형태의 국가에서는 국가가 민족에 우선하며 국가영역 속에 다양한 민족들이 자리 잡는다. 미국, 호주, 중남미 국가들이 대표적인 예이다. 이 국가들에서는 다양한 민족을 포괄할 수 있는 언어, 예술, 관습과 같은 단일의 문화를 창출하기 위한 노력이 이루어져 일종의 문화 공동체가 형성된다. 이 과정에서 기존의 민족성이 사라지기도 하고, 기존 문화에 새로운 문화가 결합되어 새로운 민족성이 생겨나기도 한다. 국가-민족 국가에서 국가안보는 문화공동체가 얼마나 견고하게 형성되었는가에 따라서 다르게 해석된다. 예를 들어, 높은 수준의 문화적 결합을 이룬 미국은 민족국가의 형태를 보인다. 따라서 민족국가에서 나타나는 국가안보 개념이 적용된다. 반면, 문화적 결합 정도가 낮은 나이지리아나 유고슬라비아의 경우, 민족들의 강한 정체성이 오히려 국가에게 위협으로 작동하며 국가의 기반을 취약하게 만든다.

셋째, 부분 민족-국가(part nation-state)는 한 민족이 둘 이상으로 나누어져 각각 다른 국가 영역을 형성하는 경우이다. 한국과 중국, 1973년 이전의 베트남 상황을 예로 들 수 있다. 부분 민족-국가들에서 각 국가들이 국가안보를 추구할 경우 서로 간에 심각한 불화의 원인이 된다. 이때, 통일은 부분 민족-국가들이 갖는 염원으로 항상 국가안보의 중요한 문제로 등장한다. 그리고 민족의 통일을 추구하는 과정에서 서로의 정통성을 훼손하게 되고, 서로의 국가 영역을 위협하게 된다. 국가와 민족의 안보는 자연스럽게 역설적 관계에 놓이게 되는 것이다.

국제사회에서 국가란 국제정치적 그리고 국제법적으로 주권적 권위를 인정받는 정치적 단위이다. 국가 안의 국민들은 국가의 배타적 권위에 복종해야 하며, 국가는 국민을 위하여 안전을 보장할 의무를 지닌다. 따라서 근대국가가 성립된 이후 국가의 주권과 국민의 생명을 대내·외적 위협으로부터 보호하려는 안전보장의 과제는 대단히 중요한 국가의 업무가 되어 왔다.

1. 국가안보의 개념

국가질서하에서 국가의 개념을 설명함에 있어 가장 흔히 사용되는 개념 중에 하나는 국가안보(國家安保)일 것이다. 국가안보는 정치지도자들에게는 정치행동의 명분으로 정책결정자들에게는 국가 정책목표로, 그리고 공부하는 학생들에게는 국가 행위의 분석을 위한 도구로 사용되어 왔다. 그러나 국가안보의 개념을 명확히 정의하는 것은 쉽지 않은 일이다. 국가의 모습 자체가 무형적이고 다면적이며 집합적인 특징을 가지고 있어, 안보의 개념이 여러 측면에서 달리 적용될 수 있기 때문이다.[5]

'안보'(security)는 라틴어의 'securus' 또는 'securitas'에서 유래된 말로 '근심 또는 걱정이 없는 자유, 안전, 그리고 위험의 부재 상태'를 의미한다.[6] 일반적인 의미에서 국가안보는 영토, 국민, 주권 등 국가의 핵심가치들을 외부의 위협으로부터 보호 또는 유지하는 것으로 정의되어 왔다. 즉, 안보의 대상인 국민의 생명과 재산을 보호하고 영토와 국가주권을 보호하는 의미로 포괄적으로 사용된 것이다. 전통적으로 국가의 역할 중 가장 중요한 것은 국가의 안보였다. 플라톤(Plato)은 "인간은 국가를 통해서만 행복을 추구할 수 있다"고 주장하며 개인의 행복에 대한 국가의 역할을 강조하였고, 홉스는 "국가는 문명사회의 상징이고 인간에게 평화와 안정을 가져다준다"며 문명사회에서 국가의 가장 중요한 의무를 평화와 안정에 두었다.

전통적인 안보는 힘의 균형(balance of power)이나 적대국 간의 억지(deterrence)에 주안점을 두는 절대안보라는 개념에 기반을 두고 "군사적 위협의 부재 또는 외부로부터의 전복이나 공격으로부터 보호"로 정의되었다.[7] 이러한 정의는 군사안보를 중심으로 전쟁의 대칭성을 반영하여 국가행위자의 군사적 위협에 대한 군사적 방위의 측면을 강조하였다. 실제로 냉전종식 이전까지 국제정치학 분야에서의 안보는 군사안보를 뜻하는 것이었으며, 상대국의 전쟁 위협에 대응하는 것이 국가안보의 핵심이었다.

국가안보에 대한 연구는 제2차 세계대전 이후 본격화되기 시작하였다. 1, 2차 세계대전을 거치면서 국가안보의 의미는 생존을 위한 가장 핵심적인 이익으로 등장하게 되었으며, 냉전기 속에서 정치적 현실주의에 바탕을 둔 절대안보 개념으로 정형화되기 시작하였다. 냉전기 국가안보 개념은 다음과 같은 네 가지 특징을 갖고 있다.[8] 첫째, 국가 외부의 위협이나 침략으로부터 국가를 보호하는 것을 목표로 한다. 둘째, 주요 위협을 상대국의 군사력으로 보고 군사력 증강을 통해 상대적으로 우세한 군사력 균형을 달성하게 되는 경우 안보상황이 개선된 것으로 인식한다.[9]

셋째, 국가의 영토 보호를 중시한다. 넷째, 군사적 의미에서 적군과 아군의 구분이 명확하다. 이와 같이 냉전기의 국가안보 개념에서는 적대국가의 군사력을 주요한 위협으로 상정하고 이에 대응하여 자국의 취약성을 감소시키는 데 초점을 두었다. 냉전기를 중심으로 한 국가안보의 개념은 "외부의 군사적 위협에 대한 국가안전 보장"이라는 협의의 해석과 "군사적 위협과 더불어 인간 및 환경 위협에 대한 안보를 포괄하는 국가발전"이라는 광의의 해석으로 나누어 생각해 볼 수 있다. 군사적 위협이 주를 이루던 냉전기와 달리 탈냉전 이후 위협의 성격은 다양하고 복잡해졌기 때문이다. 모건(Patrick M. Morgan)은 "안보를 설명하거나 분석하는 것은 건강 상태를 진단하는 것 만큼이나 어려운 일이다"라고 강조한다.[10]

국가안보에 대한 개념은 정의하는 학자에 따라 다양하게 나타나고 있다. 모겐소(Hans. J. Morgenthau)는 국가안보를 "영토와 국가제도의 통합성이 유지되는 것"으로 정의하였으며[11] 국가안보의 의미에 대해서는 정치체제가 그 정체성을 유지하는 가운데 생존해 나가는 것으로써 국가의 가장 핵심적인 이익을 구성한다고 정의하였다.[12] 버코비츠와 보크(Morton Berkowiz & P. G. Bock)는 국가안보를 "외부의 위협으로부터 국가의 내적 가치들(internal values)을 보호할 수 있는 능력[13]"이라 개념화하였다. 국제정치학 분야에서 안보개념에 대한 논의가 활발히 전개되기 시작한 것은 1980년대에 울퍼스(Arnold Wolfers)가 안보의 개념을 본격적으로 정의하면서부터이다.[14] 울퍼스는 "안보란 객관적인 의미에서는 획득된 가치에 대한 위협의 부재를 말하며, 주관적 의미에서는 그러한 가치가 공격받을 두려움이 없는 상태[15]"라고 정의하였다. 이후 볼드윈(David Baldwin)은 울퍼스가 제시한 안보의 개념을 보다 더 확장시키고 구체화하여 "안보란 인위적 위협과 비인위적 위협으로부터 인간의 제가치를 보호하는 것"으로 정의하여[16] 자연재해를 비롯한 비인위적 위협을 국가안보 개념에 포함시켰다. 위의 학자들이 정의 내린 것을 종합하여 볼 때, 국가안보의 개념은 동일하나 탈냉전 이후 위협이 다양화되고 포괄적으로 변화하여 그 정의를 다르게 해석하고 있음을 알 수 있다.

건강을 위협하는 요소들이 수없이 많듯이 국가를 위협하는 요소들도 국경분쟁, 인종분쟁, 자원분쟁, 이념분쟁 등 전통적인 안보 위협 외에도 일일이 열거할 수 없을 정도로 많다. 특히, 세계화의 진전에 따라 환경파괴, 전염병, 마약, 국제범

죄, 불법이민 등 한 국가의 노력으로 적절하게 대응할 수 없는 '초국가적 위협'
(transnational threat)이 새로운 위협요소로 등장하고 있다.[17] 초국가적 위협은 "국경과
무관하게 국가의 정치·사회적 통합 혹은 그 국민의 건강을 위협하는 비군사적인
위협"으로 군사적 위협에 비해 위협의 강도는 낮지만 국가가 이에 적절하게 대응하
기가 쉽지 않다는 점에서 안보를 심각하게 위협한다. 국가안보의 개념은 동일하나
탈냉전 이후 위협, 즉 국가이익이 다양화되고 포괄적으로 변화하였다. 냉전기의 군
사안보중심에서 탈냉전기의 안보는 군사안보를 기본으로 인간안보, 환경안보, 자
원안보, 경제안보 등으로 확대되는 포괄적 안보로 변화되고 있다.

이에 따라 부잔은 국가안보의 개념을 설명하는 데 있어서 외부로부터 오는 '위
협'과 더불어 국가 내부의 '취약성'을 강조한다.[18] 이렇게 볼 때, 국가안보의 구체적
의미는 국가가치, 위협의 실체, 그리고 위협에 대응하기 위한 국가의 능력에 따라
달라질 수 있다. 이와 같은 논의들로부터 국가안보에 대한 일반적인 합의를 이끌어
내 본다면, 국가안보는 "대내·외적 위협으로부터 국가가 추구하는 가치와 이익을
보호·증진하는 것"으로 정의할 수 있다.[19] 여기서 국가안보의 대상이 국가가 추구
하는 가치가 되는 이유는 이로부터 국가이익의 구체적 내용이 결정되기 때문이다.

2. 국가이익의 개념

국가안보의 정의 중 국가안보의 궁극적 목적이자 필수요소로 간주되는 것이
'국가의 가치와 이익을 보호·증진하는 것'이라고 하면 국가의 가치와 이익은 무엇
인가? 국가가치는 "국민 전체가 소중히 여기는 것으로 역사적 혹은 이념적 근원을
갖는 유산이나 규범"을 말한다.[20] 국가가치는 한 국가의 사회적, 정치적, 물리적 존
재가 기초하는 가장 근본적인 원칙을 의미하며 한 국가가 오랫동안 따라왔던 법,
종교, 습관이나 단순한 인간의 심리에 유래한다. 국가를 형성하는 국민들은 역사,
전통, 생활양식 등 고유한 가치체계를 공유하여 국민이라는 정체성을 형성하게 되
었다. 국가 안에서의 생활은 더욱 동질화되었고 국가들 간의 생활은 더욱 이질화되
었다. 이에 따라 국민들이 공유하는 고유한 가치를 중심으로 국경 내의 우리(we
group)와 국경 밖의 그들(they group)을 구분하는 것이 가능해졌다. 국가가치를 상실

하게 되면 우리와 그들의 경계가 없어진다. 우리와 그들의 구분이 없어지면 그들의 이익이 우리의 이익이 된다. 특정 종교나 언어를 가진 민족이 다른 종교와 언어를 가진 민족을 정복했을 때, 전통적인 종교의식이나 언어 사용, 민족에 대한 교육 등을 금지하는 이유가 여기에 있다. 국가가치는 그것의 제거나 급격한 변화가 국가의 성격이나 국가유지의 골격적인 정치체제를 본질적으로 변화시킬 때, 필수적 가치라고 말할 수 있다. 한 국가가 갖는 일련의 가치들은 그 국가의 정치적 태도나 군사적 태도의 형성에 결정적 영향을 미칠 만큼 중요한 요소이다.[21] 따라서 민족 고유의 가치체계를 보전(保全)하는 것은 국가의 생존, 번영, 발전을 위한 필수조건이자 궁극적인 국가이익이라고 할 수 있다.

국가안보에 있어 중심개념은 실제 적용 가능한 기본가치이다. 그러나 가치는 매우 일반적인 용어로 추상적이고 애매모호하여 정의하기 어렵고 구체적으로 표현하기 어렵다. 가치는 너무 근본적인 것이거나 일반적이기 때문에 모든 것을 의미할 수도 있고 아무것도 의미하지 않을 수도 있기 때문이다. 그래서 국가안보를 수행하는 정책의 지침으로는 부적합하다. 기본가치와 국가안보정책을 이어주는 좀 더 구체적이고 직접적인 대상이 필요한데 이것이 '국가이익(national interest)'이라고 할 수 있다.

국가이익의 개념은 17세기 이후 근대 주권국가의 성립과 함께 시작되었다. 17세기 이전에는 군주제가 보편적인 정치체제였으며 군주의 이익이 국가의 이익과 동일시되었다. 그러나 1648년 웨스트팔리아 조약에 의해 국가주권의 개념이 형성되어 국민국가가 등장하면서 국가이익은 신의 섭리와 군주에 의해 지배되던 국가 간의 관계를 자국의 이익을 극대화하려는 국민의 이익으로 전환시켰다.

모겐소는 "모든 국가는 국가이익을 추구하며, 이 국가이익을 추구하기 위하여 힘 또는 권력(power)을 추구한다"며 국가이익을 국가가 지닌 권력으로 정의했다.[22] 즉, 정치가는 권력으로 정의되는 국가이익의 관점에서 생각하고 행동한다는 것이다. 그에게 국가이익이란 힘이며 힘이 바로 국가이익이다. 한 국가의 권력은 '그 국가의 이익이 무엇이며, 또한 무엇이어야 하느냐'를 결정지어 주는 객관적인 현실이다. 또한 국가이익의 개념은 고정불변적인 것이 아니라 권력의 객관적 크기에 의하여 상대적으로 규정될 문제이기 때문에 권력이 오히려 국가이익에 선행하는 본원적 개념이 되기도 한다. 이 같은 관점에서 모겐소는 '힘은 국가에게 있어 목적인 동시에 수단'이라고 말한 것이다. 국가이익은 국가생존을 위한 최우선적 이익으로 영토의 보존과 자주독립의 보존, 국민보호와 국민복지 향상, 국가의 명예 그리고 국가의 힘의 증대를 의미하고 있다. 모겐소의 국가이익이란 대외정책을 수립할 때 고려해야 할 표준으로서 또한 이러한 대외정책을 판단할 때 정당성 여부를 가릴 수 있는 기준으로서의 의미는 있으나, 대외정책을 기술하고 설명하며 예측하는 분석도구로서의 의미는 없거나 미미한 것으로 본다. 즉 분석도구로서 국가이익의 의미가 있으려면 국가이익의 개념이 모호하지 않고 시공을 초월하여 국가이익을 확인할 수 있는 객관성을 지녀야만 하는데 그렇지 못한 것이 현실이라는 것이다.

국가이익은 국가가 처한 당면 현실에 따라 변하기도 한다. 왜냐하면 국내외 정세변화에 따라 국가이익의 구체적인 내용이 달라질 수도 있고, 국익변화에 따라 국가목표 또한 아울러 변할 수 있기 때문이다. 따라서 국가이익도 시공을 초월하여 시종일관 같을 수는 없고, 얼마든지 가변적일 수 있다는 말이 된다. 이러한 국가이익과 국가목표의 변화가능성을 감안하면, 국가정책의 유연성이나 적응성도 정책결정이나 집행 시 항상 고려되어야 할 것이다. 예를 들면, 어제까지 최대의 이익이었던 것이 오늘은 최소의 이익이 될 수 있고, 내일은 또다시 최대의 이익으로 될 수 있기 때문이다.

구영록은 "국가이익이란 개념이 국제정치의 본질적인 개념이기는 하나 그것은 국가가 처한 환경에 따라 내용이 달라질 뿐만 아니라 우선순위와 강도의 차이가 있을 수 있으므로, 시공을 초월하여 모든 나라에 일정하게 적용될 수 있는 국가이익의 기본적 내용을 정하는 것은 용의치 않다. 그럼에도 불구하고 국토의 방위, 경제의 번영, 자국의 가치증진, 호의적인 또는 유리한 국제질서의 창출 등은 모든 국가가 공통적으로 추구하는 국가이익의 기본적인 내용이 된다"라고 했다.[23] 일반적으로 국가가 추구하고 달성하고자 하는 국가목표를 결정할 때는 여러 개의 제시된 대안들 중에서 최선의 것을 선택하게 되는데, 이때 선택의 기준이 되는 것이 바로 국가이익이라고 할 수 있다. 즉, 특정개인이나 집단이 아니라 국가 전체의 유지 및 발전에 도움이 되는 바를 국가이익이라고 하는데, 구체적인 내용이나 누가 진정으로 국익을 대변하는지에 대해서는 논란의 여지가 있을 수 있다. 흔히 공리주의적 입장에서 국가 구성원 최대 다수에게 최대 행복을 주는 것을 국익이라고 하지만, 다수의 의견이라고 해서 항상 국익을 대변하는 것은 아니며, 소수의 의견이 때로는 국익에 더욱더 가깝거나 도움이 될 수도 있다. 가끔 국가이익이 국가목표와 동일시되는 경우도 있으나 국가이익은 어디까지나 국가목표를 추구하고 달성하기 위해 국가의지를 결정할 때 기준이 되는 것으로 파악하여야 한다. 따라서 국가목표의 성공적 설정을 위해서는 객관적이고도 현실적인 가치판단에 입각한 국가이익의 선정이 중요하다.

결론적으로 국가이익은 국가 정체성을 형성·유지하는 가치로 구성되며, 이러한 가치체계를 보호·증진할 수 있도록 국가의 정치적 행위를 판단하고 지시하는 기준이라고 할 수 있다. 다음의 [표 1-1]은 2000년대 초의 한국과 미국의 국가이익을 예시한 것이다.

표 1-1 한국과 미국의 국가이익[24]

구분	국가이익
한국	1. 국가안전보장 2. 자유민주주의와 인권 신장 3. 경제발전과 복리증진 4. 한반도의 평화적 통일 5. 세계평화와 인류공영에 기여
미국	1. 미국 본토와 해외 주둔 미군에 대한 대량살상무기 공격 예방 2. 동맹국과의 협력을 통해 미국이 번영 가능한 국제질서 구축 3. 적대적인 강대국의 부상과 실패한 국가의 등장을 예방 4. 교역, 금융, 환경, 에너지 공급 등과 관련된 국제질서의 안정과 유지 5. 중국과 러시아 등 잠재적 적국과 생산적 관계 유지

3. 국가이익의 분류

홀스티(K. J. Holsti)는 현실주의적 시각을 전제로 "외교정책적 사안에 따른 국가이익은 생존과 번영 그리고 위신이라는 가치 순으로 그 위계질서가 분명하다"고 말한다.[25] 국가이익은 변화하는 상황에 따라서 국가안보정책과정에서 국가의 정치적 행위를 판단하고 지시하는 기준이 되기 때문이다. 그럼 다양한 이익 중에서 국가안보에 직결되는 이익은 무엇이며, 어떤 것을 우선할 것인가?

국가와 국가이익의 개념은 역사적 산물이며 이는 국제체제라는 외부적 환경 변화는 물론 국내정치에 따라서도 변할 수 있다. 1990년 냉전이 끝난 직후 미국정부가 무역적자 해소를 위해 전통적 군사우방국인 아시아 국가들을 압박하기 시작한 것과 2001년 9·11 테러 이후 부시 행정부가 미국에 적대적이었던 파키스탄과 동맹을 맺는 것 등은 이를 잘 보여준다.

국가이익은 국가의 정치적 행위를 판단하고 지시하는 기준이기 때문에 국가이익의 우선순위가 결정되지 않으면 군사력 등 국가의 가용 자원과 노력을 효율적으로 사용할 수 없게 된다. 예를 들어 모든 국가이익을 동시에 추구하면서 각 국가이익에 균등하게 국가의 자원과 노력을 배분할 수 있다. 그러나 이 경우 국가안전보장과 같이 국가의 존립에 결정적으로 중요한 국가이익과 다른 국가이익에 동등하게 자원을 할당하는 것이 과연 타당한가라는 비판이 가능하다. 국가이익을 구성하는 공통적인 내용이 있다는 것과 국가이익의 추구에 있어 우선순위가 있다는 것이 구분되어야 하는 이유가 여기에 있다.

국가이익의 분류와 관련하여 최근 주목받고 있는 연구로 미국 국익검토위원회가 작성한 『미국의 국가이익(America's National Interest)』이라는 보고서가 있다.[26] 이 보고서는 국가이익을 사활적 이익(vital interest), 핵심적 이익(extremely important interest), 중요한 이익(important interest), 부차적 이익(secondary interest)으로 분류하고, 이와 관련된 세부적인 조건을 구체적으로 제시하고 있다. 이 연구는 국가이익의 중요성을 각 국가이익을 달성하기 위한 국가목표에 따라 구분했다는 점에서 다른 연구와 구분된다.

┌ 표 1-2 미국의 국가이익

구분	내용
사활적 이익 (vital interest): 국가의 존립	• 국가의 존립에 관한 이익 • 국민들의 생활을 보장·증진하는 데 필수적 이익 예) 영토와 주권 등

핵심적 이익
(extremely important interest):
국가의 안녕
	• 국가의 안녕에 관한 이익
	• 양보할 경우, 국민들의 생활 보장 및 증진을 심각하게 손상시키지만
	  위태롭지 않은 이익
	  예) 경제적 번영

중요한 이익
(important interest):
국익침해 예방
	• 국익침해 예방에 관한 이익
	• 양보할 경우, 국민들의 생활을 보장 및 증진하는 데 부정적인 결과
	  를 초래할 수 있는 이익
	  예) 세계평화와 국제질서의 안정

부차적 이익
(secondary interest):
기타이익
	• 국가정책의 성공적 추진과 간접적으로 연관되는 이익
	• 양보할 경우, 국민들의 생활을 보장·증진하는 정부의 능력을 심각
	  하게 손상시키지만 위태롭게 하지 않는 이익
	  예) 이념·가치의 확산

　　사활적 이익은 국가 자체의 존망에 관련된 사항으로 영토와 주권 등과 연관되며, 핵심적 이익은 국가의 안녕에 관한 사항으로 외교와 자원문제 등이 포함된다. 중요한 이익은 국민생활수준 향상 등 국가정책의 성공여부를 좌우하는 것으로 국익침해 예방과 관련된 사항이며, 부차적 이익은 이념·가치의 확산과 같이 국가정책의 성공적 추진과 간접적으로 연관되는 사항이라 할 수 있다. 일반적으로 사활적 이익과 핵심적 이익은 안보의 물리적 영역으로 이를 위하여 군사력이 동원되고, 중요한 이익과 부차적 이익은 안보의 심리적 영역으로 외교력이 동원되는 경우가 많은데, 중요한 이익과 부차적 이익 간에는 주관적인 판단이 작용하므로 그 경계가 가변적일 수 있다. 이러한 경우는 국토방위, 경제번영, 우호적 세계질서, 가치증진이라는 기본적 이익들의 위계질서 속에서도 볼 수 있다. 처음의 두 가지 이익들의 침해에 대하여는 군사력이 동원되고, 나머지 두 가지 이익들의 경우에는 외교력이 동원되는 것이 보통이나 경제번영과 우호적 세계질서 간의 이익의 중요성과 개입

수단에는 주관적 판단이 작용하므로 매우 가변적이다. 약소국일 경우 수단과 환경의 영향을 많이 받아 군사력의 사용 가능성이 낮아지며, 강대국일수록 군사력의 사용 범위가 확대될 수 있다.[27]

제 2 절 국가안보 개념의 확대

국가안보의 개념은 전통적으로 외부의 군사적 위협에 대한 안전 확보라는 것으로만 정의해 왔으나 탈냉전 이후 안보환경의 급격한 변화, 그리고 세계화 및 정보화의 진전이 가져온 국제적 상호의존성의 심화 등으로 비군사적 요소들을 포괄하는 광의의 개념으로 국가안보의 개념이 확대되고 있다.

냉전기의 국가안보는 외부의 위협으로부터 국가의 영토를 보존하기 위해 군사력을 사용하는 것에 중점을 두고 정책적 대안을 모색하여 왔다. 국가안보의 이론적 연구 또한 국가 간에 발생하는 군사적 갈등을 예방하고 전쟁에서 승리할 수 있는 방안을 모색하는 데 중점을 두었다. 그러나 1990년대 초 탈냉전 시대를 맞이하면서 국제안보환경은 급격하게 변화하여 국가가 추구하는 가치와 이를 위협할 수 있는 주체가 다양해지고, 안보영역은 확대되었으며 안보의 유형은 다차원화되었다.

세계화와 정보화의 진전과 더불어 확대된 국가안보의 개념은 탈냉전을 중심으로 전통적 국가안보와 비전통적 국가안보로 구분할 수 있다. 전통적 국가안보는 국가를 안보주체로 하고 국가의 생존을 목표로 하여 군사영역에 초점을 맞춘 개념이다. 반면 비전통적 국가안보는 국제기구, 국제레짐 등의 비국가 행위자를 안보의 주체로 포함시키고,[28] 다양한 국가이익 추구에 초점을 맞추어 군사·비군사 영역에서의 연계를 통해 안보를 모색하는 개념이라고 할 수 있다.[29] 여기에서는 전통적 안보개념에서 비전통적 안보개념으로의 변화 추세를 안보주체의 변화, 안보영역의 변화, 안보방식의 변화로 각각 구분하여 살펴본다.

표 1-3 **전통적·비전통적 안보 개념**

구분	냉전 시 안보 개념	탈냉전 시 안보 개념
안보주체	국 가	국가·비국가 행위자
안보영역	군사안보	포괄적 안보
안보방식	절대안보	절대안보·공동안보·협력안보

1. 행위주체의 변화

전통적 안보 개념에서 안보의 주체는 국가수준에 머물러 있었지만 탈냉전 이후 국제안보 환경의 변화로 인해 기존과는 매우 다르고 복합적인 양상을 띠게 되었다. 기존의 전통적·군사적 안보문제가 국가중심으로 그 해결방안을 모색해왔다면, 비전통적 혹은 포괄적 안보문제의 해결을 위해서는 일개 국가의 노력을 넘어서 국가행위자뿐 아니라 국제기구나 NGO와 같은 비국가 안보주체들의 공동대처가 절실히 필요하게 된 것이다. 이는 국제체제의 핵심 행위자인 국가 간 역학관계의 단순한 변화가 아니라 행위자 자체가 확대·변화되었고, 행위를 유발하는 요인이나 행위유형이 다양화된 것을 뜻한다.

영국의 학자 부스(Ken Booth)는 안보의 주체에 국가와 더불어 개인, 종족, 전통집단, 경제 블록, 다국적기업, NGO 등 지구상의 모든 비국가 행위자들을 광범위하게 포함시켜야 한다고 주장한다.[30] 그럼 국가안보에 있어 안보주체의 변화의 이유는 무엇일까?

먼저, 탈냉전 이후 안보환경의 급격한 변화를 들 수 있다. 냉전기의 안보환경은 국가가 주체가 되어 힘의 균형이나 적대국 간의 억지 등의 군사적 안보문제가 중심이 되었다. 그러나 탈냉전기에는 국가를 중심으로 한 전쟁방지와 평화관리의 영역을 넘어서 지구환경문제, 국제금융위기, 초국가적 조직범죄 문제 등 개별 국가 홀로 대응하기 힘든 범국가적이고 비군사적인 안보문제들이 등장하였다. 이 같은 안보문제를 해결하기 위해 국가 간 협력 및 상호의존이 더욱 심화되었고, 국가 간 관계를 중심으로 한 기존의 안보주체로는 복합적이고 다양해진 안보위협과 불확실해진 국제정세를 이해하고 대처하기에는 한계가 있었다.[31] 다시 말해, 기존의 전통적·군사적 안보문제가 국가중심으로 그 해결방안을 모색해왔다면, 비전통적 혹은 포괄적 안보문제의 해결을 위해서는 안보의 주체는 개인, 집단, 지역, 국제수준으로 확대되어 나타나고 있는 것이다. 이는 한 국가가 독자적으로 해결할 수 있는 영역이 그만큼 제한된다는 의미와도 일맥상통한다. 더구나 국제테러나 대량살상무기 확산과 같은 초국가적 위협의 등장은 개별국가의 독자적인 처리능력 범주를 넘어 초국가적인 협력을 통한 해결을 요구하고 있다. 지역 차원의 안보협력체들의 등장이 좋은 예인데 이들 지역안보협력체는 안보협력을 뛰어 넘어 국가 간 정치, 경제, 군사·안보 등 포괄적 수준의 다자안보협력체로의 발전을 하고 있다. 유럽지역에서의 OSCE(Organization for Security and Cooperation in Europe)나 동아시아지역의 ARF (ASEAN Regional Forum), APEC(Asia-Pacific Economic Cooperation), ASEM(Asia-Europe Meeting), 6자회담 등은 지역협력의 증대와 더불어 역내 국가 간 다자안보협력체의 발전 가능성을 보여주는 대표적인 경우라고 할 수 있다.

다음으로, 안보의 주체가 확대되고 변화하게 된 배경으로 탈냉전 이후 가속화된 정보혁명과 이에 따른 세계화의 영향을 들 수 있다. 슈워츠스타인(Stuart Schwatzstein)은 정보혁명을 "정보의 생산, 배포, 사용 및 확대 재생산 과정의 대변혁"이라고 정의하였다.[32] 정보혁명은 컴퓨터의 성능 향상과 네트워크의 발전을 토대로 정보의 생산, 교환, 배포를 혁신적으로 단축하였다. 이러한 정보혁명은 세계를 상호연계된 네트워크 조직으로 변화시키면서 주권국가 간에 정치·경제·사회적 거리를 아주 좁혀 놓았으며, 그 결과 국제정치의 행위자들 간은 물론 행위자들과 사건의 상호의존성을 매우 높이게 되었다.[33]

과학기술적 차원의 정보혁명은 세계화 혹은 지구화를 촉진하였다. 세계화는 "지리적·정치적·문화적으로 구분되어 있는 국제사회에 있어서 그러한 구분이 지니는 중요성이 점차 퇴색되고 세계가 하나의 생활공간이자 공동의 운명체로 바뀌어 가고 있는 현상[34]"이라 할 수 있다. 이는 정보혁명의 여파로 세계가 시·공간적으로 압축되고 상호의존의 확대·심화로 사회생활의 모든 부문에 걸쳐 세계적 상호작용이 증대되면서 세계와 인류가 하나라는 인식과 세계적 수준에서의 관리요구가 증대됨으로써 야기된 현상이라 할 수 있다.

정보혁명으로 인한 세계화는 개별국가들의 통제력을 약화시키는 결과도 가져왔다. 이 같은 현상이 나타나게 된 가장 큰 원인은 무엇보다도 인터넷의 보급과 활용이라 할 수 있다. 인터넷의 발달과 이의 광범위한 보급은 전 세계 사람들의 생각과 행동을 자유롭게 교환하게 만들었으며, 이는 궁극적으로 개별국가들의 개인 및 단체들에 대한 통제력 약화를 가져왔다. 특히 인터넷은 개별 국가들의 국내 권력을 광범위하게 분산시키는 효과를 유발하고 있으며 다른 한편 정부권력을 잠식하는 결과를 가져오고 있다. 또한 대량살상무기 제조기술 이전 및 무기의 이동을 이전보다 훨씬 용이하게 만들고 있다. 정보혁명과 세계화 현상은 전통적으로 안보위협의 근원으로 여겨져 왔던 적국으로부터의 군사적 위협에 더하여 국제테러, 대량살상무기 확산, 마약밀매와 같은 국제범죄의 증가를 가져왔고, 국가를 중심으로 했던 위협의 주체도 국제 테러조직과 범죄조직 등 비국가행위자들로까지 확대되었다.

2. 안보영역의 변화

탈냉전과 세계화의 급격한 진전은 정치·군사 중심의 대립적 국제질서를 경제·기술 위주의 상호의존적 국제질서로 변화시켰다. 냉전종식과 더불어 국제안보환경은 매우 다르고 복합적인 양상을 띠게 되었고, 국제체제의 핵심 행위자인 국가 간 역학관계의 단순한 변화가 아닌 행위자 자체의 확대·변화와 안보유형의 다양화를 가져왔다. 안보영역의 변화 속에서 1989년 매튜스(Jessica Matthews)는 "경제발전과 인구성장 및 환경파괴가 현재와 같은 속도로 지속될 경우 지구의 자정(自淨)능력이 파괴될 것"이라 경고하면서 안보개념이 재정의되어야 한다고 주장하였고,[35] 여러 학자들 또한 '안보의 대안적 개념화'(alternative conceptualizations of security)에 관심을 기울이기 시작하였다. 이러한 안보영역의 확대로 인해 포괄적 안보(comprehensive security)의 개념이 등장하였다.

안보문제의 광역화 현상은 거부할 수 없는 대세로 굳어지고 있지만 광범위한 쟁점들을 어떻게 절충하고 관리할 것인가에 대한 새로운 과제들을 안겨주고 있다. 여기에서는 군사안보, 경제안보, 환경안보의 개념을 중심으로 안보영역의 변화 추세를 살펴본다.

가. 군사안보

군사안보란 "국내·외적인 군사적 위협으로부터 국가의 가치 및 이익을 보호 또는 증진시키는 것"으로 정의할 수 있다. 냉전시기에 국가안보는 적과 친구, 그리고 당사국의 군사능력의 문제였기 때문에 군사안보와 동의어가 되었다. 이는 다른 능력들이 전혀 고려되지 않았다는 것을 의미하는 것이 아니다. 다만 군사부분 이외의 다른 분야는 그 자체가 위협이라고 인식되기보다는 군사안보에 영향을 미치는 고려 대상정도로 인식되어 온 것이다. 냉전의 종식과 함께 미·소를 중심으로 한 군사적 대결구도가 해체되고, 국가 간 상호의존성이 심화되면서 세계 각국의 안보적 관심 역시 군사영역에서 정치·경제·환경 등의 영역으로 확대되고 있다. 그러나 군사안보의 중요성은 감소되지 않고 있다. 군사안보는 국가의 존망과 직결되는 국가최후의 보루로서, 안보에 있어 가장 중요한 요소이기 때문이다.

군사안보는 국가안보를 구성하는 하위요소이면서 합법화된 물리력, 즉 군사력을 통해 국가 내·외부의 위협으로부터 개인과 국가의 안보를 지키는 수단이다. 역사적으로 군사적 위협은 국가안보문제의 핵심을 차지해 왔다. 대내·외부적 군사위협은 국가의 모든 구성부분을 위협하고, 국가제도를 왜곡하거나 파괴할 수도 있으며 국가의 개념 그 자체를 무력화할 수도 있다. 군사적 분쟁은 다른 모든 분야에서 수세기 동안 이루어 온 것을 파괴할 수 있다. 정치·예술·산업·문화 등 모든 인간 활동에서 어렵게 성취한 것이 무력의 사용에 의해 허사로 돌아갈 수 있다. 즉, 인간이 성취한 모든 것이 실존적, 잠재적 위협으로부터 파괴될 수 있기 때문에 이러한 위협을 예방하고 적절하게 대응하는 것이 군사적 보호라는 국가의 핵심기능을 이루고 있다.

군사안보를 국가안보의 중심축으로 보는 시각은 정치적 현실주의 세계관에서 더욱 자명해 진다. 현실주의에 따르면 국제체제는 약육강식의 논리가 지배하는 무정부 상태이며 이러한 체제하에서 국가는 생존과 안보를 자기 스스로 보호해만 하는 자력구제(self-help)의 원칙을 가지고 국가의 존립을 위해 군사력으로 대변되는 힘을 키울 수밖에 없다. 국력과 군사력은 무정부 상태의 국제질서 속에서 국가를 유지하고, 국가의 목표를 달성하는 데 있어서 가장 핵심적인 수단이 되기 때문이다.

탈냉전과 국제안보환경의 급격한 변화, 그리고 안보 개념의 확대에도 불구하고 군사안보의 중요성은 감소되지 않고 있다. 그 대표적인 사례가 주요 강대국들이 군사력의 질적 강화를 위해 추진하고 있는 '군사변혁(military transformation)'이다. 미국은 대규모 전쟁은 물론 적의 비대칭적 전략 및 소규모의 테러 등 모든 종류의 전쟁·분쟁에서 승리를 거두기 위해서는 압도적 군사력을 갖추어야 한다는 인식을 바탕으로 21세기 군사작전의 모든 영역에서 우월성을 확보하기 위해 군사변혁을 추진하고 있다.[36] 중국 또한 세계경제체제로의 성공적 편입을 위해 경제성장에 주력하고 있지만 이와 더불어 군사적 측면에서도 정보화·기계화를 추진하며 총체적 전쟁수행 능력을 향상시키고자 노력하고 있다.[37]

강력한 군사력을 보유하고 있는 강대국들조차도 주변국과의 관계, 국제질서의 불안정 등을 감수하면서 군사력 건설에 매진하고 있다. 그 이유는 군사력이야말로 국가안보를 지키는 최후의 보루인 동시에 국익 증진을 위하여 타국을 굴복시킬 수 있는 가장 효과적인 수단이기 때문이다.

나. 경제안보

경제안보라는 개념이 중요해진 것은 탈냉전 시대에 이르러서이다. 미·소 양국의 냉전이 종식되면서, 군사적 슈퍼파워 대신 경제적 슈퍼파워의 중요성이 커지고, 정치·이데올로기적 경쟁보다 경제적 경쟁이 격화되었다. 경제 안보에 대한 관심이 급증한 것은 이런 배경에서다. 물론 과거에 안보의 관점에서 경제를 파악하는 일이 없었던 것은 아니다. 하지만 이는 주로 경제–안보의 결합(economics-security nexus)이라는 관점에서 이루어졌다. 즉 경제안보의 영역이 독립적·적극적으로 규정되기보다는 그것이 군사안보와 어떤 관계를 맺고 있는지가 주요한 관심사였다. 그러다 보니 경제적 효율을 포기하는 것에서 경제안보를 발견하는 아이러니한 경우도 적지 않았다. 예를 들어, 미국이 소련을 견제하기 위해 경제적 비효율을 무릅쓰고 대소 수출을 포기하는 것을 경제안보로 보는 식이다.

최근 들어 이를 넘어서 경제안보를 독자적인 개념적·경험적 장으로 설정하려는 시도가 일어나고 있다. 예를 들어 덴트(Christopher M. Dent)는 경제안보의 독자적인 정의를 "국제경제체계에 존재하는 여러 가지 외부적 위험과 위협에 맞서 정치·경제적 독립체의 구조적 안정을 보호하고, 번영을 생산할 수 있는 능력과 이익을 보존하는 것"이라고 제안한다.[38] 여기서 '구조적 안정을 보호'하는 것은, 해당 정치·경제적 독립체가 세계 경제와 상호작용하면서도 내적 구조를 유지함으로써 구성원의 기본적 요구를 충족시킬 수 있도록 하는 것을 의미한다. '번영을 생산할 수 있는 능력과 이익을 보존'한다 함은 즉각적인 경제적 이해를 추구하고 취약지점을 보충하는 것은 물론이고, 나아가 미래의 위협과 기회를 염두에 둔 예방적·보장적 정책을 시행하는 것을 의미한다. 향후 중심이 될 산업의 수출기업을 육성하거나, 이에 도움이 되는 무역 협약을 체결하는 식이다.

　이런 경제안보의 세부적 목표 혹은 요소는 매우 다양하다. 그중 주요한 요소를 몇 가지 제시해보면 다음과 같다. 우선 공급 안보(supply security)가 있을 수 있다. 이는 외부로부터의 자원 공급 채널을 보호하고, 이에 필요한 경제 외교를 실천하는 것을 의미한다. 중국이 자원 공급을 안정적으로 유지하기 위해 아프리카와 유독 돈독한 관계를 유지하려고 애쓰는 것이 좋은 예다.

　두 번째로 시장 접근성 안보(market-access security)를 꼽을 수 있다. 말 그대로 대외 시장에 대한 가장 좋은 접근성을 보호하고 확보하는 것을 의미한다. 내수 경제 규모가 작고 수출 지향성을 띠는 경우에는 이런 요소가 특히 중요하다. 이것이 보장되지 않으면 구조적 안정성을 유지하는 데 큰 문제가 올 수 있기 때문이다. 그렇다고 꼭 수출지향형 경제 단위에만 이런 안보가 중요한 것은 아니다. 예를 들어, 미국은 큰 내수시장을 가지고 있지만 최근 무역 적자가 심화되면서 시장 접근성 안보의 중요성이 다시금 대두되고 있다.

　세 번째로 기술—산업 능력 안보(techno-industrial capability security)가 있다. 이는 기술—산업 능력을 해당 산업 최전선에 이를 만한 수준으로 유지함으로써 번영을 생산하는 능력을 유지하고 발전시키는 것을 의미한다. 최첨단의 기술 수준은 국내나 국외의 여러 연구에서 얻어지기도 하지만, 외국의 기술을 취득하고 접근함으로써도 가능하다. 이런 방법들을 통해 전략산업이나 유치산업(infant industry)을 육성하는 것이 기술—산업 능력 안보의 좋은 예다.

　네 번째로 금융—신용 안보(finance-credit security)를 생각해볼 수 있다. 이는 국제 신용 시장에 존재하는 자원에 대한 영향력과 통제권을 확보하고 지불능력을 유지하는 것을 의미한다. 외환보유고를 확보하거나 국제 신용 시장에서 신뢰를 구축하는 능력 등이 여기에 포함된다. 특히 1990년대 제3세계 부채 문제와 한국을 비롯한 동아시아 금융 위기 등을 통해 급격히 중요성을 획득한 안보 요소이다.

다섯 번째는 초국경적(transborder) 협력 안보(Cooperative security)이다. 이는 네 번째 금융-신용 안보와 밀접하게 관련되어 있는 요소다. 사실 경제 분야에서는 이미 많은 행위와 현상이 국경을 넘어서 이루어지고 있다. 다국적 기업이나 국경을 넘어서 이루어지는 증권 투자자들의 활동이 대표적인 예다. 금융-신용 안보를 확보하기 쉽지 않은 것도, 평범한 일국 차원의 조치로는 초국적 금융 투자자들이나 다국적 기업의 움직임을 통제할 수 없기 때문이다. 이처럼 세계 경제에는 국경을 횡단하여 형성되고 작동하는 여러 문제와 위협이 존재한다(금융, 경제적 이주, 마약 거래, 환경오염 등). 이에 대응하여 국가 간 협력이나 초국가적 단위의 구성을 통해 경제 안정성을 유지하고 경쟁력을 강화하며 번영을 유지하려는 것이 바로 초국경적 협력 안보이다. 세계 금융 위기에 대응하여 국제 공조 체계를 마련하기 위해 열렸던 G20 회담이나, 국제 경쟁력을 확보하고 각국의 문제를 공동으로 해결하기 위해 싱가포르-말레이시아-인도네시아의 지역들을 묶어서 만들어진 시조리(SIJORI) 성장삼각지대 등은 이에 대한 좋은 예다.

이처럼 경제안보는 독자적인 개념과 경험적 장을 가질 수 있으며, 그것에 입각하여 다양한 목표를 제시할 수 있다. 하지만 경제안보라는 개념 혹은 목표는 결코 완성된 것이 아니다. 세부적인 목표는 서로 협력할 수도 있지만 충돌할 수도 있다. 경제안보를 추구하다 딜레마에 부딪히는 것도 그 때문이다. 예를 들어 국가 내부의 안정성과 자율성을 보호하기 위해서는 외부의 영향을 차단해야 하지만, 많은 경우 번영을 위해서는 외부 세력을 끌어들여야 한다. 최근 중요성을 획득한 경제안보는 이처럼 여전히 많은 논의와 토론이 필요한 개념이다.

다. 환경안보

환경문제는 국가안보를 위협할 수 있으며, 그로 인해 발생하는 문제들은 환경안보(environmental security)의 틀 속에서 다룰 수 있다. 여기서 환경은 우리의 주변을 둘러싸고 있는 모든 요소들을 의미하며, 이는 안보의 대상이 되기도 하고 위협의 원천이 되기도 한다. 이를 고려하였을 때, 환경안보란 급격한 생태계의 변화, 자원 수급의 실패, 지구 온난화로 인한 기후변화, 질병 등 환경적인 위협들로부터 국가 의 가치와 이익을 보호하는 것이라고 정의할 수 있다. 이렇게 광범위한 영역에 걸쳐 복합적인 의미를 갖는 환경안보는 크게 세 가지 측면의 문제를 다룬다.[39]

첫째, 환경의 변화로 인해서 무력분쟁이 야기되는 문제이다. 이는 환경안보에서 가장 중요하게 다루고 있는 문제이다. 사막화 또는 수자원 부족과 같은 환경문제는 분쟁을 야기시키기도 하고 기존의 분쟁을 심화 또는 확대시키기도 한다. 예를 들면 중국의 사막화로 인해 발생한 황사는 한국과 일본에 피해를 주고 있으며, 이는 삼국관계의 쟁점으로 떠올라 서로에게 부정적인 영향을 미친다. 그리고 아프리카 수단의 다르푸르(Darfur) 지역에서는 심각한 가뭄으로 인해 발생한 식량부족현상이 부족들 간 무력 충돌을 유발하였다. 이러한 문제들은 국가 간 합의와 환경의 중요성에 대한 공감대 형성을 통해서 해결할 수 있다. 실제로 중국의 사막화 문제는 한중일의 삼자간 또는 양자간 대화 및 협력을 통해서 관리되고 있다. 그리고 다르푸르의 분쟁 역시 당사자들 간의 대화와 교섭을 통해 분쟁을 해결하려는 시도가 진행 중에 있다.

둘째, 환경의 변화로 인해서 국가안보가 직접적으로 위협받는 문제이다. 환경의 변화는 군사력을 결정하는 경제적 기반을 위협한다. 생태적, 환경적으로 지속력을 갖지 못하는 경제발전은 군사력 및 국가 기능을 유지할 수 없게 만든다. 국가 외부로부터 발생한 환경문제가 정부의 통제력을 벗어나는 경우, 위협은 더욱 심각해진다. 지구 온난화로 인한 해수면 상승은 방글라데시 영토의 11%를 침수시켰으며, 남태평양의 투발루, 몰디브 등은 국토 전체가 잠길 위기에 놓여 국가의 생존 자체를 위협받고 있다. 이러한 문제는 한 국가의 힘으로는 감당하기 어려운 문제이다. 따라서 세계적인 차원에서 장기적인 관점의 대응이 요구된다. 투발루 문제는 유엔이 중심이 되어 기후 변화의 위협에 대한 대응 차원에서 다루어지고 있다. 국토의 침수로 인해 발생하는 환경난민에 대해서는 주변국 뉴질랜드와 호주를 중심으로 논의되고 있다.

셋째, 인간안보(human security)와 관련된 문제이다. 환경의 변화는 개인 차원에서 인간안보를 위협한다. 인간이 의존하고 있는 삶의 터전인 환경이 변화하게 되면, 그로 인해 발생하는 문제들에 의해서 인간은 위협받게 된다. 북아프리카의 가뭄으로 인한 수자원 및 식량의 부족은 영양실조, 기아로 인한 많은 사상자들을 만들었다. 그리고 사스(SARS), 신종 인플루엔자-A(H1N1), 메르스(MERS), 코로나19 등의 질병들은 순식간에 많은 지역에 전염되어 인간안보를 위협하여 왔다. 그러나 이러한 문제들이 개인 차원에서 직면하는 위협들일지라도, 그 해결책은 정부 및 국가 기관들과의 연계를 통해서 마련되어야 한다. 실제로 이러한 문제들은 주로 국제기구의 차원에서 다루어진다. 유엔 산하 기구들은 북아프리카의 기아문제를 해결하기 위해서 인도주의적 지원 활동을 벌여왔다. 그리고 전염성 질병과 관련해서는 국제보건기구(World Health Organization: WHO)가 규율과 기준을 만들고 치료제를 보급하는 등 피해를 줄이기 위해 노력하고 있다.

환경안보가 다루는 문제들은 앞에서와 같이 정리될 수 있지만, 사실 환경안보의 이론적 개념은 매우 광범위하며 모호하기도 하다. 따라서 이를 어떻게 적용시킬 것인가의 문제인 실효성에 대해 많은 비판을 받기도 한다. 그리고 안보영역에서 군사안보가 차지하는 지배적인 위치에 눌려 그 중요성이 무시되기도 한다. 하지만 탈냉전 이후 포괄적 안보 영역에서 환경안보가 차지하는 비중은 점점 증가하고 있다. 기후 변화, 환경 파괴, 질병 등에 의해서 국가안보가 위협을 받는 상황들은 점차 증가하고 있으며, 이를 해결하기 위한 국가적 또는 국제적 차원의 노력들이 활발하게 진행되고 있다. 환경문제를 단순한 오염이나 공해 수준에서 다루기에는 그 심각성이 지나치게 크며, 환경안보는 이미 국가안보의 중요한 영역으로 자리를 잡았다고 할 수 있다.

3. 안보유형의 변화

안보유형들은 시대적 요구를 반영하여 끊임없이 변화·발전한다. 냉전의 시작과 더불어 집단방위(collective defense) 개념이 나타났고, 1970년대 포괄적 안보는 군사적 대립을 완화하고 경제발전과 사회적 안정을 위해 출현하였다. 1980년대 동서진영 간 핵전쟁 예방을 위해 등장한 것이 공동안보(common security)이며, 1990년대 냉전종식 후 협력안보(cooperative security) 개념이 등장한 것도 좋은 예이다.[40]

24

냉전기 국제체제는 힘의 균형이나 적대국 간의 억지에 주안점을 두는 절대안보의 개념이 주를 이루어 왔다. 하지만 탈냉전 이후 안보의 영역이 정치, 경제, 사회, 환경 등 여러 분야로 확대되고, 한 국가의 노력으로 적절하기 대응하기 어려운 초국가적 위협이 증가한다. 탈냉전기 안보환경하에서 안보의 유형은 상호확증파괴(mutual assured destruction: MAD)라는 위협의 균형보다는 양자간 또는 지역에서 다자간의 안보주체들 간의 협력을 통해 안보로 변모하였다. 더욱이 최근에는 경제적 협력, 지역적 노력, 평화적 협력기제 등을 통하여 안보문제를 해결하려는 노력과 상호의존성과 신뢰를 증진시켜 궁극적으로 국제안보 및 지구촌 안보를 증진시키려는 포괄적 안보 개념이 대두되고 있다. 여기에서는 이러한 안보환경 변화에 맞춰 안보유형이 변화해 나가는 과정을 절대안보, 공동안보, 협력안보로 각각 나누어 살펴본다.

가. 절대안보

절대안보(absolute security)는 전통적으로 중시되어 온 고전적 안보개념으로 정치적 현실주의에 기초로 둔 안보관이다.[41] 현실주의 시각에서는 국제사회를 본질적으로 약육강식의 논리가 지배하는 무정부상태로 가정한다. 이러한 국제질서하에서 개별국가는 자국의 안보를 위해 스스로의 힘에 의존할 수밖에 없는 자력구제(self-help)의 원칙에 의존할 수밖에 없다. 그래서 모든 국가는 대외적 위협으로부터 자국의 국가이익을 보호하기 위해 상대적으로 우월한 국가능력, 특히 군사력의 확보를 무엇보다 중요시한다. 절대안보 개념은 과거 미·소 냉전 시대에 주류를 이루어 온 안보개념이다.

절대안보는 일차적으로 안보위협에 직접 대응할 수 있는 현재적 군사력을 중요시하지만 이와 더불어 이러한 국력을 보완하고 우위를 지킬 수 있도록 특정국가와의 동맹결성이나 집단방위체제 구축을 부정하지 않는다. 그러나 군사력 증강을 통한 절대안보의 추구는 크게 두 가지 측면에서 안보를 확보하는 데 한계가 있다.

첫째, 국가안보를 보장하기 위한 힘의 극대화는 적대국 혹은 잠재적국을 자극하여 도리어 군비경쟁을 촉발하고 경우에 따라서는 전쟁으로 몰고 갈 수 있는 위험을 내포하고 있다. 무정부적인 국제체제하에서 각국은 국가안보를 확보하기 위하여 국력의 극대화를 추구하는데 그 목적이 방어라고 하더라도 일단 확보된 군사력은 자신의 의지를 상대방에 강요하기 위한 위협 수단이 될 수 있다. 그 결과 오히려 전쟁위협을 가중시키고 '안보딜레마(security dilemma)'[42]에 봉착하게 된다. 둘째, 절대안보를 달성하기 위해 과도한 군비지출을 계속하다보면 국내 다른 영역에 대한 투자가 제한되어 사회 전체에 부정적인 영향을 미치게 된다. 이처럼 한 국가가 군사력 증강을 위하여 많은 국가 자원을 국방 부문에 투자함으로써 중장기적으로 국가 체제가 위기에 봉착하게 되고, 이로써 국방투자를 위한 국가자원 역시 제한되기에 이르는 현상을 '국방딜레마(defense dilemma)'라고 한다. 국방딜레마 상황을 잘 보여주는 사례로는 구소련을 들 수 있다.

구소련은 핵무기를 중심으로 미국과의 군비경쟁을 시작하여 군사력 건설에 많은 자원을 투자해왔으나 국가능력에 비해 과도한 군사비 투자는 경제성장에 부정적인 영향을 미쳤을 뿐만 아니라 구조적으로 심각한 문제를 남겼고, 결국 구소련의 붕괴로 이어지는 결정적 원인이 되었다.

나. 공동안보

공동안보 개념은 전통적인 안보추구방식이었던 절대안보의 한계를 극복하고자 하는 시도에서 생성된 개념이라 할 수 있다. 공동안보는 어떠한 개별국가도 자신의 군사력 증강에 의한 억지만으로는 자국의 안보와 평화를 달성할 수 없으며, 적대국과의 공존을 통해서만 진정한 국가안보를 달성할 수 있다는 논리를 바탕으로 한다. 전통적인 안보추구 방식은 상대방으로부터 군사적 위협을 억지할 수 있는 능력을 구비함으로써 타국의 희생하에 자국의 안보를 추구하는 '영합게임'(zero-sum game)적 논리에 바탕을 두고 있다. 반면, 공동안보는 적대국 상호간에 비록 경쟁자의 입장에 있지만 대화를 통해 상대방의 존재를 인정하고 안보를 보장함으로써 우발적인 전쟁의 위험을 줄이면서 자신의 안보를 추구한다는 공존 개념에 바탕을 둔 안보개념이다.

공동안보 논의의 시작은 1980년대 초반으로 거슬러 올라간다. 동 개념은 1982년 「군축 및 안보에 관한 독립위원회(The Independent Commission on Disarmament and Security Issues)」가 유엔 특별군축총회에 제출한 보고서에서 최초로 사용되었다.[43]

보고서의 핵심 내용은 핵시대에 미·소 양국이 공멸을 피하는 길은 '상호확증파괴 (MAD: Mutual Assured Destruction)'를 통한 불안한 안보의 추구보다는 대화를 통한 이해와 위협의 완화로 상호 안보를 추구하자는 것이다.

공동안보 개념을 실제 적용한 것은 구소련이었다. 1985년 3월 새로운 지도자 로 등장한 고르바초프(Mikhail S. Gorbachev)는 '신사고'(new thinking)에 입각하여 개방 과 개혁을 통한 경제회생이 없이는 파산상태의 소련체제를 더 이상 지탱할 수 없다 는 절박한 인식 속에서 서방과의 정치적 긴장완화를 통하여 외부로부터의 위협을 감소시키는 전략을 추진하는 동시에 국내경제를 회복하는 데 가장 큰 걸림돌 중의 하나라고 생각되는 군비의 감축을 병행 추진하고자 했던 것이다.

신사고에 입각한 고르바초프의 개혁노선이 가장 극명하게 나타난 부분은 바 로 안보개념과 이에 따른 군사전략(military strategy)의 변화라고 할 수 있다. 우선 국 가안보 개념의 변화로서 포괄적 안보와 공동안보의 강조가 그것이다. 포괄적 안보 개념은 국가 간의 상호의존이 증대되고 있는 오늘날의 국제관계에 있어서 군사력 만으로는 국가안보를 보장하는데 한계가 있으며, 이는 정치 및 경제적 수단으로 보 완되어야 한다는 것이다. 아울러 타국과의 안보추구 방식도 군비경쟁을 통한 '일방 안보(unilateral security)'의 추구보다는 '상호안보(mutual security)'의 방식으로 변화 해야 한다는 점을 강조하고 있다.[44]

군사전략도 변화하였다. '합리적 충분성(reasonable sufficiency)'이나 '방어적 방어 (defensive defense)' 원리의 도입이 그것이다. 구소련의 평시 군사력은 합리적 충분성 에 근거하여 방어에 필요한 최소한의 억지력을 확보하는 수준에서 보유하고, 군사 전략 기조는 전쟁에서의 승리 추구보다는 전쟁을 사전에 예방하고 영토를 방어하는 데 두는 방어적 방어 전략을 도입한 것이다. 즉 방어적 방어가 전반적인 소련의 군 사준비태세에 대한 전략기조를 의미한다면, 합리적 충분성은 이를 뒷받침하는 군사 력의 수준을 함의하고 있다고 할 수 있다. 예를 들어 전략핵무기에 있어서 합리적 충분성이란 "상대방의 핵공격을 억제할 수 있는 최소한도의 보복능력을 보유하는 수준"을, 재래식 군사력의 경우는 "영토를 방위할 수 있는 최소한도의 군사력"을 의 미한다.[45] 결국 이러한 군사전략의 변화는 미·소 간의 전략 핵무기와 유럽 전역에 서의 재래식 군사력의 감축을 가능하게 하는 중요한 요인이 되었다고 할 수 있다.

이렇게 볼 때 공동안보는 안보의 상호의존성을 인식하는 가운데 적대국과의 안보협력을 통하여 국방 딜레마와 안보 딜레마를 완화시킬 수 있는 안보방법이 될 수 있다. 그럼에도 불구하고 공동안보를 추진하기 위해서는 적대국 상호 간에 신뢰가 우선되어야 한다는 점은 실제 추진하는 데 엄연한 한계로 작용한다.

다. 협력안보

협력안보는 구체적이고 정확한 개념으로 정의되기보다는 상징적 의미에 초점을 맞추기 때문에 이를 하나의 정착된 개념으로 말하기는 어렵다. 그러나 협력안보의 개념적 윤곽을 제시해보면 "갈등과 경쟁을 통해 자국의 안보를 추구하는 것이 아니라 우방국－적국 개념을 초월하여, 심지어 적과도 공통적 안보이익의 증진을 위해 협력하는 것, 또는 각 국가의 군사체계 간의 대립관계를 청산하고 나아가 협력적인 관계의 설정을 추구함으로써 서로의 안보목적을 달성하고자 하는 것"으로 정의할 수 있다.

공동안보 개념이 냉전기 후반에 등장한 것과는 달리 협력안보 개념은 탈냉전 이후의 안보환경 변화와 함께 새로운 안보위협 요소가 등장하면서 주목받기 시작하였다. 냉전의 종식과 소련의 해체는 군사적 대립상태를 벗어나 상호 의존관계를 심화시켰으며, 종래의 국가안보 개념과 내용을 완전히 변화시켰다. 핵전쟁과 대규모 지상전과 같은 전통적인 군사적 위협은 줄어든 반면, 환경오염이나 지구자원의 고갈, 생태계의 파괴, 국제범죄, 전염병, 테러 등 개별 국가의 능력과 역할 범위 내에서 적절하게 대처할 수 없는 초국가적 위협이 범세계적 관심사로 대두되었다. 이처럼 군사적 수단을 통해 해결할 수 없는 다양한 문제에 직면하게 됨에 따라 그 어느 때보다 초국가적 기구나 국제적 협력의 중요성이 커지고 있다.

협력안보는 상대국의 안보이익을 존중하며 상호 공존을 추구한다는 점에서 공동안보와 유사하다. 그러나 공동안보와 다른 점은 전쟁을 포함하여 포괄적·상호 의존적 성향이 심화된 상황에서 안보쟁점들을 관리, 해결하기 위하여 보다 적극적으로 양자 간 혹은 다자간 제반 문제에 대해 해결방안을 모색한다는 점이다. 이외에도 주요 관심사와 안보달성 방법에 있어서 공동안보와 비교해 협력안보의 특징들이 있다.

첫째, 협력안보는 예방외교(preventive diplomacy) 활동을 중시하는 경향이 있다.[46] 예방외교는 "분쟁이 발발하기 전에 긴장을 해소시키거나, 일단 분쟁이 발발한 경우에는 신속하게 분쟁의 확산을 방비하고, 분쟁의 주요한 원인들을 해소해 나가는 행위"로서 우발적 전쟁위험을 줄이고 투명성(transparency)과 예측가능성을 높여 기습공격의 위험을 줄일 수 있다.

둘째, 협력안보는 쌍무적 안보외교보다 다자간 안보외교에 초점을 맞추고 있다. 물론 다자간 외교안보는 협력안보 개념에만 해당되는 것은 아니며 협력안보에서 다자간 안보외교가 특별히 강조되는 분야는 비군사적 쟁점들이다. 경제, 환경, 자원, 기술 등의 영역에서 국가 간 상호 의존 정도가 심화되는 경향으로 양자간 외교로는 해결하기 어려운 문제들이 증가함으로써 다자간 안보협력은 군사 분야뿐만 아니라 비군사적 안보쟁점을 해결하기 위한 주요 개념으로 자리 잡고 있다.

셋째, 협력안보는 국가 간 협력장치를 제도화하려는 노력을 내포하고 있다. 기존의 안보협력이 일정 국가를 상대로 무엇을 억제하고 강요하기 위한 것이라면, 협력안보는 관련국 전체의 공통관심사를 이끌어내고 이에 협력할 수 있는 방안을 모색하는 데 치중한다. 협력안보가 지향하는 협력장치는 안보레짐의 구축이라 할 수 있다. '안보레짐(security regime)'이란 "국제기구, 다자간 협약 및 조약, 제도, 협의체 등과 같은 방식의 제반 쟁점영역에서 국가 간의 형성된 느슨한 연결체"를 총칭한다.[47] 안보레짐은 공식화된 조직이나 기구를 갖추지 않더라도 특정 안보 쟁점 영역에서 관련국들의 행동을 조정, 관리, 통제되는 기준이 마련되었으면 안보레짐이 구축되었다고 볼 수 있다. 이런 의미에서 조약, 협약, 약정 등과 같은 제도적 장치뿐만 아니라 비정부 간 교류를 정례화하는 약속, 정기적 대화채널의 결성 등 다자간 협력활동을 이끌어 내는 제반 조치들이 안보레짐의 틀 속에 포함될 수 있다.

넷째, 협력안보는 영합게임(zero-sum game)에서 벗어나 '최소최대전략(minimum-maximum strategy)'에 입각한 행동준칙을 강조한다. 최소최대전략이란 자신의 이득을 최소화하고 그로 인해 발생할 상대의 손실을 적게 하려는 협조정신에 입각한 게임전략의 일환이다. 최소최대의 전략은 상호 의존적 국제관계에서 국제적 안정성을 유지하면서 국가이익을 추구하기 위한 일종의 윤리적 방법론이라고 할 수 있다.

다섯째, 협력안보는 안보쟁점에 대한 포괄적인 접근방식으로 정치·경제·

환경·군사적인 상호 의존관계를 맺고 있는 모든 국가들을 대상으로 한다는 점에서 주로 쌍무적 관계를 토대로 발전해 온 공동안보와 다르다.[48] 또한 협력안보는 잠재적 적의 존재를 가정하는 공동안보와 달리 이해갈등 당사국 전체가 공통 관심사를 위해 협력할 수 있도록 대화의 장을 제공한다.

표 1-4   공동안보와 협력안보의 공통점과 차이점

	공동안보	협력안보
공통점	상대국의 군사체제를 인정하고 상대국의 안보이익과 동기를 존중하며 상호 공존을 추구	
차이점	– 잠재적 적의 존재를 가정 – 냉전기 미·소 관계 등 주로 쌍무적 관계에 적용 – 군사적 신뢰구축 및 군비통제 추진	– 이해갈등 당사국의 존재를 가정 – 다자관계에 토대한 지역안보협력에 적용 – 범세계적인 다양한 안보쟁점 관리

냉전시대 협력안보의 대표적 사례로는 「유럽안보협력회의(Con- ference on Security and Cooperation in Europe: CSCE)」, 「아세안지역포럼(ASEAN Regional Forum: ARF)」 등이 있다.

제3절   국가안보 연구 패러다임

국가안보라는 주제는 국제관계 연구에서 오랜 전통을 갖고 있으며, 시대적 상황이나 개별국가의 대내외적 안보여건에 따라 그 내용이나 각국이 추구하는 안보의 접근방향은 다양하게 나타났다. 그러나 국제정치학이 학문으로서 독립성을 갖게 된 20세기 초

▲ 유럽안보협력회의 사진

부터는 현실주의와 자유주의라는 두 거대 패러다임을 중심으로 국가안보의 접근은 이루어졌다. 국가안보라는 다양하고 모호한 성격의 안보개념을 구분하기 위해 안보개념의 기반이 되는 인간과 인간사회에 대한 상이한 전제와 이에 따른 인식의 차이, 그리고 해결방법을 중심으로 국가안보 접근법에 대해 살펴본다.

1. 현실주의

▲ 투키티데스

현실주의는 고대 그리스의 투키디데스(Thucydides), 16세기의 마키아벨리(Niccolo Machiavelli), 17세기 홉스, 20세기에 모겐소와 왈츠(Kenneth N. Waltz)에 이르기까지 여러 사상가들의 지적 토대 위에서 국제정치 분석을 위한 기본적인 가정과 이론을 제공해 왔다. 현실주의는 국가안보를 가장 중요한 문제로 간주하여, 안보문제의 근원과 해법을 규명하기 위해 오랜 기간 노력을 경주해 왔다.

현실주의는 국제체제를 무정부 상태(anarchy)로 가정한다. 무정부 상태란 국내정부와 같은 가치의 권위적 배분(authoritative allocation of values)을 담당할 중앙정부가 부재하고 힘의 위계질서만이 존재하는 상태를 말한다. 이러한 환경에서 인간은 자신을 둘러싼 위험들에 대한 공포로 인해 생존의 문제에 관심을 집중하게 되고, 생존을 위해 국가를 택하게 된다. 이와 같은 이유로 현실주의자들은 국가중심의 안보관에 입각하여, 국가의 생존을 안보문제의 핵심이라고 여긴다. 현실주의자들은 국가가 중요한 이익을 지키기 위해 권력에 의존하지 않을 수 없는 필연적인 이유를 바로 여기서 찾는다. 현실주의에서 국가의 가장 소중한 가치는 안보이며 이를 지키기 위한 핵심적인 수단이 국력이라는 것을 기본 명제로 하고 있다. 그리고 안보를 추구하는 과정에서 국가들의 권력투쟁(power struggle)은 불가피하다고 본다.

현실주의 시각에서 국력이란 국가가 보유한 가용 자원 및 자위능력으로 군사력을 비롯하여 군사력을 양성하는 데 사용될 수 있는 유형·무형의 자원 즉, 경제력, 인구, 기술력 등의 총합이다. 특히 이들은 안보위협에 대처하기 위해 즉각적으로 활용할 수 있는 군사력을 국력의 가장 중요한 구성요소로 인식한다. 군사력은 무정부 상태의 국제체제하에서 국가의 생존과 번영을 보장하는 데 가장 핵심적인 수단이 되기 때문이다.

현실주의 패러다임 특징들을 살펴보면 다음과 같다. 첫째, 현실주의자들은 국가간 경쟁의 원인을 인간의 본성에서 찾는다. 니부어(Reinhold Niebuhr)와 카(E. H. Carr), 모겐소를 비롯한 고전적 현실주의자들은 국가들 간에 국력 경쟁이 일어나는 원인은 타인을 지배하고자 하는 욕구를 지닌 이기적인 인간의 본성에 있다고 생각했다. 이기적인 인간들로 구성된 국가들이 서로를 지배하는 데 필요한 우월한 국력을 얻기 위해 경합한다는 것이다. 그러므로 본질적으로 국가들 사이에 이익의 조화가 불가하다. 국가들은 상충하는 이해관계를 가지며, 이는 전쟁이나 다른 형태의 갈등 혹은 분쟁으로 이어질 수 있다. 국가들의 관계는 본질적으로 갈등적이고 경쟁적인 상태가 정상적인 것이며 질서, 정의, 그리고 도덕은 예외적인 것이다. 현실주의가 제시하는 무정부 상태는 바로 홉스적인 자연상태인 것이다.

둘째, 현실주의는 영토보전, 국민보호, 주권유지 등으로 정의되는 안보를 최우선의 국가목표로 간주한다. 국가의 생존이 확보되지 않으며 부와 재산 등의 다른 가치를 추구할 수 없기 때문이다. 또 무정부 상태인 국제체제에서는 생존에 대한 보장을 담보할 수 없기 때문이기도 하다. 폭력의 행사를 막을 수 있는 중앙의 권위체 혹은 세계정부가 존재하지 않는 한 전쟁의 위험이 상존하며, 국가들은 안보를 기본적으로 스스로 책임질 수밖에 없다. 따라서 안보가 국가의 최고 관심사가 될 수밖에 없다.

셋째, 현실주의는 영토와 국민에 대해 국가가 행사하는 궁극적인 법적 권위로서의 주권을 중요시한다. 현실주의에 있어 연구의 초점은 국가 간의 상호관계이며 이 때문에 현실주의를 국가중심적 견해라고 부르기도 한다. 이런 맥락에서 국제기구, 다국적기업(MNC), 개인과 같은 비국가적 행위자의 독립적인 지위를 인정하지 않으며 국가를 국제관계에서 가장 중요한 행위자로 인정하고 있다.

넷째, 국가도덕은 개인도덕이나 보편적 도덕과 다르다. 보편적인 도덕적 원칙들은 그 추상적이고 보편적인 형태 그대로 국가의 정치적인 행위에 적용될 수 없다. 즉 중앙권위가 부재하고 모든 국가들에 의해 수용되는 규범이 결여된 국제체제에서 행동의 기준이란 국가 내부에서의 행동을 규율하는 기준과 다르다.

이러한 구조적인 특징으로 인해 국가들은 서로 간에 신뢰를 갖지 못하고 최우선적인 국가목표인 생존 혹은 안보를 자기 스스로 돌보아야만 한다. 즉, 강제적인 법의 집행기구가 부재한 무정부 상태 속에서 침해된 이익에 대한 구제가 원칙적으로 개별 국가에 맡겨지는 자력구제의 원칙이 작동하게 된다. 따라서 국가들은 국제체제의 구조적 특징으로 인해 스스로의 생존을 위해 부단히 상대적으로 우월한 권력을 추구할 수밖에 없게 된다.

그 결과는 적대국가 간의 치열한 군비경쟁으로 귀착된다. 이 경우 자국의 안보를 위해 시작된 군비증강이 적대국과의 끝없는 군비경쟁을 야기하여 결국 자국의 안보를 더욱 위태롭게 만드는 안보딜레마를 초래하게 되는 것이다.

현실주의에 있어 적대국 간에 국력경쟁을 지양하고 군비통제나 불가침 협정 체결 등 상호협력을 통해 안보를 도모하려는 노력은 대개 실패로 돌아간다. 안보분야에서 협력은 달성하기도 어렵고 달성하더라도 지속하기 어렵다. 이는 무정부 상태가 안보협력을 저해하는 두 가지 장애물을 만들기 때문이다.[49] 첫째, 속임수에 대한 두려움이다. 권위있는 국제정부가 부재한 무정부 상태에서 상대국이 약속한 의무를 이행하지 않을 경우 효과적으로 처벌하기 어렵고 큰 피해를 입을 위험이 있다. 특히, 안보분야에서 배신을 당할 경우 국가의 존망이 위태로울 수 있다. 둘째, 상대적 이익에 대한 집착이다. 무정부 상태에 놓인 국가들은 협력을 통한 이득이 상대방에게 더 많이 돌아가서 자신의 상대적 국력이 감소하지 않을까 우려한다. 상대국의 증가된 국력을 이용하여 자국의 안보이익을 침해할 수 있기 때문이다. 그 결과 국가간 협력의 여지는 줄어들고 협력을 통해 안보를 달성하는 것은 불가능하게 된다. 따라서 현실주의자들은 국가안보를 달성하는 방법은 다른 나라의 보호 혹은 간섭없이 자국의 군사력만으로 국가방위를 담당하는 '자력방위'나 '동맹' 체결을 통하여 외부로부터의 위협에 대처하는 방안 등을 제시한다.

2. 자유주의

　자유주의는 법을 통해 전쟁을 제한하고자 했던 국제법의 아버지 그로티우스(Hugo Grotius)로부터 로크(John Locke), 칸트(Immanuel Kant), 국제연맹을 창설한 윌슨(Thomas Woodrow Wilson)에 이르기 까지 현실주의와는 다르게 국제관계를 인식하며 국가안보에 접근하고 있다.[50]

　자유주의는 인간의 본성을 선한 존재로 파악하여 전쟁과 같은 사회악을 사회 구조적·제도적 산물로 인식한다. 또한 인간은 합리적이라는 인식으로부터 국가들 사이에는 근본적으로 자연스러운 조화와 협력이 존재한다고 가정하고 이러한 가정 아래 전쟁의 주요 요인을 불완전한 정치제도에서 찾고 있다. 자유주의자에게 안보란 평화적인 방법에 의해 전쟁을 억제하는 것이며 전쟁의 원인을 근원적으로 제거하기 위한 공동의 노력을 경주하는 것이다. 자유주의자들은 국제기구나 국제법 그리고 세계정부와 같은 국제정치제도를 통해 국가 간의 상호작용이 가능하다고 생각하여 이러한 인식을 기초로 현존하는 제도의 미비점을 보완하거나 새로운 제도를 수립하여 세계질서와 평화를 가능하게 할 수 있다고 보았다.

　자유주의 이론의 특징을 살펴보면 다음과 같다. 첫째, 자유주의 이론은 인간의 본성을 이기적으로만 바라본 현실주의와 달리 협력과 조화를 추구하여 위협을 줄이고 상호이익을 창출할 수 있는 착하고 선(善)한 측면에서 인간의 본성을 바라본다. 전쟁과 사회악은 구조적이고 제도적인 산물이며, 국가 간 합의한 조약과 국제적 규범들을 통해 제도개선을 함으로써 안보를 달성할 수 있다고 가정한다.

▲ 임마누엘 칸트

　둘째, 자유주의는 현실주의와 대조적으로 서로를 적이 아닌 평화와 복지를 위한 파트너로 가정하고 갈등과 경쟁이 아닌 협력의 차원에서의 국제관계를 중요시한다. 국제관계를 무정부 상태하에 국가 간의 갈등으로만 보지 않고 협력을 통해 비영합적인 공동의 이익, 즉 절대이익을 창출할 수 있다고 본다. 현실주의가 전쟁이란 인간의 사악한 본성으로 인해 지속적으로 반복될 수 있고 세계질서와 평화란 외교와 힘에 의한 국가 간의 상호작용으로 가능하다고 보는 것과 달리, 자유주의는 전쟁이란 인간으로부터 유래되는 것이 아니라 불완전한 정치제도에 그 원인이 있으며 제도의 보완과 새로운 제도의 수립을 통해 세계질서와 평화가 가능하다고 보았다.

셋째, 자유주의는 국제체제에 있어 국가를 중요한 일차적 행위자로 인식하나 국가만이 유일한 행위자가 아니며 국가 이외에 국제기구와 민·관 엘리트, 다국적 기업과 같은 비국가적 행위자가 있음을 인정하고 이들을 중요시 여긴다. 따라서 현실주의가 국가와 국가 사이의 경쟁과 협력에 관심을 갖는 반면, 자유주의는 국가의 통제를 벗어난 초국가적인 행위(transnational activity)에도 관심을 갖는다.

자유주의는 국제사회의 평화와 질서란 현실주의가 주장하는 대로 세력균형, 억제와 같은 방법을 통해 유지되는 것이 아니라 국내사회에서처럼 일반적으로 수용된 가치, 행위의 규범과 규칙, 국가사회 간의 고도의 상호의존 인식, 그리고 제도 등을 통해 유지된다고 본다.[51]

다방면의 국제적 교류가 복잡한 상호의존을 가져오게 되고 이것이 상호협력을 창출하게 되며 그 결과 이익이 발생하게 된다. 이익이 창출되는 환경하에서 서로에 대한 위협은 줄어든다. 경제분야에서의 협력이 일상화되면 이것이 다른 분야 특히, 군사분야의 협력도 가능하게 하고 군사분야의 협력은 서로의 위협을 감소시키는 방향으로 진행된다는 것이다. 자유주의자들은 협력이 위협을 줄이고 상호이익을 창출할 뿐만 아니라 다른 분야로 확대됨으로써 위협이 더 줄어든다고 주장한다.

현실주의는 국제적 무정부성으로 인하여 국가들이 협력을 약속한다고 해도 최후의 순간에 상대방이 협력하지 않을 가능성이 존재하며, 바로 이러한 이행 문제(enforcement problem) 때문에 국제협력이 어렵다고 본다. 하지만 제도를 강조하는 자유주의에 따르면, 이행 문제는 기본적으로 상대방이 협력을 이행할 것인가에 대한 정보 부족과 불확실성 문제이며, 따라서 충분한 정보가 존재하게 될 경우에는 국가들이 공통의 이익을 추구하고 협력을 이행할 수 있다. 따라서 자유주의 시각에서 국가안보를 추구하는 방법으로는 쌍무적 혹은 다자적 차원에서 군사외교를 강화하거나 지역 또는 국제 레짐을 통한 적대국 간의 군비통제 추진, 유엔과 같은 국제기구를 통한 집단안보의 모색 등을 상정할 수 있다.

표 1-5 현실주의와 자유주의 비교

구분	현실주의	자유주의
국제관계본질	• 무정부 상태	• 무정부 상태
안보에 대한 기본인식	• 자력구제(self-help)의 원칙 지배 • 절대권력 추구 위한 군사력 증강 • 영합게임(Zero-Sum Game)	• 조화, 공존, 평화 • 전쟁·사회악은 구조적·제도적 산물 • 제도개선을 통한 안보달성
안보달성 방법	• 자력방위 • 동맹(집단방위체제)	• 군사외교 강화 • 군비통제 • 국제기구를 통한 집단안보

3. 구성주의

냉전 시기를 중심으로 국가안보에 대한 접근방법은 현실주의와 자유주의의
두 개의 축을 중심으로 이루어져 왔다. 그러나 냉전의 종식 이후 이러한 기존의 접
근법이 설명하지 못하는 부분들에 대한 인식이 생겨났고, 학자들은 근본적 의문을
제시하며 새로운 접근법을 통해 국가안보를 풀어나가야 한다고 주장하였다. 이 같
은 상황 속에서 제시된 접근법이 구성주의이다. 구성주의는 무정부 상태, 세력균형,
정체성(identity)과 국가이익의 관계, 권력에 대한 설명, 세계정치의 변화 전망 등에
서 국가안보에 대한 새로운 해석을 시도하였다.

구성주의는 국제정치 속성에 대한 관념적 시각, 국제정치를 구성하고 작동하
는 원리, 그 원리와 속성에서 발생하는 역학에 대한 분석의 틀을 제시하는 인식론
적 시각이다.[52] 구성주의의 대표적인 학자 웬트(Alexander Wendt)는 "국제정치의 내
용은 국가가 서로 간에 가지고 있는 믿음과 기대에 의해 결정되고, 그 믿음과 기대
는 많은 부분 물질적인 것이 아니라 사회적 구조에 의해 결정된다"고 주장하였다.
웬트는 국제질서가 주어지는 것이 아니라 주체와 구조의 상호작용을 통해 구성되
었고, 또한 재구성될 것으로 보고 있다. 주체와 객체, 개인과 사회, 미시적 수준과
거시적 수준이 이원적으로 존재하는 것이 아니라 상호적으로 서로 구성한다는 뜻

이다. 국제정치의 기본적 가정인 무정부성과 주체의 특성인 주권에 대해서도 두 가지 모두 고정된 것이 아니라 유동적인 대상으로 보았다.

구성주의는 국제정치의 무정부 상태를 사회적 구조와 관념에 의해 국가들이 만들어 낸 것으로 가정한다. 무정부 상태는 국가나 정치지도자들이 국제사회를 '홉스적 시각'으로 보았기 때문에 무정부 상태의 성격으로 만들어진 것이고, 자력구제의 세계에 살고 있다고 인식하는 것은 구조 때문이 아니라 과정 때문이라는 것이다. 즉 구조란 과정과 독립적으로 존재하거나 인과적 힘을 갖지 않는다고 주장하였다.[53] 구성주의에서 행위자는 복수의 정체성을 가지고, 이에 따라 서로 다른 이익을 추구하기 때문에 행위자의 행위는 예측하기가 어렵다고 본다. 특히 권력이 물질적인 면뿐만 아니라 비물질적 권력요소도 포함하고 있어 이를 고려할 때 행위자의 행위는 예측하기 더욱 힘들다. 또한 구성주의는 국제정치현상을 주어진 것이 아닌 주체와 구조의 상호작용을 통해 구성·재구성되는 것으로 가정하여 관념변수와 주체의 역할을 중요시한다.

구성주의 이론의 특징을 살펴보면, 구성주의는 국제체제가 힘의 배분과 같은 물리적인 것에만 국한되는 것이 아닌 문화적·제도적 환경의 관념과 규범에 의해 구성되는 비물질적 요소가 행위자에게 실질적으로 영향을 미치는 사회적 현실이라고 주장한다. 즉, 국제질서는 '물리적 힘의 분배distribution of power)'가 아닌 '인식의 분배(distribution of idea)'에 의해 구성된다고 주장한다.[54] 인식과 문화적 환경이 국가의 정체성을 정하고, 국가정체성은 국가이익과 안보정책에 영향을 미치며, 국가 정책들은 또다시 문화적·제도적 구조를 재생산하고 재구성한다고 주장한다.

또한 구성주의는 구조와 더불어 행위자의 관념과 담론의 중요성을 강조한다. 행위자가 소유하는 관념, 규범, 지식, 문화, 담론 등의 요인이 행위자가 물질적 환경을 어떻게 이해하고 규정하는가에 영향을 주고, 세계관을 구성한다는 것이다. 따라서 인간의 행위를 결정짓는 관념변수인 행위자의 세계관은 행위자가 속한 집단이나 관계에 보다 밀접한 연관을 갖기 때문에 규범이 행위에 영향을 미친다고 구성주의는 주장한다.[55]

국가안보의 접근법으로서 구성주의는 분석단위와 분석수준의 확대를 통해 전통적으로 안보영역에 속해 있지 않은 '민족, 인종, 종교 등의 문제를 어떻게 이해할 것인가?' 그리고 이러한 문제들이 '세계정치와 어떻게 관련되고 있는가?'를 설명하고자 노력한다. 구성주의는 국가의 안보에 밀접한 영향을 주는 국제정치 현상과 타국의 의도, 그리고 이들을 구성하는 규범적 질서를 분석하는 현실적 인식론을 제공하고, 문화적 기반 확장을 통해 갈등을 해결하고 공유하여, 조화적 집합 정체성을 만드는 것을 대안으로 제시한다. 그러나 구성주의는 국제정치상에서 국가의 안전보장이 어떠한 조건과 상황에서 발생될 것이라는 구체적인 가설을 제공하지 못하고, 국가안보의 정책수단으로서 뚜렷한 대안을 제시하지 못한다는 점에서 한계를 지닌다.

1 >> 국가는 공동체적 필요에 의해 창설된 것으로 대·외적인 위협으로부터 공동체를 지키고 유지하려는 목적을 지닌다. 따라서 국민은 국가의 권위에 복종하고, 국가는 국민의 안전을 보장해야 한다.

2 >> 국가의 구성요소는 물리적 기반, 제도, 이념으로 나눌 수 있다. 물리적 기반은 가장 구체적인 속성을 가진 요소인 국민, 영토 등을 말하며, 제도는 통치조직과 이들을 움직이는 규범과 법률을 말한다. 마지막으로 이념은 정체성 등 가장 추상적인 개념이며, '민족의 삶과 문화를 보호'라는 국가의 구성 목적을 내포하고 있다.

3 >> 안보(security)는 '근심 또는 걱정으로부터 자유로운 상태' 또는 '공포와 위험이 부재한 상태'를 말한다. 국가안보는 대 내·외적인 위협으로부터 국가가 추구하는 가치를 보호 또는 증진하는 것으로 정의할 수 있다.

4 >> 국가정책을 수립하는 데 있어 국가가치를 구체화한 것을 국가이익이라 한다. 국가이익은 국가가치와 국가안보정책을 이어주는 구체적이고 직접적인 대상이며, 국가의 정치적 행위를 판단하고 지시하는 기준이 되고, 따라서 국가이익의 우선순위가 결정되지 않으면 군사력 등 국가 가용 자원과 노력을 효율적으로 사용할 수 없다.

5 >> 냉전시기의 국가안보는 안보주체로서 국가가 주요 행위자였으며, 안보방식으로는 절대안보가 주를 이루었고, 안보영역은 주로 군사안보로 한정되었다. 하지만 탈냉전기에는 안보주체로서 비국가 행위자의 역할이 강화되었으며, 안보방식으로는 절대안보뿐만 아니라, 공동안보와 협력안보까지 등장하였고, 안보영역 역시 기존의 군사안보에서 경제, 환경, 인간 등 이른바 '포괄적 안보'로 확대되고 있다.

6 >> 국가안보 패러다임에는 현실주의, 자유주의, 구성주의가 있다. 현실주의는 국제체제를 무정부 상태로 가정하며, 따라서 국가들은 생존을 위한 자력구제를 추구한다고 본다. 반면에 자유주의는 국제체제를 질서유지가 가능한 무정부 상태로 가정하며, 제도적 장치 구비하에 상호신뢰가 가능하다고 본다. 마지막으로 구성주의는 국제체제를 인식함에 있어 물질적 조건보다 관념적 요인(정체성)이 중요하다고 주장한다.

더 읽으면 좋은 글

1 >> 박인휘, "동북아 국제관계와 한국의 국가이익,"『국가전략』, 11-3 (2005), pp. 5-27.
  - 현재의 동북아 국제정세와 한국의 국가이익의 관계를 잘 보여주는 글

2 >> 함택영 외, 『안전보장의 국제정치학』(서울: 사회평론, 2010), pp. 17-168.
  - 안보 연구의 총집합적인 책. 국제관계적인 접근 방식에서 안보가 무엇인지에 대해서 상세한 내용을 기술하고 있는 책

3 >> 황진환, 『한국의 안보와 군비통제(개정판)』(서울: 봉명, 2005), pp. 2-15.
  - 국가안보라는 측면에서 한국의 안보적 현실에 대한 접근으로 기본이 될 수 있는 좋은 글

4 >> 황진환 외, 『군사학개론』(서울: 양서각, 2011). pp. 87-108.
  - 국가안보가 군사학에서 가지는 의미와 더불어, 국가안보가 어떠한 개념으로 이뤄졌는지 이해를 쉽게 도와주는 글

5 >> Barry Buzan, 김태현 역, 『세계화 시대의 국가안보』(People, states and Fear: An Agenda for International Security Studies in the Post-Cold War Era)(서울: 나남출판, 1995).
  - 국가안보에 대한 포괄적 시각을 제공. 분석적 차원에서 국가안보와 개인안보 및 국제안보와의 연계성과 안보영역에서 군사안보·경제안보·사회안보 등의 연관성에 대한 폭넓은 시각을 제공하는 책

6 >> Barry Buzan & Rene Hansen, 신욱희 외 옮김, 『국제안보론』(The Evolution of International Security Studies)(서울: 을유문화사, 2010).
  - 국제적인 안보연구의 흐름 및 발전과 안보의 영역의 확대를 잘 보여주는 책

| 미 주 |

1 Hedley Bull, "Hobbes and the International Anarchy," *Social Research*, 48 (Winter 1981), pp. 725-738.

2 Stephen D. Krasner, "Compromising Westphalia," *International Security*, 20-3 (Winter 1995/6), p. 115.

3 Barry Buzan, People, *States and Fear: An Agenda for International Security Studies in the Post-Cold War Era*(2nd ed.) (New York: Harvester Whearsheaf, 1991), pp. 65-66.

4 Ibid. pp. 69-75.

5 Barry Buzan, *op. cit.*, pp. 57 — 96.

6 황병무, 『한국안보의 영역·쟁점·정책』(서울: 봉명, 2004), p. 35.

7 Helga Haftendorn, "The Security Puzzle: Theory- Building and Discipline-Building in International Security," *International Studies Quarterly*, 35-4 (1991), p. 4.

8 이상진 외, 『국내안보요소와 국가안보전략』(서울: 국방대학교, 2002), p. 9.

9 전웅, "국가안보와 인간안보," 『국제정치논총』, 44-1 (2004), p. 28.

10 Patrick M. Morgan, "Safeguarding Security Studies," *Arms Control*, 13-3 (December 1992), p. 466.

11 Hans J. Morgenthau, *op. cit.*, p. 586.

12 Hans J. Morgenthau, "The Problem of the National Interest," in *Politics in the Twentieth Century* (Chicago: University of Chicago Press, 1971), pp. 204-237.; 이 시기에 '국가안전보장'이라는 표현이 1947년 미국의 국가안전보장법(National Security Act)에서 처음으로 사용되었다. 차영구·황병무 편저, 『국방정책의 이론과 실제』(서울: 오름, 2009), p. 39.

13 Morton Berkowitz and P. G. Bock, eds., *American National Security* (New York: Free Press, 1965), p. x.

14 Barry Buzan, *op. cit.*, p. 4.

15 Arnold Wolfers, "National Security as an Ambiguous Symbol," in Arnold Wolfers, *Discord and Collaboration: Essays on International Politics* (Baltimore: Johns

Hopkins University Press, 1962), p. 150.

16 David Baldwin, "The Concept of Security," *Review of International Studies*, 23-1 (January 1997), pp. 13-14.

17 Paul J. Smith and Don Berlin, "Transnational Security Threats in Asia," *Asia Pacific Center for Security Studies Conference Report*. Hawaii, (December 10, 2000).

18 Barry Buzan, *op. cit.*, p. 112.

19 황진환, 『한국의 안보와 군비통제(개정판)』(서울: 봉명, 2003), p. 3.

20 Laure Paquette, National Values and National Strategy, Ph. D. Dissertation Published at the Queen's University in 1992, p. 67; Donald Nuechterlein, America Recommitted/United States National Interests in a Restructured World (Lexington: Kentucky, 1991), p. 19.

21 이숭희 "국가안보와 군사력 수단," 『국방연구』, 42-1(서울: 안보문제연구소, 1999), p. 116.

22 Hans J. Morgenthau, *op. cit.*, p. 36.

23 구영록, "대외정치의 핵심개념으로서의 국가이익," 『한국과 국제정치』, 19(서울: 극동문제연구소, 1994), pp. 1-14.

24 국가안전보장회의, 『평화번영과 국가안보』(서울: 국가안보회의 사무처, 2004), pp. 20-27; Robert Ellsworth, Andrew Goodpaster, and Rita Hauser, *America's National Interests: A Report from the Commission on America's National Interests*. (Washington, D.C.: Commission on America's National Interests, 2000), pp. 9-18.

25 K. J. Holsti, 곽태환, 김왕헌 공역, 『국제정치학: 분석의 틀』(서울: 박영사, 1990), pp. 188-207.

26 Robert Ellsworth, Andrew Goodpaster, and Rita Hauser, *op. cit.*, pp. 9-18.

27 Donald M. Snoe, *National Security: Defense Policy in Changed International Order*, 4th ed.(New York: St. Martin's Press, 1988), pp. 178-180.

28 부스는 안보의 단위에 국가와 더불어 개인, 종족, 전통집단, 경제 불록, 다국적기업, NGO 등 지구상의 모든 비국가 행위자들을 광범위하게 포함시켜야 한다고 주장한다. 이에 대해서는 Ken Booth, "A Security Regime in Southern Africa: Transitional Consideration," *South African Perspective*, 30 (1994), p. 4.

29 이수형. "비전통적 안보개념: 등장배경, 유형 및 속성," 함택영·박영준 편, 『안전보장의 국제정치학』(서울: 사회평론, 2010), pp. 48-76를 참고.

30 Ken Booth, *op. cit.*, p. 4.

31 이신화, "비전통안보와 동북아지역협력," 『한국정치학회보』, 42-2 (2008), p. 414.

32 Stuart Schwatzstein, "Introduction" in Schwatzstein ed., *The Information Revolution and National Security* (Washington, D.C.: CSIS, 1996), p. 15.

33 James N. Rosenau, *Turbulence in World Politics: A Theory of Change and Continuity* (New Jersey: Princeton University Press, 1990), p. 12; 과학기술의 세계질서 변화에 대한 구체적인 연구로는, 김상배, "과학기술과 세계질서의 변화," 하영선 편, 『탈근대 지구정치학』(서울: 나남, 1993), pp. 251-329.

34 정진영 편, 『세계화 시대의 국가발전전략』(성남: 세종연구소, 1995), p. 21.

35 Jessica T. Matthews, "Redefining Security," *Foreign Affairs*, 68-2 (Spring 1989), pp. 162-177.

36 국방대학교, 『안전보장이론』(서울: 국방대학교, 2007), p. 238.

37 대한민국 국방부, 『2006 국방백서』(서울: 국방부, 2006), p. 12.

38 Christopher M. Dent, "Economic Security," in Alan Collins, ed., *Contemporary Security Studies* (Oxford: Oxford University Press, 2007), p. 244.

39 Jon Barnett, "Environmental Security," in Alan Collins, ed., *Contemporary Security Studies* (Oxford: Oxford University Press, 2010), p. 219.

40 이원우, "안보협력 개념들의 의미 분화와 적용: 안보연구와 정책에 주는 함의," 『국제정치논총』, 51-1 (2011), pp. 35-37.

41 황진환, 앞의 책, pp. 15-17.

42 A국가가 안보불안을 느껴 자국의 군사력을 증강하면, B국가는 이것을 자신을 해치려는 의도에서 비롯된 것으로 인식하여 다시 군비를 증강하고, 이는 A국가의 추가적인 조치를 불러온다. 이러한 행동과 반응은 지속되며 두 나라의 의도와 달리 위협은 증가한다. 즉, 군비증강을 안해도 안보불안이 생기고, 군비증강을 해도 안보불안이 생기는 딜레마적 상황을 말한다. Robert Jervis, *Perception and Misperception in International Politics* (NJ: Princeton University Press, 1976), p. 63.

43 이 위원회는 1980년 9월 스위스의 제네바에서 창설되었으며, 밴스 전 미국 국무장관, 오윈 영국 외무장관, 치란 케비치 전 폴란드 국무총리, 알바토프 소련공산당 중앙위원, 팔메 전 스웨덴 총리(위원장) 등이 참여했다. 동 위원회는 1982년 6월 유엔 군축특별총회에 "Common Security: A Blueprint for Survival"(일명, 팔메 리포트)를 제출하였다.

44 Robert Legvold, "The Revolution in Soviet Foreign Policy," *Foreign Affairs*, 68-1 (1988/89), p. 85.

45 Andrei A. Kokoshin, "On the Military Doctrines of the Warsaw Pact and NATO," in Robert D. Blackwill and F. Stephen Larrabee, eds., *Conventional Arms Control and East-West Security* (London: Duke University Press, 1989), p. 224.

46 Stephen John Stedman, "Alchemy for A New World Order, Overselling 'Preventive Diplomacy'," *Foreign Affairs*, 74-3 (May/June, 1995), pp. 14-21.

47 Oran R. Young, *International Cooperation* (Ithaca and London: Cornell University Press, 1989), pp. 1-103. Stephan Haggard and Beth A. Simmons, "Theories of International Regimes," *International Organization*, 41-3 (Summer, 1987), pp. 491- 517. Robert O. Keohane, "The Demand for International Regimes," *International Organization*, 36-2 (spring, 1982), pp. 325-355 참조.

48 강진석, 『한국의 안보전략과 국방개혁』(서울: 평단, 2005), pp. 26-27.

49 Joseph Grieco, "Anarchy and the Limits of Cooperation: A Realist Critique of the Newest Liberal Insititutionalism," *International Organization*, 42-3 (1988), pp. 485-507.

50 학자들에 따라서 자유주의 패러다임의 한 영역으로 이상주의를 포함하여 간주하기도 하며, 이를 '자유주의적 이상주의(Liberal Idealism)'라고 부르기도 한다.

51 Anthony G. McGrew, "Conceptualizing Global Politics," in Anthony G. McGrew, Paul G. Lewis et. al., eds., *Global Politics: Globalization and the Nation State* (Cambridge, Massachusetts: Polity Press, 1992), p. 20.

52 Andrew A.G. Ross, "Coming in From the Cold: Constructivism and Emotions," *European Journal of International Relations*, 12-2 (Summer 2006), pp. 197-222.

53 Alexander Wendt, "The Agent-Structure Problem in International Relations Theory," *International Organization*, 41-3 (Sunmmer 1987), pp. 340-349.

54 Alexander Wendt, *Social Theory of International Politics* (London: Cambridge University Press, 1999), pp. 308-312.

55 최종건, "구성주의 국제정치이론과 안전보장학," 함택영·박영준 편, 『안전보장의 국제정치학』, pp. 155-156.

비전통적 안보
위협과 군대의 역할

제 2 장

김 인 수

1. 인간안보의 개념과 등장 배경을 이해한다.
2. 비전통적 안보위협의 개념과 주요 유형을 이해한다.
3. 주요 비전통적 안보위협에 대응하기 위한 군사작전을 이해한다.

1. 인간안보와 비전통적 안보위협은 어떤 관계를 지니는가?
2. 우선순위가 높은 비전통적 안보위협으로는 어떤 것이 있는가?
3. 비전통적 안보위협에 대응하기 위해 군대의 역할은 어떻게 확대되고 있는가?

- 인간안보 - SALW - 테러리즘 - 뉴테러리즘 - 난민 - 불법체류
- 전쟁 이외의 군사작전(MOOTW) - 안보화(Securitization) - 전략물자
- 자생테러 - 외로운 늑대(Lone Wolf) - 망명 신청자 - 국가재난사태
- 비전통적 안보위협 - 수출통제체제 - 테러지원국 - 국제조직범죄
- 밀입국 - 팬데믹(pandemic) - 확산방지구상(PSI)

전통적인 안보 개념은 전쟁과 군사적 위협에 대응하는 것에 초점을 맞추고 있다. 그러나 오늘날의 국제사회는 국제무기밀매, 테러리즘, 국제조직범죄, 난민과 밀입국, 자연재난 및 전염병 등 새로운 유형의 안보위협에 직면하고 있다. 이러한 비전통적 위협에 대한 이해와 대응은 국가와 국민의 안전을 보장하고, 사회적 발전을 지속하는 데 매우 중요하다. 안보위협의 변화와 함께 군대의 역할도 전통적인 군사작전에서 전쟁 억제, 분쟁 해결, 평화 유지, 인도적 지원 등 전쟁 이외의 군사작전으로 확대되고 있다. 이 장에서는 비전통적 안보위협의 부상과 이에 대응하기 위해 군대의 역할이 확대되는 양상을 살펴본다.

제 1 절 비전통적 안보위협의 이해

1. 비전통적 안보위협의 개념

냉전 체제의 적대적 대결구조는 강한 군사력만이 안보를 달성하기 위한 유일한 수단이라는 믿음을 심어주었다. 이에 미·소 양 진영은 전쟁 준비를 위해 막대한 국가 자원을 소모하였다. 그러나 군비 경쟁은 상호 불신과 긴장을 초래할 뿐 이로써 전쟁의 공포를 막을 수 없다는 비판이 제기되었다. 전쟁 준비를 통해 인간으로서의 존엄과 권리를 누릴 수 없다는 깨달음은 국제사회가 공멸보다 공존을 위해 노력해야 한다는 인식으로 이어졌다. 1990년대 냉전이 종식되자, 군비축소를 통해 군사비를 사회·경제발전을 위해 전용할 수 있는 여건이 조성되었다.[1] 이에 따라 안보를 바라보는 관점도 인간의 삶에 관한 관심으로 변하기 시작했다. 1994년 유엔개발계획(UNDP)은 "만약 사람들이 가정에서, 직장에서 안전하다고 생각하지 못한다면, 유엔헌장에 어떤 조항을 명시하더라도 전쟁으로부터 안전한 세상을 만들지 못할 것"이라고 설명하면서 지구상의 모든 인간이 겪고 있는 공동의 문제부터 국제사회가 힘을 합쳐 해결해야 한다고 강조하였다. 그 결과 인간이라면 누구나 누려야 할 안전, 건강, 존엄, 자유를 국가의 안전보다 우선시하는 "인간안보(human security)" 개념이 형성되었다.

유엔개발계획(UNDP)에 따른 인간안보의 범주[2]

1) 경제안보: 임금 노동을 통해 안정된 수입을 얻는 상태를 말한다. 여기에는 소득이 없는 사람에게 사회보장제도를 통해 제공되는 수입이 포함된다.

2) 식량안보: 적절한 가격으로 식량을 손에 얻을 수 있는 상태를 말한다. 식량안보는 단순히 생존이 아니라 문화, 건강, 또는 복지를 위해 필요한 식량을 확보하는 것을 포함한다.

3) 보건안보: 질병 예방과 의료 서비스를 얻을 수 있는 상태를 말한다. 이러한 질병은 영양 부족 또는 열악한 환경에 기인한 전염병 또는 감염병, 생활 양식으로 인한 질병(호흡기 질병 또는 암 등)을 포함한다.

4) 환경안보: 인간의 삶의 질은 환경과 복잡하게 얽혀있다. 산림파괴, 과도한 방목, 또는 환경 보호 미흡으로 사막화가 일어나면 토지를 사용할 수 없게 된다. 최근에는 기후 변화가 인간안보의 주요 관심으로 대두되었다.

5) 개인안보: 물리적 폭력으로부터 안전한 상태를 말한다. 이러한 폭력에는 고문 등 국가로부터의 폭력, 전쟁 등 다른 국가로부터의 폭력, 종족갈등 등 사회집단으로부터의 폭력, 여성과 아동에 대한 가정 폭력, 자살이 모두 포함된다.

6) 공동체안보: 공동체에 속한 구성원들이 서로 가치를 공유하면서 집단 정체성을 형성하고 유지하는 상태를 말한다.

7) 정치안보: 인권을 존중하고, 반대를 허용하는 민주적 제도를 통해 자유를 보장받는 상태를 말한다. 정치적 시위 중 발생하는 정보와 언론에 대한 통제, 군대에 의한 물리적 강압, 투옥 또는 감금의 위협은 정치안보를 보장받지 못한 사례이다.

인간의 삶을 위협하는 요소가 무엇인지에 대한 평가는 각국이 처한 상황에 따라 다르다. 안보위협의 우선순위는 민감성과 취약성에 따라 달라지는데, 주어진 위협에 영향을 받을 가능성이 크고, 이에 대처하는 것이 어려울수록 더 심각한 안보위협으로 판단하기 때문이다. 예를 들어 개발도상국에서는 빈곤과 질병이 심각한 위협이라면, 서구 선진국에서는 마약과 범죄가 더 심각한 위협일 수 있다. 따라서 세계 각국이 새로운 문제 또는 현상에 공동 대응하기 위해서는 누군가 안보를 위협하고 있다는 담론을 만들어내고, 이에 대한 대응을 요구해야 한다.[3] 이처럼 국제사회 전반에 영향을 미치고, 국제사회의 공동 대응이 요구되는 초국가적 위협을 전통적인 안보위협, 즉 개별 국가의 영토, 국민, 주권에 대한 위협과 구분하여 비전통적인 안보위협이라고 한다. 유엔은 2004년 국제분쟁 외에 대량살상무기, 테러리즘, 국제조직범죄, 내전·인종청소·잔학행위, 빈곤·질병·환경오염 등 다섯 개의 범주를 국제사회가 직면한 심각한 위협으로 규정하였다.

2. 비전통적 안보위협의 유형

가. 국제무기밀매

국제무기밀매는 무기 또는 관련 물품의 불법적인 교역과 이전을 말한다. 국제무기밀매는 군비 경쟁을 자극하여 국지적 분쟁의 가능성을 증가시키고, 테러리스트와 범죄조직에 무기를 제공하여 사회 질서와 안정을 위협한다. 이에 따라 국제사회는 다양한 통제체제를 마련하여 무기밀매를 규제하고 있지만, 이를 근절하기는 쉽지 않다. 국제사회가 무기밀매를 강하게 규제하면, 불법 시장에 유입되는 무기 공급이 줄어들어 무기 중개인이 얻는 수익이 커지고, 이로 인해 더 많은 개인과 집단을 무기밀매로 끌어들이기 때문이다. 예를 들어 아프리카 내전 지역의 무장세력들은 현지인들을 착취하여 다이아몬드를 채취한다. 인권 유린을 통해 생산된 "블러드 다이아몬드"는 무기 중개인을 통해 무기와 거래되고, 다시 현지인들을 착취하는 폭력적 수단으로 활용되는 악순환이 끊이지 않는다. 악순환을 끊기 위한 국제사회의 무기 금수 조치에도 불구하고 내전 지역의 무장세력에게는 끊임없이 무기가 유입되고 있다.

국제무기밀매의 유형은 품목에 따라 대량살상무기(WMD), 소·경화기(SALW: Small Arms and Light Weapons), 전략물자로 구분할 수 있다. 첫째, "대량살상무기"는 핵·화학·생물학 무기 등 대규모 인명 피해와 파괴를 초래할 수 있는 무기와 이를 운반할 수 있는 미사일을 포함한다. 1945년 핵무기가 처음 사용된 이래 핵무기를 획득하려는 시도는 끊이지 않고 있다. 이에 이미 핵무기를 보유한 국가들은 새로운 핵보유국이 탄생하지 않도록 엄격한 감시와 통제체제를 구축했다. 1968년 설립된 핵확산금지조약(NPT: Non-Proliferation Treaty)은 핵무기의 확산과 신규 개발을 규제하는 대표적인 국제협약이다. 이러한 규제에도 불구하고 일부 국가들은 암암리에 대량살상무기와 미사일을 거래하고 있다. 1991년 구소련의 붕괴와 함께 상당량의 핵·방사능 물질과 핵무기가 정부의 통제에서 벗어나게 되었고, 그 결과 1993년 이후 550건이 넘는 핵 거래 시도가 포착되었다.[4] 북한은 무기 수출을 금지한 유엔 안보리 대북결의에도 불구하고 중동 및 아프리카에 미사일을 수출하여 외화를 획득하고 있다.[5]

둘째, "소·경화기"는 권총, 소총, 기관총 등 개인이 운용하는 소구경 화기와 중기관총, 박격포, 견착식 대공미사일 등 여러 명이 함께 운용하는 경화기를 말한다. 냉전이 끝나고 군비축소가 시작되자, 각국 군대가 보유하던 잉여 화기와 판로를 잃은 신규 화기들이 정부의 감시에서 벗어나 전 세계의 분쟁 지역으로 유입되고 있다.[6] 소·경화기는 그 자체로 분쟁의 원인은 아니지만, 폭력 사태를 촉진하여 개인의 안전과 사회의 안정을 위협한다. 이에 유엔은 무기거래조약(ATT: The Arms Trade Treaty)을 통해 소·경화기를 포함한 재래식 무기의 불법 거래를 근절하기 위해 노력하고 있다. 그러나 소·경화기는 휴대와 운반, 은닉이 쉬워 탐지와 추적이 어렵다. 최근 한국에서도 총기 밀반입이 급증하여 우려의 목소리가 커지고 있다.[7]

셋째, "전략물자"는 국제평화 및 안전유지와 국가 안보를 위해 수출허가 등 제한이 필요한 물품(물질, 시설, 장비, 부품, 소프트웨어 및 기술 등)을 말한다.[8] 전략물자는 민군겸용으로 활용될 수 있다. 전략물자가 군사적 용도로 전용될 경우, 수입국의 무기 개발능력을 향상시켜 국제사회 전체의 안보를 위협하는 "부메랑 효과"가 발생한다.[9] 이에 따라 국제사회는 수출통제체제를 통해 전략물자의 이전을 철저하게 감시하고 있다. "캐치올 (catch-all)" 수출통제는 무기 개발에 활용될 수 있다고 수출 당국이 판단하는 모든 물품의 수출을 통제하는 가장 강력하고 실효적인 조치 이다. 북한이 유엔안전보장이사회의 결의에 반하여 핵실험과 미사일 실험을 계속 하자, 2016년 유엔 안전보장이사회는 대북결의 2270호를 채택하여 북한과 재래식 무기생산에 사용될 수 있는 모든 물품의 거래를 불허하는 "캐치올(catch-all)" 수출통 제를 의무화하였다.

4대 전략물자 수출통제체제[10]

1) 핵공급국그룹(NSG): 핵확산금지조약(NPT)의 보완체제로 원자력 활동에 직접적으로 쓰이는 품목과 원자력 활동과 일반산업에 이중으로 사용되는 품목의 수출을 통제하는 조약
2) 미사일기술통제체제(MTCR): 미사일 수출통제 지침(Guidelines)과 통제 항목을 망라한 부속서(Annex)를 자국의 법률에 반영해 추진하는 미사일 수출규제
3) 바세나르체제(WA): 재래식 무기와 전략물자 및 기술이 적성국가나 테러지원국에 수출되는 것을 막기 위한 국제조직
4) 호주그룹(AG): 화학무기용 화학제의 수출 관리를 목적으로 오스트레일리아가 주도해 결성한 조직

나. 테러리즘

테러리즘(Terrorism)은 "개인 또는 집단에 의해 이루어지는 폭력의 사용 또는 폭력 사용의 위협으로, 표적이 된 집단 전체에 공포와 혼란을 조장하여 자신들의 요구를 수용하도록 강압하는 행위"[11]이다. 테러리즘은 테러 주체에 따라 국가에 의한 테러와 개인·단체에 의한 테러로 구분하고, 대상에 따라 국내·외 테러로 구분할 수 있다.[12] 첫째, 정부가 자국민을 대상으로 자행하는 테러를 백색테러(white terror) 라고 한다. 여기서 백색은 프랑스 왕정의 상징인 백합에서 유래하였는데, 프랑스 혁명 당시 왕당파는 혁명파를 폭력적으로 탄압하였다.[13] 백색테러는 반체제 또는 반정부 활동을 폭력적으로 탄압하는 독재국가에서 일반적으로 나타난다. 둘째, 자국민이 자국 정부와 국민에게 저지르는 테러를 자생적 테러리즘(homegrown terrorism)이라고 한다. 셋째, 정부가 외국 정부와 국민을 공격하는 테러를 국가지원

테러리즘(state-sponsor terrorism)이라고 한다. 북한은 하마스(Hamas), 헤즈볼라(Hezbollah) 등 테러 단체에 자금, 무기, 훈련, 피난처 등을 제공하고 있다. 이에 미국 부시 행정부는 2002년 북한을 테러지원국으로 지정하였다. 마지막으로 테러리스트가 외국에서 저지르는 테러를 국제테러리즘이라고 한다.

표 2-1 테러리즘의 유형

주체		대상	
		자국 정부·국민	외국 정부·국민
주체	국가	백색테러 (white terror)	국가 지원 테러리즘 (state-sponsor terror)
	개인·단체	자생적 테러리즘 (homegrown terrorism)	국제테러리즘 (international terrorism)

　1999년 미국의 랜드(RAND) 연구소는 무차별화, 대형화되는 최근의 테러리즘을 "뉴테러리즘(new terrorism)"으로 규정했다.[14] 뉴테러리즘은 외로운 늑대(lone wolf)라고 불리는 개인 또는 소규모 집단의 공격으로 이루어진다. 외로운 늑대는 인터넷과 소셜 미디어 등 온라인을 통해 과격한 이념에 심취하게 된 후, 배후 세력 없이 자발적으로 테러를 일으키는 특성을 보인다. 이처럼 특정 조직에 소속되지 않고 개인적 동기에 따라 개별적으로 행동하기 때문에 테러리스트의 신원 확인, 수사, 예방에 어려움을 겪는다.[15] 뉴테러리즘은 기존에 사용하지 않았던 다양한 형태의 공격을 시도한다. 특히 인터넷 기술의 발전은 테러리스트들이 물리적 폭력이 없이도 정보 인프라를 손쉽게 공격할 수 있는 환경을 만들어냈다.

　테러리즘은 예측할 수 없는 작은 규모의 공격으로도 대규모 피해를 일으킬 수 있어 미국, 유럽 등 서구 선진국에 대한 비대칭적 공격 수단으로 활용되고 있다. 근대 초기에는 식민지배에 반발하여 독립이나 자치를 요구하는 민족주의 세력이 게릴라 습격 형태의 테러를 일으켰다. 냉전기에는 서구 자본주의 체제를 부정하는 좌파 세력에 의한 항공기 납치, 요인 암살 등의 테러가 발생했으며, 탈냉전 후에는 이슬람 근본주의자들에 의한 폭탄 테러가 이어지고 있다. 2001년 발생한 9·11 테러는 오늘날의 국제사회가 테러리즘에 얼마나 취약한지를 보여주는 단적인 사례였다.

한국은 테러지원국인 북한의 테러 위협에 노출되어 있다. 북한은 현충문 폭파 사건(1970. 6. 22), 미얀마 아웅산 묘소 폭파 테러(1983. 10. 9) 등 대통령을 시해하려고 시도했을 뿐만 아니라, 김포국제공항 폭탄 테러(1986. 9. 14.), 대한항공 여객기 폭파 테러(1987. 11. 29) 등 공공장소 및 대중교통에 대한 테러를 통해 남한 사회에 불안과 공포를 조성하려고 하였다. 최근 북한은 국가 기반시설 공격, 정보 탈취 등 사이버 공격을 강화하고 있으며,[16] 핵·방사능 물질을 이용한 "더티 밤(dirty bomb)"에 의한 테러 가능성에 대한 우려 역시 커지고 있다.

다. 국제조직범죄

국제조직범죄는 "마약·무기밀매, 인신매매, 밀입국 알선, 밀수, 사이버 범죄 등 인권과 안전을 위협하고, 사회적 불안정을 초래하는 초국가적 범죄"를 말한다. 탈냉전 이후 본격화된 세계화는 조직범죄를 전 세계로 확산시켰다. 국제조직범죄는 국가 간 사법체계의 차이를 교묘하게 이용하여 활동하기 때문에 이에 대한 대응이 쉽지 않다.[17] 첫째, 정부 통제력이 강한 국가는 시장에서 거래할 수 있는 물품과 그렇지 않은 물품을 구분하고 철저히 관리한다. 따라서 규제 대상인 물품을 거래하는 불법 시장이 등장하고, 범죄조직은 이러한 시장을 장악하여 부를 축적한다. 범죄조직이 마약을 거래하면서 막대한 수익을 창출하는 것이 좋은 예이다. 둘째, 정부 통제력이 약한 국가는 범죄를 단속할 역량이 부족하고, 부패가 만연하기 때문에 범죄조직이 정부의 간섭을 받지 않고 활동하면서 세력을 키울 수 있다.

┌ 표 2-2 국제조직범죄의 유형

구분	주요 활동
마약밀매	불법 마약의 생산, 유통, 판매
무기밀매	불법적인 무기의 생산, 판매, 이전
인신매매	강제 노동 또는 성매매를 목적으로 남성, 여성, 아동을 거래

밀입국	적법한 허가 없이 국경을 넘을 수 있도록 알선
밀수	귀금속과 각종 희귀 천연자원 및 야생동물 등을 불법으로 거래
사이버 범죄	개인정보 또는 계좌에 대한 정보를 탈취하여 불법 인출 또는 송금을 시도

출처: 유엔마약범죄사무소(UNODC), https://www.unodc.org/toc/en/crimes/organized-crime.html.

마약밀매는 가장 대표적인 초국가적 범죄이다. 유엔마약범죄사무소(UNODC)에 따르면 2019년 기준으로 전 세계에서 3억 명 이상이 마약을 투약하고 있으며, 마약 시장의 규모는 113조 원 이상이었다.[18] 2014년 미국 포춘(Fortune)이 선정한 세계 5대 범죄조직—멕시코 시날로아 카르텔(Sinaloa Cartel), 이탈리아 은드란게타(Ndrangheta)와 카모라(Camorra), 러시아 솔른체프스카야 브라트바(Solntsevskaya Bratva), 일본 야마구치구미—모두 마약밀매와 관련되어 있다.[19] 세계 최대의 마약 소비국으로 알려진 미국은 1971년 닉슨 대통령의 주도로 "마약과의 전쟁"을 선포하는 한편, 1973년에는 마약단속국(DEA: Drug Enforcement Administration)을 창설하여 멕시코의 마약 카르텔을 소탕하려고 시도하였다. 그러나 마약 카르텔을 소탕하기는 쉽지 않다. 이들이 사라진 빈자리를 경쟁 조직이 차지하는 악순환을 피할 수 없기 때문이다. 멕시코에서도 마약 카르텔이 마약 생산지를 콜롬비아로 옮기면서 콜롬비아가 새롭게 마약 생산 및 수출의 중심지로 성장하였다.

한국은 지난 2016년에 유엔이 정한 마약 청정국의 기준에서 벗어났으며, 마약 카르텔의 위협으로부터 안전하지 않다. 더욱이 북한은 러시아, 중국, 대만, 일본, 남한 등에서 거래되는 필로폰의 주요 수출국으로 알려져 있다.[20] 이들은 국내 폭력조직과 연계하여 다크웹 또는 SNS를 통해 마약을 암암리에 거래하고 있다. 그 결과 국내 마약류 사용자가 60만 명에 이를 것으로 추정되고 있다.[21] 마약류 사용자의 증가는 마약 중독자에 대한 의료 및 복지 비용, 마약 투약에 따른 생산성 감소, 마약 범죄로 인한 형사사법 비용 등 엄청난 사회적 비용을 발생시킨다. 2023년 설문조사에 따르면 전체 응답자의 76%가 한국 사회의 마약 문제가 심각하다고 응답하였고, 77% 이상이 우리나라에서 마약을 구할 수 있다고 응답하였다.[22]

라. 난민과 밀입국

난민과 밀입국은 원래 살던 국가를 떠나 다른 국가로 옮겨가는 이주(migration)의 한 형태이다.[23] 이주는 동기에 따라 자발적 이주와 비자발적 이주로 구분한다. 첫째, 자발적 이주는 더 나은 일자리, 교육, 생활 조건을 찾아 거주 국가를 옮기는 인구이동을 말한다. 자발적 이주는 입국 과정에 따라 합법적 이주와 밀입국으로 구분한다. 합법적 이주는 다시 영구 거주 목적의 이민과 단기 체류 목적의 방문으로 구분한다. 세계화와 교통·통신 수단의 발달로 국가 간 이주가 급격하게 증가하고 있지만, 모든 국가는 법과 질서를 유지하고 경제적 이익을 보호·유지하기 위해 이민을 철저하게 통제한다. 따라서 관광 등 일시적 방문에 대한 규제는 완화하면서도 영주권 취득절차를 까다롭게 하여 이민으로 인한 인구 유입을 제한하고 있다. 둘째, 비자발적 이주는 개인의 의지와 관계없이 자연재해 및 재난, 정치적 또는 사회적 박해를 피해 거주 국가를 옮기는 인구이동을 말한다. 오늘날의 국제사회는 본국에서 발생한 위험으로부터 보호를 받을 필요가 있는 사람을 난민으로 인정하고, 국제법과 규약에 따라 이들을 보호하고 지원할 책임을 인정하고 있다. 그러나 모든 사람이 국제사회의 보호를 받게 되는 것은 아니다. 국제적인 보호를 요청했으나, 법적으로 난민 지위를 인정받지 못한 상태의 사람을 난민과 구분하여 망명 신청자라고 한다.[24]

표 2-3 **국제 이주의 유형**

구분		이주 동기	
		자발적 이주	비자발적 이주
법적 지위	합법	이민(영주권 획득), 방문	난민
	불법	밀입국·불법체류	망명 신청자

최근 미국과 유럽은 난민의 증가로 인해 심각한 사회갈등을 겪고 있다. 미국은 박해를 피해 자국을 탈출한 사람들에게 피난처를 제공한다. 미국에 피난을 신청한

사람, 즉 망명 신청자는 미국 법원으로부터 최종 판결을 받을 때까지 미국에 체류할 자격을 얻는다. 혹여 피난 신청이 거부되더라도 곧바로 추방되지는 않기 때문에 이들은 불법체류자의 신분으로 미국에 머물 수 있다. 이에 따라 매일 만 명 규모의 저개발국가 출신 이민자들이 피난 신청을 위해 미국 국경으로 몰려들고 있다. 그러나 미국 법원으로부터 피난을 인정받는 사람은 소수에 불과하다.[25] 피난을 승인받지 못한 불법체류자의 증가는 노동시장을 왜곡하고, 의료 및 보건 등 공공 서비스의 효율적인 활용을 제한하는 등 사회 전반에 부정적인 영향을 미친다. 이에 따라 미국의 트럼프 행정부는 "국제적 위해의 전염병이 창궐해서 미국에 퍼질 위험이 있을 때 이를 막기 위해 국경을 무조건 닫을 수 있다"고 규정한 보건법 제42호 정책을 적용해 합법적 입국 및 이민을 제외한 국경 통과를 원천적으로 차단했다.[26] 유럽 연합 역시 2015년 시리아 난민 위기 이후 중동과 아프리카에서 밀려드는 난민들로 인해 심각한 갈등을 겪고 있다. 유럽 각국으로 유입되는 난민이 급증함에 따라 이들의 이동 통로에 있는 국가들은 유럽 전체가 난민을 분산 수용할 것을 주장하고 있으나, 중동과 관련이 없던 국가들은 이러한 주장에 반대하고 있다.

시리아 난민 위기

2010년 튀니지 혁명 이후 중동 및 아프리카 독재국가들에서 발생한 민주화 혁명으로 지역 정세가 불안해졌다. 2011년 시리아에서는 아사드 독재 정권이 민주화 시위를 강경 진압하면서 내전이 발생하였다. 이후 560만 명 이상의 난민이 시리아를 탈출하여 유럽 등 세계 각지로 흩어졌다. 이들 중 일부는 조악한 선박을 이용하여 지중해를 건너는 과정에서 사고로 목숨을 잃었다. 유럽은 더블린 조약에 따라 난민이 처음 도착한 국가에서 난민의 망명 신청을 심사하도록 규정하고 있다. 이탈리아, 그리스, 헝가리 등 유럽 외곽 국가들의 부담이 가중되자, 유럽 연합은 유럽 전체가 난민을 공동 수용하도록 합의하였다. 그러나 동유럽 일부 국가들은 이에 반대하고 있으며, 일부 국가들은 유럽 연합 내 국경 개방에 합의한 솅겐(Shengen) 조약에도 불구하고 난민을 차단하기 위해 국경을 통제하는 등 유럽의 통합을 위협하고 있다.

난민 수용과 관련된 찬반논쟁은 한국도 예외가 아니다. 한국은 1992년 유엔 난민협약에 가입하였고, 2013년에는 아시아 최초로 난민법을 제정하는 등 난민 보호를 위한 제도를 갖추고 있다. 이에 따라 2015년 예멘에서 내전이 발생한 이후,

세계 각지로 흩어졌던 예멘 난민 중 일부가 한국에 난민 신청을 하게 되었고, 2018년 난민 신청자는 549명까지 증가하였다. 난민의 급격한 증가는 이들이 국내에 체류하면 테러 또는 강력범죄가 증가한다거나 취업을 노린 가짜 난민이라는 등 반대 여론을 불러일으켰다. 한국은 난민 신청자에 대해 난민의 지위를 인정하는 대신 인도적 체류만 허용하는 소극적 정책을 취하고 있어 국제사회로부터 난민 보호의 책임을 확대할 것을 요구받고 있다.[27]

마. 자연재해 및 전염병

자연재해는 "가뭄, 지진, 홍수, 태풍, 폭우, 화산 폭발, 산불 등 자연 현상으로 인해 발생하는 인적·경제적 손실, 환경파괴 등"을 말하며, 국경을 넘어서 인접 지역 전체에 영향을 미치는 초국가적 위협이다. 전염병은 병원체에 감염된 사람, 동물, 식물이 다른 개체로 병원체를 전파하는 병으로 개인의 건강과 농작물 및 가축의 피해를 발생시킨다. 전염병은 일부 지역 및 시기에 병원체가 빠르게 전파되는 유행과 전 세계로 전파되는 팬데믹(pandemic)으로 구분한다. 자연재해와 전염병은 국가기반 시설을 파괴하고, 대규모 인명 피해를 일으킬 뿐만 아니라 정부의 대응이 미흡할 경우 정치적 불안을 초래할 수 있다.

자연재해가 국제사회의 관심 대상이 된 이유는 기상 이변을 예측하기 어려울 뿐만 아니라 이로 인한 피해 규모가 점점 더 커지고 있기 때문이다. 이에 따라 최근 국제사회에는 태풍, 지진, 가뭄 등 자연재해로 인해 국가재난사태를 선포하는 사례가 늘어나고 있다. 국가재난사태는 자연재해 또는 인적 재해로 인해 심각한 인명·재산 피해가 발생할 우려가 있을 때, 피해를 최소화하기 위해 국가의 인적·물적 자원을 총동원해야 하는 상황을 말한다. 우리나라의 경우 국가의 안녕과 사회 질서유지에 심각한 영향을 미칠 수 있어 이를 수습하기 위해 국가적 차원의 조치가 필요한 재난에 대해 특별재난지역을 선포하여 대응하고 있다. 2000년대 평균 1.4회였던 특별재난지역 선포는 2010년대에 평균 2회로 늘어났으며, 이후 꾸준히 증가하는 추세에 있다. 자연재해로 인한 특별재난지역 선포가 증가한다는 것은 자연재해의 위협이 그만큼 커졌다는 것을 의미한다.

표 2-4 **특별재난지역 선포 횟수**

연도	'02	'03	'04	'05	'06	'07	'08	'09	'10	'11	'12	'13	'14	'15	'16	'17	'18	'19	'20	'21	'22
특별재난지역	1	1	1	1	1	3	1	2	3	4	3	2	2	0	2	2	3	3	3	2	6
자연재난	1	1	1	1	1	2	1	2	3	4	2	2	1	0	2	2	3	2	2	2	3
사회재난	0	0	0	0	0	1	0	0	0	0	1	0	1	0	0	0	0	1	1	0	3

출처: 유e-나라지표, "특별재난지역 선포 횟수"

팬데믹 역시 개인과 사회의 안전과 안정을 위협하고 있다. 팬데믹이 발생하면 많은 사람이 동시에 감염되어 보건·의료체계의 붕괴를 초래한다. 전염병의 대규모 확산을 막기 위해서는 사회적 거리두기 및 봉쇄 조치가 필요한데, 이 역시 사회 전반에 부정적인 영향을 미친다. 사회적 거리두기와 봉쇄 조치는 경제활동을 위축시키고, 개인의 자유를 침해하여 정부에 대한 신뢰를 훼손시킬 수 있다. 2019년 중국에서 발생하여 세계 전역으로 전파된 코로나-19(COVID-19)는 전염병이 얼마나 심각하게 개인과 공동체를 파괴할 수 있는지 보여주었다. 2019년 12월 8일 중국 우한에서 원인을 알 수 없는 폐렴 환자가 발생한 이후 팬데믹이 선언된 2020년 3월 11일까지 불과 3개월 만에 전 세계 114개국에서 12만 명에 달하는 확진자가 발생했고, 2023년 5월 5일 팬데믹 종식이 선언될 때까지 전 세계 230개국에서 700여만 명이 코로나-19로 사망하였다. 우리나라에서는 2020년 1월 20일 첫 확진자가 발생한 이래 2023년 9월까지 3,443만 명의 확진자와 35,800여 명의 사망자가 발생했다.

제 2 절 안보위협의 변화와 군사작전의 확대

1. 전쟁 이외의 군사작전(MOOTW)의 개념과 특징

미국 군대사회학자 모스코스(Charles Moskos)는 탈냉전 이후 미국의 안보위협이 적의 침공과 핵전쟁 등 국가 외부의 위협으로부터 테러와 종족갈등 등 국가 내부의 위협으로 바뀌었다고 설명한다.[28] 이러한 비전통적 안보위협에 대응하기 위해서 1990년대 미군은 "전쟁 이외의 군사작전(MOOTW: Military Operations Other Than War)" 교리를 발전시키기 시작했다. MOOTW는 전쟁억제, 분쟁해결, 평화유지, 인도적 지원 등 전쟁 이외의 목적을 달성하기 위해 시행되는 군사작전을 의미한다.

표 2-5 **군사작전의 범위**

군사작전	목적	대표적 사례
전쟁	전쟁 승리	재래식 전쟁: 대규모 전투 작전 (공격, 방어) 하이브리드 전쟁: 사이버전, 드론전 등
전쟁 외 군사작전 (MOOTW)	전쟁억제 분쟁해결	평화유지활동, 군사력 전개·습격 대테러작전, 대반란작전
	평화증진 인도적 지원	항행의 자유(Freedom of Navigation) 대마약작전, 인도적 지원, 대민지원

출처: US Joint Chief of Staff 1995, p. I-2.

오늘날 MOOTW는 다양한 비전통적 안보위협에 대응하는데 중요한 도구로 활용되고 있다.[29] 첫째, 비전통적 안보위협은 국가의 경계를 넘어서 영향을 미치며, 효과적인 대응을 위해서는 국제적인 협력이 필요하다. 통상 해외에서 다국적 연합작전으로 수행되는 MOOTW는 비전통적 안보위협에 대한 국제사회의 대응 능력을 강화한다. 둘째, 전통적인 군사작전은 전쟁을 통해 정치적 목표를 달성하기 위한 폭력적 수단으로 활용되지만, MOOTW는 전쟁을 억제하거나 평화를 증진하는 제한된 목적의 군사작전을 수행한다. MOOTW는 인간의 생명, 안전, 건강, 존엄성, 자유 등 전통적인 전쟁보다 폭넓은 범위의 안보 문제를 다루며, 특정 상황에 맞추어 유연하게 대응할 수 있다. 셋째, 전통적인 군사작전은 적국을 굴복시키기 위해 무력을 활용하지만, MOOTW는 인도적 지원, 교육, 훈련, 인프라 복구, 정보 제공 등 다양한 수단을 사용한다. MOOTW는 인도주의적 접근을 통해 지역의 안정과 발전을 지원하여 비전통적 안보위협을 완화한다.

우리나라도 2020년부터 「비전통적 위협 국방 대응체계 발전 추진계획」에 따라

표 2-6   **비전통적 안보위협에 대한 국방 대응**

분야	내용
법률·체계 발전	- 국방의 적극적 역할 정립 및 법적 근거 마련 - 재난대응 국방부 매뉴얼 제정 - 관·군 위기관리 및 상황공유체계 구축 - 국방 통합 재난관리 정보체계 구축
구조·편성 발전	- 비전통적 위협 유형별 재난대응부대 운용개념 발전 - 기능별 통합 지휘통제체계 구축(화생방, 의무, 통신, 대테러 등) - 통합 재난대응을 위한 합동지휘통제체계 강화
지원역량 강화	- 장비·물자 최적화 추진 - 군사시설이 다목적 활용방안 강구 - 전문인력 관리 및 교육훈련체계 보완 - 국방신속지원단 운용체계 제도화

출처: 대한민국 정책브리핑, "비전통적 안보위협과 국방 대응," 2021년 12월 3일.

테러와 자연재해·전염병 등 비전통적 안보위협에 대한 군의 역할을 확대해나가고 있다. 첫째, 재난 상황에서 군이 주도적인 역할을 할 수 있도록 법령을 개정하고, 군의 가용자원과 지원 현황이 실시간으로 공유될 수 있도록 '국방통합재난관리정보체계'를 구축하고 있다. 둘째, 군이 재난 상황에 적극적으로 대응할 수 있도록 화생방, 의무, 통신, 대테러 등 기능별 역량을 강화하고, 각 기능을 통합할 수 있는 합동지휘통제체계를 발전시키고 있다. 셋째, 재난을 수습하기 위해 군이 제공할 인력·시설, 장비·물자의 소요를 파악하고, 이를 적시에 지원할 수 있도록 역량을 강화하고 있다.

2. 비전통적 안보위협과 MOOTW

가. 해상봉쇄 작전

오늘날 국제사회는 국제수출통제체제를 통해 무기밀매를 막기 위한 노력을 강화하고 있다. 그러나 북한과 같이 국제사회의 규범을 준수하지 않는 불량 국가들에 의한 무기 거래를 원천적으로 차단할 수 없다. 실제로 2002년 12월 스페인과 미국은 국적기를 달지 않고 예멘으로 향하는 의심스러운 선박에서 북한제 스커드미사일 15기와 고체 추진제를 발견하였다. 이에 따라 미국 부시 대통령은 2003년 5월 대량살상무기, 미사일, 재래식 무기를 선적한 것으로 의심되는 선박과 항공기를 중간에서 차단하는 확산방지구상(PSI: Proliferation Security Initiative)을 제안하였다. PSI에는 2023년 현재 전 세계 106개국이 참여하고 있으며, PSI 참여국들은 급변하는 핵확산 위협에 대처하기 위해 불법무기거래를 차단하기 위한 군사훈련을 진행하고 있다. 2003년 11월에는 미국, 독일, 이탈리아가 원심분리기를 적재하고 리비아로 향하던 독일 선박 "BBC China호"를 차단하여 리비아의 대량살상무기 개발을 무산시켰다.[30] 우리나라는 2010년 PSI에 가입한 이래 해상봉쇄를 위한 한·미연합훈련에 참여하고 있다. 2023년 5월에는 제주도 근해에서 미국, 일본, 호주가 참여하는 다국적 해상봉쇄훈련(Eastern Endeavor 23)을 주관하는 등 북한의 핵·미사일 확산을 막기 위한 노력을 확대하고 있다.

나. 반테러 및 대테러 작전

테러리즘에 대한 대응은 테러에 대한 취약성을 발견하여 이에 대처하는 반테러 작전(anti-terrorism)과 테러를 예방하고, 억제하거나 이미 발생한 테러에 대응하는 대테러 작전(counter-terrorism)으로 구분된다. 가장 일반적인 반테러 활동은 테러리스트들이 공격을 포기하도록 강력한 방어태세를 갖추는 것이다. 군은 테러리스트에게 파괴되거나 기능이 마비될 경우 국가 안보와 국민 생활에 심각한 영향을 주게 되는 국가 중요시설을 방호하는 작전을 수행한다. 대테러 활동에는 국·내외 테러조직과 그 활동을 추적하는 정보 수집, 테러 피해를 최소화하기 위한 협상 및 진압이 포함된다. 군은 이를 위해 특수하게 훈련된 인원과 장비를 갖춘 대테러부대를 조직·운용한다. 우리나라는 테러방지법의 규정에 따라 대테러특공대, 대화생방테러 특수임무대, 대테러 특수임무대를 보유하고 있다.[31] 이들 대테러부대는 해외 테러 단체로부터 우리 국민을 보호하기 위해 원격지 전개 훈련 및 다국적 연합훈련을 진행하고 있으며, 2020년부터는 부대의 편성, 장비·물자를 보강하는 등 테러에 대한 대응 능력을 강화하고 있다.[32]

표 2-7　대테러 활동에 관한 국방부의 임무

구분	내용
반테러 임무	• 방호: 군사시설 및 방위산업시설에 대한 테러예방활동 및 지도·점검
대테러 임무	• 정보수집: 군사시설 및 방위산업시설에 대한 테러첩보의 수집 • 협상: 협상실무요원·전문요원 및 통역요원의 양성·확보 • 진압 　– 국내외에서의 테러진압작전에 대한 지원 　– 대테러특공대 및 폭발물 처리팀의 편성·운영 　– 대화생방테러 특수임무대 편성·운영 　– 대테러전술의 연구·개발 및 필요 장비의 확보 　– 대테러 전문교육·훈련에 대한 지원

출처: 국가대테러활동지침(2012. 2. 9)

다. 대마약 작전(counter-drug operation)

국제사회는 마약밀매와 관련된 활동을 탐지, 차단, 방해 또는 축소하기 위한 대마약 작전에 군을 투입하고 있다. 통상 군대와 사법기관의 역할은 법률적으로 엄격하게 분리되어 있다. 범죄에 대한 단속과 처벌은 경찰과 검찰 등 사법기관이 담당한다. 전쟁에 대비하도록 훈련된 군이 범죄 단속에 직접 개입하면 군사력 남용으로 인권을 침해하거나 법치주의를 위협할 수 있기 때문이다. 그러나 두 가지 이유로 대마약 군사작전이 확대되고 있다. 첫째, 군은 외적의 침입에 대비해 국경을 경비하는 임무를 맡고 있고, 이를 위해 정보 수집 및 분석 능력, 특수부대 등 다양한 군사적 자원과 능력을 보유하고 있다. 군이 보유한 자원과 능력을 활용하여 국경으로 숨어드는 침입자를 탐지하고 차단하는 것은 군 본연의 임무에서 벗어나지 않는다. 세계 최대의 마약 소비국인 미국에서는 1971년 "마약과의 전쟁"을 선포한 이래 군이 수집한 정보와 필수 장비를 사법기관과 공유하면서 마약 퇴치를 위해 협력하고 있다. 둘째, 최근 마약 카르텔이 전·현직 군인을 조직원으로 고용하고 유탄발사기, 대전차로켓, 장갑차 등 군대 수준으로 무장하게 됨에 따라 이들을 소탕하기 위해서는 군대의 동원이 불가피해졌다.

미국의 파나마 침공 (1989. 12 ~ 1990. 1)

1989년 12월 미국은 파나마의 실질적 지배자인 노리에가(Manuel Noriega) 장군을 제거하기 위해 파나마를 침공하였다. 파나마의 군인이었던 노리에가는 1980년대 CIA와 협조하면서 파나마의 정치적 실세로 성장했으나, 1988년 마약밀매 및 돈세탁 혐의로 미 법원에 기소되었다. 1989년 노리에가가 파마나 대통령 선거 결과를 무효화 하고, 의회를 통해 미국에 전쟁을 선포하자, 미국 부시 대통령은 노리에가를 미국 법정에 세우고, 미국인의 생명과 재산을 보호한다는 명분으로 24,000명의 병력을 파나마에 투입하여 "정당한 명분 작전(Operation Just Cause)"을 개시하였다. 미국의 파나마 침공으로 주파나마 교황청 대사관으로 피신했던 노리에가는 1990년 1월 투항하여 미국으로 압송되었으며, 마약밀매 혐의로 미국, 프랑스, 파나마에서 복역하다가 2019년 사망하였다.

출처: Britannica, "Operation Just Cause". *Encyclopedia Britannica*, 29 Feb. 2024,

라. 밀입국 차단 작전

최근 난민과 밀입국이 급증하고 있는 미국과 유럽국가들은 국경 통제를 강화하기 위해 다양한 방법으로 군을 활용하고 있다. 미국은 1990년대 이후 멕시코 국경 일대에 병력을 투입하여 국토안보부(Department of Homeland Security)와 관세국경보호청(Customs and Border Protection)의 국경 통제를 지원하고 있다.[33] 첫째, 미군은 밀입국자들이 주로 이동하는 중요한 지점에 드론과 초계기 등 인원과 장비를 배치하여 의심스러운 활동을 감시하고 보고한다. 미군 병력은 밀입국자를 감시할 권한만 부여받기 때문에 이들을 체포하거나 구금하는 역할은 사법기관이 담당한다. 둘째, 미군은 관세국경보호청의 요청에 따라 위기대응팀을 조직하여 긴급상황에 대처한다. 항공, 헌병, 공병, 의무부대와 지원 인력으로 편성된 위기대응팀은 국경 일대에서 발생하는 인도주의적 위기 상황에서 필요한 조치를 제공한다. 셋째, 미군은 각종 중장비를 운용하여 시설물을 관리하고, 국토안보부와 관세국경보호청이 보유한 차량을 정비하는 등 군수지원을 제공한다. 트럼프 행정부의 경우 2018년 5,000명 이상의 현역 군인을 멕시코 국경에 투입하여 밀입국을 차단하는 "충실한 애국자 작전(Operation Faithful Patriot)"을 전개하였다. 매일 15,000명 이상이 밀입국을 시도하는 상황에서 멕시코 국경 경비와 순찰 업무를 지원하기 위한 병력 활용은 불가피한 현실이다.

마. 인도적 지원·구호 작전

군은 자연재해 및 전염병 발생에 대응할 수 있는 전문인력과 장비를 보유하고 있어 재난 상황에 신속하게 대응할 수 있다. 첫째, 군은 대규모 사상자가 발생한 재난 현장에 긴급히 파견되어 피해자를 구조하고, 의료 서비스를 제공하기 위한 훈련된 의료진과 장비를 갖추고 있다. 둘째, 군은 자연재해로 파괴된 도로, 교량, 전력, 수도, 통신과 같은 기반시설을 복구하기 위한 인력과 장비를 보유하고 있다. 셋째, 군은 필요한 음식, 물, 의약품, 이동식 숙박 시설 등을 제공하여 피해자들에게 안전한 거주 공간과 생활 여건을 마련해주는 역할을 담당할 수 있다. 마지막으로 재난 현장에 배치된 군대는 사회적 혼란을 방지하고 질서를 유지하여 구호단체들이 안전하게 활동할 수 있는 여건을 조성한다. 우리나라의 경우 폭설, 태풍, 호우 등 자연재해와 구제역, 조류독감, 코로나-19 등 전염병 발생이 증가함에 따라 재난 수습을 위해 투입되는 병력과 장비의 규모도 크게 늘었다. 인도적 지원·구호 작전은 재난 발생 국가의 요청에 따라 해외에서 이루어지기도 한다. 2013년 11월 태풍 하이엔으로 필리핀에 수만 명의 사상자가 발생하자, 우리 정부는 같은 해 12월 육·해·공·해병대로 편성된 아라우 부대를 필리핀에 파병하여 1년간 재난 복구를 지원하였다. 아라우 부대는 도로, 학교, 급수 시설 등 공공시설을 복구하고, 국제구호기관이 접근할 수 없는 격오지 주민들에게 방역과 환자 진료 등 의료 지원을 제공하였다.

표 2-8 군 대민지원 현황

구분	2012	2013	2014	2015	2016	2017	2018	2019	2020	2021	2022
인력(명)	219,721	66,952	595,032	48,539	109,159	115,699	44,591	203,840	580,747	1,111,888	663,233
장비(대)	6,660	581	14,259	3,380	1,883	5,995	9,830	11,484	51,124	43,574	40,657

자료: 국방부, 『2023 국방통계 연보』(국방부, 2023). p. 30.

요 약

1 >> 냉전의 종식으로 전통적인 군사적 위협이 감소하자, 안보의 대상이 인간으로 확대되면서 국제무기거래, 테러리즘, 국제조직범죄, 난민 및 밀입국, 자연재해 및 전염병 등 비전통적 안보위협이 대두되었다.

2 >> 새로운 유형의 안보위협에 대응하고 평화와 안정을 유지하기 위해 군대의 역할이 전통적인 군사작전에서 전쟁 억제, 분쟁 해결, 평화증진, 인도적 지원 등 전쟁 이외의 군사작전으로 확대되고 있다.

3 >> 국제무기밀매는 대량살상무기, 소·경화기, 전략물자를 분쟁 지역에 유통시켜 국제질서를 위협하고 있다. 이에 따라 국제사회는 대량살상무기 확산을 차단하기 위한 미국 주도의 PSI에 참여하고 있으며, 군은 해상봉쇄 군사작전을 전개하고 있다.

4 >> 최근 테러는 무차별, 대형화되는 뉴테러리즘으로 진화하고 있다. 군은 국가주요시설을 방호하는 반테러 임무와 테러 단체와 그 활동에 대한 정보를 수집하고, 테러 발생 시 협상 또는 무력 진압을 통해 피해를 최소화할 수 있도록 대테러 임무를 수행하고 있다.

5 >> 국제조직범죄는 마약·무기밀매, 인신매매, 밀입국 알선, 밀수, 사이버 범죄 등 인권과 안전을 위협하고, 사회적 불안정을 초래하는 초국가적 범죄를 말한다. 군은 군대가 보유한 자원과 능력을 활용하여 국경을 넘나드는 마약밀매를 차단하는 임무를 수행하고 있다.

6 >> 최근 미국과 유럽에서 난민과 밀입국자의 유입이 증가함에 따라 노동시장을 왜곡하고, 공공 서비스의 효율적인 활용을 제한하는 등 사회 전반에 부정적인 영향을 미치고 있다. 이에 따라 군은 국경 경비와 순찰 업무를 지원하는 밀입국 차단작전을 수행하고 있다.

7 >> 자연재해와 전염병은 정부의 대응 능력을 넘어설 정도로 기반시설을 파괴하고, 인명 피해를 발생시키고 있다. 전문인력과 장비를 보유한 군은 국내·외에서 응급 구조 및 진료, 사회기반시설 복구, 사회적 안정 유지 등 재난 상황에 적극적으로 대응하고 있다.

더 읽으면 **좋은 글**

1 >> Paul D. Williams & Matt McDonald, Security Studies: An Introduction, Third Edition (NY: Routledge, 2018)
   - 비전통적 안보위협의 유형별 등장 배경과 안보에 미치는 함의에 대해 설명

2 >> US Chief of Staff, "Joint Doctrine for Military Operations Other Than War," June 16, 1995.
   - MOOTW 관련 미군 교범으로 MOOTW를 유형별로 소개

3 >> 공평원 외, 『안전한 국가를 위한 국가전략』(국가안보전략연구원, 2022)
   - 우리나라의 비전통적 안보위협에 대한 대응전략을 제시

| 미 주 |

1 전쟁 종식으로 사회·경제발전을 위해 전용할 수 있게 된 군사비를 "평화배당금"이라고 한다.

2 United Nations Development Programme (UNDP), *Human Development Report 1994* (UN, 1994), pp. 25−33

3 코펜하겐(Copenhagen) 학파는 "안보"란 객관적으로 존재하지 않으며, 사회적으로 구성된다고 설명한다. 즉, 어떤 주체가 특정 문제를 '안보 위협'으로 강조하고, 그 문제를 다루기 위한 정책이나 조치를 취하도록 사회적 합의를 이끌어내는 "안보화"(securiti−zation)의 결과로 형성된다.

4 한성대, "러시아 마피아, 야쿠자, 삼합회...세계 6대 범죄조직의 50%가 한반도 주변에 집중,"『월간조선』2009년 1월호.

5 김인수 외,『북한 바로알기』(서울: 양서각, 2024), pp. 309−310.

6 The United Nations General Assembly, "General and Complete Disarmament: Small Arms," 27 August 1997.

7 2018년부터 2022년까지 5년간 밀수 총기 130정과 실탄 2,500여 발이 적발되었다. 임병동, "최근 5년간 밀수 총기 130정, 실탄 2532발 적발,"「대한뉴스」, 2023년 4월 11일.

8 법제처, "전략물자 수출의 개요," https://easylaw.go.kr.

9 William D. Hartung, "International Arms Trade," In Paul D. Williams and Matt McDonald (eds.), *Security Studies: An Introduction*, Third Edition, pp, 467−481 (NY: Routledge, 2018)

10 법제처, 앞의 글.

11 Paul Rogers, "Terrorism," In Paul D. Williams and Matt McDonald (eds.), Security Studies: An Introduction, Third Edition, pp, 467−481 (NY: Routledge, 2018), p. 397 재인용.

12 위의 글, p. 396−7.

13 대테러센터,「대테러용어」, http://www.nctc.go.kr.

14 위의 글.

15 위의 글.

16 2004년 5건에 불과했던 북한의 사이버 공격은 2021년까지 300배 이상으로 급증했다. 송태은, "북한의 사이버 공격과 우리의 대응,"「IFANS FOCUS」, 2022년 10월 31일.

17 Phil Williams, "Transnational Organized Crime," Paul D. Williams and Matt McDonald (eds.), Security Studies: An Introduction, Third Edition, pp, 467 – 481 (NY: Routledge, 2018), pp. 457 – 8.

18 유엔마약범죄사무소, https://www.unodc.org/toc/en/crimes/organized – crime.html.

19 이상우, "美 포춘이 발표한 '전 세계 조직 TOP 5',"「전자신문」, 2014년 9월 19일.

20 위의 글.

21 마약밀수 단속 건수 및 중량은 1996년 16건, 15kg에서 2022년 771건, 624kg으로 급증하였고, 마약류 사범은 2만 명을 넘어섰다. e – 나라지표, "마약밀수 검거 추이," http://index.go.kr; 황두헌, "9개월만에 마약 사범 2만명 돌파,"「NEWS1」, 2023년 11월 7일.

22 김지혜·정종현, "대한민국 마약청정국 아니다."「한국일보」, 2023년 2월 11일.

23 이주의 유형에 대해서는 다음을 참고함. Cita Bali, "Migration and Refugees," Paul D. Williams and Matt McDonald (eds.), Security Studies: An Introduction, Third Edition, pp, 467 – 481 (NY: Routledge, 2018), pp. 482 – 496.

24 난민에 대해서는 다음을 참고함. 국제구조위원회, https://www.rescue.org/kr.

25 2022년에 미국 법원의 판결을 기다리는 피난 신청 건수는 80만 건에 달했지만, 피난을 인정받은 건수는 22,000여 건에 불과했다. 김동규, "미국 국경위기의 진짜 원인,"「머니투데이」, 2023년 8월 12일.

26 최철, "타이틀 42가 뭐길래…美국경선은 대혼란,"「CBS노컷뉴스」, 2023년 5월 12일.

27 한국보건사회연구원, "유럽의 난민 위기,"「글로벌사회정책브리프」, 2016년 2월.

28 Charles C. Moskos, "Toward A Postmodern Military: The United States as a Paradigm," in Chales C. Moskos, John A. Williams, and David R. Segal (eds.), pp, 14 – 31, The Post Modern Military (NY: Oxford University Press, 2000), p. 15.

29 US Chief of Staff, Joint Doctrine For Military Operations Other Than War, 16 June 1995 https://apps.dtic.mil/sti/pdfs/ADA323824.pdf

30 외교부, "확산방지구상(PSI)관련 주요 이슈," 2007년 10월 11일.

31 대테러센터, "대테러체계," http://www.nctc.go.kr/nctc/activity/system.do.

32 대한민국정책브리핑, "비전통적 안보위협과 국방대응," 2021년 12월 3일.

33 US Northern Command, "DoD Support to U.S. Border Security," https://www.northcom.mil/BorderSecurity/.

군사력건설론　제 3 장

성 기 은

1. 국가들이 군사력을 건설하는 근본적 원인을 살펴보고, 과도한 군사력 건설의 한계를 이해한다.
2. 군사력의 구성요소와 구체적인 기능을 살펴본다.
3. 군사혁신(RMA)의 개념을 이해하고, 군사혁신의 결과를 살펴본다.

1. 국가가 엄청난 자원을 투입하여 군사력을 건설하는 근본적인 원인은 무엇이며, 과도한 군사력 건설의 결과는 무엇인가?
2. 군사력의 구성요소는 무엇이며, 국가안보 달성을 위한 군사력의 구체적인 기능은 무엇인가?
3. 군사혁신의 개념은 무엇이며, 성공적인 군사혁신의 결과는 무엇인가?

● 군사력 건설 ● 죄수의 딜레마 게임 ● 자력구제(self-help) ● 안보딜레마 ● 국방딜레마
● 내적 균형 추구(internal balancing) ● 외적 균형 추구 (external balancing) ● 억제 ● 강제
● 군사혁신 ● 군사기술 혁명 ● 제3의 물결 ● 4차 산업혁명

:: 전 세계의 많은 국가는 국가안보를 달성하기 위해 국민의 행복과 경제적 발전을 일정 부분 희생하면서 군사력을 건설하고 있다. 이 장에서는 국가들이 군사력을 건설하는 근본적 이유에 대하여 살펴보고 과도한 군사력건설이 초래하는 문제점에 대하여 살펴본다. 이후, 군사력의 정의와 종류를 정리하고 공격/방어, 억제/강제를 포함 군사력의 기능을 조명한다. 마지막으로 미래전의 양상을 살펴보고 군사혁신이 군사력건설에 주는 함의를 제시한다.

제 1 절   군사력 건설의 원인

1. 국방비와 군인

전 세계의 많은 국가는 국가안보를 달성하기 위해 군사력을 건설한다. 군사력건설(military build-up)이란 국가의 자원 중 일부를 활용하여 무기를 개발 및 생산하거나 해외로부터 수입하고, 국민 중 일부를 입대하게 하여 군인의 역할을 수행하게 하는 등의 활동을 의미한다. 전 세계 대부분의 국가는 군대를 보유하고 있으며 군대의 방위력 및 전쟁 수행능력을 강화하기 위해 국가의 재정을 투입하고 국민의 일부를 동원하고 있다.

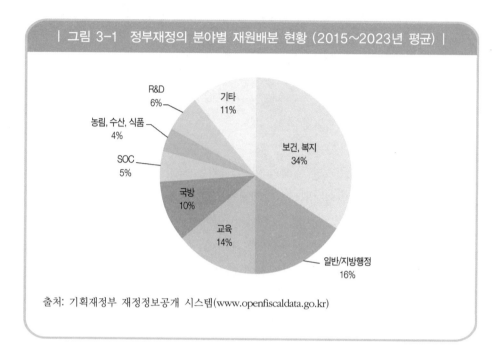

| 그림 3-1 정부재정의 분야별 재원배분 현황 (2015~2023년 평균) |

출처: 기획재정부 재정정보공개 시스템(www.openfiscaldata.go.kr)

위의 그림은 대한민국 정부의 재정에 대한 분야별 재원배분 현황을 보여주고 있다. 2015년부터 2023년 기준, 한국 정부는 정부재정의 10%를 국방 분야에 배분하고 있다는 사실을 알 수 있다. 정부가 재정을 분배하는 분야 중 가장 큰 비중을 차지하는 분야는 보건과 복지 분야로 정부는 전체 재정의 약 34%를 배분하며, 교육 분야에도 14%를 배분하고 있다. 이외에도 과학기술 발전을 위한 연구 및 개발(R&D, Research and Development) 분야에는 6%를 배분하고 있으며, 도로 및 항만, 상하수도와 같은 사회간접자본(SOC, Social Overhead Capital)의 확충과 보수를 위해 정부재정의 5%를 배분한다.

2024년 기준 한국의 국방비는 세계 약 10위권의 수준이며, 2010년부터 2020년까지 한국의 GDP 대비 국방비의 비율은 약 2.59%로 세계 약 30위권이다. 2010년부터 2020년 기준 전 세계의 GDP 대비 국방비 비율의 평균은 약 2.23%이며, 한국은 전 세계 평균 이상의 비율을 국방 분야에 투자하고 있다.[1]

병력의 규모 측면에서 2020년 기준 한국의 총 병력(현역)은 약 55만 명이며,

이 규모는 세계 약 10위권의 수준이다. 2010년부터 2020년 기준, 노동 가능 인구의 약 2.32%가 군에 복무 중이며 이 비율은 전 세계 평균 비율의 두 배 이상이다.[2] 노동 가능 인구 대비 총 병력의 비율 측면에서 한국은 기타 중요 강대국과 비교하여 상당히 높은 편이지만, 북한과 비교하여 상당히 낮다. 같은 기간 북한의 평균은 약 9.47%로 전 세계에서 가장 높은 수준이며, 이 비율이 높은 이스라엘(4.6%) 및 요르단(5.16%)과 비교해도 상당히 높은 수준이다.

전 세계 모든 국가는 제한된 범위 내에서 재정의 일부를 국방에 배분하고 있으며, 국민 중 일부가 군대에서 복무하고 있다. 그러나, 정부가 국방에 분배하는 재정을 보건 및 복지, 교육에 투자할 경우 국민의 행복도가 높아질 수 있으며, 군대에 복무하는 국민이 산업 분야에서 일한다면 국가의 경제 발전에 더 크게 이바지할 수 있다. 이와 같은 측면에서 국민의 행복 증진을 위한 국가의 재정과 국가의 경제적 발전을 위한 국민의 노동력이 군사력 건설을 위해 희생되고 있다고 주장할 수 있다. 군사력 건설을 위해 국가가 투입하는 재정과 노동력의 규모가 작지 않음에도 불구하고 전 세계 모든 국가는 군사력을 건설하고 있다. 이 장에서는 국가가 국민의 행복 증진과 경제적 발전을 희생하여 군사력을 건설하는 근본적 이유에 대해 살펴보고, 과도한 군사력 건설이 가져오는 문제점에 대해서 살펴본다.

2. 죄수의 딜레마 게임과 군사력 건설

국가가 국민의 행복과 경제적 발전을 희생하여 군사력을 건설하는 근본적 원인은 죄수의 딜레마(Prisoner's Dilemma) 게임의 함의에서 찾아볼 수 있다. 죄수의 딜레마 게임은 미국의 수학자 내쉬(John Nash)가 고안한 게임 이론 중 하나로, 협력과 배신의 중 하나를 선택해야 하는 두 용의자의 합리적 결정이 가져오는 결과를 보여주고 있다. 게임의 상황을 요약하면 다음과 같다. 두 명의 범죄 용의자가 경찰에 의해 검거되었으며, 두 용의자는 분리되어 경찰의 조사를 받는다. 경찰의 조사에 대하여 용의자는 범죄 사실이 없다고 침묵하거나, 범죄 사실이 있다고 자백할 수 있다. 두 용의자는 모두 침묵과 자백 중 하나를 선택해야 하며, 분리되어 있으므로 상대가 어떤 선택을 하는지 알 수 없다.

| 그림 3-2   죄수의 딜레마 게임 보상 구조 |

용의자 2

		침묵(협력)	자백(배신)
용의자 1	침묵(협력)	2, 2	0, 3
	자백(배신)	3, 0	1, 1

경찰의 조사에 대한 두 용의자의 선택에 따라 각 용의자에게 주어지는 보상 (payoff)은 위의 [그림 3-2]에 제시되어 있다. [그림 3-2]에는 각 용의자의 선택에 따른 보상의 결과 네 가지가 제시되어 있으며, 각 보상 결과의 앞에 있는 숫자는 용의자 1에게 주어지는 보상이며, 뒤에 있는 숫자는 용의자 2에게 주어지는 보상을 의미한다. 보상으로 주어지는 숫자가 클수록 더 큰 보상이 주어진다. 두 용의자가 모두 범죄 사실이 없다고 침묵하는 경우 각 용의자에게는 2의 보상이 주어지지만, 두 용의자가 모두 범죄 사실이 있다고 자백하는 경우 각 용의자에게는 1의 보상이 주어진다. 두 용의자가 모두 합리적이라는 가정을 따른다면 각 용의자는 범죄 사실 이 있다고 자백할 때 보다, 범죄 사실이 없다고 침묵할 때 더 많은 보상을 얻게 된 다. 그러나, 한 용의자는 자백하고 다른 용의자는 침묵을 지킬 때 각 용의자의 보상 은 달라진다. 두 용의자의 선택이 다른 경우 범죄 사실을 자백한 용의자가 침묵을 지킨 용의자에 비해 더 큰 이익을 얻게 되어, 자백한 용의자는 3을 침묵한 용의자 는 0의 보상을 받게 된다. 두 용의자는 서로 분리되어 상대방의 선택을 알 수 없는 상황에서 두 용의자 모두 자백을 선택하게 되어 각각 1의 보상을 얻게 된다는 것이 죄수의 딜레마 게임의 결과이다. 죄수의 딜레마 게임이 주는 함의는 상대방의 선택 을 모르는 두 용의자에게 가장 합리적인 선택은 상대방의 선택과 관련 없이 자신에 게 가장 큰 보상이 주어지는 선택이 범죄 사실을 자백하는 것이라는 것이다. 결국,

두 용의자는 협력을 통해 2의 보상을 얻을 수 있지만, 각각 더 큰 보상을 추구하는 과정에서 서로를 배신하고 1의 보상을 얻는다.

| 그림 3-3 군사력 건설 게임 보상 구조 |

		국가 2	
		군사력 미건설	군사력 건설
국가 1	군사력 미건설	2, 2	0, 3
	군사력 건설	3, 0	1, 1

위의 [그림 3-3]은 죄수의 딜레마 게임에 나타난 보상 구조와 같은 두 국가 간의 게임을 보여주고 있다. 국가 1과 국가 2는 무정부적 국제 체제하에서 군사력을 건설하거나, 군사력을 건설하지 않을 수 있다. 두 국가 모두 군사력을 건설하지 않는다면 군사력 건설에 들어가는 비용을 국민의 행복과 경제적 발전에 투입하여 각각 2의 보상을 얻을 수 있다. 그러나 두 국가 모두 군사력을 건설한다면 국민의 행복과 경제 발전이 일정 부분 희생되기 때문에, 각각 1의 보상을 얻게 된다. 만약 두 국가 모두 합리적이라는 가정을 한다면 더 큰 보상을 얻기 위해 군사력을 건설하지 않아야 할 것이다. 그러나 두 국가의 선택이 서로 다르다면 각 국가가 얻는 보상의 규모가 달라진다. 한 국가는 군사력을 건설하고, 다른 국가는 군사력을 건설하지 않는 경우, 군사력을 건설한 국가는 군사력을 건설하지 않은 국가를 침략하여 더 큰 이익을 얻을 수 있다. 결과적으로 군사력을 건설한 국가는 3의 보상을, 그렇지 않은 국가는 0의 보상을 얻는다.

군사력 건설과 관련된 두 국가의 게임이 주는 함의는 다음과 같다. 무정부 상태에서 두 국가는 서로가 군사력을 건설할 것인지, 군사력을 건설하지 않을 것인지에 대한 정보가 없기 때문에, 상대방의 결정과는 무관하게 더 큰 이익을 추구하게 될 것이다. 상대방 국가가 군사력을 건설하든, 그렇지 않든 군사력을 건설할 때 더 큰 보상을 받게 얻기 때문에 모든 국가는 군사력을 건설하게 된다. 결국, 무정부적 국제 체제하에서 모든 국가는 군사력 건설을 통한 자력구제(self-help)를 추구하는 것이 합리적인 결정인 것이다. 두 국가가 협력하여 군사력을 건설하지 않는다면 군사력 건설에 들어가는 자원을 국민의 행복과 경제적 발전에 투입할 수 있지만, 무정부적 국제 체제하에서는 서로의 선택을 알 수 없기 때문에 협력의 기회가 제한된다. 국민의 행복과 경제 발전을 일정 부분 희생하더라도 군사력을 건설하는 것이 군사력을 건설하지 않는 것보다 더 큰 이익을 가져온다.

3. 과도한 군사력 건설의 한계

국민의 행복과 경제 발전을 일부분 희생하더라도 군사력을 건설하는 것이 합리적 결정이라는 사실에 대해서 살펴보았다. 그렇다면 무정부적 국제 체제하에서 모든 국가는 가용한 많은 자원을 투입하여 군사력을 건설할 때, 가장 큰 보상을 얻을 수 있을 것이다. 그러나, 과도한 군사력 건설이 초래하는 부정적 결과 때문에 많은 국가가 제한적으로 군사력을 건설하거나, 군사력 건설 이외의 방법을 통해 국가안보를 달성한다. 과도한 군사력 건설이 가져오는 부정적 결과는 국제적인 부분과 국내적인 부분으로 나누어 생각해 볼 수 있다.

과도한 군사력 건설이 초래하는 국제적 차원의 문제점은 군비경쟁(arms race)에 의한 안보 딜레마(security dilemma)이다. 군비경쟁이란 적대적인 두 국가가 경쟁적으로 군사력을 건설하는 현상을 의미한다. 대표적인 군비경쟁의 예는 1차 세계대전 직전 영국과 독일의 군함 경쟁 및 냉전기 미국과 소련의 핵무기 경쟁이다. 적대적인 두 국가는 상대방이 군사력을 증강하는 경우 이를 견제하기 위해 자신도 군사력을 증강하게 된다. 경쟁적인 군사력 증강을 통해 적대적인 두 국가는 더 안전해졌다는 오해를 하지만, 상대방 국가의 군사력이 더 강해졌기 때문에 실제로는 국가의 안보가 더 불안해졌다. 적대적인 상대 국가의 군사력 증강 때문에 자국의 군사력을 증강하게 되면, 상대 국가는 또다시 군사력을 더 증강한다. 적대적인 두 국가의 반복적이며 경쟁적인 군사력 증강 때문에 두 국가의 안보가 더 위태로워진다. 안보 딜레마란 자국의 안보를 더 강화하기 위한 군사력 증강이 도리어 자국의 안보를 더 불안하게 하는 현상을 의미한다. 이러한 문제를 회피하기 위해 적대적인 상대국이 군사력을 증강하지만, 자국은 군사력을 증강하지 않아도 안보 불안이 심화한다. 또한, 상대국의 군사력 증강에 발맞추어 자국의 군사력을 증강해도 상대 국가의 군사력이 더 강화될 것이기 때문에, 자국의 안보 불안이 심화한다. 결국, 적대적인 상대국의 군사력 증강에 대하여 자국의 군사력을 증강해도 안보는 불안해지며, 자국의 군사력을 증강하지 않아도 안보는 불안해지는 딜레마적 상황이 발생한다.

과도한 군사력 건설이 초래하는 국내적 차원의 문제점은 국방 딜레마(defense dilemma)이다. 국민의 행복과 경제적 발전을 일정 부분 희생하더라도, 무정부적 국제 체제하에서 군사력을 건설하는 것이 군사력을 건설하지 않는 것보다 합리적인 선택이라는 점에 대하여 살펴보았다. [그림 3－1]에서 나타난 바와 같이 국가는 제한된 재정의 범위 내에서 일정 부분을 국방에 투자하여 군사력을 건설하고 유지한다. 그렇다면 국민의 행복과 경제적 발전을 어느 정도 희생하고 군사력을 건설해야 하는가에 대한 문제에 직면한다.[3] 무정부적 국제 체제하에서 군사력 건설을 통한 자력구제를 추구하기 위해서는 군사력 건설에 투자하는 국가 재정의 비율이 높을수록 합리적이라고 생각할 수 있다. 그러나 국가 재정의 한계가 존재하기 때문에 국방 분야에 재정을 과도하게 많이 투자할 경우 다른 분야에 배분할 재정이 줄어들게 된다. 예를 들어 국방비의 증액을 위해 복지 및 교육 분야의 예산을 줄여야 하거나, 사회간접자본(SOC) 및 연구·개발(R&D) 분야의 예산을 줄여야 한다. 국가를 유지하고 운영하기 위해서는 국방 분야뿐만 아니라 타 분야에도 재정을 배분해야만 한다. 그러나 국방 분야에 과도한 국가 재정이 배분되는 경우 타 분야에 대한 재정 배분이 줄어들고 국가가 기능을 유지할 수 없어 국가안보가 더 불안해지는 현상이 발생한다. 국방 딜레마란 국방 분야에 대한 과도한 재정 배분으로 인해 국가가 기능을 유지하지 못하여 안보 불안이 심화하는 현상을 의미한다. 적대적인 국가의 군사력 증강으로 인해 자국의 군사력을 증강해야 하는 상황에서 제한된 재정의 규모로 인해 타 분야의 재정 배분을 줄이고 국방 분야에 재정 배분을 늘린다. 국가안보의 강화를 위한 국방비의 증가가 국가의 기능을 약화하고 안보 불안이 심화하는 현상이 발생한다.

제1절에서는 무정부적 국제 체제하에서 군사력 건설이 왜 필요하며, 과도한 군사력 건설이 가져오는 문제점에 대해서 살펴보았다. 그러나, 무정부적 국제 체제하에서 국가안보를 달성하는 방법이 오직 군사력 건설만 있는 것은 아니다. 억제(deterrence)에 기반한 세력 균형(balance of power) 이론가들은 군사적 균형을 달성하는 방식을 두 가지로 제시한다.[4] 적대적인 상대국과의 군사적 균형을 달성하여 국가안보를 달성하는 방법을 내적 균형 추구(internal balancing)와 외적 균형 추구(external balancing)로 제시한다. 내적 균형 추구 정책은 자국의 군사력을 건설하고 강화하여 적대적인 국가와 군사적 균형을 달성하는 방식을 의미하며, 외적 균형 추구는 동맹을 통해 적대적인 국가와의 군사적 균형을 달성하는 방식을 의미한다. 두 방식은 각각 장점과 단점을 가지고 있다. 군사력 건설을 통한 내적 균형 추구 방식은 군사력 사용의 자율성이 있다는 장점이 있지만, 군사력 건설을 위한 비용과 시간이 많이 소요된다는 단점이 있다. 동맹을 통한 외적 균형 추구 방식은 적은 비용과 단기간에 적대국과의 군사적 균형을 달성할 수 있다는 장점이 있지만, 동맹국의 군사력 사용에 자율성이 없다는 단점이 있다. 모든 국가는 두 방식의 장점과 단점을 고려하여 국가안보를 달성하기 위해 노력하고 있다. 제1절에서는 내적 균형 추구 방식의 필요성과 한계에 대하여 살펴보았다. 제4장 군사동맹론에서는 외적 균형 추구 방식에 대하여 자세히 살펴본다.

제 2 절 군사력의 구성요소와 기능

1. 군사력의 의미와 구성

군사력(軍事力)의 사전적 의미는 "병력·군비·경제력 따위를 종합한 전쟁을 수행할 수 있는 능력[5]"이라 할 수 있다. '군사'(軍事)에 힘을 뜻하는 '력'(力)이 결합하여 '전쟁'이라는 개념이 부각되고 있음을 알 수 있다. 한편, 한국군에서는 군사력을 "국가의 안전보장을 위한 직접적이며 실질적인 국력의 일부로서 군사작전을 수행할 수 있는 군사적인 능력과 역량"이라고 정의한다.[6] 전쟁이라는 추상적인 개념보다는 군사작전이라는 보다 실용적인 개념에 초점을 맞추고 있는 것이다. 이 외에 군사능력 및 전력의 개념이 함께 사용된다. 전력(war potential)은 "전쟁을 수행할 목적과 기능을 갖는 조직적인 힘(군사력, 무기체계, 장비, 조직, 교리, 군사훈련 및 기반시설 포함)"을 뜻한다.

표 3-1 **한국군의 군사력 개념**

개 념	정 의	구성 요소
군사력	군사작전을 수행할 수 있는 군사적인 능력과 역량	국력을 구성하는 세부 역량
전 력	전쟁을 수행할 목적과 기능을 갖는 조직적인 힘	군사력, 무기체계, 장비, 조직, 교리, 군사훈련 및 기반시설

출처: 합동참모본부, 『합동연합작전 군사용어사전』 (2022).

　　군사력 개념은 전쟁에 입각한 군사력뿐만이 아니라 실천적 측면에서의 군사력과 전력, 군사 능력 등 복합적 측면에서 사용되고 있다. 이는 제1장에서 다루었던 안보접근 방법과 관련이 있다. 과거에는 절대안보의 측면에서 전쟁에만 초점을 맞추어 군사력에 접근하였다. 그러나 공동안보 및 협력안보의 중요성도 증가하고 있는 오늘날에는 전쟁에 초점을 둔 사전적 정의에서 벗어나 다양한 측면의 군사력을 조명할 필요성이 생겼다. 전통적인 의미를 넘어 다양한 작전들을 수행할 수 있는 기능적이고 실천적인 정의가 대두되고 있는 것이다. 이러한 변화를 고려하였을 때, 군사력이란 국가안보를 위한 직접적이며 실질적인 국력의 일부로서 군사작전을 수행할 수 있는 군사적 능력과 역량이라고 할 수 있다.

　　군사력은 유형적(tangible) 군사력과 무형적(intangible) 군사력으로 구성된다. 유형적 군사력이란 가시적 군사력이라고도 하며 군사력을 구성하는 데 필요한 물리적 요소들을 의미한다. 병력과 무기체계, 군수산업시설 등이 여기에 포함된다. 일반적으로 군사력을 칭할 때, 유형적 군사력 개념이 사용되며 이는 군사력 건설의 측면에서 정책결정자들의 관심 대상이었다. 유형적 군사력은 크게 네 가지 형태로 개념화할 수 있다. 첫째, 상비전력으로 이는 즉각적으로 작전에 투입될 수 있는 병력과 현재 운용하고 있는 무기체계들을 의미한다. 둘째, 동원전력은 전시 상황에서 비교적 짧은 시간 내에 동원할 수 있는 예비군, 민방위대, 전쟁예비 물자 등을 의미한다. 셋째, 잠재전력은 전시에 장기적 차원에서 전력으로 전환될 수 있는 비군사적 자원들을 의미하는데, 인구, 산업시설, 산업기반시설 등이 여기에 포함된다. 넷째, 연합전력은 현재 자국의 전력은 아니지만 전시에 지원될 수 있는 동맹국의 전력을 의미한다.

다음으로 무형적 군사력은 비가시적 군사력으로 형체는 없지만 물리적 군사력을 운용하여 전투효과를 높이는 데 필요한 요소들을 의미한다. 전략 및 전술, 사기, 훈련정도, 리더십 등이 해당된다. 유형적 군사력이 정책결정자들의 관심대상이었다면 무형적 군사력은 군 지휘관들이 더욱 많은 관심을 보여 왔다. 수량화시켜서 쉽게 측정할 수 있는 유형적 군사력과는 다르게 무형적 군사력은 측정이 어려우며, 전시에 유형적 군사력과 결합하여 예측이 어려운 결과들을 만들어내기도 한다. 이러한 무형적 군사력은 크게 세 가지로 구체화할 수 있다.

첫째, 전략적 요소로서 군사력의 운용 방법과 관련되는 군사전략 및 전술이다. 이는 어떻게 싸울 것인가와 관련되는 것으로 목적(purpose)/목표(ends), 자원(resources)/수단(means), 개념(concepts)/방법(ways)의 세 가지가 모여 구성된다.[7] 다시 말해, 군사력 운용의 여러 가지 수준에서 목표를 달성하기 위해 군사적 자원 및 수단을 운용하는 방법을 뜻하는 것이다.

둘째, 정신적 요소로서 인간의 정신력에 기반한 리더십, 사기, 군기 등이 여기에 포함된다. 정신적 요소는 군사 이론가들에 의해 중요시됐다. 클라우제비츠는 잘 갈려진 칼과 칼날이 무딘 칼의 차이를 언급하며 정신적 요소를 칼날에 비유하였고, 손자(孫子)는 부하가 지휘관과 같은 뜻을 지니도록 강조하며 정신적 요소의 중요성을 역설하였다. 정신적 요소는 현대에 와서 리더십을 중심으로 다루어지고 있다. 리더십이란 조직구성원의 목표와 조직의 목표를 일치시켜 조직의 목표 달성을 위해 조직 성원들의 노력을 집중시키는 리더의 역할을 의미한다. 그리고 이것은 부대의 사기와 군기, 전투의지나 신념 등을 결정하게 된다.

셋째, 경험적 요소로서 병력의 훈련정도 및 전투 경험 등을 의미한다. 같은 규모의 병력과 전투장비를 가진 부대라도 훈련이 잘된 부대와 전투 경험이 많은 부대는 실제 전시상황에서 다른 전투효과를 가져온다. 특히, 오늘날 작전의 범주가 넓어지고 전쟁의 양상이 복잡해지는 상황에서 이러한 경험적 요소의 중요성이 더욱 커지고 있다.

2. 군사력의 기능

군사력은 다양한 기능이 있다. 학자들도 이에 대해 여러 가지 견해들을 갖고 있다. 쉘링(Thomas Schelling)은 군사력의 기능을 크게 두 가지로 분류한다. 직접 무력을 사용하는 파괴적(brutal) 측면과 직접 군사력을 사용하지는 않더라도 정치, 군사적 효과를 가져올 수 있는 강압적(coercive) 측면이다. 파괴적 측면의 기능은 다시 공격(offense)과 방어(defense)로 나눌 수 있다. 이들은 전시상황에 작동하는 기능이며, 군 지휘관들이 중심이 되어 진행하는 군사작전의 영역이다. 다음으로 강압적 측면의 기능은 강제(compellence)와 억제(deterrence)로 나눌 수 있다. 이들은 평시에 작동하는 기능이며, 정책결정자들의 정치외교적 전략에 의해서 이루어진다.[8] 다음으로 트록셀(John F. Troxell)은 안보정책의 달성을 위한 군사력의 기본 기능을 세 가지로 분류하였다. 먼저, 격파는 전장에서 직접적인 군사력의 사용과 관련되는 기능으로 공격과 방어를 모두 아우르는 개념이다. 둘째, 강압은 쉘링의 견해를 차용하여 억제와 강제를 포함한 개념이다. 셋째, 안보재보장(reassure)과 단념시키기(dissuade)를 묶어서 기타 기능으로 분류하였다. 여기서 안보재보장이란 강력한 군사력을 바탕으로 동맹국에 대한 안보공약을 강화하는 것으로 강대국들이 사용하는 기능이다. 그리고 단념시키기는 잠재적국에게 압도적으로 높은 군사적 우위를 보여주어 자국에 대한 공격 및 침공이 성공하기 힘들 것이라 믿게 만드는 소극적 수준의 억제를 의미한다.[9] 한편, 아트(Robert J. Art)는 군사력의 기능을 방어, 억제, 강제, 과시(swaggering) 등 네 가지로 분류한다.[10] 아트가 갖는 특징은 방어와 과시의 개념에서 나타난다. 먼저, 그는 공격과 방어를 혼합한 형태의 방어 개념을 사용하였다. 이는 공격 작전을 포함하는 개념이며 공격은 전쟁의 피해를 최소화하기 위한 방어의 연장선상에서 진행되는 것이라 본다. 다음으로 아트는 과시라는 독특한 개념을 제시하였다. 이는 현상을 변경시키려는 군사력의 다른 기능들과 다르게 만족을 느끼거나 위신을 세우는 등 비이성적 측면의 군사력 사용을 의미한다. 위와 같은 견해들을 종합하였을 때, 군사력이 갖는 기능은 크게 공격, 방어, 억제, 강제, 과시 등 다섯 가지로 정리될 수 있다.

첫째, 공격은 적국의 군사력을 파괴하는 행위를 의미한다.[11] 공격은 방어와 함께 전장에서 직접 군사력을 사용함으로써 나타나는 기능이다. 이는 적극적인 군사력의 사용으로 현상 변경을 목표로 물리력을 투사하는 기능이다. 공격은 주로 국경의 외부에 대해서 이루어지며, 평시에서 전시로 국면을 전환하는 역할을 한다. 제1차 세계대전 당시 독일의 슐리펜 계획(Scheleiffen Plan)은 넓은 전선을 유지하며 우익을 강화하여 유럽 대륙을 반시계 방향으로 휩쓸어 버리는 대담한 계획이었다. 이는 유럽 국가들의 군사력을 파괴하며 독일의 세력을 확장하려는 대표적인 공격 계획이었다. 그러나 현대 국제사회에서 공격은 높은 정치적 비용을 요구한다. 국제사회는 제1차 세계대전 이후 국제연맹규약(Covenant of the League of Nations)을 통하여 국제법적으로 전쟁을 금지하였다. 이는 민주주의 및 국제여론의 발달과 결합하여, 전쟁을 정치적 수단으로 사용하려는 정책결정자들의 부담을 증가시켰다. 공격의 기능을 사용하기 위해서는 정당한 명분이 필요하게 되었으며, 그 명분 역시 자국의 생존과 같은 국가의 사활적 이익 침해로 국한되고 있다.

둘째, 방어는 적의 공격을 격퇴하고 피해를 최소화하기 위한 기능이다. 방어는 통상 공격에 대한 대응의 형태로 작동한다. 따라서 공격에 비해 소극적이며 수동적인 성격이 강하다. 그러나 적극적인 형태의 방어도 있다. 여기에는 적의 공격이 있기 전에 먼저 군사력을 전개하는 것, 공격받은 후에 격퇴와 보복을 하는 것 또는 적의 공격이 임박하거나 피할 수 없는 경우에 먼저 공격하는 선제공격(preemptive attack)[12] 등이 포함된다. 이러한 측면은 전술적 수준에서 공격과 방어의 경계를 모호하게 만든다. 그러나 공격과 방어는 더욱 높은 차원에서 그 목적이 명확하게 구분된다. 공격이 현상변경을 목적으로 작동하는 군사력의 기능이라면 방어는 현상유지를 목적으로 작동한다. 방어는 모든 국가들의 일차적인 목표이다. 국가들은 평시에 전시를 대비한 방어 계획을 보유하고 있다. 한국군은 북한의 군사적 위협에 대하여 한미상호방위체제에 기반한 연합작전 계획을 갖고 있다. 이는 북한의 공격에 대비하기 위한 것으로 유사시 방어 기능을 원활하게 작동시키기 위한 계획이라 할 수 있다.

셋째, 억제는 상대국이 자국을 위협하는 행위를 하지 못하도록 하는 것으로 위협과 계획된 행동으로 원하지 않는 상황이 발생하는 것을 방지하는 것이다.[13] 억제는 양자 간에 이루어지는 일종의 심리 게임으로 적에게 원하는 행동을 하지 못하도록 하는 것을 목표로 한다. 억제를 달성하기 위한 전략은 크게 두 가지로 나누어 볼 수 있다.[14] 첫째는 보복적 또는 응징적 억제(deterrence by retaliation) 전략으로 상대방이 원하는 행동을 한다면 감내할 수 없는 수준의 응징과 보복이 있으리라는 것을 확신시켜 억제하는 전략으로 냉전기 미국과 소련이 추구했던 고전적 형태의 억제전략이다. 두 번째는 거부적 억제(deterrence by denial) 전략으로 상대방이 원하는 행동을 하더라고 그 효과가 없으리라는 것을 확신시켜 억제하는 전략으로 탈냉전기 미국이 추구하는 미사일 방어체계와 같은 억제전략이다. 전자는 후자와 비교하여 더 적극적이고 공격적이며, 후자는 상대적으로 소극적이며 방어적이다. 성공적 억제를 위해서는 두 전략의 적절한 혼용이 요구된다.

억제의 개념은 냉전시대 미국과 소련 간 핵전략 수립 과정에서 정교하게 다듬어졌다. 억제는 크게 세 가지로 나눌 수 있다. 첫째, 단순억제(simple deterrence)이다. 단순억제는 한 국가가 다른 국가에 대해 일방적으로 가하는 억지이다. 냉전 초기, 미국은 핵개발에 성공하였고 소련은 핵무기를 보유하고 있지 못하였다. 이때 미국은 자신들의 핵무기를 이용하여 소련의 군사적 도발을 막는 단순억제를 사용하였다. 둘째, 상호억제(mutual deterrence)이다. 이는 양자 간에 작동하는 억제로 서로가 상대의 초전 공격에서 생존하여 반격할 수 있는 제2격능력(the 2nd strike capability)을 가진 경우 작동한다. 소련이 핵개발에 성공한 이후, 미소는 서로 핵무기를 사용할 수 없는 상태에 놓이게 되었다. 초전 공격으로 상대의 모든 핵무기를 파괴할 수 없었고, 남은 핵무기로 보복공격을 당할 수 있기 때문이었다. 상호확증파괴(mutual assured destruction)라 불리는 이 전략으로 인해서 미소 양국은 핵무기를 보유만 할 뿐 서로 공격하지는 못했다. 공포의 균형(balance of terror)이라 불리는 이 상황은 상호억제의 대표적인 예라 할 수 있다. 셋째, 확장억제(extended deterrence)는 자신의 핵공격 능력을 이용하여 동맹국을 보호해주는 것을 말한다. 이는 동맹국에 대한 핵공격이 있을 경우, 핵 보복공격을 가하겠다는 공약을 통해서 달성된다. 미국은 냉전시기부터 핵을 보유하지 못한 동맹국들에 핵우산(nuclear umbrella)을 제공하였다. 동아시아에서는 한국과 일본이 그 대상이었으며, 북한이 핵개발을 시도하고 있는 현재에도 미국은 확장억제력을 제공하고 있다.

넷째, 강제는 군사력의 직·간접적인 사용으로 자국의 의지를 타국에 강요하고 적의 행동을 변화시켜 국가이익을 달성하는 것을 의미한다. 억제의 목표가 상대가 원하는 행동을 하지 못하게 하는 것이라면, 강제의 목표는 상대가 원하지 않는 행동을 하게 하는 것이다. 억제는 상대방이 행동을 실행하기 이전에 상대방이 원하는 행동을 실행하게 하지 못하게 하는 것이라면, 강제는 상대방이 행동을 실행한 이후에 대응하고 상대방을 이전의 상태로 되돌리는 것이다.[15] 군사력의 강제 기능이 발휘된 대표적 사건은 쿠바 미사일 위기(Cuban Missile Crisis)이다. 1962년 소련은 미국의 영토와 가까운 쿠바에 중거리 미사일 기지를 건설하고 중거리 미사일을 배치하려고 했다. 소련의 이러한 조치는 미국에 심각한 안보 위협으로 작용했다. 중거리 미사일을 적재한 소련의 화물선이 쿠바로 이동하고 있는 상황에서 미국은 군사력을 활용하여 쿠바를 해상 봉쇄(naval blockade, quarantine) 조치했으며, 중거리 미사일을 적재한 화물선은 소련으로 돌아갔고 쿠바의 미사일 기지 건설은 중단되었다. 강제는 억지와 마찬가지로 양자 간 심리적 게임이다. 그러나 이 둘은 시기(timing)와 주도권(initiative) 등의 측면에서 대조적이다. 억지가 특정 행동을 하지 못하게 하는 현상유지적 조치라면 강제는 특정 행동을 하도록 만드는 현상변경적 조치이다. 또한 억지가 수세적, 소극적, 정태적인 반면 강제는 공격적, 적극적, 역동적인 특징을 갖는다. 따라서 강제는 억지보다 높은 차원의 노력을 요구하며, 달성하기 더욱 어렵다. 억지의 최종 상태가 현상유지이기 때문에 상대국이 느끼는 정치적 부담은 적다. 그러나 강제는 현상을 변경시키는 것이기 때문에 상대국의 지도부는 외부적 압력에 굴복한다는 정치적 부담을 안게 된다. 또한 국가의 위신도 떨어지게 된다. 따라서 효과적 강제를 위해서는 일정의 보상 또는 상대의 위신을 보호해줄 수 있는 양보가 함께 고려되어야 한다.

다섯째, 과시는 군사연습, 퍼레이드, 무기의 구입 및 군사력 건설을 통해 자국을 보다 강력하고 중요한 국가로 인식시키는 활동이다. 이는 국가의 위신(prestige) 정책과 관련된다.[16] 즉, 국가가 가진 권력을 보여주거나 주변 국가들이 그렇게 생각하도록 믿게 만드는 데 군사력을 활용하는 것이다. 이는 군사력 운용의 이성적 영역과 비이성적 영역 모두를 포함한다. 과시는 국가이익과 관련되는 목표의 달성보다는 국가 이미지의 쇄신, 국민들의 자존심, 통치세력의 위신 등과 관련이 있으며, 때에 따라서는 국내정치적 목적과 연결되기도 한다. 이러한 과시적 군사력 운용은 때로는 강제나 억지의 효과를 발생시키기도 한다. 따라서 과시를 다른 기능과 결합하여 군사력을 운용하는 경우가 많다. 그러나 이것을 일차적 목적으로 하여 군사력을 사용하는 경우는 매우 드물다. 군사력 사용의 명분으로 전면에 내세우기가 어렵기 때문이다.

제 3 절 군사력 건설과 군사혁신

1. 미래전과 군사력 건설

군사력의 정의와 기능에서 살펴본 바와 같이 군사력의 핵심은 전쟁이나 군사작전을 수행할 수 있는 능력을 의미한다. 군사력 건설의 근본적인 목적은 무정부적 국제 체제하에서 유사시 전쟁이나 군사작전을 성공적으로 수행하기 위함이라고 할 수 있다. 따라서 군사력을 건설함에 있어 미래전의 양상을 예측하고 이에 대비해야 한다. 본 절에서는 미래전의 양상과 군사혁신에 대해서 살펴보고, 군사혁신이 갖는 함의에 대해서 제시한다.

미래전의 양상을 예측할 때, 군사작전의 수준과 전쟁의 수준으로 구분하여 살펴볼 필요가 있다. 먼저 군사작전의 수준에서 변화하는 미래전의 양상은 크게 세 가지로 예측해 볼 수 있다. 첫째, 전투행위가 이루어지는 전장공간이 다차원적으로 확장, 중첩될 것이다. 지상, 공중, 해상의 영역에서 이루어지던 전투행위는 우주와 사이버(cyber) 공간을 포함한 다차원의 공간에서 동시적으로 수행될 것이다. 전장공

간이란 군사력이 운용되는 물리적 공간을 의미하는데, 감시·정찰체계의 발전, 전
장관리체계의 발전, 무기체계의 사거리 확대 등으로 전장공간이 지상, 해상, 공중
에 이어 우주까지 확장되고 육·해·공군의 작전영역도 중첩될 것이다. 다영역 작전
(multi-domain operation)에 대한 관심과 연구는 이와 같은 미래전 양상의 변화를
반영하고 있다. 다차원적 공간에서 수행되는 작전의 성공을 위해 각 군 간의 합동
성 강화 및 동맹국과의 합동성 강화가 요구된다.[17] 둘째, 전쟁의 형태가 비선형, 분
산형, 비대칭형으로 변모할 것이다. 전장지역이 별도로 구분되거나 임의적으로 설
정되지 않고, 전 지역이 전투수행의 공간이 될 것이다. 미래전에서는 광역 원거리
의 정찰·타격 복합체계가 구축됨으로써 전략, 작전, 전술적 목표를 병렬적으로 타
격할 수 있게 되는 것이다. 또한, 전쟁 초기부터 전략적 승리를 달성하기 위해 국가
통수·핵심지휘체계를 파괴하거나 무력화시킴으로써 손쉽게 전쟁을 승리로 이끄는
이른바 깨끗한 전쟁을 추구하게 될 것이다.[18] 셋째, 전장 가시화와 정보의 공유화
의 확대로 인해 정밀타격전이 수행될 것이다. 전장의 가시화는 육상, 해상, 공중,
우주에 다양한 감시, 정찰체계를 수립하여 충분하고도 정확한 전장정보를 신속히
확보하고 처리함으로써 가능하다. 또한 이러한 체계를 이용하여 수직, 수평적으로
연동시키는 네트워크를 구성하면 다양한 정보를 각급 제대의 부대들이 공유할 수
있게 된다. 전장의 가시화 및 정보의 공유화가 이루어진 상태에서는 적의 중심과
표적을 선별적으로 선택하여 정밀타격무기로 조기에 무력화시키는 전쟁수행 방식
이 가능하게 될 것이다.

최근 미래전의 양상과 관련된 다양한 전쟁개념이 제시되고 있으며, 대표적인
예로 4세대 전쟁, 하이브리드 전쟁, 회색지대 전쟁 등이 큰 관심을 받고 있다.[19] 이
러한 전쟁 개념들이 갖는 특징은 크게 두 가지로 요약해 볼 수 있다. 첫째, 전쟁의
시간과 공간이 모호해진다. 대반란전(COIN : counter-insurgency), 전쟁 이외의 군사작
전(MOOTW : military operation other than war)[20]의 중요성이 대두되면서 전시와 평시의
구분이 모호해 지며 전통적인 전쟁의 공간뿐만 아니라 재난이나 범죄의 영역에 대
한 군사적 활동의 필요성이 증대했다. 둘째, 전쟁 수행의 주체와 전쟁 수행방식의
확대된다. 인공지능과 기계공학의 발전으로 유무인 복합 전투체계 및 무인 전투체
계의 활용도가 높아져 전쟁을 수행하는 주체가 인간뿐만 아니라 자율무기로까지

확대된다. 또한, 상대방의 군사력을 무력화하는 전쟁 수행방식과 함께 상대방 국민의 인지(recognition)를 왜곡하고 잘못된 정보를 전달하는 등의 인지전, 심리전 및 비살상전의 중요성이 강화된다.

앞서 살펴본 미래전 양상에 부합하는 군사력을 건설하지 못할 경우 장차 국가안보를 확실히 보장하기 어렵다. 따라서 많은 국가가 미래전의 양상을 예측하고 이에 대비한 군사력을 건설함에 있어 군사혁신(RMA : Revolution in Military Affairs)을 추구하고 있다. 군사혁신은 탈냉전과 정보화 시대에 직면하면서 미국에서 제기된 개념으로 "새로운 기술(emerging technology)을 이용하여 새로운 군사체계(evolving military systems)를 개발하고, 그에 상응하여 작전운용 개념의 혁신(operational innovation)과 조직편성의 변화(organizational adaptation)를 연계하여 추진함으로써 전투효과(combat effectiveness)를 극적으로 증폭시키는 현상"을 의미한다.[21] 따라서 군사혁신은 과학기술의 발전을 이용하여 무기체계의 혁신을 달성하고, 이것의 효과를 극대화할 수 있는 작전운용개념과 조직편성을 도입하여 상호 결합함으로써 기존의 전쟁 수행방식을 근본적으로 변화시키는 것이라 할 수 있다.

군사혁신이 전쟁에서 놀라운 전투효과성을 나타낸 사례들이 역사 속에서 적지 않게 발견된다. 나폴레옹은 징집제에 의한 시민군을 조직하고, 군단급을 작전단위로 새롭게 조직하는 한편, 일반참모제도를 도입하여 상당한 전승을 거두었다. 제2차 세계대전시 독일군은 만슈타인 계획(Manstein Plan)에 따라 3,200여 대의 전차, 3,900여 대의 항공기를 이용하여 10개의 팬저(Panzer) 기갑부대를 편성해서 전격전 교리에 의한 기동전으로서 초전승리를 하였으나, 프랑스는 딜르 계획(Dyle Plan)에 의하여 제1차 세계대전의 연장선상에서 3,400대의 전차와 700대의 항공기로 13개의 요새사단을 편성하여 마지노선에 전력을 고착시켜 놓음으로써 초전에 결정적 패배를 당하였다. 한편 제2차 세계대전시 미국의 맥아더 장군과 니미츠제독은 태평양 지역에서 항공모함과 상륙작전을 이용한 전술로 일본을 격퇴시킬 수 있었다.

한편 군사혁신과 유사한 개념으로 군사기술혁명(MTR)이 있다. 사실 군사혁신의 개념은 군사기술혁명에 대한 논의의 연장선상에서 나타났다고 할 수 있다. 군사기술혁명이란 1970－1980년대 구소련의 군사이론가들에 의해 처음으로 제기된 개념으로서 새로운 통제체계(new control system)와 장거리 정밀유도무기(Precision Guided

Munition: PGM)를 효과적으로 결합하여 하나의 '정찰―타격 복합체'(reconnaissance-strike complex)를 형성하면 종래의 전쟁방식을 완전히 구식화시킬 수 있다는 데 기초하고 있다.[22] '정찰―타격 복합체'로 요약되는 소련의 군사기술혁명은 기술 중심의 군사적 변혁을 강조하고 있다. 그러나 미국의 군사전문가들은 이와 같은 기술 중심의 변혁은 전투효과를 급격히 증대시키기에는 한계가 있다고 보았다.[23] 새로운 기술을 기존의 무기체계와 교리 그리고 조직에 그대로 적용할 경우, 기존 체제의 능력보다도 오히려 전투성과가 저하될 수도 있기 때문이다. 따라서 새로운 군사기술을 통한 무기체계의 도입과 함께 이에 걸맞은 작전운용 개념과 조직편성이 상호 연동될 때 전투효과를 현저히 증폭시킬 수 있을 것으로 보고 군사혁신(RMA)의 개념을 탄생시켰다. 요약하면 군사기술혁명(MTR)은 구소련의 '정찰―타격 복합체'와 같이 첨단기술을 중심으로 전쟁양상을 변혁시키고자 하는 개념이라면, 군사혁신(RMA)은 이에 더하여 작전운용 개념과 조직편성을 동시에 연동시킴으로써 전쟁 패러다임 자체를 변화시킴으로써 전투효과를 극대화시키겠다는 개념이라 할 수 있다.

2. 군사혁신의 함의

사회경제적 환경은 전쟁 양상에 지대한 영향을 준다. 전쟁상황이 발생하는 사회경제적 환경은 전쟁 발생의 원인과 수단에 영향을 준다고 볼 수 있다. 사회경제적 환경에 따라 추구되는 가치가 결정되며, 이를 쟁취하기 위한 무력충돌로서 전쟁이 발생한다. 또한, 사회경제적 환경이 지원할 수 있는 범위에서 전쟁의 수단들이 결정되며 이는 전쟁 양상에 영향을 주는 주요한 변수로 작용한다.

그렇다면 4차 산업혁명 시대를 맞이하고 있는 현재와 미래의 사회경제적 환경은 어떤 특징을 지니며, 이러한 요소들이 전쟁환경에는 어떠한 함의를 지니는 것일까? 4차 산업혁명 이란 물리세계, 디지털세계, 그리고 생물 세계가 융합되어, 경제와 사회의 모든 영역에 영향을 미치게 하는 새로운 산업시대를 말한다.[24] 1차 산업혁명의 기계화, 2차 산업혁명의 대량생산화, 3차 산업혁명의 정보화에 이은 4차 산업혁명은 물리사물인터넷(IoT), 로봇공학, 가상현실(VR) 및 인공지능(AI)과 같은 혁신적인 기술이 우리가 살고 일하는 방식을 변화시키는 현재 및 미래를 의미한다. 디지털 혁명(Digital Revolution)이라고 하는 3차 산업혁명이 일으킨 컴퓨터와 정보기술 (IT)의 발전이 계속 이루어지고 있는 형태이지만 발전의 폭발성과 파괴성 때문에 3차 산업 혁명이 계속된다고 하기보다는 새로운 시대로 여겨진다.

4차 산업혁명이 전쟁의 양상 변화와 군사력 건설에 어떠한 영향을 미치는지 분석하기 위해서는 기존의 사회경제적 환경 변화가 전쟁의 양상을 어떻게 변화시 켰는지에 대해서 살펴보아야 한다. 앨빈과 하이디 토플러(Alvin and Heidi Toffler)의 저 서 『전쟁과 反戰爭』(War and Anti-War)은 우리에게 미래 전쟁환경에 대한 깊은 통찰 력을 제공한다. 토플러 부부는 저서에서 현재와 21세기에 직면하게 될 전쟁을 '제3 물결' 전쟁이라 개념화하고, 역사적으로 전쟁수행 방식은 당대의 경제방식을 반영 한 것이라고 주장한다.[25]

인류 최초의 농업혁명에 이은 '제1물결'의 농업경제는 당시 전쟁의 방식에 그 대로 반영되어 나타난다. 제1물결의 농경사회는 힘의 원천이 물리력과 토지이다. 이러한 사회에서 경쟁력을 갖추는 방법은 대량의 노동력을 확보하는 것이었으며, 이로 인해 노동집약적이며 가부장적인 조직구조가 적합했다. 사회를 지탱하는 핵 심적 기술은 농경에 필요한 도구 및 기계와 관련된 것이었으며 국가조직 역시 봉건 적 영토국가의 형태를 유지했다. 당시 사회의 전쟁환경은 농경시대의 사회경제적 환경에 종속되어 있었다. 고대 그리스의 경우 전쟁은 농사짓는 계절을 피해서 일어 났으며, 당시 지원병의 경우는 겨울철에 일손이 필요 없는 사람들도 충원되었다. 봉건시대에는 왕이 큰 전쟁을 하기 위해서는 병력보충을 예하 봉건귀족에게 의존 해야 했다. 즉 임시방편으로 구성된 군대로 전투를 했던 것이다. 또한 무기도 표준 화되지 못했으며 주로 완력에 의해 근접전을 할 수 있도록 칼, 도끼, 창 등이 주로 사용되었다.[26]

산업혁명으로 인한 '제2물결' 역시 전쟁은 부(富)의 창조 및 노동의 변화를 반영 했다는 것을 알 수 있다. 농경사회에서 산업사회로의 변화를 일으킨 근본적인 이유 는 '산업혁명'이었다. 이 시대 권력은 재화와 강철에서 창출되었으며 경쟁력을 갖추 기 위해 자본의 확보가 중시되었다. 대량생산을 위해 자본집약적이며, 분업형의 피 라미드 구조가 효율성을 극대화할 수 있는 조직 구조였으며, 분업원리에 입각한 대 량생산이 사회의 중요한 목표였다. 사회를 지탱하는 핵심적 기술은 기계 및 에너지와 연관된 것들이었으며 시장화, 대중화가 중심이 되는 시장원리에 따라 생산과 소비가 이루어졌다. 국가의 조직은 국민국가의 형태로 변모했으며, 이는 대량생산뿐만 아니라 대량징집도 가능하게 해 주었다. 프랑스 혁명 이후 나폴레옹 전쟁을 기점으로 이전의 제한전쟁에서 무제한전쟁으로 전쟁의 성격 자체가 변화하였다. 대량생산 방법으로 만들어진 표준화된 무기들은 전쟁을 가장 극적으로 변화시킨 주인공이었다. 산업혁명은 군대의 조직, 군사훈련, 독트린에도 영향을 미쳤다. 18세기에 들어서 전문 직업 장교단이 탄생하였으며, 이전의 오합지졸의 군대는 전문적인 훈련을 받은 장교단에 의해서 조직된 상비군으로 대체되었다. 총력전과 대량파괴 개념은 제2물결 경제에서 파생된 제2물결형 전쟁의 극치였다.[27] 다음 표는 제2물결 시대의 경제와 전쟁환경을 비교, 요약한 것이다.

표 3-2 산업시대의 경제와 전쟁환경 비교

구분	제2물결 경제	제2물결 전쟁
생산요소/파괴요소	토지·노동·원료	물적요소
가치	고정자산(건물, 기계, 비축량)	유형전력
생산양식/파괴양식	대량생산	대량파괴
노동/병력	숙련도 낮고 교환 가능한 육체노동	비전문적 병력구성
혁신	표준화(조립라인)	표준화된 무기체계
규모	대규모 생산라인	대규모 부대
조직	표준화/위계조직	표준화/위계조직
시스템 통합	미약	미약
기간시설	공장, 도로, 항만	통신, 수송
가속화	규모의 경제	미약

정보혁명으로 인한 제3물결 시대의 경제환경 변화는 그 폭이 이전과는 비교할 수 없을 정도로 크다. 산업사회에서 정보화 사회로의 혁명적 변화로 인한 사회적 권력은 지식과 정보에서 창출된다. 제3물결 시대에는 사회적 경쟁력의 확보를 위한 기술 습득을 위해 노력하며, 조직 구조적 측면에서 정보 집약형 및 네트워크형

조직이 대두되었다. 사회를 지탱하는 핵심적 기술은 시스템 및 네트워킹 기술이며, 다품종 소량 생산방식이 중요한 경제원리가 되었다.

　제3물결 시대의 전쟁양상은 위와 같은 사회경제적 변화로 인해 다음과 같은 현상들이 나타났다. 첫째, '지식'(knowledge)이 전쟁의 승패를 가르는 핵심적 요소로 작용한다. 생산에서 정보, 문화 등 '지식'이 노동 소요량을 줄이고 에너지를 절약하며, 자재를 절감시키는 등 경제적 생산성을 증가시키는 중요한 역할을 하듯 전쟁에서도 지식이 주된 수행요소가 되었다. 지식은 C4ISR로 대표되는 시스템을 통하여 정보의 수집, 분석, 배포하는 역할과 이를 역이용하여 적의 지휘, 통제수단의 파괴와 와해를 통해 적을 굴복시킬 수 있는 새로운 가능성을 열어주었다. 둘째, 파괴에 있어도 탈 대량화 현상이 보편화되었다. 많은 기업들은 다양한 소비자의 취향에 맞추어 맞춤 생산이 가능한 자동설비된 시스템을 운영함에 따라 기존의 대량생산에서 벗어난 다품종 소량화의 트렌드를 정착시켰다. 전쟁에 있어서도 정밀유도무기의 등장은 이러한 현상을 가속하고 있다. 더욱 정밀해진 무기체계는 적의 전쟁지휘부나 핵심시설 등을 선별하여 타격할 수 있는 가능성을 열어놓았고, 이를 통해 과거 무차별적인 물량 위주의 폭격보다는 소수의 정밀유도무기로 전쟁의 목적을 달성할 수 있게 되었다. 즉 소수의 정밀무기로 다수의 표적을 타격하여 전쟁 목적을 달성하는 효과를 거두게 된 것이다. 셋째, 제3물결 경제에서 요구되는 노동의 대표적 형태가 전문기술자인 것처럼, 미래전 수행에도 상당한 지식으로 무장된 지식전사(knowledge warrior)가 필요하다. 제1, 2물결 전쟁에 비해 제3물결형 전쟁은 첨단 과학기술이 도입된 컴퓨터화된 무기체계 및 지휘통제체계에 의해서 수행된다. 무기체계나 장비의 활용에 필요한 교육과 훈련을 받지 못한 군인은 단순 노동자가 도태되듯이 마찬가지로 제 역량을 발휘할 수 없다. 나아가 임무수행 분야가 전문화될수록 새로운 대체 인원의 충원에 어려움을 겪을 수밖에 없다. 아울러 미래전에 있어서 병사들의 임무수행은 보다 전문화될 것이다. 넷째, 군 조직의 규모가 축소되고, 독립성과 융통성이 증대된 조직이 더욱 효과적이게 되었다. 경제조직은 급변하는 경제상황에 기민하게 대처하기 위해 기존의 피라미드형의 통일적 관료 기구에서 유연성과 기동성을 중요시하는 수평적인 팀(team)단위로 변화를 시도한다. 이와 마찬가지로 군 조직도 슬림화되고 독립적이며, 유연성이 보장되는 형태로 변화된다.

다섯째, 네트워크화된 시스템이 중심이 된 전쟁이 되었다. 발전된 네트워킹 기술로 인해 육·해·공·우주·사이버 등의 공간들이 유기적으로 통합되고, 일련의 지휘통제절차 역시 네트워크화되어 실시간으로 이루어진다. 경제의 복잡성이 증가하면서 더욱 더 정교한 통합과 관리가 요구되고, 경쟁이 치열해지고 속도의 요구가 증대되듯이, 전쟁 역시 다양한 조직과 장비, 무기체계 등 각종 전투력이 하나의 시스템으로 통합 관리 및 운용되고, 이런 기반하에 의사결정의 상대적 속도를 증가시킬 수 있다.

표 3-3 **정보화시대의 경제와 전쟁환경 비교**

구분	제3물결 경제	제3물결 전쟁
생산요소/파괴요소	지식, 정보	지식, 정보
생산양식/파괴양식	다품종 소량화	파괴의 탈 대량화(정밀유도무기)
노동	교환 불가능한 노동(전문기술자)	지식전사(두뇌사용, 다민족문화공유, 창의력, 최신무기, 정보기술습득)
규모	작업 단위 축소 (대기업의 분화)	작고 융통성있는 조직 (병력감축, 무기체계로 대체)
조직	수평적 구조, 임시적 조직, 매트릭스 조직 등 유연성과 기동성 중시	엄격한 하향식 통제 완화 (지휘관 자율성 제고, 독립작전 수행)
시스템 통합	고도의 시스템 통합	컴퓨터, 인공위성을 활용한 시스템 통합
기간건설	네크워크 시스템화	네크워크 시스템화
가속화	속도의 경제	전쟁 속도의 증대

4사 산업혁명은 군사력 건설의 방향과 속도를 결정하는 중요한 요인으로 작용할 것이다. 4차 산업혁명의 핵심 기술이 어떠한 사회경제적 변화를 이끌어 낼것인지에 대하여 많은 학자들이 연구하고 있다.[28] 여기서 주목해야 할 사실은 군사력 건설과 연계된 군사혁신의 성공과 실패가 국가 간 세력의 균형을 일거에 변화시킬 수 있다는 것이다.[29] 미래전에 대비한 군사혁신을 적극적으로 추진하면서 군사력

을 건설한 국가는 군사혁신에 실패한 국가에 대한 압도적인 군사적 승리를 쟁취하여 국제체제의 세력 균형을 아주 빠른 속도로 변경시킬 수 있기 때문이다. 4차 산업혁명의 시대를 맞이하고 있는 우리는 4차 산업혁명이 가져오는 사회경제적 변화뿐만 아니라 이와 연계된 미래전의 양상에도 큰 관심을 기울여야 하며, 미래의 군사작전과 전쟁을 성공적으로 수행할 수 있는 군사력 건설의 방향에 대한 논의가 필요하다.

요 약

1 >> 무정부적 국제 체제하에서 모든 국가는 군사력을 건설하는 자력구제(self-help)를 추구
하는 것이 합리적인 결정이다. 두 국가가 협력하여 군사력을 건설하지 않는다면 군사력건
설에 들어가는 자원을 국민의 행복과 경제적 발전에 투입할 수 있지만, 무정부적 국제 체
제하에서는 서로의 선택을 알 수 없으므로 협력의 기회가 제한된다.

2 >> 과도한 군사력건설은 국제적 수준에서 군비경쟁으로 인한 안보 딜레마(security di-
lemma)를 초래하며, 국내적 수준에서 국가의 자원이 국방 분야로 집중되는 국방 딜레마
(defense dilemma)를 초래한다.

3 >> 군사력 개념은 전쟁에 입각한 군사력뿐만이 아니라 실천적 측면에서의 군사력과 전력,
군사 능력 등 복합적 측면에서 사용되고 있다. 공동안보 및 협력안보의 중요성도 증가하
고 있는 오늘날에는 전쟁에 초점을 둔 사전적 정의에서 벗어나 다양한 측면의 군사력을
조명할 필요성이 생겼다.

4 >> 군사력이 갖는 기능은 크게 공격, 방어, 억제, 강제, 과시 등 다섯 가지로 정리될 수 있다.

5 >> 미래전 양상에 부합하는 군사력 건설에 실패하는 경우 국가안보를 확실히 보장하기 어렵
다. 많은 국가가 미래전의 양상을 예측하고 이에 대비한 군사력을 건설함에 있어 군사혁
신(RMA)을 추구하고 있다.

6 >> 4차 산업혁명의 시대를 맞이하고 있는 우리는 4차 산업혁명이 가져오는 사회경제적 변
화뿐만 아니라 이와 연계된 미래전의 양상에도 큰 관심을 기울여야 하며, 미래의 군사작
전과 전쟁을 성공적으로 수행할 수 있는 군사력 건설의 방향에 대한 논의가 필요하다.

96

더 읽으면 **좋은 글**

1 >> Thomas C. Schelling, 최동철 역, 『갈등의 전략』(The Strategy of Confilcit) (서울: 한국경제신문, 2013).
 - 게임이론을 통하여 군사력의 사용 범위와 역할에 대해 분석하는 책

2 >> John J. Mearshimer, 이춘근 역, 『강대국 국제정치의 비극』(The Tragedy of Great Power Politics) (서울: 나남, 2004).
 - '공격적 현실주의'를 통해 국제관계 현상들을 포괄적으로 활용하여 강대국들의 선택과 전략에 대해서 고찰하는 책

3 >> 박휘락. (2015). 북한핵에 대한 한국 억제전략의 분석: "거부적 억제" 개념에 의한 방어노력의 재조명: "거부적 억제" 개념에 의한 방어노력의 재조명. 국제정치논총, 55(2), 293-319.

4 >> 김상배. (2019). 미래전의 진화와 국제정치의 변환: 자율무기체계의 복합지정학. 국방연구 (안보문제연구소), 62(3), 93-118.

5 >> 송성수. (2017). 산업혁명의 역사적 전개와 4차 산업혁명론의 위상. 과학기술학연구, 17(2), 5-40.

6>> 이근욱, "미래의 전쟁과 전쟁의 미래: 이라크 전쟁에서 나타난 군사혁신의 두 가지 측면," 『신아세아』, 17-1 (2010), pp. 137-161.
 - 이라크 전쟁에서의 군사변혁의 의미가 무엇인지 분석하는 글

7 >> 설인효, "군사혁신(RMA)의 전파와 미중 군사혁신 경쟁: 19세기 후반 프러시아-독일 모델의 전파와 21세기 동북아 군사질서," 『국제정치논총』, 52-3 (2012), pp. 141-169.
 - 군사혁신의 역사적 의미와 동북아 국제질서와의 관계를 설명하여 군사혁신의 현재 의미에 대해 이해하는 데 도움이 되는 글

| 미 주 |

1 출처: 스톡홀름 국제평화연구소 자료집(https://www.sipri.org/databases). 2010년부터
   2020년 기준 중요 강대국의 GDP 대비 국방비의 비율은 아래와 같다.

구분	미국	중국	러시아	프랑스	영국
국방비/GDP	3.53%	1.7%	4.2%	1.89%	2.09%

한국은 미국과 러시아에 비해서는 낮은 비율을 국방비에 배분하지만, 중국, 프랑스, 영
국과 비교하여 높은 비율을 국방비에 배분하고 있다. 국방비 총액을 고려했을 때, 위에
제시된 강대국은 모두 한국과 비교하여 많은 예산을 국방에 배분하고 있다.

2 출처: 스톡홀름 국제평화연구소 자료집(https://www.sipri.org/databases). 노동 가능
   인구란 15세 이상의 인구를 의미한다. 2010년부터 2020년 기준 전 세계 국가의 노동
   가능 인구 대비 병력의 비율은 약 0.83%이다. 2010년부터 2020년 기준 중요 강대국의
   노동 가능 인구 대비 병력의 비율은 아래와 같다.

구분	미국	중국	러시아	프랑스	영국
총 병력(현역)/ 노동 가능 인구	0.87%	0.36%	1.88%	1.04%	0.47%

한국은 노동 가능 인구 대비 총 병력의 비율이 중요 강대국에 비해 상당히 높은 편이다.

3 국방비가 재정에 차지하는 적정한 비율과 관련된 연구는 매우 방대하다. 국방비 비율
   연구의 핵심적 주제 중 하나는 이른바 'Guns versus Butter' 논쟁이다. 국방비의 비율이
   국가의 경제적 발전과 국민들의 복리 후생에 어떠한 영향을 주는지에 대한 연구이다.
   일반적으로 국가 재정에서 국방비의 비율이 높을수록 국가의 경제적 발전과 국민의 복
   리 및 후생이 저해된다는 결과가 나타난다. Mintz, A., & Huang, C. (1991). Guns ver-
   sus butter: The indirect link. American journal of political science, 738-757; Powell,
   R. (1993). Guns, butter, and anarchy. American political science review, 87(1),
   115-132; Khanna, G., & Zimmermann, L. (2017). Guns and butter? Fighting violence
   with the promise of development. Journal of Development Economics, 124, 120-141;
   Williams, L. K. (2019). Guns yield butter? An exploration of defense spending

preferences. Journal of conflict resolution, 63(5), 1193−1221.

4 Waltz, K. N. (2010). Theory of international politics. Waveland Press; Mearsheimer, John. J. (2001). The tragedy of great power politics. WW Norton & Company.

5 국립국어원 표준국어대사전. "https://stdict.korean.go.kr/search/searchView.do" (검색일: 2024년 4월 29일).

6 합동참모본부, 『합동·연합작전 군사용어사전』(2022). p. 54.

7 David Jablonsky, "Why is Strategy Difficult?," in J. Boone Batholomees, Jr.(ed.), *Theory of War and Strategy* (Carlisle, PA: U.S. Army War College, 2012), p. 3.

8 Thomas Schelling, "Reciprocal Measures for Arms Stabilization," *Daedalus* 134-4 (Fall 1960), p. 892.

9 John F. Troxell, "Military Power and the Use of Force," in J. Boone Batholomees, *op. cit.*, p. 219.

10 Robert J. Art and, "The Four Functions of Force," Robert J. Art and Robert Jervis eds., *International Politics: Enduring Concepts and Contemporary issues*, 8th ed. (New York: Pearson and Longman, 2007); Robert J. Art "To What Ends Military Power?," *International Security*, 4-4 (1980), pp. 4-11.

11 Stephen Biddle, *Military Power: Explaining Victory and Defeat in Modern Battle* (Princeton: Princeton University, 2004), p. 6.

12 선제공격은 예방전쟁(preventive war)과 구분된다. 선제공격은 적의 공격이 임박하다는 객관적 증거에 기반한 군사활동인 반면 예방전쟁은 먼저 공격하지 않으면 장기적으로 위험에 처할 것이라는 판단과 믿음에 근거하여 군사력을 동원하는 것이다. 국제사회에서 일반적으로 선제공격은 허용되나 예방전쟁은 허용되지 않는다.

13 Patrick Morgan, *Deterrence Now* (Cambridge: Cambridge University Press, 2003), p. 1.

14 Freedman, L. (2004). Deterrence. Polity Press; Lebow, R. N. (2005). Deterrence: Then and now. Journal of Strategic Studies, 28(5), 765−773; 박휘락. (2015). 북한 핵에 대한 한국 억제전략의 분석: "거부적 억제" 개념에 의한 방어노력의 재조명: "거부적 억제" 개념에 의한 방어노력의 재조명. 국제정치논총, 55(2), 293−319; 김윤태, 이선희, & 김정은. (2017). 북한 핵 위협 가시화에 따른 억제전략의 구상과 구현 방안. 국방정책연구, 32(4), 115−140.

15 Levy, J. S. (2008). Deterrence and coercive diplomacy: the contributions of Alexander George. Political psychology, 29(4), 537−552.

16 모겐소(Hans J. Morgenthau)는 국가가 권력을 추구하는 방법에 대해 현상유지(status

quo)정책, 제국주의(imperialism)정책, 위신(prestige)정책 등 세 가지를 들고 있다. 역시 위신정책은 그 자체로서 의미를 갖기도 하지만 주로 앞의 두 가지 정책을 지원해주는 역할을 한다. 그리고 외교적 행사(diplomatic ceremony)나 군사력의 현시(display of military power)의 형태를 통해서 실현된다.Hans J. Morgenthau, *Politics Among Nations: the Struggle for Power and Peace*, Brief-ed. (Boston: McGraw Hill, 1993), pp. 50-98.

17 Townsend, S. J. (2018). Accelerating multi-domain operations. Military Review, 4-7.

18 정춘일, "21세기 새로운 군사 패러다임,"『전략연구』, 7-2(2000), pp. 179~182.

19 박일송, & 나종남. (2015). 하이브리드 전쟁 (Hybrid War): 새로운 전쟁 양상?. 한국군사학논집, 71(3), 1-32; 조현석. (2018). 인공지능, 자율무기체계와 미래 전쟁의 변화. 21 세기정치학회보, 8(1), 115-139; 김상배. (2019). 미래전의 진화와 국제정치의 변환: 자율무기체계의 복합지정학. 국방연구 (안보문제연구소), 62(3), 93-118.; 양욱. (2020). 회색지대 분쟁 전략: 회색지대 분쟁의 개념과 군사적 함의. 전략연구, 27(3), 249-280; 강신욱. (2023). 인지전 개념과 한국 국방에 대한 함의: 러시아-우크라이나 전쟁을 중심으로. 국방정책연구, 139, 179-212.

20 대반란전 (COIN)이란 비대칭적 위협이 게릴라와 테러에 대응하기 위한 군사작전을 의미하며, 전쟁이외의 군사작전 (MOOTW)이란 전통적인 전쟁 개념에서의 군사작전 이외에 군사력이 투입되는 평화유지활동, 마약

21 U.S. TRADOC(Training & Doctrine Command), Phamphlet 525-5, *FORCE XXI* (August 1994), pp. 2-8; Andrew F. Krepinevich, "The Patttern of Military Revolutions," *The National Interest* (Fall 1994): 대한민국 국방부, 『국방백서: 1999년』(서울: 국방부, 1999), p. 155에서도 이 개념을 수용하고 있다.

22 Thomas J. Welch, "Some Perspect on the RMA": 권태영·정춘일, 『선진국방의 지평: 21세기 국방발전의 비전과 방향』(서울: 을지서적, 1998), p. 242에서 재인용.

23 Michael J. Mazzer, *The Military Technical Revolution* (Washington, D.C.: CSIS, 1993), p. 1.

24 기획재정부, 『시사경제 용어사전』,(https://www.moef.go.kr/sisa/dictionary/detail?idx=11, 검색일, 2024년 4월 30일).

25 Albin & Heidi Toffler, 이규행 감역,『전쟁과 反戰爭』(서울: 한국경제신문사, 1994), p. 54.

26 Ibid, pp. 57-58.

27 Ibid, pp. 61-68.

28 송성수. (2017). 산업혁명의 역사적 전개와 4 차 산업혁명론의 위상. 과학기술학연구, 17(2), 5 – 40.

29 설인효. (2012). 군사혁신 (RMA) 의 전파와 미중 군사혁신 경쟁: 19 세기 후반 프러시아–독일 모델의 전파와 21 세기 동북아 군사질서: 19 세기 후반 프러시아–독일 모델의 전파와 21 세기 동북아 군사질서. 국제정치논총, 52(3), 141 – 169.

군사동맹론

제 4 장

윤 정 원

학습 목표

1. 동맹의 개념과 목적을 이해하고 동맹의 유형을 살펴본다.
2. 동맹관계에서 나타나는 안보와 자율성의 교환 원리를 이해한다.
3. 동맹국 간 발생하는 포기와 연루의 딜레마에 대해 알아본다.
4. 동맹의 변화요인을 중심으로 한미동맹의 변환과정을 분석한다.

탐구 중점

1. 동맹의 목적을 설명하고, 각 목적별로 구체적인 동맹의 사례를 살펴본다.
2. 동맹을 유형별로 구분하여 설명하고, 동맹 관련 "안보와 자율성의 교환"의 의미와 동맹관리 차원
   에서 "포기-연루의 딜레마"를 논의한다.
3. 동맹의 변화요인을 설명하고, 이를 바탕으로 한미동맹의 역사적 변화과정과 미래의 청사진을 논의
   한다.

핵심 개념

• 동맹 • 세력균형 • 편승 • 패권안정 • 균등행위자 간 동맹 • 불균등행위자 간 동맹
• 이종이익동맹 • 주둔군 비용 분담 • 안보와 자율성의 교환원리 • 포기와 연루의 딜레마

:: 국가 간의 갈등이 첨예하게 대립하며 불확실성과 위협이 가득한 국제정치의 현실 속에서 국가안보 달성을 위해 국가들이 선택할 수 있는 가장 확실한 방법은 외부세력의 침략을 막아내거나 억제할 수 있는 충분한 수준의 군사력을 양성하는 것이다. 그러나 여기에는 많은 자원과 노력이 필요하며, 이에 따라 국가들은 다른 대안으로서 타국과의 동맹을 선호하곤 한다. 본 장에서는 국가안보를 달성하기 위한 수단으로서 동맹의 주요내용에 대해서 다룬다. 먼저 동맹의 개념에 대해서 알아보고 국가들이 동맹을 맺는 목적에 대해서 살펴본다. 그리고 몇 가지 기준을 중심으로 동맹을 분류하여 그 의미를 명확히 한다. 다음으로는 동맹이 갖는 두 가지 특성인 동맹 유지비용의 발생, 안보와 자율성의 교환관계에 대해 살펴보고, 동맹국 간 발생하는 딜레마와 그것을 관리하는 방법에 대해 알아본다. 마지막으로는 한국의 국가안보에 핵심적 역할을 하는 한미동맹을 중심으로 동맹의 변화와 지속에 대해 살펴본다.

제 1 절 동맹의 개념

　　동맹이란 둘 이상의 국가들이 공동의 위협에 대해 군사적으로 대응하기 위해서, 조약체결을 통해 일정한 상호 군사지원을 약속하고 있는 안보 공동체를 의미한다. 이러한 동맹은 다양하게 정의될 수 있다. 스나이더(Glenn H. Snyder)는 동맹을 "특수한 상황하에서 동맹국 이외의 국가에 대해 군사력을 행사하기 위한 국가 간의 공식적인 제휴"로 보았다. 또한 월트(Stephen M. Walt)는 "둘 또는 그 이상의 주권국가들 사이에 안보협력을 위해 맺은 공식적 또는 비공식적 합의[1]"로 정의하였으며, 부스(Ken Booth)는 동맹을 "공개적인 조약이나 비밀조약으로 관계를 맺는 정식절차 및 군사문제에 초점을 둔 상호노력[2]"이라고 정의하였다. 한편, 홀스티는(Ole R. Holsti)는 "두 개 국가 또는 그 이상의 국가들 사이에 국가안보 문제에 대해 협력하기로 하는 공식적인 합의"로 규정하였다. 이러한 정의들에는 공통점이 존재한다. 동맹을 맺기 위한 둘 이상의 국가가 있어야 하며, 동맹에 대항하는 공동의 위협이 존재한다. 그리고 이에 공동으로 대항한다는 약속 또는 계약이 필요하다.

　　동맹의 의미는 그 주체와 영역을 통해서 명확히 할 수 있다. 먼저, 동맹의 주체는 국가이다. 아직 분리운동 중이어서 주권이 제대로 확립되지 않은 준(準)국가, 내전 상황에서 전투를 수행중인 반정부세력 등도 일정 수준의 군사력을 보유할 수 있으며, 이러한 존재들이 다른 국가들과 상호 군사지원에 대해 합의할 수도 있다. 이러한 경우 군사동맹과 유사하다고 할 수는 있지만 엄격한 학문적 의미의 군사동맹이라고 보기는 어렵다. 다음으로 국가들은 동맹을 군사영역에 최우선적으로 한정시킨다. 국가들간에는 경제적 협력이나 사회적 교류, 또는 문화적으로 친밀한 관계가 형성되기도 하지만 이들을 동맹으로 보지는 않는다. 따라서 동맹은 명백한 적대국이나 잠재위협을 상정하지 않는 다른 협력체와는 다르며, 경제 및 사회 문제를 다루는 국가들의 연합과도 구분된다.

제 2 절 동맹의 목적

한 국가가 군사동맹을 체결함으로써 달성하고자 하는 목적은 다양할 수 있다. 동맹참가국은 각자 정의하고 있는 안보이익의 개념이나 우선순위, 직면하고 있는 안보위협의 정도나 내용, 스스로 확보할 수 있는 안보능력이나 수단, 동맹을 맺기로 한 상대방국가의 특성 등을 고려하면서, 자신이 군사동맹을 통해 실현하고자 하는 목적을 설정하게 된다. 따라서 군사동맹을 맺는 국가들이 추구하는 목적은 동일할 수도 있고 상이할 수도 있는데, 그 주요내용은 다음과 같다.

1. 세력의 균형과 위협의 균형

군사동맹의 참가국들이 자신들의 군사력을 합침으로써 개별적으로 대항하기 어려운 강력한 적대세력을 억제할 수 있을 정도의 능력, 즉 세력의 균형(balance of power)을 추구할 수 있다.[3] 이 경우 세력의 균형은 유사시 적대세력의 모든 군사력이 총동원되어 동맹참가국들에 대항할 수 있음이 전제되어 있다. 대표적인 국제정치 현실주의자인 한스 모겐소(Hans J. Morgenthau)는 다수 국가들로 이루어진 국제체제하에서 세력의 균형이 작동되도록 하는데 동맹이 필수적 기능을 수행한다고 보았다.

그렇지만 어떠한 적대세력의 군사력이 특정한 동맹의 참가국들에게만 위협이 되지 않고 다른 국가들을 대상으로도 사용될 수 있으며, 이에 따라 군사동맹 참가국들은 적대세력의 모든 군사력에 대한 힘의 균형을 추구하지 않고, 자신들에게 위협이 되는 군사력만을 억제할 수 있을 수준만큼만 힘을 합쳐서 위협의 균형(balance of threat)을 추구할 수도 있다.[4] 예로써, 냉전시대 소련의 군사력은 유럽을 위협하고 동북아도 위협하는 두 개의 전선을 형성하고 있었는데, 미·일동맹은 소련의 동북아 위협을 억제하는 수준의 균형을 추구하였던 것이다. 이러한 면에서 힘의 균형과 위협의 균형은 개념적으로 구별된다.

동맹과 세력의 균형

세력의 균형은 국가들 간의 힘의 분포가 평형을 이루거나 이에 가까운 상태를 의미하는데, 힘의 분포가 어떻게 평형에 근접하는가에 따라 다음과 같이 균형자형, 비스마르크형, 뮌니히형, 빌헬름형으로 나뉘어진다. 동맹관계는 이러한 세력의 균형을 달성함에 있어서 매우 현실적이고 중요한 수단이 된다.

첫째, 균형자형(Balancer Form)이란 두 개의 국가들이나 국가군들 사이에 균형자가 존재하며, 이 균형자가 강한 세력의 반대편에 서서 약자에게 힘을 보탬으로써 전체적인 힘의 균형이 유지되도록 하는 것이다. 1893년 경 유럽대륙이 프랑스, 러시아, 스페인의 3국동맹과 독일, 합스부르크 왕가, 이탈리아의 3국동맹이 대치하고 있을 때 영국은 그 사이에서 균형자 역할을 추구한 바 있다.

둘째, 비스마르크형(Bismarckian Form)은 여러 국가들의 상반되는 이해관계를 교묘하게 잘 이용하여 신축성 있는 복합동맹체제를 구축하고, 이러한 동맹체제를 중심으로 하여 잠재적인 침략자나 경쟁국을 고립시키고 견제함으로써 전쟁을 방지하려는 형태이다. 예로써 프러시아의 비스마르크는 프랑스가 1871년의 전쟁 패배를 만회하기 위해 전쟁을 감행할 것을 우려하여 복합적인 힘의 균형체제를 구축하여 프랑스를 고립시켜 견제하면서 평화를 모색하였던 것이다. 이러한 세력균형을 유지하기 위해서는 매우 정교하고 능수능란한 외교적 역량이 필요하다.

셋째, 뮌니히형(Munich-Era Form)이란 비스마르크형과는 반대로 침략예상국이 침략희생국을 분산시켜 세력균형을 만들어 내는 것이다. 예로써 영국과 프랑스 등의 유럽제국의 협력이 실패하여 히틀러의 대두를 막지 못하였던 상황하의 힘의 분포 상태를 들 수 있다. 영국과 프랑스가 함께 힘을 합치면 히틀러의 독일을 억제할 수도 있었지만, 양국은 각자 독일과의 전쟁을 회피하는 데 초점을 맞추면서 독일 위협 억제를 위한 동맹국으로서의 책임을 회피하는 데 급급하였고, 결과적으로 더 강할 수 있는 영국-프랑스 동맹이 양국의 이해관계 차이로 인해 약화되어 히틀러의 독일이 도전해 볼 수 있는 상황이 발생하였던 것이다.

넷째, 빌헬름형(Wilhelmian Form)이란 제1차 세계대전 직전(1907-1914년)이나 제2차 세계대전 이후(1949-1963년)에 뚜렷이 나타났던 형태로서, 세력판도가 크게 두 개의 블록형, 즉 양극체제 상태로 균형을 이루면서 균형자의 역할을 할 수 있는 힘과 역량을 갖춘 행위자가 결여된 상태하에 힘의 균형이 이루어진 것을 의미한다. 이러한 양극적 세력균형은 제1차 세계대전의 발발이나 제2차 세계대전 이후의 냉전체제가 소련의 해체로 탈냉전이 이루어진 것처럼 폭발하거나 붕괴하는 경향이 있다는 주장도 있다.[5]

2. 편승과 무임승차

군사력이 약한 국가는 가장 강력한 국가를 억제하기 위한 군사동맹에 가입하여 힘의 균형이나 위협의 균형을 선택하지 않고, 오히려 가장 강력한 국가와 동맹을 맺음으로써 자신의 국가안보를 보호받음은 물론 필요에 따라 비군사적인 혜택도 얻으려는 편승(bandwagoning)을 모색할 수 있으며,6 이 경우 약소국이 군사동맹의 대상으로 선택하는 국가는 우호적 국가일 수도 그렇지 않을 수도 있다. 약소국은 강대국에의 편승동맹을 통해 보다 확실한 안전보장을 제공받을 수도 있겠지만, 그 대가로 강대국으로부터의 다양한 요구와 압력에 직면하는 위험성도 있을 수 있다.

한편, 무임승차(free-riding)는 군사동맹이 제공하는 안보효과의 비배타성과 비경쟁성으로 인해 모든 참가국들의 안보를 보장해주는 공공재 역할을 수행할 수 있음을 활용하여7, 어떠한 참가국이 낮은 군사비 지출 등과 같이 동맹 유지의 부담은 적게 하면서도 자국의 안보는 보장받으려 하는 것을 의미한다. 무임승차는 가장 강력한 국가를 억제하기 위한 군사동맹이든 아니면 그 국가에 편승하는 것이든 간에 가능할 수 있다. 그렇지만 무임승차를 과도하게 할 경우 그만큼 동맹 유지 부담을 더 많이 떠안게 된 다른 동맹국에 의해 쉽게 포기되어질 위험성이 있다. 냉전시대에 영국이나 프랑스, 중국이 스스로 핵무장국들이 된 것은 초강대국인 미국이나 소련에의 무임승차가 가져올 안보상의 부정적 영향을 우려하였기 때문이다.8

3. 패권안정과 전쟁승리

어떠한 강대국이 적대세력으로부터의 심각한 안보위협에 의해서라기보다는 자신에게 유리한 국지적, 지역적, 세계적 안보질서를 지속적으로 유지 내지 확대하는 패권안정(hegemonic stability)을 추구하면서 군사동맹을 결성하고 참가국들을 계속 확대시킬 수 있다. 이러한 목적은 그래도 전쟁을 억제 내지 방지하는 범위 내에서의 군사동맹 활용이라고 볼 수 있다.

이와는 달리 전쟁을 일으켜 기존질서를 타파하고 승리함으로써, 다른 국가의 항복이나 정복을 달성해 국가이익을 공세적으로 확대하려고, 전쟁발발 이전에 전쟁승리(victory of war)의 목적을 갖고 군사동맹을 결성할 수도 있다. 아니면 다른 적대세력이 먼저 전쟁을 도발한 상황하에서 전쟁승리를 위해 전시에 군사동맹을 맺을 수도 있다.

4. 기타

이 외에도 군사동맹은 어떠한 참가국으로 하여금 일정 수준 이상의 군비증강을 하지 않도록 유도하려는 목적에 의해, 혹은 해당 참가국이 스스로의 판단에 의해 군비증강보다 다른 분야에 국가재원을 좀 더 투자할 수 있는 여건을 조성하기 위해 선택될 수도 있다.[9] 즉, 군비증강의 대체(armament substitute)를 위해 군사동맹을 모색할 수도 있다.

뿐만 아니라 어떠한 국가는 자신에 대한 외부의 안보위협이 심각하지 않아 군사동맹이 꼭 필요하지는 않으나, 특정한 국가와 군사동맹을 맺는 것 자체가 국내의 정치불안을 해소하고 저항세력을 약화시키는 등 국내적 안정(domestic stability)에 기여할 수 있다고 판단할 수도 있다.[10]

제3절 동맹의 분류

동맹의 종류는 여러 기준에 따라 나누어질 수 있으며, 동맹의 목적 수행에 필요한 지리적 범위(scope), 동맹참가국 수(number), 이익의 성격(benefit), 조약체결 여부(treaty), 동맹참가국의 국력(power) 등에 따라 다음과 같이 구분할 수 있다.

1. 지리적 범위: 지역적 동맹과 범세계적 동맹

지역적 동맹은 어느 특정지역 내의 세력균형 유지 등을 목적으로 동맹이 형성되는 경우이다. 따라서 이 동맹은 다른 지역에서 발생하는 세력변동에 의해 직접적인 영향을 받지 않는다. 냉전시대에 동아시아에서 소련과 중국을 겨냥한 미·일 동맹이 좋은 예이다.

지구 전체의 세력균형 유지를 목적으로 하는 범세계적 동맹은 지구상 어느 행위자나 행위자의 집단(물론 극히 미약한 행위자는 제외)의 소멸이나 쇠퇴도 이 세력균형에 영향을 미친다고 본다. 제2차 세계대전 후 시작된 냉전 아래서 미국과 소련은 세계 전체를 세력균형체제로 보고, 각각 북대서양조약기구(North Atlantic Treay Organization: NATO)와 바르샤바조약기구(Warsaw Treaty Organization: WTO)를 중심으로 각자 동맹관계를 맺고 세계적 세력균형을 추구하였다.

2. 동맹참가국의 수: 양자동맹과 다자동맹

동맹참가국이 둘뿐인 경우를 의미하는 양자동맹(bilateral alliance)은 한·미동맹, 미·일동맹을 예로 들 수 있다. 양자동맹은 동맹참가국 간에만 주로 합의 가능한 이해관계가 존재한다든지, 지리적으로 제한된 범위 내에서의 동맹역할이 요구된다든지, 여러 국가를 하나의 동맹에 참여시키기 어려운 역사적, 현실적 장애요인이 있을 때 형성될 가능성이 높다.

한편 다자동맹(multilateral alliance)은 동맹참가국이 셋 이상인 경우를 의미하는데 그 수에 따라 3자동맹(trilateral alliance), 4자동맹(quadrilateral alliance) 등으로 불리기도 한다. 다자동맹은 어떠한 국가나 국가군이 여러 국가들에게 공동의 안보위협을 가할 경우 이에 대응하기 위해 결성될 수 있다. 그렇지만 다양한 이해관계를 가진 국가들이 함께 참여하는 다자동맹의 경우, 강력한 동맹주도국이 있거나 동맹관계를 원만히 조율할 수 있는 의사결정 구조가 있어야 결속력이 잘 유지될 수 있다. NATO, WTO, 리오조약(Rio Pact), 태평양안전보장조약(Austrailia, New Zealand and United States: ANZUS) 등이 다자동맹의 예이다.

3. 이익의 성격: 동종이익동맹과 이종이익동맹

동종이익동맹은 동맹참가자가 동맹으로부터 받는 혜택 혹은 동맹형성의 목적이 같은 종류의 것일 때를 의미하는데 영·미동맹이 좋은 예이다. 제2차 세계대전 전까지 영국의 대유럽 정책은 유럽지역의 세력균형을 유지하는 데 있었는데 미국의 대유럽 정책도 동일한 것이었다. 이 경우 동맹의 혜택은 물질적인 것일 수도 있고 사상적인 것일 수도 있다.

　　반면에 이종이익동맹은 동맹참가자들이 동맹으로부터 받은 혜택이 서로 다른 종류의 것일 때이다. 물론 혜택의 종류는 다르나 동맹참가자들이 받는 혜택이 상호 보완 관계에 있는 경우가 많다. 다시 말하면, 한 동맹참가국의 혜택은 다른 동맹참가국이 받는 혜택 때문에 가능하다는 것이다.

　　한·미동맹의 경우 한미 양국이 북한의 대남 도발 억제를 통해 한반도 평화와 안정을 추구한다는 점에서 동종이익동맹의 성격을 띠지만, 미국은 한·미동맹을 통하여 일본 방위에의 기여도 추구하지만 한국은 이에 대한 관심이 적다는 점 등에서 이종이익동맹의 성격을 보이기도 한다.

4. 조약체결 여부: 공식동맹과 비공식동맹

　　공식동맹은 동맹 참가자가 정식으로 조약을 체결하는 경우인데 대부분의 동맹이 이에 속한다. 이와 같은 공식동맹은 유사시 상호 군사지원을 보다 신속하고 광범위하게 할 수 있을 뿐만 아니라 실제로 이루어질 수 있다는 신뢰성을 높여줄 수 있다.

　　반면에 비공식동맹은 정식 조약이 체결된 것은 아니나 동맹관계에서 볼 수 있는 일련의 협력이 나타날 수 있는 경우이다. 비공식동맹은 동맹국가 간 체결의 강도에 따라 화해(detente)와 협조(entente)관계로 구별할 수 있다. 두 동맹국 A와 B가 있다고 하자. 화해는 A국이 제3국과 전쟁상태에 들어갈 경우 B국은 A국과 공동행동을 취하지는 않으나 최소한 중립을 지킬 때 성립한다. 협조는 B국이 A국을 원조하거나 원조할 가능성이 극히 높을 때 성립한다. 일반적으로 공식동맹이 비공식동맹에 비하여 그 신뢰성이 높다고 볼 수 있으나 반드시 그렇다고는 말할 수 없다. 예로써, 1793년 프랑스 혁명정부가 영국과 네덜란드에 선전포고를 하였을 때, 미국은 프랑스의 공식동맹임에도 불구하고 중립을 선포하였다. 반면에 1939년 제2차 세계대전이 발발하자 미국은 영국과의 공식동맹국이 아니었음에도 영국을 원조하여 독일과 싸운 바 있다.

5. 동맹참가국의 국력: 균등행위자 간 동맹과 불균등행위자 간 동맹

실제 국제사회에서 국가 간 국력 차이가 균등하거나 불균등한지 정확히 파악하는 것은 용이하지 않다. 그럼에도 불구하고 균등행위자 간 동맹은 말 그대로 국력이 상당히 균등한 행위자 간에 동맹이 체결되는 경우로서 1차 세계대전의 영·프동맹을 그 예로 들 수 있다. 불균등한 행위자 간의 동맹은 국력의 차이가 현저히 큰 행위자 간에 동맹이 체결되는 경우인데 한·미동맹이 좋은 예이다.[11]

한 시대의 국가들을 상대적인 국력에 따라 강대국, 중간국, 약소국 등으로 나누어 볼 수 있을 때, 강대국-강대국 사이의 동맹 또는 약소국-약소국 사이의 동맹 등은 균등한 동맹이라고 보고, 강대국-중간국, 강대국-약소국 사이의 동맹 등은 불균등한 동맹이라고 볼 수 있을 것이다. 그러나 동맹이 체결된 이후에도 동맹 참가국들의 국력이 변화할 수 있기 때문에, 예로써 불균등행위자 간 동맹에서 점차 균등행위자 간 동맹으로 나아가는 등 변화가 가능할 수 있다. 뿐만 아니라 NATO와 같은 다자동맹의 경우 균등행위자와 불균등행위자가 함께 복잡하게 섞여 있을 수 있다.

동맹과 이익

동맹참가국들의 노력에 비례하여 그들이 나누어 갖는 이익도 결정되는 것이 바람직할 것이다. 한 동맹의 내부에서 분배되는 이익의 비율이 상호 간에 대등한 경우가 '이상적'이다. 국력이 대등한 나라가 동일한 이해관계와 동기를 가지고 동맹을 결성했을 경우 그러한 이상적인 모습이 실현될 것이다.

이상적인 이익분배에서 벗어나는 극단적인 경우도 있을 수 있다. 한쪽 편이 이익을 모두 독점하고 다른 한쪽은 이익이 전혀 없이 동맹비용에 대한 부담만 지는 '일방적' 관계(societas leoia)가 그 전형이다. 이러한 동맹의 목적은 통상 이익을 받는 쪽의 영토보존 혹은 정치통합일 것이다.

현실세계에서는 이상적인 동맹과 일방적인 관계라는 양극단 사이의 어딘가에 위치하는 '보충적' 관계가 지배적일 것이다. 하지만 이 보충적 이해관계도 불균형을 초래하기 쉬운데 그 주된 이유 중의 하나는 이해관계가 주관적인 해석에 따라 쉽게 왜곡될 수 있다는 점이다. 국력 면에서 월등한 쪽은 더 왜곡된 해석을 할 수 있다. 동맹의 내부 권력관계는 정책결정과정에 반영되어 보통 이익의 분배에까지 영향을 미치기 쉽다. 보다 구체적으로 말하면, 정책결정과 이익분배에 있어서 강대국이 약소국인 동맹국에 비해 이점을 가지고 있기 때문에 마키아벨리는 꼭 필요한 경우가 아니면 약소국은 가급적 강대국과 동맹을 체결하지 말라고 경고한 바 있다.

하지만, 국력 혹은 권력, 정책결정, 이익분배 간의 관계가 경우에 따라서는 다른 모습으로 나타날 수 있다. 약소국이 지닌 자산이 강대국의 국제관계 측면에서 볼 때 엄청난 가치를 지닌 경우일 것이다. 군사기지를 둘러 싼 미국과 아이슬랜드의 관계, 원유를 둘러싼 영국과 이라크 관계를 그러한 예로 들 수 있는데, 두 국가는 국력과는 전혀 어울리지 않게 높은 지위를 누린 적이 있다.

제4절 동맹의 특성과 한계

1. 군사동맹 유지의 비용 발생

어떠한 국가가 동맹을 유지함으로써 여러 가지 국가이익을 증진시킬 수 있겠지만 이에 따른 비용이 발생할 수 있다. 이러한 비용을 다른 동맹참가국을 위해 자발적으로 부담할 수도 있으나 상호 간의 협의나 협상을 거쳐 결정하는 것이 일반적이다. 이러한 동맹유지의 비용은 크게 세 가지로 나누어 볼 수 있다.

첫째는, 어떠한 동맹국이 다른 동맹국의 군대가 자국에 주둔하는 것을 허용하면서 발생하는 주둔군 비용분담(cost sharing)이다.[12] 이러한 비용분담은 토지나 시설 무료사용, 세금이나 공공요금 감면 등과 같이 간접지원 형태로 이루어지기도 하고, 각종 임대료, 시설 건설 및 사용료, 현지인 고용 인건비 등을 현금으로 지원하는 직접지원 형태로 이루어질 수 있다. 비용분담에 따른 간접지원과 직접지원의 구성비는 동맹국들에 따라 다르며 변화할 수 있다.

둘째로, 어떠한 동맹국이 스스로의 힘으로 자국의 안보를 일정 수준 책임질 수 있을 뿐만 아니라 유사시 다른 동맹국을 지원할 수 있는 정도의 군사력을 유지하거나 군사비를 지출하는 등의 방위역할 분담(defense burden sharing)이다. 어떠한 동맹국이 군사력이나 군사비를 일정 수준 이하로 뚜렷이 감축시키는 경우, 다른 동맹국은 해당 국가에 대한 안전보장 부담이 증가할 수 있거나 유사시 동맹에 따른 군사지원을 기대하기가 어려워져 비판적일 수 있다.

셋째로, 어떠한 동맹국이 다른 동맹국의 전쟁수행이나 국제위기 관리를 지원하거나 경제지원을 하는 등의 책임분담(responsibility sharing)이다. 다른 동맹국을 위해 필요한 지역에 군대를 파병하여 지원하거나 소요되는 전쟁물자나 전쟁비용을 지원할 수도 있다. 또한 다른 동맹국에 대하여 유·무상의 차관을 지원하거나 관세 인하 혜택을 제공하는 등 경제지원을 해 줌으로써, 해당 국가가 경제적으로 안정되거나 성장하여 군사력 건설 및 유지에 유리한 여건을 조성해 줄 수도 있다. 이러한 책임분담이 동맹의 명시적 의무사항에 따른 것이라면 직접적 책임분담이라고 할 수 있겠으나, 명시적 의무사항은 아니지만 동맹의 일원이기에 불가피하게 한 것이라면 간접적 책임분담이라고 할 수 있다.

2. 안보와 자율성의 교환

동맹 참여국들은 안보이익과 국가 자율성의 상호 교환적 관계(trade-off)를 경험하게 되며, 이는 안보와 자율성의 교환 모델(exchange of security and autonomy)[13]로 정의된다. 동맹에 참여하는 국가들은 안보이익을 보장받지만 동시에 국가 자율성의 제한을 받게 된다. 여기서, 안보이익이란 외부 위협으로부터 보호를 받거나 군사 및 경제적 원조를 얻는 등 국가안보적 측면에서 얻는 이익을 말하며, 국가 자율성(autonomy)은 국가의 대내외적 정책 결정에서 받게 되는 정치적 자율성을 의미한다. 동맹에 참여하는 국가들은 이러한 교환관계를 고려하여, 동맹에서 얻게 될 안보이익과 그로 인해 잃게 되는 자율성의 정도를 비교하여 동맹 정책에 반영한다. 그 과정에서 안보이익에 대한 평가가 이루어지는데, 여기에는 위협의 정도, 자국의 안보역량, 동맹국의 전략적 가치가 고려된다. 예를 들어, 적대국의 위협 수준이 높아지고, 자국의 안보역량이 상대적으로 약하며, 동맹 파트너가 강력한 안보역량을 갖추었을 때 동맹으로부터 얻을 수 있는 안보이익은 매우 높게 평가된다. 이러한 경우 해당 국가는 일정 부분 국가 자율성을 포기해서라도 동맹을 맺거나 유지하게 된다.

동맹에서 나타나는 안보와 자율성의 교환은 대칭적 동맹과 비대칭적 동맹에서 서로 다른 결과를 내 놓는다.[14] 먼저, 비대칭 동맹에서 안보와 자율성의 교환은 동맹국 모두에게 국익의 증진을 가져온다. 동맹국 간 국력수준이 다른 비대칭적 동맹에서 강대국은 약소국으로부터 얻을 수 있는 안보이익이 상대적으로 낮다. 그러나 약소국의 대내외 정책에 대한 영향력을 행사함으로써 국익을 추구할 수 있다. 따라서 약소국에게 군사원조를 해주거나 자국의 군사자원을 활용하여 안보를 제공한다. 한편, 약소국에게 있어서 강대국과의 동맹에서 얻을 수 있는 안보이익은 매우 높게 평가된다. 따라서 국가 자율성을 일정부분 포기하더라도 강대국으로부터 높은 수준의 안보이익을 제공받음으로써 전체적인 국가이익은 증대된다. 한편, 대칭동맹에서 안보와 자율성의 교환 관계는 갈등을 야기한다. 국력의 수준이 비슷한 대칭동맹에서 국가들은 동맹 파트너의 안보역량과 자국의 안보역량을 비슷하게 평가하며, 동맹으로 인해서 얻는 안보이익보다는 잃게 될 국가 자율성에 주목한다. 따라서 자율성의 손실을 둘러싸고 국가 이익이 첨예하게 대립되면 분쟁의 가능성이 높아질 수 있다. 이러한 특성을 고려하였을 때, 대칭동맹보다 비대칭동맹이 결성되기 쉬우며, 더 오래 지속될 수 있다는 주장이 제기될 수도 있다. 실제로 동맹의 역사를 살펴보았을 때, 비대칭 동맹의 사례가 더 많으며 대칭동맹보다 비대칭동맹이 평균 30% 더 오래 지속되었다는 사실은 이러한 논리를 뒷받침해 준다.[15]

제 5 절 동맹의 관리

1. 동맹의 딜레마

동맹에 참여하는 국가들은 동맹 파트너의 의도와 관련하여 포기(abandonment)와 연루(entrapment), 두 가지 형태의 위협을 느끼게 되는데 이를 동맹의 딜레마(security dilemma in alliance)라 한다.[16] 이때, 포기란 동맹 파트너가 동맹의 의무를 이행하지 않을지도 모른다는 가능성에서 오는 위협이다. 적대국의 위협이 증가하여 안보적으로 중요한 상황에서 동맹 파트너는 자국의 이익에 반대될 경우 군사지원을 하지 않거나 동맹을 탈퇴할 수도 있다. 보다 치명적으로는 동맹을 배신하고 적대국과 동맹을 결성하면서 동맹으로부터 탈퇴할 수도 있다. 동맹 파트너가 취할 수 있는 이러한 행동들은 다른 동맹국으로 하여금 포기의 위협을 느끼게 한다.

다음으로 연루란 자국의 이익과는 상관없이 동맹에 의해 원하지 않는 분쟁에 휘말리는 상황에서 오는 위협을 의미한다. 동맹에 대한 의존도가 낮고 동맹으로부터 얻는 이익이 작을수록 연루의 위협을 크게 느낀다. 동맹의 필요성이 줄어들기 때문이다. 따라서 비대칭 동맹에서는 약소국보다 동맹에 덜 의존적인 강대국이 연루의 위협을 느낄 가능성이 크다. 하지만 상황에 따라서 동맹에 대한 의존도가 달라지며, 강대국이 동맹을 절실히 필요로 할 경우 반대의 상황이 나타나기도 한다. 예를 들어, 1960년대 초, 미국이 베트남에 개입할 때 미국은 국제적 지지와 군사적 지원을 얻기 위해 동맹국들의 참전이 필요했다. 따라서 미국은 한국의 참전을 요구하였으며, 이 시기 약소국 한국은 연루의 위협을 느꼈으며, 강대국이었던 미국은 포기의 위협을 느꼈다.

2. 동맹의 딜레마 관리

동맹의 딜레마는 동맹이 유지되는 데 위협으로 작용한다. 포기 또는 연루 어느 한 쪽의 위협이 지나치게 커질 경우 동맹은 와해될 수 있기 때문이다. 따라서 이를 관리하기 위한 전략이 필요한데, 포기와 연루의 위협은 동맹국에 대한 공약(committment)과 지원(assistance)을 통해서 조정될 수 있다. 여기서 공약이란 동맹의무 이행에 대한 약속을 의미하며, 외교적 선언이나 국가 지도자의 발언 등이 포함된다. 그리고 지원이란 동맹 파트너에 대한 물적 자원의 제공을 의미한다. 무기체계의 지원이나 주둔군 증강 등이 예가 될 수 있다.

어느 동맹국이 포기의 위협을 심하게 느낄 경우, 다른 동맹 파트너가 강한 지원과 공약을 통해 그러한 위협을 줄여줄 수 있다. 그러나 공약과 지원을 지나치게 증가시킬 경우 그 동맹 파트너에게는 연루에 의한 위협의 가능성이 커진다. 한편, 어느 동맹국이 연루의 위협을 심하게 느낄 경우, 그 동맹국이 약속한 공약과 지원을 축소시킬 수 있도록 하여 그 위협을 줄여 줄 수 있다.

이처럼 포기와 연루의 위협은 공약과 지원 정도를 통해 조정되며 서로 반비례적인 성격을 갖는다. 공약과 지원의 지나친 강화나 약화는 포기와 연루의 위협 중 어느 하나를 줄여주는 동시에 다른 하나를 증가시키는 역할을 하는 것이다. 따라서 동맹의 딜레마가 극단으로 치우치는 상황을 막기 위해서는 적절한 공약과 지원을 통해서 포기와 연루 위협이 균형을 이루는 전략이 필요하다.

제 6 절 사례: 한미동맹의 변화와 지속

1. 동맹의 변화 가능성

어떠한 군사동맹이 체결된 이후 최초의 상태로 지속될 수도 있으나, 시간의 흐름 속에서 나타나는 대내외 안보환경 변화에 적응하면서 변화할 가능성이 있다.[17] 즉, 군사동맹은 강화될 수도 약화될 수도 나아가 해체될 수도 있다. 동맹참가국의 수가 늘 수도 줄 수도 있으며, 동맹의 임무와 역할이 확대될 수도 축소될 수도 있으며, 동맹에 따른 상호 군사협력의 강도가 높아질 수도 낮아질 수도 있는 것이다. 이렇듯 군사동맹을 변화시키는 요인들은 크게 해당 동맹의 대외환경 변화, 동맹국-적성국 관계 변화, 동맹국 상호관계 변화, 동맹국 내부변화 등으로 나누어 볼 수 있다.

첫째, 동맹의 대외적 환경이다. 군사동맹은 특정한 시점의 안보환경 속에서 참가국들의 정세판단과 이해관계에 따라 체결되지만, 그 이후 해당 동맹을 둘러싼 세계적, 지역적 대외환경의 변화가 있게 되면 새로운 정세판단과 이해관계에 따라 기존 동맹을 변경시킬 수 있다. 예로써, 제2차 세계대전 이후 냉전시대에 체결되었던 군사동맹들 중 탈냉전의 도래, 9·11 테러사건 발생 등과 같은 세계적 안보구도 변화에 따라 변화에 직면한 것들이 있다. NATO의 경우 탈냉전과 더불어 동유럽 공산국들이 자유화, 민주화되자 이들 국가들을 새로운 회원국으로 받아들이는 등 확대되는 모습을 보였다. 반면에 탈냉전으로 소련과 동유럽 공산국들로 구성되었던 바르샤바 조약기구는 해체되는 운명을 맞이하였다. 한편 미국은 9·11 테러사건 이후 세계적인 대테러전을 중시하면서 자신의 해외동맹 정책을 재평가하고, 그 연장선상에서 주한미군의 감축, 후방으로의 재배치, 전략적 유연성 부여 등과 같은 한·미동맹의 중장기적 변화를 모색하여 왔다.

둘째, 동맹국–적대국 간 관계 변화는 동맹의 변화에 영향을 줄 수 있다. 어떠한 군사동맹의 참가국과 그 동맹의 적대국 사이의 관계가 계속 고정되어 있지 않고 변화할 수 있으며, 그 과정에서 상호 적대성이 강화되거나 약화될 수 있다. 이러한 변화는 적대국으로부터의 안보위협, 동맹의 목표와 이익, 동맹의 주요활동 범위와 강도에 대한 재평가를 가져오고, 그 결과 기존 동맹에 일련의 변화를 유발할 수 있다. 예로써, 미국은 1954년 '미–타이완 상호방위조약'을 체결하여 동맹을 형성하였으며, 이는 적대국으로서의 중국을 억제하기 위한 것이었지만, 1979년 미·중 국교 정상화가 이루어짐으로써 상호 적대관계가 청산되자 미국은 대만과의 군사동맹을 포기하였다. 그러나 탈냉전 이후 러시아로부터의 동북아 안보위협이 현저히 약화된 반면 중국의 국력신장과 군사력 증강으로 중국위협론이 대두하자, 미국은 러시아보다는 중국을 견제 또는 봉쇄하는 방향으로 미·일동맹을 변경해 강화하려는 노력을 전개하였다.

셋째, 동맹국 상호관계 변화 역시 동맹의 변화를 유발하는 요인이 된다. 하나의 군사동맹에 참여한 국가들의 관계도 계속적으로 변화할 수 있다. 프랑스에서 드골 대통령이 집권한 이후 NATO 운용에 대해 프랑스와 영국 및 미국 간에 갈등이 발생하였고, 그 결과 1966년에 프랑스가 NATO에서 탈퇴하는 변화가 발생한 바 있다.[18] 동맹참가국 간의 동질성, 균형성, 신뢰성이 변화할 수 있고, 동맹이익의 호혜성도 변화할 수 있다. 바로 이와 같은 동맹국 상호관계의 변화가 동맹 자체를 변화시키는 계기가 될 수 있다. 예로써, 탈냉전 이후 한국의 자유민주화가 촉진되고 자본주의적 경제발전이 증진되면서, 한국과 미국의 정치·경제적 동질성이 강화되었다고 볼 수 있으며, 이러한 변화는 한·미동맹이 오늘날 단순한 군사동맹을 넘어 점차 정치동맹, 경제동맹으로 진전되는 등 포괄적 복합동맹의 특징을 갖게 하였다. 나아가 한국의 국력신장으로 인해 양국 간의 불균형성이 완화되면서 한·미동맹에서 한국이 차지하는 책임과 역할이 증가하였으며, 그 결과 '한국방위의 한국화'가 촉진되어 왔다. 그렇지만 1970년대 중반 미국이 월남전 패배를 수용하면서 월남을 포기하였을 때 미국의 동맹국에 대한 신뢰성이 떨어졌으며, 그 결과 한국은 미국의 대한 안보공약에 대해서 의구심도 일면 갖게 되었고, 한국은 자주국방을 강조하는 행태를 보이기도 하였다.

넷째로 동맹국의 국내적 변화는 동맹의 변화를 가져올 수 있다. 군사동맹에 참가하고 있는 국가는 대외적인 안보정세 변화에 직면하기도 하지만 내부적으로 정치, 경제, 군사적인 변화에 직면할 수 있으며, 이러한 동맹국 내부변화가 동맹의 변화로 이어질 수 있다. 정치적으로 집권세력의 이데올로기적 성향, 의회－행정부의 권력관계, 동맹정책 관련 부서의 상호관계, 주요 정책결정자들이나 관료들의 정치적 신념, 다른 동맹국에 대한 국민여론 등이 변하면 기존 동맹에 영향을 미칠 수 있다. 한 국가의 경제상황이나 재정상황이 좋은가 그렇지 않은가에 따라서 군사동맹을 더 중시할지 그렇지 않을지가 결정될 수 있으며, 다른 동맹국에게 보다 많은 부담을 요구할지 그렇지 않을지도 영향을 받는다. 또한 동맹참가국이 군사정책 노선, 전쟁수행 방식, 군사력 건설의 방향을 어떻게 설정하고 변경시키느냐에 따라서 해당 국가의 동맹정책에 영향을 미칠 수 있다. 예로써 9·11 테러 사건 이후 미국은 군대의 신속한 대규모 기동, 장거리 정밀타격, 속전속결의 단기전, 전시 인명피해 최소화 추구 등을 위해 해외 동맹정책 전반에 대한 재검토와 변경을 모색하기 시작하였다.[19]

2. 한미동맹의 역사

한미동맹의 역사를 돌이켜 봤을 때, 군사원조기(1950~60년대), 자주국방 모색기(1970년대), 동반자적 협력기(1980년대), 방위책임 분담기(1990년대 이후) 등 총 네 개의 시기로 분류할 수 있다.

군사원조기는 1950~60년대 한국이 미국에 안보적으로 의존하던 시기다. 1953년 10월 1일에 체결된 한미상호방위조약으로 시작된 한미동맹은 북한 및 공산진영의 군사적 위협으로부터 한국을 방어하는 것을 주된 목적으로 하고 있었다. 전후 한국은 스스로 안보를 달성할 수 있는 역량이 미흡하였다. 따라서 미국에 안보를 의존할 수 밖에 없었으며, 한미 양국 간에는 비대칭적 안보협력이 진행되었다. 한국은 주한미군이 주둔할 수 있는 토지와 시설을 제공하였으며, 미국은 한국에게 군

사 및 경제 원조를 제공하
였다. 그리고 6·25전쟁에
따른 정전협정 이후에도 한
국에 잔류하던 2개 사단 규
모의 주한미군이 한국의 방
위에서 중요한 역할을 수행
하였다.

▲한미상호방위조약 가조인(1953. 8)

이러한 일방적인 지원
관계는 1960년대 중반, 한
국이 베트남전에 파병을 하
면서 상호보완적으로 변모하기 시작했다. 1963년 미국은 통킹만 사건을 계기로 베
트남전에 본격적으로 개입하였다. 미국의 강력한 공습을 바탕으로 쉽게 끝날 것 같
았던 이 전쟁은 북베트남의 게릴라 전술과 남베트남의 내부적 혼란으로 인해 장기
전으로 가게 되었다. 미국 정부는 국내외 여론의 비판을 받기 시작하였으며, 정치·
군사적으로 위기에 놓인 미국은 한국에 파병을 요청하였다. 이렇게 실시된 한국의
베트남전 파병은 한미동맹을 공고히 하는 계기가 되었다. 한미 양국은 한국군 전력
증강을 위한 무기 지원 및 방산 기술 협력을 추진하였으며, 북한의 크고 작은 국지
도발에 공동으로 대응하였다.

자주국방 모색기는 1970년대 미국의 안보공약 약화로 인해서 한국군의 자체
적 방어역량 강화 노력이 이루어진 시기이다. 1969년 닉슨 대통령은 '아시아의 안
보는 아시아인에 의해'라는 닉슨 독트린을 발표하여 미국이 아시아 지역에서 군사
개입을 최소화할 것이라는 정책 방향을 제시하였다. 이를 통해 주한미군의 부분 철
수 논의가 진행되었으며, 결국 1971년 3월에 주한 미군 7사단의 철수가 이루어졌
다. 이러한 주한미군 감축논의는 카터 행정부에서도 지속되었다. 대통령 선거 공약
으로 주한미군 철수를 내세웠던 카터 대통령은 당선 후 공약을 구체화시켰다. 그리
고 1977년 3월에 1982년까지 3단계에 걸쳐서 진행될 주한미군 철수 계획을 발표하
였다. 이 계획에 따라서 1978년까지 3,400명의 병력이 철수하였다. 그러나 주한미
군 철수 계획은 난관에 부딪혔다. 북한이 예상보다 강력한 군사력을 보유하고 있다

는 분석이 나왔다.[20] 그리고 소련이 아프간 및 베트남 지역에서 팽창의도를 보이고 있었다.[21] 여기에 한국정부의 강한 반발까지 더해져 1979년 7월 카터의 주한미군 철수 계획은 결국 취소되었다.

닉슨-카터 행정부 시기 주한미군의 감축은 역설적으로 다른 측면에서 한미동맹을 내실화하는 계기가 되었다. 주한미군의 철수 계획과 함께 철군으로 인해 나타나게 될지도 모를 안보 공백에 대한 보완책들이 추진

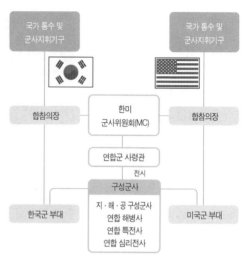

▲ 한미연합군사령부 창설 이후 한미동맹의 지휘 체계

되었다. 먼저, 양국은 주한미군이 보유한 일부 장비들에 대한 무상 이양, 대외군사판매(Foreign Military Sale) 차관의 추가 제공 등에 합의하였다. 그리고 제1차 율곡사업으로 명명된 한국군 전력증강사업이 시작되었다. 한편, 1970년대 초부터 시작된 연합사령부 구성 논의는 1978년, 한미군사위원회(Military Committee)의 전략지시에 의한 한미연합군사령부(Combined Forces Command)의 창설로 이어졌다. 이로인해 한미 양국은 유사시 유엔과 협의 없이 한미상호방위조약에 의거하여 양국 군사력만으로 즉각 대응을 할 수 있는 제도적 장치를 마련하게 되었다. 또한 주한미군 철수에 따라 안보공약을 강화하기 위해 한미연합훈련이 강화되었다. 한미 양국은 기존의 포커스 레티나(Focus Retina) 훈련을 발전시켜 1971년 미 본토의 특전부대를 한반도에 투입하는 공수훈련인 프리덤 볼트(Freedom Bolt) 훈련을 실시하였다.

동반자적 협력기는 1980년대 들어 한미동맹의 중요성이 커지고 양국 간 안보협력이 증가되던 시기이다. 1979년 소련의 아프간 침공으로 시작된 신냉전은 한반도에서 한미동맹의 중요성을 다시 부각시켰다. 1981년 취임한 레이건 대통령은 대소 강경정책을 추진하였는데 그 일환으로 국방비를 증강하고 동맹국과의 군사협력을 강화하였다. 1981년 2월 한미 정상회담에서 양국 정상은 주한미군의 지속적인 주둔과 북한의 위협에 대한 한미연합방위체제를 공고히 할 것을 확인하였다.

이 시기 한미 양국은 전시에 대비한 한미 군수지원 체계를 확립시켰다. 1985년 제17차 한미 안보협의회의에서는 전쟁 시 한반도에 전개되는 미 증원군의 작전을 위한 군사 및 민간 지원에 관한 내용들이 논의되었으며, 그것을 바탕으로 1987년 제19차 한미 안보협의회의에

▲ 한미 상호군수지원협정(1988. 6)

서는 전시주둔국지원(Wartime Host Nation Support)에 관한 양해각서가 만들어졌다. 1982년과 1984년에는 미국이 한국에 비축해둔 전쟁예비물자(War Resolve Stocks for Alies)와 미국이 운영하는 물자 중 한국 지원을 위해 지정된 소요 부족품 목록(Critical Requirement Deficiency List)의 판매에 대한 국방장관 간 회담이 진행되었다. 그리고 1988년에는 연합연습 및 작전 시 원활한 군수지원을 위하여 상호군수지원협정(Mutual Logistics Support Agreement)을 체결하였다.

이와 같이 양국 간 군사협력은 내실화되었으나, 미국의 한국에 대한 군사지원 정책에는 변화가 생기게 되었다. 1970~80년대 한국은 급속한 경제성장을 경험하는 반면, 미국은 무역수지 및 재정 적자가 악화되어 경제적으로 어려운 상황에 놓이게 되었다. 결국 한국의 방위산업이 미국의 방위산업 시장을 잠식하고 있다고 판단한 미국은 1987년 한국에 대한 FMS 차관 지원을 중단하였다. 한편, 이 시기 미 의회는 미국의 경제사정 악화와 국제안보환경의 변화를 근거로 하여 NATO 회원국, 한국, 일본 등 동맹국들에게 방위비 분담을 요구하였다. 그에 따라 한미 간에도 방위비 분담에 관한 논의가 진행되었다. 1988년 제20차 한미 안보협의회의에서는 연합방위증강사업 추진을 위하여 한국이 4천 5백만 달러를 지원하기로 합의하였으며, 1990년에는 7천만 달러를 지원하기로 하였다.

방위책임 분담기는 1990년대 들어 한국군의 방위책임이 증대되고 그로 인해 자주적 위상이 강화되는 시기이다. 1989년 부시 행정부가 출범하자 미 의회에서는

주한미군 철수 움직임이 다시 일어났다. 한국의 강화된 방위역량과 미국의 지나친 국방비 지출 등을 근거로 하여 주한미군 철수에 대한 주장이 등장하였다. 그 결과 1989년 7월 미 의회에서는 넌-워너 수정안(Nunn-Warner Amendment)이 제출되었다. 이는 동아시아

▲ 정전시 작전통제권 환수(1994. 11)

및 한국에서 미군의 역할을 한국군에 이양하는 것을 골자로 하고 있었다. 다음해 미 국방부는 넌-워너 수정안에 따라서 「21세기를 지향한 아태지역의 전략적 틀」(A Strategic Framework for the Asia Pacific Rim: Looking for the 21st Century) 이른바 「동아시아 전략구상」 (East Asia Strategic Initiative: EASI)을 발표하였다. 이 계획은 안보환경의 변화에 따라 동아시아 일대의 주둔군 전략을 재검토하는 것으로 변화된 소련의 위협에 따라서 국방예산을 삭감하고 아태지역의 주둔군을 축소하는 것이었다. 주한미군의 경우는 3단계 축소 계획을 제시하고 있는데, 1단계는 1~3년 이내 7천명을 축소하고 2단계에서는 3~5년 이내 6천 5백명, 3단계는 2단계 축소 이후 새롭게 계획을 수립하는 것이었다. 그러나 미국의 이러한 시도는 1995년 「신 아태전략」(East Asia Strategic Report: EASR)에 의하여 수정되었다. 이 보고서는 아태지역에서 주둔하고 있는 미군을 적어도 20세기 말까지 10만명 수준으로 유지할 것을 명시하였다.

　　EASI는 한미동맹을 일방적 군사지원에서 동반자적 안보협력의 수준으로 끌어올려서, 주한미군의 역할을 축소하고 한국의 방위비 분담을 증가할 것을 요구하였다. 그에 따라서 한국군의 방위 책임을 증가시키는 여러 작업들이 추진되었다. 군사정전위 수석대표에는 한국군 장성이 임명되었으며, 판문점 공동경비구역(Joint Security Area: JSA)의 경비책임 일부를 한국군이 맡게 되었다. 그리고 한미연합사의 지상구성군사령부(Ground Component Command)의 사령관에 한국군 장교가 임명되었으며, 유엔군사령관이 갖고 있던 정전시 작전통제권이 1994년 12월 한국군 합참의장에게 이양되어 한국군은 독자적 작전체계를 구축할 수 있게 되었다. 한편, 방위

비 분담에 관한 논의도 함께 이루어졌다. 1991년 2월 제1차 방위비 분담 특별협정을 시작으로 2~3년 주기로 방위비 분담 비율을 조정하기 위한 고위급 협상이 진행되었다. 주한미군에 대한 한국의 방위비 분담금은 주한미군의 전체 운영유지비용 중 일부를 한국 정부가 보조해주는 형태로 진행되었다. 이는 크게 인건비, 군사건설비, 연합방위력 증강사업(Combined Defense Improvement Project), 군수지원 등 4개 분야로 나뉘어 지원되었다.[22]

표 4-1 탈냉전기 주한미군 관련 방위비 분담 현황[23]

방위비분담특별협정(SMA) 차수(기간)	서명/비준/발표일	첫해 분담금 규모/증액률
제1차(1991~1993)	1991.1.25. /2.8. /2.21.	$1.5억(₩1,073억) /0%
제2차(1994~1995)	1993.11.23. /12.17. /1994.1.1.	$2.6억(₩2,080억) /18.2%
제3차(1996~1998)	1995.11.24. /12.1. /1996.1.1.	$3.3억(₩2,475억) /10.0%
제4차(1999~2001)	1999.2.6. /3.8. /1999.1.1.	₩2,575억 + $1.41억(₩4,411억) /8%
제5차(2002~2004)	2002.4.4. /4.19. /2002.1.1.	₩5,368억 + $0.59억(₩6,132억) /25.7%
제6차(2005~2006)	2005.6.9. /6.29. /2005.1.1.	₩6,804억 /-8.9%
제7차(2007~2008)	2006.12.22. /2007.4.2. /4.2.	₩7,225억 /0%

제8차(2009~2013)	2009.1.15. /3.2. /3.5.	₩7,600억 /2.5%
제9차(2014~2018)	2014.1.11. /4.16. /6.18.	₩9,200억 /5.8%
제10차(2019)	2019.3.8. /4.5. /4.5.	₩10,389억 /8.2%
제11차(2020~2025)	2021.3.17. /9.1. /9.1.	₩11,833억 /13.9%

출처: 윤정원, 『한미동맹의 분석: 지속과 변화』(서울: 화랑대 연구소, 2009), p.128; 김열수, 『한미동맹 70년 한미역사 140년』(파주: 법문사, 2023), pp.209-211.
* 2005년부터 방위비 분담금액을 전부 원화로 지급.

한편, 한미연합연습도 더 보강되었다. 1995년부터는 전시 미 증원군이 한반도에 도착하고 전방으로 이동하여 전개하는 절차와 관련한 연합전시증원(Reception, Onward Movement and Integration) 연습을 시작하였다. 그리고 이는 2008년 키리졸브(Key Resolve)로 명칭을 바꾸어 지속되고 있다.

3. 한미동맹의 변환

한미 양국은 대내외적 안보환경의 변화에 맞게 동맹을 변환시켜 왔다. 1953년 10월의 한미상호방위조약으로 시작된 한미동맹은 전형적인 냉전형 군사동맹이었다. 한국은 미국의 일방적인 군사원조를 받고 있었으며 주한미군이 한국방어의 핵심이었다. 양국은 어느 측면에서 서로 다른 목표를 갖고 동맹에 임했다. 한국의 목표는 북한의 군사적 침략에 대한 억제 및 방어였다. 그러나 미국은 동아시아 냉전 전략 차원에서 한미동맹을 활용하려던 목표도 있었다. 미국에게 있어서 한반도는 중국과 소련의 남하를 막을 수 있는 군사전략적 요충지였고, 남북한의 이념적 대립은 한국을 민주주의의 전시장으로 활용할 수 있게 만들어 주었다.

이렇게 시작한 한미동맹은 급격한 대내외적 안보환경의 변화를 겪게 된다. 대외적 측면에서는 먼저 냉전 체제가 붕괴되었다. 1985년 등장한 고르바초프의 개혁(perestroika), 개방(glasnost)정책으로 동서 화해의 시대가 열렸다. 1989년에는 독일의 베를린 장벽이 무너졌으며, 1991년에는 냉전의 한 축이었던 소련이 붕괴하였다. 이로 인해 냉전형 동맹으로 시작한 한미동맹의 목표와 역할에 대한 재검토가 필요하게 되었다. 둘째, 비전통적 위협이 증가하였다. 냉전시기에는 적대국이 가진 군사력이 주요 위협이었다면, 탈냉전기에는 국가 이외의 행위자들이 다양한 영역에서 만들어내는 이른바 비전통적 위협들이 증가하였다. 2001년 미국을 강타한 9.11 테러는 이슬람 극단주의자와 같은 비국가적 행위자들의 위력을 보여주었으며, 질병이나 자연재해, 기후변화와 같은 다양한 영역에서의 위협들이 등장하였다. 셋째, 북한이 핵무기를 개발하였다. 북한은 한국에게 큰 위협이었으나 강대국 미국을 위협할 만큼 강한 국가가 아니었다. 그러나 2005년 북한은 핵보유국을 선언하였고, 이듬해 1차 핵실험을 실시하였다. 이제 북한은 한반도를 넘어서 국제사회의 평화를 위협하는 세력이 되었다.

한편 내부적으로는 한국의 국력이 급격하게 강화되었다. 1960년 79달러였던 한국의 1인당 국민소득은 1970년에는 254달러, 1980년에는 1,645달러, 1990년에는 6,147달러를 기록하는 등 30년 만에 80배나 증가하였다. 군사력의 증강도 함께 이루어졌다. 미국의 군사원조로 시작된 한국군의 전력 증강은 세 차례에 걸친 전력증강사업으로 높은 수준의 전투력을 갖추게 되었다. 동시에 동맹의 방위책임에 대한 분담이 이루어져 한국군의 위상이 높아졌다. 한편, 한국의 국력 강화와 함께 민주주의의 발전도 이루어졌다. 국민여론의 힘이 강해졌고 국민들은 국가의 자율성에 대해 민감해졌다. 국력 신장에서 오는 자신감으로 인하여 자주성에 대한 요구가 커졌으며, 냉전시기 미국의 일방적인 원조로 시작된 한미동맹의 변화에 대한 목소리도 높아졌다.

이러한 대내외적 환경의 변화를 고려하여 한미동맹은 스스로를 변환해 왔으며, 그러한 노력은 현재에도 진행되고 있다. 과거 냉전형 군사동맹으로 출발하였던 한미동맹은 기능과 영역이 확대된 포괄적 전략동맹(comprehensive strategic alliance)으로의 변환을 시도하고 있다. 이는 가치동맹, 신뢰동맹, 평화추구동맹의 세 가지 키워드로 요약된다. 가치동맹은 가치의 기반을 확대하는 것으로 국가 이익을 넘어서 자유, 평등, 민주주의, 인권 등 보다 높은 가치에 기반한 동맹을 의미한다. 신뢰동맹은 동맹의 영역을 확대하는 것으로 과거처럼 군사분야에 국한되는 것이 아니라 정치, 경제, 사회, 문화 등 다양한 분야에서 공동의 이익을 모색하는 것을 의미한다. 평화추구동맹은 동맹의 목표를 확대하는 것으로 한반도의 평화와 안정에서 더 나아가 지역안보 및 범세계적 안보달성에 기여할 수 있는 동맹을 의미한다.

21세기 포괄적 전략동맹으로서 한미동맹은 공동의 목표를 설정하고 공동의 이익을 창출하는 방향으로 동맹을 끌어가는 동종이익동맹의 성격을 지향하고 있다. 또한 한국의 자율성이 강화되고, 한국군의 역할이 증대되어 한미 양국이 동반자적 입장에서 책임을 공유하는 균등행위자간 동맹의 모습을 향해 나아가고 있다.

1 >> 동맹이란 둘 이상의 국가들이 공동의 위협에 대해 군사적으로 대응하기 위해서 조약체결을 통해 일정한 상호 군사지원을 약속하고 있는 안보 공동체를 의미한다.

2 >> 국가들은 세력균형, 위협균형, 편승, 무임승차, 패권안정, 전쟁승리, 군비증강 대체, 국내적 안정 등을 목적으로 동맹을 결성한다.

3 >> 동맹은 작동하는 지역의 범위에 따라 지역적 동맹과 범세계적 동맹, 참여 국가의 수에 따라 양자동맹과 다자동맹, 동맹을 통해서 얻는 이익의 성격에 따라 동종이익동맹과 이종이익동맹, 조약체결 여부에 따라 공식동맹과 비공식동맹, 참가국의 국력 수준에 따라 균등행위자 간 동맹과 불균등행위자 간 동맹으로 분류할 수 있다.

4 >> 동맹을 유지하는 과정에서 주둔군 비용분담, 방위역할 분담, 책임 분담 등 동맹국들이 지불해야 할 비용이 발생한다.

5 >> 동맹국 간에는 안보와 자율성의 교환이 일어난다. 동맹에 참여하는 국가들은 안보이익을 제공받는 대신 국가 자율성에 제약을 받을 수도 있다.

6 >> 동맹을 맺는 국가들은 포기와 연루의 위협을 느끼는 동맹의 딜레마 상황에 놓인다. 안정적인 동맹관계를 위해서는 동맹국에 대한 공약과 지원을 조절하여 포기와 연루 위협의 균형을 통해 유지해야 한다.

7 >> 한미동맹은 군사원조기, 자주국방 모색기, 동반자적 협력기, 방위책임 분담기 등 네 개의 시기를 거치며 지속되어 왔지만 변화도 되어 왔다. 현재 한미동맹은 가치동맹, 신뢰동맹, 평화구축동맹을 중심으로 하는 포괄적 전략동맹을 지향하고 있다.

더 읽으면 **좋은 글**

1 >> 김계동 외, 『한미관계론』(서울: 명인문화사, 2012).
   - 한미관계의 역사를 조명하고 현 쟁점들을 정리

2 >> 박태균, 『우방과 제국: 한미관계의 두 신화』(서울: 창비, 2006).
   - 한미동맹의 형성과 협력 및 갈등 과정을 역사적으로 접근

3 >> 서정경, "중국의 부상과 한미동맹의 변화: 동맹의 방기-연루 모델적 시각에서," 『신아세아』 15-1 (2008), pp. 95-118.
   - 동맹 딜레마 모델을 탈냉전기 동아시아 안보상황에 적용

4 >> 윤정원, 『한미동맹의 분석: 지속과 변화』(서울: 화랑대연구소, 2009).
   - 한미동맹의 주요내용과 쟁점들을 동맹의 지속과 변화의 관점에서 체계적으로 분석

5 >> 전재성, "동맹이론과 한국의 동맹정책," 『국방연구』 47-2 (2004), pp. 63-97.
   - 다양한 동맹 이론들에 대하여 동맹의 형성, 지속, 종식의 관점에서 정리

6 >> 하영선, 『21세기 신동맹: 냉전에서 복합으로』(서울: EAI, 2010).
   - 한국과 미국 및 동아시아 국가들의 동맹정책에 대해 조명

7 >> Glenn Snyder, *Alliance Politics*(Ithaca: Cornell University Press, 2007).
   - 동맹 딜레마의 발생 원인과 순환에 대해 설명

| 미 주 |

1 Stephan M. Walt, *The Origins of Alliance* (Ithaca: Cornell University Press, 1987), p. 12.

2 Ken Booth, "Alliances," in John Baylis, Ken Booth, John Garnett and Phil Williams, *Contemporary Strategy: Theories and Policies* (London: Croom Helm, 1975), p. 172.

3 Hans J. Morgenthau, *Politics Among Nations* (New York: Alfred A. Knopf Inc., 1948), pp. 157-187.

4 Stephen M. Walt, "Alliance Formation and the Balance of World Power," *International Security*, 9-4 (Spring 1985), pp. 3-43. Stephen M. Walt, "Testing Theories of Alliance Formation: The Case of Southwest Asia," *International Organization*, 43-2 (Spring 1988), pp. 275-316.

5 이상우, 『국제관계이론』(4訂版)(서울: 박영사, 2006), pp. 516-524.

6 Randall Schweller, "Bandwagoning for Profit: Bringing the Revisonist State Back in," *International Security*, 19-1 (Summer 1994), pp. 72-107.

7 Mancur Olsen and Richard Zeckhauser, "An Economic Theory of Alliances," *Review of Economics and Statistics*, 48 (August 1966), pp. 266-279.

8 Avery Goldstein, "Discounting the Free Ride: Alliances and Security in the Post-War World," *International Organization*, 49-1 (Winter 1995), pp. 39-71.

9 Michael F. Altfeld, "The Decision to Ally: A Theory and Test," *The Western Political Quarterly*, 37-4 (December 1984), pp. 523-544. James D. Morrow, "Arms versus Allies: trade-offs in the search for security," *International Organization*, 47-2 (Spring 1993), pp. 207-233.

10 Michael N. Barnett and Jack S. Levy, "Domestic Sources of Alliances and Alignments: The Case of Egypt, 1962-73," *International Organization*, 45-3 (Summer, 1991), pp. 369-395.

11 박상식, 『국제정치학』(서울: 집문당, 1995), pp. 45-48.

12 남창희, "일본과 한국의 방위비분담 정책체계의 연구: 현지 고용원 인건비 지원사례를 중심으로,"『국제지역연구』, 6-2 (2002), pp. 81-104. 이장희, "한미 주둔군지위협정의

재검토: 주한미군 방위비분담의 국제법적 근거와 그 적절성,"『서울국제법연구』, 5-2 (1998), pp. 1-20.

13 안보와 자율성 교환의 딜레마에 대한 논의로는 James D. Morrow, "Alliances and Asymmetry: An Alternative to the Capability Aggregation Model of Alliances," *American Journal of Political Science*, 35-4 (November 1991), pp. 904-933. Michael F. Altfeld, *op. cit.*, pp. 523-544. 장노순, "교환동맹모델의 교환성: 비대칭 한미안보동맹,"『국제정치논총』, 36-1 (1996년), pp. 79-104 참조.

14 Ibid.

15 Ibid. p. 930.

16 동맹의 포기-연루 딜레마에 대한 논의로는 Glenn H. Snyder, "The Security Dilemma in Alliance Politics," *World Politics*, 36-4 (July 1984), pp. 461-495. Victor D. Cha, "Abandonment, Entrapment, and Neoclassical Realism in Asia: The United States, Japan, and Korea," *International Studies Quarterly*, 44-2 (Jun., 2000), pp. 261-291. 이수형, "냉전시대 NATO 의 안보 딜레마: 포기-연루 모델을 중심으로,"『국제정치논총』, 38-1 (1998), pp. 91-110. 이수형, "동맹의 안보 딜레마와 포기-연루의 순환: 북핵문제를 둘러싼 한미 갈등관계를 중심으로,"『국제정치논총』, 39-1 (1999), pp. 21-38 참조.

17 예로써, 다양한 측면에서 한미동맹이 역사적으로 변천되어 온 내용에 대해서는 윤정원, 『한미동맹의 분석: 지속과 변화』(서울: 화랑대연구소, 2009) 참조.

18 Edward A. Kolodziej, "France & the Atlantic Alliance: Alliance with a De-Aligning Power," *Polity*, 2-3 (Spring 1970), pp. 241-266.

19 박봉규, "대테러 전쟁과 미국의 동맹정책,"『한국정치외교사논총』, 25-1 (2003년), pp. 335-366. 안병진, "9.11 테러와 미국의 외교노선: 연속성과 단절을 중심으로,"『국제정치논총』, 43-4 (2003년), pp. 59-81. 김열수, "이라크 추가파병 결정과 한미동맹 미래,"『한국국제정치학회 연례학술회의 논문집: 주변국 군사정책, 한미동맹 그리고 추가파병 논의』(2003. 12. 12), pp. 1-20.

20 정성철, "관료정치와 카터행정부의 주한미군철수정책,"『세계정치』, 26-2 (2005), pp. 195-199.

21 박인숙, "카터행정부와 '봉쇄군사주의'의 승리,"『미국사연구』, 7 (2008), pp. 145-186.

22 윤정원, 『한미동맹의 분석: 지속과 변화』(서울: 화랑대연구소, 2009), p. 126.

23 김열수, 『한미동맹 70년 한미역사 140년』(파주: 법문사, 2023)

위기관리론

제 5 장

성 기 은

학습 목표

1. 위기의 정의와 개념을 이해하고 군사위기의 특수성을 살펴본다.
2. 군사위기가 확대되는 조건을 살펴보고, 군사위기 관리의 방식을 이해한다.
3. 한반도 군사위기의 특징을 이해하고 함의를 살펴본다.

탐구 중점

1. 위기의 개념은 무엇이며, 군사위기가 갖는 특수성은 무엇인가?
2. 군사위기가 확대되는 조건은 무엇이며, 군사위기 관리 방식은 무엇인가?
3. 북한의 무력 도발로 인해 발생하는 한반도 군사위기의 특징과 함의는 무엇인가?

핵심 개념

● 위기 ● 위기관리 ● 군사위기 ● 군사위기 확대 ● 군사위기 관리 ● 라이벌
● 영토 분쟁 ● 중재자 ● 협상 ● 군사적 대응

위기는 다양한 상황에서 활용되며 다양한 학문 분야에서 연구하는 중요한 주제이다. 본 장에서는 군사위기에 초점을 맞추어 군사위기의 특징과 군사위기의 확대 조건, 군사위기의 확대를 억제하기 위한 군사위기 관리 방식에 대해서 살펴본다. 한반도의 군사위기는 라이벌 국가 간의 영토 갈등을 주제로 하기 때문에 군사위기의 확대 가능성이 매우 높다. 6·25 전쟁 이후 약 70년 동안 한반도 군사위기가 전쟁으로 확대되지 않고 효과적으로 관리된 원인을 이해하는 것이 본 장의 핵심 주제이다.

제1절   위기의 정의와 군사위기의 특수성

가. 위기와 위기관리의 개념

'위기(crisis)'와 '위기관리(crisis management)'라는 개념은 다양한 상황에서 활용하며 다양한 학문 분야에서 연구하고 있다. 심리학 분야에서는 개인에 초점을 맞추어 위기 상황에서 나타나는 개인의 스트레스와 의사결정 방식의 한계에 대해 연구한다. 경제 분야에서는 재정, 외환 등의 경제적 위기 상황의 원인과 이에 대한 대응을 연구하며, 경영 분야에서는 노동자와 사용자의 갈등을 주된 위기 상황으로 인식하여 노-사 관계에서 발생하는 갈등 관계 해결을 연구한다. 사회학 분야에서는 자연재해나 전염성 질병 등으로 인해 공동체가 직면할 수 있는 위기 상황에 초점을 맞추어 공동체가 문제를 해결해 나가는 방법 등을 연구한다. 위기 및 위기관리의 개념은 다양한 상황에서 활용되지만 5장에서는 국제정치학 분야에서 주로 연구하는 군사 위기(military crisis) 및 외교정책 위기(foreign policy crisis)에 초점을 맞추어 위기관리에 대하여 살펴본다.

위기관리의 개념을 살펴보기에 앞서 위기의 개념에 대하여 생각해볼 필요가 있다. 위기에 대한 다양한 정의가 존재하지만, 관련 연구자들이 제시하는 위기 상황의 특징을 다음과 같이 제시해 볼 수 있다.[1] 첫째, 위기는 공동체가 추구하는 중요한 가치 및 최우선 목표에 대한 심대한 위협이 발생하여 공동체 전체에 큰 영향을 미치는 상황이다. 국가 공동체를 예시로 했을 때, 국가가 추구하는 정치적 이념과 가치, 국민의 안전에 대한 위협이 발생한 상황은 국가 공동체 전체에 큰 영향을 미친다. 둘째, 위기는 예상하지 못한 시간과 공간에서 돌발적으로 발생하는 특징이 있다. 공동체의 중요 가치와 존재를 위협하는 요인들은 항상 존재하지만 모든 위협 요인을 위기의 원인으로 정의하지 않는다. 위기의 중요한 특징 중 하나는 돌발적인 위협 요인의 등장으로 공동체가 혼란에 처한다는 것이다. 셋째, 위기 상황의 극복을 위한 긴급한 대응이 요구된다. 이는 위기의 두 번째 특징인 돌발성과 연관성이 있다. 예상하지 못한 시간과 공간에서 발생한 의외의 사건으로 인해 심대한 위협에 직면한 경우 공동체는 최대한 신속하게 상황을 극복해야 한다. 신속하며 효과적인 대응에 실패할 경우 위기 상황으로 인한 위협 요인은 빠른 속도로 강화되며 공동체의 피해는 더 커질 수 있다. 넷째, 위기 상황은 반복적으로 발생한다. 돌발적인 위협 요인의 등장이 반복적으로 발생한다고 해서 주기적으로 발생하는 것은 아니다. 일정한 시간 간격을 두고 정기적으로 발생하는 예상 가능한 위협은 위기 상황을 초래하지 않는다. 위기 상황의 반복적 발생이란 위기 상황의 종료 이후 다른 위협 요인으로 인해 위기 상황이 다시 발생할 수 있다는 것이다. 다섯째, 위기 상황은 상당히 복잡한 순차적인 인과적 사건의 결과물이다. 앞서 제시한 바와 같이 위기 상황에서는 신속한 대응이 필요하다. 신속한 대응을 위해서는 위기 상황을 초래한 근본적인 원인에 대한 파악이 필요하다. 그러나, 위기 상황이 나타나기까지 발생한 일련의 순차적인 사건의 인과관계를 분석하고 근본적 원인을 찾는 것은 매우 어렵다. 위와 같은 위기 상황의 특징은 위기의 대응과 위기의 결과의 차원에서 다음과 같은 함의를 준다. 위기의 대응 차원에서 다양한 관련자와 관계 기관의 협조와 노력이 필요하다. 돌발적으로 발생한 심각한 위협의 복잡한 원인을 파악하고 신속히 대응하기 위해서는 위기 상황과 관련된 다양한 기관의 노력과 관련 전문가들의 도움이 필요하다. 위기 결과의 차원에서 상황 종료 후 공동체의 제도와 문화, 규범 및 가치기반에 큰 변화가 발생할 수 있다. 심각한 위협에 대하여 공동체가 대응하고 극복하는 과정에서 공동체가 추구하는 가치와 목표에 대하여 되돌아보고 공동체를 유지하기 위한 제도와 문화를 개선하기도 한다.

위기 상황은 공동체가 추구하는 중요한 가치와 핵심 목표를 위협하기 때문에, 공동체 전체에 큰 피해를 가져다줄 수 있다. 따라서 공동체를 구성하는 개인의 존엄성과 안전권 그리고 공동체의 존립을 고려한다면 신속하고 효과적으로 대응하여 위기 상황을 최대한 빨리 종식 시켜야 한다. 이를 위해 요구되는 것이 위기관리이다. 위기관리란 "위기를 예방, 대비하고 위기가 발생한 후 대응, 복구하는 데 필요한 자원을 기획, 조정, 통제하는 과정"이다. 위기관리의 정의에서 나타나는 함의를 정리해 보면 다음과 같다. 첫째, 위기관리는 위기 상황이 발생한 이후에 피해를 최소화하고 기존의 상태로 돌리는 노력만을 의미하는 것이 아니다. 위기관리는 위기 상황이 발생하기 이전부터 위기 상황을 예측하고 이를 예방하기 위한 활동을 실행하며, 발생 가능한 위기 상황에 대한 준비 활동까지 포함한다. 둘째, 위기관리는 단순한 활동이 아닌 과정의 성격이 강하다. 위기대응 활동에 초점을 맞춘 것이 아니며, 위기 상황에 대한 예방 및 대비, 그리고 대응과 복구에 필요한 다양한 자원과 노력을 기획하고 조정하며 통합하는 과정을 의미한다. 셋째, 위기관리의 목적에는 현상 유지(status quo)에 대한 선호가 잠재되어 있다.[2] 위기관리 과정의 근본적인 목적은 위협에 대응하고 위협의 요인을 제거하여 위협이 발생하기 이전의 상태로 되돌리는 것이다. 심대한 위협이 발생하여 위기 상황이 초래되기 이전의 상태에 대한 선호를 전제로 위기 상황 이전의 상태로 회귀하고자 하는 목적을 추구하는 과정이 위기관리인 것이다.

나. 군사위기의 특수성과 군사위기관리

위기 및 위기관리라는 용어는 다양한 상황과 분야에서 사용하지만, 제5장에서는 군사위기 또는 외교정책 위기에 초점을 맞춘다. 군사위기 또는 외교정책 위기란 "특정 국가의 군사적 행동 또는 외교정책이 타국에 심대한 위협으로 작동하여 조성되는 위기 상황"을 의미한다. 군사위기 및 외교정책 위기가 갖는 특수성은 크게 두 가지로 요약해 볼 수 있다. 첫째, 군사위기 및 외교정책 위기의 경우 기타 위기 상황과 달리 위기를 의도적으로 조성하는 상대 국가가 존재하며, 심각한 위협에 처한 국가 혼자 위기 상황을 극복하는 것이 제한된다. 예를 들어, 예상하지 못했던 전염성 질병의 급속한 확산이나 자연재해로 인한 재난 상황의 경우 타국의 의도적인 정책적 결정이나 군사적 행동으로 인해 조성된 것이 아니며, 보건 환경이나 자연현상으로 인해 발생한 것이다. 따라서 위기 상황의 극복을 위한 주된 노력의 초점은 보건 환경의 개선과 파괴된 사회 간접 자본의 복구에 맞추어진다. 전염성 질병이나 자연재해로 인한 위기 상황의 극복을 위해 타국의 도움이나 협의가 필요한 경우가 존재하기도 하지만, 자국 스스로의 노력과 환경의 개선이 가장 중요하다. 그러나, 군사위기의 경우 타국의 의도적인 군사적 행동으로 인해 심각한 위기 상황이 조성되며, 외교정책 위기 역시 타국의 의도적인 외교적 조치로 인해서 심각한 위기가 조성된다. 타국에 의해 의도적으로 발생한 심각한 위협에 처한 국가 스스로의 노력도 중요하지만, 위기 상황의 극복을 위해서는 반드시 타국과의 협의와 협상이 요구된다.

둘째, 군사위기와 외교정책 위기는 전쟁 발생의 가능성이 매우 높아진 상태라는 특징이 있다. 타국의 외교적 조치로 인해 갈등을 겪는 국가 간의 군사적 행동의 가능성이 높아지며, 추가적인 군사적 조치는 두 국가 간의 군사위기를 촉발한다. 이렇게 조성된 군사위기 상황이 전면전(full-scale war)으로 확대될 수 있다. 경제 및 보건 분야의 요인으로 촉발된 위기 상황 자체가 국가 간 전쟁의 직접적인 원인으로 작용하기는 매우 어렵다. 그러나, 외교정책 위기와 군사위기는 위기 상황 동안 관련된 국가 간 전쟁의 가능성을 현저히 높여 심각한 안보 불안이 야기된다. 외교적 조치와 군사적 행동으로 촉발된 위기 상황은 관련 국가들의 군사적 충돌이 점차 확대되어 군사력 사용의 강도와 빈도가 계속 상승하여 전쟁으로 발전할 수 있다. 전쟁은 국가의 핵심적 가치의 유지와 존립을 심각하게 위협한다.

1961년 베를린 위기(Berlin Crisis, 1961)

베를린 위기는 대표적인 외교정책 위기이다. 1961년 6월 동베를린과 서베를린의 경계 지역에 철조망이 설치되고 장벽이 세워지기 시작했다. 이는 서베를린을 통해 서유럽과 미국 등으로 탈출하는 동유럽 사람들을 차단하기 위한 조치였다.

출처 : research.archives.gov

1948년과 1949년 서베를린 봉쇄에 실패했던 소련은 1961년 6월 서베를린에 주둔하고 있는 미국과 영국 등 서방 국가 군대의 철수를 요구하고 서베를린과 동독의 통신선을 통제할 것이라고 밝혔다. 이에 미국을 포함한 자유 진영의 국가들은 서베를린에 주둔한 군대의 철수 계획이 없음을 밝혔다. 서베를린 지역에서는 추가적인 군사적 충돌이 발생하지는 않았지만, 1962년 10월 쿠바 미사일 위기가 발생했다. 냉전의 상징으로 여겨졌던 동베를린과 서베를린 사이에 존재했던 장벽은 1989년 11월 해체되었고 이는 냉전의 종식을 상징적으로 보여주는 사건이 되었다.

군사위기의 특수성 때문에 기타 위기 상황을 극복하기 위한 위기관리와는 다른 군사위기관리만이 갖는 특징이 있다. 다른 종류의 위기관리에서 추구하는 가장 중요한 목표 중 하나는 위기 상황으로 인한 추가적인 피해가 더 발생하지 않도록 하며 발생한 피해를 최대한 신속하고 효율적으로 복구하여 위기 상황 이전으로 되돌리는 것이다. 그러나 외교정책 위기와 군사위기가 발생한 상황에서 위기관리의 핵심은 추가적인 군사적 충돌이나 전쟁을 예방하면서 위기 상황을 종식해야 한다는 특징이 있다. 위기 상황을 의도적으로 조성한 국가는 현상 유지(status quo)를 선호하지 않기 때문에 외교적 조치나 군사적 행동을 통해 상대 국가를 위협한다. 위기 상황을 조성한 국가는 현상의 변경을 추구하며, 위기 상황의 대상이 된 국가는 현상 유지를 추구한다. 현재의 상태에 대한 선호도가 현저히 다른 국가 간의 위기 상황은 군사적 충돌로 이어지기 쉽기 때문에, 군사적 충돌의 강도와 빈도가 확대되는 상황을 회피하면서 전쟁이 발생 이전에 위기 상황을 종료시켜야 한다.

군사위기의 특수성 때문에 위기관리를 위한 관련 국가 간의 연쇄적인 상호작용이 발생하게 된다. 위기와 관련된 국가 간 상호작용은 군사력을 동반한 폭력적 형태로 나타나기도 하며, 회담과 협상을 통한 비폭력적인 형태로 나타나기도 한다. 관련 국가 간 군사위기 관리를 위한 국가 간 상호작용은 크게 두 가지 맥락에서 설명할 수 있다. 첫째, 억제(deterrence) 이론의 측면에서 군사위기관리를 위한 국가 간 상호작용을 살펴볼 필요가 있다. 억제의 핵심은 상대방이 원하는 행동을 하지 못하도록 위협하는 것이다.[3] 상대방에 대한 군사적 또는 비군사적 위협을 통해 상대방이 원하는 행동을 하지 못하도록 하는 것은 군사위기 상황에서 나타나는 국가 간 상호작용의 일반적인 원리이다. 의도적으로 위기를 조성한 국가와 위기의 대상이 된 국가 모두 상대방의 추가적인 군사적 조치를 억제하기 위한 노력을 한다. 추가적인 군사적 조치는 군사적 충돌의 강도와 빈도를 증가시켜 전쟁으로 이어질 수 있기 때문에 군사위기관리를 위한 국가 간 상호작용의 핵심은 상대방을 억제하는 것이라고 볼 수 있다. 둘째, 협상(bargaining) 이론의 측면에서 군사위기관리를 위한 국가 간 상호작용을 살펴볼 필요가 있다. 협상의 목적은 갈등적인 국가 간의 상대적 힘(relative power)과 전쟁에 대한 의지(resolve)에 관한 정보를 교환하여 폭력을 사용하지 않고 갈등을 해결하는 것이다.[4] 군사위기 상황은 국가 간 폭력적 상호작용의 확대로 인해 전쟁 발생의 가능성이 높아진 상태이다. 따라서 군사위기관리의 중요한 모습 중 하나는 위기와 관련된 국가 간의 협상을 통해 군사적 충돌과 전쟁의 가능성을 낮추는 것이다. 협상을 통한 군사위기관리를 위해서는 상대적 힘과 전쟁에 대한 의지와 관련된 정확한 정보를 교환하는 것이 중요하며, 정확한 정보의 교환을 위해서는 협상 당사자의 능력(capability)과 신뢰성(credibility)이 수반되어야 한다. 협상 이론에 대해서는 6장에서 더 자세히 살펴볼 것이다.

군사위기관리는 전쟁의 발생 가능성이 현저히 높아진 위기 상황에서 이루어지며, 전쟁은 매우 심각한 안보위협이다. 심각한 위협에 직면한 위기상황에서 군사위기관리를 위한 국가 간 상호작용이 발생하며, 관련 국가는 신속한 의사결정(decision making)을 해야 한다. 군사위기관리와 같이 심각한 위협에 직면한 상황에서 발생하는 의사결정은 다음과 같은 두 가지 특징을 가지고 있다.[5] 첫째, 위기 상황에서 위협의 강도가 강해질수록 과거의 위기관리 경험에 의존하는 현상이 나타난다.

위협의 강도가 강해지면 군사위기관리를 위한 의사결정의 결과로 전쟁이 발생할 수 있다. 심각한 안보 불안의 상황에서 과거에 발생했던 위기 사건의 대응책을 살펴보고, 전쟁으로 확대되지 않았던 군사위기관리 방식을 선택하는 경향이 강해진다. 둘째, 위협이 증가할수록 의사결정을 위한 공식적인 절차가 채택될 가능성이 낮아지고, 비공식적인 절차에 의해 군사위기관리가 진행되는 경향이 나타난다. 국가는 군사위기를 예방하고, 위기 상황 발생 시 효과적인 대응을 위해 군사위기 상황이 발생하기 이전 군사위기관리를 위한 조직과 절차를 수립한다. 그러나, 위협의 강도가 증가할수록 사전에 수립되었던 공식적인 조직과 절차가 쉽게 무시되고, 비공식적인 절차와 소수의 관련자에 의한 군사위기관리가 진행된다. 이는 일반적으로 위협의 강도와 대응 속도가 비례하기 때문에 나타나는 현상이다. 위기 상황에서 위협이 증가할 경우 더 신속한 대응이 필요하며 신속한 대응을 위해 사전에 계획되었던 절차와 조직이 무시되는 현상이 나타날 수 있는 것이다.

대만 해협 위기(Taiwan Strait Crisis, 1996)

중국은 1996년 3월 대만의 총통선거를 앞두고 반중정책을 추구하는 리덩후이(李登輝) 후보자의 당선을 막기 위해 대만 해협 인근에서 미사일 발사 실험을 실시하고, 대만 해협 인근으로 병력을 재배치했다. 이와 같은 군사적 행동에 추가하여 중국 인민해방군은 대만 해협 인근에서 실탄 훈련을 실시하고, 상륙작전 훈련을 실시할 것이라고 발표했다. 이에 미국은 서태평양과 아라비아만에 정박해있던 2대의 항공모함과 강습상륙함 등을 대만 해협 인근으로 배치했다. 미국의 단호한 군사적 조치에 대항하여 중국은 수백 대의 전투기와 해군 함정을 통원하여 상륙작전 훈련을 실시했다. 군사위기 상황에서 진행된 대만의 총통선거에서 중국이 원하지 않았던 리덩후이 후보자가 당선되었다. 대만의 총통선거가 끝난 이후 대만 해협 인근에 배치되었던 인민해방군은 원 주둔지로 복귀했으며, 미국 해군의 함정들도 기존의 작전 구역으로 귀환하면서 위기가 종료되었다.

제 2 절 군사위기의 확대 요인과 군사위기관리 방식

가. 군사위기 확대의 조건

제1절에서는 군사위기와 군사위기관리의 특수성에 대하여 살펴보았다. 군사위기관리의 핵심은 추가적인 군사적 충돌을 억제하여 전쟁을 예방하는 것이다. 군사위기 확대란 상대국의 외교적 조치 및 군사적 행동으로 촉발된 위기상황에서 추가적인 군사적 행동의 강도와 빈도가 증가하여 전쟁으로 연결되는 현상을 의미한다. 따라서 군사위기관리의 본질적 목적은 군사위기 확대를 방지하여 전쟁을 예방하고 위협의 요인을 제거하여 위기 상황 이전으로 회귀하는 것이다. 성공적인 군사위기관리를 통해 위기 상황 발생 이전의 상태로 회귀하기 위해서는 군사위기 확대의 가능성을 증가시키는 요인에 대해서 살펴볼 필요가 있다.

군사위기 확대의 촉진 및 억제 요인을 범주화 해보면 위기 행위자, 위기의 성격, 중재자(mediator)로 분류해 볼 수 있다. 위기 행위자란 위기 상황과 관련된 정책결정자 및 관련 국가를 의미한다. 위기 행위자의 실수와 위기 행위자 간의 관계는 군사위기의 확대를 촉진하기도 하며 억제하기도 한다. 군사위기 상황에서 정책결정자들의 오해 또는 오인(misperception)은 군사위기의 확대를 가져온다.[6] 잘못된 정보와 대화의 실패 등으로 인해 발생하는 정책결정자들의 오해와 오인이란 상대방의 외교적 조치 및 군사적 행동의 의도를 잘못 판단함을 의미한다. 특정 국가의 외교적 조치 및 군사적 행동이 타국을 위협하고자 하는 의도가 전혀 없었지만, 타국이 이를 심각한 위협으로 잘못 판단하여 군사위기가 확대되는 현상이 나타나기도 한다. 국가행위자 차원의 특성이 위기 상황의 기간에 영향을 미치기도 한다.[7] 위기 행위자가 민주주의 국가인 경우는 위기 행위자가 권위주의 국가인 경우에 비해 위기 상황의 기간이 더 짧아진다. 위기관리의 중요한 목표 중 하나는 위기 상황을 최대한 빨리 종식 시키고 위기 이전의 상황으로 회귀하는 것이다. 민주주의 국가의 경우 권위주의 국가와는 달리 적극적으로 비군사적 수단을 통해 위기를 관리하려는 경향이 있으며, 민주주의가 갖는 제도적 및 문화적 우월성으로 인해 위기가 확대되기 이전에 위기 상황이 신속히 종료된다. 또한, 위기 상황과 관련된 국가행위자 간의 관계가 위기상황의 확대 가능성에 영향을 주기도 한다. 라이벌(rivalry) 국가 간의 군사위기 상황은 더 쉽게 확대되는 경향이 있다.[8] 라이벌 관계란 일정 기간 동안 수차례의 군사 분쟁을 반복적으로 경험한 국가 간의 관계를 의미한다. 대표적인 라이벌 관계의 예시로는 이스라엘과 이집트로서 41년 동안 36회의 군사적 분쟁을 경험했으며, 태국과 캄보디아는 34년 동안 14회의 분쟁을 경험했다. 이와 같이 다수의 군사적 분쟁을 경험했던 라이벌 국가 간의 군사위기는 그렇지 않은 국가 간의 군사위기와 비교하여 더 빨리 확대되는 경향이 있다. 핵무기를 보유한 국가 간의 군사위기는 전쟁으로 덜 확대되는 경향이 있기도 하다.[9] 외교정책 위기 및 군사위기가 발생했을 때, 핵무기의 억제 효과로 인해 핵무기를 보유한 국가 간의 위기는 그렇지 않은 위기보다 전쟁으로 확대될 가능성은 현저히 낮다. 핵무기는 군사위기 상황에서 전쟁을 억제하는 효과가 있는 것으로 나타났지만, 전쟁 이외의 저강도 군사적 분쟁(minor military clash)을 억제하는 효과는 없는 것으로 알려졌다.

위기의 성격이 군사위기 확대의 가능성을 결정하기도 한다. 군사위기의 근본적 원인이 영토 갈등과 관련된 경우는 그렇지 않은 경우보다 확대될 가능성이 현저히 높다.[10] 특정한 영토의 영유권에 대한 갈등을 겪는 국가 간의 군사위기는 다른 원인에 의한 갈등을 겪는 국가 간의 군사위기 보다 전쟁으로 확대되는 경향이 강하다. 이는 영토라는 갈등의 원인으로부터 기인한다. 영토 갈등은 강이나 바다의 영유권 갈등 및 외교정책 갈등과는 달리 갈등의 주제에 대한 국민의 관심이 많으며, 정치지도자 역시 해당 주제를 중요하게 생각하는 경향이 있다. 결과적으로 군사위기의 원인이 영토에 대한 영유권 갈등이라면 군사위기가 확대되어 전쟁으로 이어질 가능성이 높다. 또한, 과거의 군사위기 발생의 빈도가 많은 경우 미래에 군사위기가 발생할 가능성이 높지만, 위기가 전쟁으로 확대될 가능성이 높다고 보기 어렵다.[11] 짧은 시간 간격을 두고 자주 발생하는 군사위기의 경우 가까운 미래에 재발할 수 있다고 예측할 수 있다. 그러나, 해당 위기가 전쟁으로 확대될 가능성이 높다고 보기는 어렵다. 빈번하게 발생하는 군사위기를 통해 갈등을 겪는 국가들은 위기관리의 경험이 축적되며, 군사위기의 확대를 방지하는 방법에 대하여 학습할 수 있기 때문에 빈번하게 발생하는 군사위기가 전쟁으로 확대될 가능성이 높다고 보기는 어렵다.

군사위기 상황에서 중재자(mediator)가 위기의 확대를 억제하기도 한다. 중재자란 군사위기가 확대되는 것을 방지하기 위해 관련 국가 간의 협상과 대화를 촉진하도록 도와주는 제3자를 의미하며 국가, 국제기구, 개인이 군사위기 상황에서 이 역할을 할 수 있다.[12] 일반적으로 중재자가 존재하는 군사위기는 중재자가 존재하지 않는 군사위기에 비해 위기 확대의 가능성이 낮다. 군사위기 확대의 방지 및 군사위기 해결에 영향을 주는 중요 요인 중 하나는 중재자의 특성이다. 중립적 중재자(mediator)가 편파적 중재자(biased mediator)에 비해 군사위기 확대 방지 및 해결 가능성을 높일 것으로 예상하지만, 중립적 중재자와 편파적 중대자 모두 군사위기 확대 방지 및 해결에 긍정적 영향을 준다.[13] 중립적 중재자는 군사위기 당사자 모두가 동의할 수 있는 중재안을 효과적으로 제시하여 위기 확대를 방지하고 위기를 종료시킬 수 있다. 또한, 편파적 중재자의 경우 군사위기의 해결을 위한 많은 자원을 가지고 있으며, 분쟁 당사자에 대한 강한 영향력이 있기 때문에 군사위기의 확대 방지 및 해결에 긍정적 영향을 주는 것으로 나타났다.

비글 해협 위기와 교황의 중재(Beagle Channel Crisis, 1984)

비글 해협은 남아메리카 대륙의 최남단에 위치한 해협으로 칠레와 아르헨티나의 국경지역에 위치해 있으며, 전략적 요충지이다. 1881년 칠레와 아르헨티나는 비글 해협에 관한 국경협약을 체결했으나, 양국은 협약의 해석에 대한 갈등을 겪어왔다. 크고 작은 갈등이 계속되는 가운데, 1978년 아르헨티나는 비글 해협의 영유권을 확보하고자 군사작전을 계획하고 분쟁 지역을 점령하려고 시도했다. 이와 같은 군사위기 상황에서 카톨릭 교회의 수장인 교황(요한 바오로 2세)이 칠레-아르헨티나 군사위기의 중재자 역할을 자처하고, 군사위기가 확대되는 것을 억제하고자 노력했다. 오랜 갈등을 겪었으며 심각한 군사위를 경험한 칠레와 아르헨티나는 1984년 교황이 제시한 중재안을 받아들이고 비글 해협을 둘러싼 양국의 분쟁은 평화적으로 종료되었다.

나. 군사위기관리 방식 1: 협상

군사위기 확대의 촉진 및 억제 요인에 대하여 살펴보았다. 군사위기관리의 목적은 군사위기가 확대되어 군사적 분쟁의 빈도와 강도가 증가하여 전쟁으로 발전하는 것을 억제하고 군사위기 이전의 상태로 되돌리는 것이다. 군사위기관리의 목적을 달성하기 위한 구체적인 방식은 크게 두 가지로 나누어 볼 수 있다. 첫 번째 방식은 군사력을 활용하지 않는 협상을 통한 군사위기 관리이며, 두 번째 방식은 군사력을 활용하는 군사적 대응을 통한 군사위기 관리이다. 각각의 위기관리 방식의 개념 및 장점과 단점은 아래와 같다.

군사력을 사용하지 않는 협상을 통한 군사위기관리란 위기 관련 국가 간의 대화를 통해 중재안을 도출하여 위기가 확대되는 것을 방지하고 위기 발생 이전의 상태로 회귀하는 것이다. 위기 관련 국가 간 협상의 기능은 크게 두 가지로 나누어 볼 수 있다. 첫 번째 목적은 위기 당사자 간의 의도를 확인하는 것이다. 특정 국가의 외교적 조치 및 군사적 행동으로 촉발된 위기 상황에 대하여 관련 국가는 해당 조치 및 행동의 의도를 확인해야 한다. 특정 국가의 조치와 행동이 우발적인 사고로 발생했거나, 상대방을 위협할 의도가 없었는지에 대하여 확인해야 한다. 우발적 사고와 위협의 의도가 없는 조치 및 행동에 대하여 강력한 군사적 대응이 발생한다면 위기 관련국 모두가 원하지 않는 군사위기의 확대가 발생할 수 있다. 두 번째 목적은 각 위기 당사자가 원하는 최종 상태에 대한 정보를 교환하여 중재안을 도출하는 것이다. 의도적인 위협을 통해 군사위기를 촉발한 국가는 현상변경을 원하며, 위협의 대상이 된 국가는 현상유지를 원한다. 위기를 촉발한 국가와 위기의 대상이 된 국가 간 서로 원하는 최종 상태에 대한 정보를 교환하여 양측이 만족할 만한 중재안을 도출하여 위기를 해결한다.

외교정책 및 군사위기 상황에서 군사적 방식보다 대화나 협상을 통한 위기관리 방식이 더 적극적으로 사용되는 상황이 있다.[14] 강대국과 약소국 간의 군사위기 상황에서는 군사적 대응 방식보다 협상을 통한 방식이 더 적극적으로 사용되는 경향이 있다. 국력의 격차가 많이 나는 국가 간의 군사위기 상황에서 강대국은 약소국에 대한 군사적 대응에 의한 비용이 발생하는 것을 회피하고, 협상을 통한 위협으로 비용 없이 위기를 관리하고자 하는 인센티브가 있다. 약소국의 입장에서도 강대국에 대한 군사적 대응이 위기관리에 도움이 되지 않기 때문에, 강대국과 약소국 간의 군사위기는 대칭적 국력을 가진 국가 간의 위기와 비교하여 무력을 사용하지 않는 협상의 방법으로 관리될 가능성이 더 높다.

협상을 통한 군사위기 관리 방식의 장점과 단점이 존재한다. 협상을 통한 군사위기 관리 방식의 가장 큰 장점은 군사적 대응 방식과 비교하여 군사위기의 확대 가능성과 인명 손실의 가능성이 현저히 낮다는 것이다.[15] 군사위기 관리의 핵심은 위기 당사자 간의 군사적 충돌의 빈도와 강도가 증가하는 것을 방지하는 것이다. 협상은 군사적 조치나 무력의 사용 없이 군사위기를 관리하는 방식이기 때문에 군사적 충돌의 빈도와 강도가 증가할 가능성이 비교적 낮다. 또한, 협상에 의한 위기 관리 방식은 갈등을 겪는 국가 간 장기적인 관계의 안정성 증진에 기여하며, 중재자의 개입 가능성을 높인다. 일반적으로 군사위기가 발생하는 국가 간에는 영토나 정책 등의 주제에 대한 선호의 불일치가 존재하며, 이러한 선호의 불일치가 갈등의 원인이자 군사위기의 원인이다. 협상을 통한 군사위기 관리 방식은 갈등을 겪는 두 국가가 선호의 불일치가 존재하는 주제에 대한 대화를 통해 갈등을 해결할 수 있는 가능성을 열어주고, 장기적으로는 관계의 개선이 이루어질 수 있는 상황을 만들어 준다. 나아가, 협상을 통한 군사위기 관리는 중재자의 개입 가능성을 높이는 경향이 있다. 중재자의 개입은 군사위기 관리에 긍정적인 영향을 주는 것으로 알려져 있다. 무력 대응을 통한 군사위기 관리가 진행될 경우 중재자가 개입하여 군사위기가 확대되는 것을 방지할 수 있는 여지가 줄어든다. 따라서, 협상을 통한 군사위기 관리 방식은 군사적 대응 방식에 비해 중재자의 개입 가능성을 높이기 때문에 군사위기 확대의 가능성을 낮출 수 있다.

협상을 통한 군사위기 관리 방식의 단점도 존재한다. 협상 방식의 가장 큰 단점은 즉각적인 문제 해결이 어렵기 때문에 위기 상황이 장기화 되는 현상이 발생하는 것이다.[16] 협상을 통한 군사위기관리의 목적은 상대방의 의도를 확인하고 각 당사자가 원하는 최종 상태의 선호에 대한 정보를 교환하여 위기 상황을 종료시키는 것이다. 협상을 통한 의도의 확인과 최종 상태의 선호에 대한 정보를 교환하는 과정에서 무력의 사용이나 군사적 대응이 부재한 경우 상대방의 의도와 선호를 확인하기 어렵다. 특정 국가가 군사적 대응 없이 최종 상태에 대한 선호와 결의(resolve)를 주장하는 경우 상대방은 특정 국가의 선호와 결의의 진정성에 대하여 확인할 수 있는 추가적인 정보가 없다. 예를 들어, 영토의 분할을 주제로 군사위기가 발생했다면 특정 국가가 선호하는 영토 분할의 정확한 위치가 협상을 통해서 전달되고 군사적 대응이 없는 경우 상대방은 특정 국가의 선호에 대하여 의심할 수밖에 없다. 따라서 최종 상태에 대한 선호의 정도를 군사적인 대응이나 무력의 사용 없이 상대방에게 대화로 전달하는 것은 신뢰성이 떨어진다. 결과적으로 서로의 선호와 결의에 대한 정보를 교환하는 횟수가 증가하며 정보교환의 과정이 장기화 된다.

다. 위기관리 방식 2: 군사적 대응

군사위기 관리의 두 번째 방식은 무력의 사용과 연계된 군사적 대응이다. 군사적 대응의 예시로는 전투대비태세(DEFCON, Defense Readiness Condition)의 상향 조정, 병력 동원령의 선포, 부대와 병력의 위치 조정, 상대방 국가의 영토 및 영해의 봉쇄, 동맹의 체결 및 군사비의 확충 등이 있다. 군사위기 관리의 근본적인 목적이 군사적 충돌의 강도와 빈도가 증가하는 것을 막는 것이지만, 역설적으로 군사적 대응은 군사력을 활용하여 군사위기의 확대를 방지하는 기능을 한다. 군사위기 관리 차원에서 군사적 대응의 기능은 추가적인 군사적 충돌이 발생하지 않도록 억제하며 군사위기 이전의 상태로 돌아가도록 강제하기 위한 신호(signaling)를 상대방 국가에 보내는 것이다. 군사적 대응을 통해 상대방 국가에게 보내는 신호에 포함되어 있는 가장 중요한 정보는 군사적 대응을 하는 국가의 결의이다. 앞서 설명한 협상 방식의 단점 중 하나는 자국이 원하는 최종 상태의 선호에 대한 정보 또는 결의를 정확히 전달하는 것이 제한된다는 것이었다. 그러나, 군사적 대응을 통해 군사위기 상황을 의도적으로 조성한 상대방이 추가적인 군사적 행동을 하거나, 신속히 위기 이전의 상태로 회귀하지 않는 경우 추가적인 군사적 충돌이 발생할 것이라는 신호를 보낼 수 있다. 현상의 변경을 원하기 때문에 의도적으로 군사위기 상황을 촉발한 국가는 상대방 국가의 군사적 대응을 통해 상대방의 선호 정도와 결의를 확인할 수 있다. 군사적 대응에 의해 상대방의 추가적인 군사적 행동이 억제될 수 있으며, 현상변경을 추구하던 정책을 중단하고 이전의 현상유지 상태로 되돌아갈 수 있다.

협상 방식보다 군사적 대응 방식이 더 적극적으로 사용되는 상황은 군사위기 관리의 확대 조건과 유사하다. 영토를 주제로 한 갈등에 기반한 군사위기 상황에서는 군사적 대응 방식이 협상 방식에 비해 더 적극적으로 활용된다. 앞서 설명한 바와 같이 영토 문제가 정책 문제, 영해 및 영공 문제와 비교하여 중요성이 더 크기 때문에 군사위기 상황에서 상대방에게 더 정확하고 강한 결의를 보여주기 위해 군사적 대응 방식이 더 적극적으로 활용된다. 또한, 라이벌 국가 간의 군사위기 상황에서 군사적 대응이 더 적극적으로 사용된다. 반복적인 군사적 충돌로 인하여 조성된 군사위기 상황에서 강한 결의를 전달하는 것에 대한 인센티브가 더 강하기 때문에 군사적 대응 방식이 더 적극적으로 활용된다.

군사적 대응을 통한 군사위기 관리의 장점과 단점은 명확하다.[17] 군사적 대응을 통한 군사위기 관리의 가장 큰 장점은 정확한 정보와 결의를 전달할 수 있기 때문에 군사위기 상황을 신속히 종료시킬 수 있다. 협상 방식의 가장 큰 단점 중 하나는 군사위기 상황이 장기화된다는 것이며, 군사위기 상황 장기화의 이유는 군사적 대응이 없는 대화를 통한 정보의 전달은 정보의 신뢰성을 보장하지 못한다는 것이었다. 그러나, 군사적 대응을 통해 위기상황과 관련된 갈등의 주제에 대한 선호와 결의를 정확하고 신속하게 상대방에게 전달할 수 있다. 협상을 통한 정보의 교환보다 군사적 대응을 통한 정보의 교환에서 신뢰성 높은 정보의 교환이 발생하기 때문에 신속하게 중재안이 도출되고 군사위기 상황을 종료할 수 있다.

군사적 대응을 통한 군사위기 관리의 가장 큰 단점은 군사위기의 확대 가능성이 증가할 수 있으며, 장기적으로는 군사위기의 재발 가능성이 높아진다는 것이다.[18] 앞서 제시한 바와 같이 군사위기의 확대를 방지하기 위해 역설적으로 군사력을 사용하게 되면, 군사적 충돌의 빈도와 강도가 증가하는 상황이 발생하며 궁극적으로는 위기 상황이 전쟁으로까지 확대될 수 있다. 의도적으로 군사위기 상황을 조성한 국가는 상대방의 군사적 대응에 대하여 더 강한 군사적 조치나 행동을 실행할 수 있다. 갈등의 주제에 대한 선호와 결의에 대한 정보를 군사적 대응을 통해 전달한 국가 역시 상대방 국가의 추가적인 군사적 조치나 행동에 의해 쉽게 물러날 수 없는 상황이 발생하는 것이다. 또한, 군사적 대응에 의한 군사위기 관리는 군사위기의 재발 가능성을 높이는 경향이 있다. 군사위기 상황이 발생할 때마다 상호 군사적 대응을 통해 군사위기를 관리하는 방식에 익숙해 지면, 또다시 갈등 상황이 발생했을 때 군사적 조치를 활용하기 쉬워지며 이는 군사위기 상황을 만들어 낸다.

군사위기를 관리하는 방식은 크게 협상과 군사적 대응으로 구분되며, 두 방식

모두 군사위기의 확대를 방지하고 위기상황 이전으로 회귀하는 것을 목적으로 한다. 각 방식의 장점과 단점이 매우 명확하기 때문에 어느 한 방식의 채택만을 통해서만 군사위기를 관리하기는 매우 어렵다. 협상 방식만을 채택할 경우 군사위기의 상황이 장기화 되지만 위기상황의 안정적 관리가 가능하며, 군사적 대응 방식만을 채택할 경우 군사위기의 확대 가능성이 현저히 높아지지만, 신속하게 위기 상황을 종료시킬 수 있다. 따라서 효과적인 군사위기 관리를 위해서는 군사위기 상황에서 두 방식을 동시에 활용할 수 있는 준비가 필요하다.

목함 지뢰 도발과 군사위기의 확대 및 종결(2015)

2015년 8월 4일 경기도 파주 인근의 비무장지대(DMZ)에서 북한군이 매설한 목함 지뢰가 폭발해 한국군 2명이 중상을 입는 사건이 발생했다. 이와 같은 군사위기 상황에 대응하기 위해 한국군은 8월 10일 장기간 중단했던 DMZ 지역에서의 대북 확성기 방송을 재개했다. 북한은 대북 확성기 방송 재개에 대한 대응으로 8월 20일 연천군 일대에 고사포 및 곡사포 사격을 실시했고, 한국군 역시 자주포를 활용한 즉각적인 대응 사격을 실시하고 대북정보 감시태세인 워치콘(WATCHCON, Watch Condition)을 상향 조정했다. 8월 21일 북한은 남한에 대화를 하자는 통지문을 전달했고, 8월 22일 남한과 북한 간의 군사위기 관리를 위한 협상을 시작했다. 8월 25일 북한은 목함 지뢰 도발에 대한 유감을 표명했으며, 남한은 대북 확성기 방송을 중단하는 것으로 군사위기는 종료되었다.

제 3 절   한반도 군사위기의 특징과 위기관리

가. 한반도 군사위기의 특징

남한과 북한으로 분단된 한반도 역시 군사위기로부터 자유로울 수 없다. 한반도에서 발생하는 대부분의 군사위기는 북한의 대남 군사도발에 의해 시작되었으며 군사적 충돌로 이어지기도 했다. 북한의 외교적 조치 및 군사적 행동으로 인해 촉발되는 한반도 군사위기의 특징을 정리해 보면 아래와 같다. 첫째, 라이벌 국가 간에 발생하는 군사위기이다. 앞서 설명한 바와 같이 라이벌 관계란 일정 기간 동안 수차례의 군사 분쟁을 반복적으로 경험한 국가 간의 관계를 의미한다. 북한은 6.25 전쟁 이후 약 70년 동안 3,000여 회 이상의 도발을 자행했으며, 연평균 약 44회의 침투 및 국지도발을 자행했다.[19] 북한의 대남 군사도발에 대하여 남한이 군사적 대응을 한 사례가 존재하며, 군사적 충돌로 연결된 사례도 존재한다. 남한과 북한의 관계는 전형적인 라이벌 국가 관계에서 발생하는 군사위기이다. 둘째, 영토에 대한 갈등을 주제로 발생하는 군사위기이다. 남북한 갈등의 가장 중요한 주제 중 하나는 영토 문제이다. 북한은 남한의 영토에 대한 실효적 지배를 위해 적화 통일을 추구하며, 남한 역시 북한 영토에 대하여 민주주의 정치체제로 통합된 통일을 추구하고 있다. 한반도와 부속 도서를 포함한 영토에 대한 실효적 지배에 대한 남북한 간 선호의 불일치가 갈등의 근본적인 원인이다. 셋째, 핵무기를 보유한 측과 핵무기를 보유하지 못한 측 간의 군사위기이다. 북한은 1980년대 핵 개발을 시작한 이후 지속해서 핵 무장 능력을 강화해 왔으며, 다수의 핵탄두를 보유하고 있는 것으로 추정된다. 핵무기의 전략적 가치를 고려했을 때, 핵무기를 보유한 측과 그렇지 않은 측 간의 전략적 비대칭성이 발생하며 이는 군사위기 관리에도 큰 영향을 준다.

북한의 대남도발에 의한 한반도 군사위기 발생의 가능성이 증가하는 몇 가지 조건이 있다. 먼저, 북한 내부의 사정이 불안정한 경우 북한의 도발에 의한 군사위기 가능성이 높아진다는 주장이 있다.[20] 식량 부족과 경제 사정의 불안, 정치적 리더십의 위기가 찾아왔을 때 내부의 단결을 도모하고 주민들의 관심을 외부로 전환하기 위해 북한이 대남도발을 감행하며 이는 군사위기로 연결될 가능성이 높다는 주장이다. 또한, 남한 내부의 요인으로 군사위기 가능성이 높아진다는 주장도 존재한다.[21] 남한의 선거 기간이나 한미연합연습 기간에 북한의 도발 가능성이 높아진다고 본다. 남한 내부의 정치적 불안을 가중하기 위한 목적으로 남한의 선거 기간에 군사적 행동을 취할 가능성이 높으며, 한미연합연습에 대한 반발로 대량살상무기 실험 및 미사일 실험을 할 가능성이 높아진다고 본다. 이와 같은 북한 내부와 외부의 요인으로 인해 북한의 군사적 행동 가능성이 높아질 수 있으며, 북한의 대남 군사도발은 한반도의 군사위기 발생 가능성을 증가시킨다.

한반도의 군사위기 상황은 북한의 대남 군사도발에 의해서만 발생하는 것은 아니다. 북한 이외의 주변국들에 의해 한반도의 군사위기가 촉발되는 경우도 있다.

영공과 영해에 대한 주변국 공군 항공기 및 해군 함정의 침범이 발생하는 경우 군사위기가 촉발된다. 영공이나 영해 밖의 배타적경제수역(EEZ)이나 방공식별구역(ADIZ)에 대한 주변국 공군 및 해군의 침범이 발생하기도 한다. 이와 같이 주변국에 의해 촉발되는 군사위기 상황에 대하여 한국 공군 및 해군이 해당 지역으로 출동하여 경계를 강화하고 경고 메시지를 전달한다. 북한 이외의 주변국에 의해 촉발되는 군사위기는 북한에 의해 촉발되는 군사위기와 비교하여 발생 빈도가 매우 낮으며, 신속히 종료된다.

러시아 공군기 독도 영공 침범(2019)

2019년 7월 러시아의 항공우주 방위군 소속의 조기경보기가 중-러 연합공군훈련을 하는 과정에서 독도 영공을 무단으로 침입했다. 이에 대하여 한국 공군은 전투기를 해당 영공으로 급파했다. 한국 공군은 교신을 시도했으나 응답이 없었고, 경고사격을 실시했다. 경고사격을 받은 러시아 조기경보기는 약 30여 분만에 독도 영공을 벗어났다. 러시아는 한국의 영공을 침범하지 않았다고 주장했으며, 한국 국방부와 외교부는 주한 러시아 대사관에 항의했다.

나. 한반도 군사위기 관리

한반도 군사위기의 특징을 살펴보았을 때, 군사위기 관리를 위한 함의를 찾을 수 있다. 첫째, 한반도 군사위기는 확대 가능성이 상당히 높다. 라이벌 국가 간의 영토 문제를 기반으로 한 군사위기 상황은 군사적 출동의 빈도와 강도가 증가할 가능성이 현저히 높으며, 전쟁으로 확대될 가능성이 상존하고 있다. 따라서 군사위기 상황에서 위기가 전쟁으로 확대되지 않도록 세심한 군사위기 관리 노력이 필요하다. 둘째, 한반도 군사위기 상황에서 남한이 사용할 수 있는 군사위기 관리 방식이 제한된다. 핵무기를 보유한 측과 그렇지 못한 측 간의 군사위기 상황에서 핵무기를 보유하지 못한 측은 군사위기 관리 차원의 대응 방식이 상당히 제한된다. 핵무기를 보유한 측은 핵 무력을 활용한 군사적 대응 및 위협이 가능하지만, 핵무기를 보유하지 않은 측은 핵 무력을 활용한 군사적 대응이 불가능하다. 이와 같은 핵무력의 비대칭성을 보완하기 위해 한미동맹을 통한 한국과 미국 간의 긴밀한 협조가 중요하다.

6·25 전쟁 이후 북한의 군사도발로 인해 발생한 군사위기 상황은 효과적으로 관리되어 왔다고 할 수 있다. 일부 군사위기 상황이 군사적 충돌로 연결되기도 했지만, 전쟁으로 확대된 사례는 존재하지 않는다. 약 70년 동안 남한은 북한의 도발에 의해 군사위기 상황이 발생했을 때, 협상을 활용한 대응과 군사적 대응을 동시에 추구해 왔다. 각각의 장단점이 명확한 군사위기 관리 방식을 동시에 효과적으로 활용했기 때문에, 군사위기가 전쟁으로 확대되는 것을 방지할 수 있었다. 협상 방식만을 선택할 경우 남한의 선호와 결의가 정확히 북한에 전달되기 어려우며, 군사적 방식만을 선택할 경우 군사위기는 전쟁으로 확대되기 쉽다. 북한의 군사적 행동에 의해 촉발된 군사위기 상황에서 남한이 효과적인 군사위기 관리를 했기 때문에 군사위기가 전쟁으로 확대되는 것을 방지할 수 있었다. 또한, 한국과 미국의 동맹 체계에 기반한 군사위기 관리로 인해 위기가 전쟁으로 확대되는 것을 방지할 수 있었다.[22] 앞서 설명한 바와 같이 남한과 북한 사이에는 핵전력의 심각한 비대칭성이 존재한다. 핵무기를 보유한 북한의 군사적 행동으로 촉발된 군사위기 상황에서 핵무기를 보유하지 않은 남한의 대응은 상당히 제한된다. 그러나 한국과 미국의 협조체계로 인해 군사적 충돌의 빈도가 강도가 증가하는 현상을 방지할 수 있었다.

1 >> 위기 상황의 특성은 심각한 위협, 돌발적 발생, 긴급한 대응, 반복적 발생, 복잡한 인과 관계이다. 위기관리란 위기를 예방, 대비하고 위기가 발생한 후 대응, 복구하는 데 필요한 자원을 기획, 조정, 통제하는 과정이다.

2 >> 군사위기 또는 외교정책 위기란 특정 국가의 군사적 행동 또는 외교정책이 타국에 심대한 위협으로 작동하여 조성되는 위기 상황을 의미한다. 군사위기는 타국의 의도적인 군사행동으로 인해 심각한 위기상황이 조성된 상황으로, 전쟁의 가능성이 매우 높아진 상태이다.

3 >> 군사위기의 확대란 군사적 충돌의 빈도와 강도가 증가하는 현상을 의미하며, 군사위기의 확대를 방지하기 위해 군사위기 관리가 필요하다. 군사위기 관리를 위한 위기 당사자 간 상호작용의 핵심은 상대방의 추가적인 군사적 행동을 억제하는 것과 협상을 통한 정보의 교환이다.

4 >> 위기 행위자의 오해와 오인, 라이벌 관계, 영토 분쟁, 위기 당사자의 핵무기 보유, 중재자의 유무 등은 군사위기의 확대 가능성에 영향을 주는 요인이다.

5 >> 무력의 사용이 없는 협상에 의한 군사위기 관리 방식은 위기 확대의 가능성을 낮추고 장기적인 정치적 안정성을 제공한다는 장점이 있지만, 즉각적인 해결의 제한으로 인해 위기 상황이 장기화된다는 단점이 있다.

6 >> 군사적 대응 방식은 위기 당사자의 선호와 결의를 정확히 전달하여 군사위기 상황을 신속하게 종료시킬 수 있다는 장점이 있지만, 군사위기의 확대 가능성이 현저히 높아진다는 단점이 있다.

7 >> 한반도 군사위기는 주로 북한의 대남 군사도발에 의해 촉발된다. 한반도 군사위기는 라이벌 국가 간의 영토 갈등을 주제로 발생하기 때문에 군사위기의 확대 가능성이 매우 높다. 6·25 전쟁 이후 남한은 효과적인 군사위기 관리를 통해 위기가 확대되는 것을 방지했다.

더 읽으면 **좋은 글**

1 >> 이재은. (2013). 국가안보 환경의 변화와 국가위기관리: 포괄적 안보 개념 하에서의 국가위기 유형. Crisisonomy, 9(2), 177-198.
 - 인간안보 및 포괄적 안보 등의 개념은 도입한 위기관리 유형 소개

2 >> 윤태영. (1999). 한·미 동맹체제하에서 한국의 대북한 위기관리, 1968-1983. 한국정치학회보, 33(2), 349-368.
 - 위기관리에 대한 이론적 고찰과 한미동맹을 통한 위기관리 사례를 소개

3 >> 이장규. (2021). 군사 위기관리 연구 경향 특성에 관한 연구. Crisisonomy, 17(2), 79-93.
 - 군사위기의 유형, 군사위기 관리 절차, 군사위기 관리 세부절차 등을 소개

4 >> 손한별. (2020). 한반도에서의 군사위기 관리 긴급억제의 신뢰성 결정요인. 전략연구, 27(3), 179-213.
 - 한반도 군사위기 관리를 위한 군사적 대응 및 한국과 미국의 협조 중요성 소개

5 >> 김호중. (2017). 북한의 직접적 군사도발에 대한 한국정부의 위기관리전략 적용과 상대적 피해규모 분석. Crisisonomy, 13(11), 181-194.
 - 한반도 군사위기 상황에서 군사적 대응과 비군사적 대응의 동시 활용 필요성 소개

6 >> 김용빈. (2016). 제2차 세계대전 시 프랑스의 위기관리 및 조치 실패원인. 군사연구, (141), 207-238.
 - 위기 인식에 대한 중요성과 위기관리 전략의 필요성 소개

7 >> Graham Allison 등. 김태현 역. (2005). 결정의 엣센스(서울: 모듬북스).
 - 쿠바 미사일 위기 상황에서 발생한 위기관리 모형을 제시

| 미 주 |

1 김열수. '21세기 국가위기관리체제론.' 서울: 오름, 2005; 이재은. '위기관리학.(2판)' 서울: 대영문화사, 2018.

2 이민룡. '국제위기와 한반도 위기관리.' 서울: 양서각, 2013.

3 Schelling, T. C. (1966). Arms and influence Yale University press. New Haven; George, A. L., & Smoke, R. (1974). Deterrence in American foreign policy: Theory and practice. Columbia University Press.

4 Fearon, J. D. (1995). Rationalist explanations for war. International organization, 49(3), 379−414.

5 Brecher, M. (Ed.). (1978). Studies in crisis behavior (Vol. 3, No. 2−3). Transaction Publishers.

6 Jervis, R. (2017). Perception and misperception in international politics: New edition. Princeton University Press.

7 He, K. (2013). Hazard rate determinants of efficient and successful crisis manage−ment: An event history analysis of foreign policy crises, 1918−2007. Cooperation and Conflict, 48(1), 51−79.

8 Mitchell, S. M., & Regan, P. M. (2010). Conflict Management. In Oxford Research Encyclopedia of International Studies; Goertz, G., & Diehl, P. F. (1993). Enduring rivalries: Theoretical constructs and empirical patterns. International studies quar−terly, 37(2), 147−171.

9 Asal, V., & Beardsley, K. (2007). Proliferation and international crisis behavior. Journal of Peace Research, 44(2), 139−155.

10 Stein, J. G. (2010). Crisis behavior: Miscalculation, escalation, and inadvertent war. In Oxford Research Encyclopedia of International Studies.

11 Mitchell, S. M., & Regan, P. M. (2010). Conflict Management. In Oxford Research Encyclopedia of International Studies.

12 Moore, C. W. (2014). The mediation process: Practical strategies for resolving conflict. John Wiley & Sons.

13 Svensson, I. (2009). Who brings which peace? Neutral versus biased mediation and institutional peace arrangements in civil wars. Journal of conflict resolution, 53(3), 446−469; Rauchhaus, R. W. (2006). Asymmetric information, mediation, and conflict management. World Politics, 58(2), 207−241; Kydd, A. H. (2006). When can mediators build trust?. American Political Science Review, 100(3), 449−462.

14 Butler, M. J. (2018). Context, process, and structure: Correlates of conflict management in foreign policy crisis. Journal of Global Security Studies, 3(2), 163−180.

15 Ramsbotham, O., Woodhouse, T., & Miall, H. (2011). Contemporary Conflict Resolution. Polity Press.

16 Zartman, I. W. (2008). Negotiation and Conflict Management: Essays on theory and practice. Routledge.

17 Allison, G. T., & Zelikow, P. (1999). Essence of Decision: Explaining the Cuban Missile Crisis. Longman.

18 Jervis, Robert. "Cooperation Under the Security Dilemma." World Politics, vol. 30, no. 2, 1978, pp. 167−214; Pruitt, Dean G. "Conflict Escalation: A Theoretical and Empirical Overview." In Handbook of Conflict Resolution: Theory and Practice, edited by Morton Deutsch, Peter T. Coleman, and Eric C. Marcus, Jossey−Bass, 2006.

19 국방부.(2023). 국방백서 2023. 서울: 국방부.

20 Insoo Kim & Minyong Lee, "Has South Korea's Engagement Policy Reduced North Korea's Provocations?" *North Korean Review*, Vol. 7 No. 2(2011), 57−65; Bruce Bennett, "New Ways Are Needed To Deter Provocations." *Global Asia*, Vol. 5 No. 2 (2010), pp. 75−76; Daniel Byman & Jennifer Lind, "Pyongyang's survival strategy: tools of authoritarian control in North Korea." *International Security*, Vol. 35 No. 1(2010), 44−74; Peter M. Beck, "North Korea in 2010: Provocations and Succession." *Asian Survey*, Vol. 51 No. 1 (2011), pp. 33−40; 고명균, "1960년대 후반 북한의 군사모험주의와 당군 관계 변화."『현대북한연구』제18권 3호(2015), pp. 7−58; Ken E. Gause, *North Korea's Provocation and Escalation Calculus: Dealing with the Kim Jong−un Regime.* (Alexandria: Center for Naval Analyses, 2015); Joonbum Bae, "The North Korean Regime, Domestic Instability and Foreign Policy." *North Korean Review*, Vol. 14 No. 1 (2018), pp. 85−101.

21 Vito D'Orazio, "War games: North Korea's reaction to US and South Korean

Military Exercises." *Journal of East Asian Studies*, Vol. 12 No. 2(2012), 275–294; 유상범, "북한 국지도발의 성향분석과 동맹협력."『국방연구』제57권 1호(2014), pp. 61–8;.Victor Cha, Na Young Lee & Andy Lim, "DPRK Provocations and US–ROK Military Exercises 2005 to 2016." *CSIS Beyond Parallel*(August 18, 2016); Victor Cha, "North Korean Provocations May Follow ROK Elections." *CSIS Beyond Parallel*(April 12, 2016); Victor Cha, "North Korean Provocations Are Likely Around U.S. Presidential Elections." *CSIS Beyond Parallel*(September 23, 2016); Victor Cha, "DPRK Provocations Possible Around South Korean Elections." *CSIS Beyond Parallel*(September 23, 2020); Bernhardt, J., & Sukin, L. (2021). Joint Military Exercises and Crisis Dynamics on the Korean Peninsula. Journal of Conflict Resolution, 65(5), 855–888.

22 윤태영. (1999). 한·미 동맹체제하에서 한국의 대북한 위기관리, 1968–1983. 한국정치학회보, 33(2), 349–368; 손한별. (2020). 한반도에서의 군사위기 관리 긴급억제의 신뢰성 결정요인. 전략연구, 27(3), 179–213.

군사외교와 협상

제 6 장

김 순 수

:: 국제관계는 개별국가 간에 자국의 국익을 보호하고 증
진하기 위한 게임의 연속이라 할 수 있고, 게임의 성패 여
부는 자국이 원하는 바대로 얼마만큼 타국의 행위에 영향
력을 행사할 수 있는가에 달려 있다. 이러한 영향력을 행사
하기 위한 방법은 평화적 수단으로서의 외교(diplomacy)와
폭력적 수단으로서의 전쟁(war)으로 대별된다.

일반적으로 외교란 개별 국가들이 국제정치 무대에서 자
국이 추구하는 목적을 전쟁이 아닌 평화적인 방법으로 달
성하려는 행위라 할 수 있다. 그러나 외교라는 개념이 내포
하는 구체적인 의미는 시대를 달리하며 변하고 있다. 고전
적 의미에서 외교는 "교섭(negotiation)에 의한 국제관계의 관
리, 대사나 공사가 이러한 관계를 조정·관리하는 방법, 외
교관의 직무 또는 기술"이라는 한정적인 의미에서 사용
되어졌다.[1] 당연히 외교에 대한 고전적인 연구들의 관심사
는 대사관의 기능과 역할, 대사들의 법적 지위, 성공적인 협
상가로서의 외교관 자질 등에 관한 분석에 초점이 맞추어
졌다.

반면 오늘날 외교는 전통적 의미를 포함하는 확대된 개념으로 사용되고 있다.
이는 외교의 주체와 대상영역 등이 확산되고 다원화되는 현상을 반영한 것이기도
하다. [표 6-1]에서 보듯이 최근 들어 외교라는 용어는 영역별, 대상별, 성격별로
매우 다양하게 사용되고 있다. 전통적으로 외교의 주체는 국가이지만 현대 외교는

표 6-1 외교용어의 유형별 사용례

유형	사 용 례
영역별	경제·통상외교, 군사외교, 안보·통일외교, 환경외교, 문화외교, 과학·기술외교, 인권외교 등
대상별	APEC외교, ASEAM외교, 유엔외교, 서방외교, 북방외교 등
성격별 (방법)	예방외교, 동맹외교, 방문외교, 파병외교, 데탕트외교, 공개외교, 비밀외교, 강압외교(coercive diplomacy), 달러외교(dollar diplomacy) 등

출처: 배진수, "한국군사외교론: 개념과 실천과제," 「국제정치논총」, 37-2(1997), p. 291.

정부대표뿐만 아니라 특정 개인이나 단체가 주체가 될 수도 있다. 민간외교, 의원외교 등의 표현이 사용되는 것도 이 때문이다. 또한 외교의 대상 영역도 정치, 경제, 군사, 환경, 과학기술, 문화, 인권 등 모든 분야로 확대, 다원화되는 양상을 띠고 있다. 오늘날 안보외교, 경제·통상외교, 환경외교, 문화외교, 인권외교 등 영역별로 분화된 외교개념이 사용되고 있는 것은 바로 이러한 현상과 무관하지 않다. 따라서 현대 외교의 개념은 "국가 간에 의사소통 방법을 강구하고 상호 영향력을 행사하려는 가운데 무력이 아닌 공식 혹은 비공식 협상을 통하여 갈등을 해결하는 과정"으로 이해하는 것이 타당하다.[2]

'군사'와 '외교'의 연구영역은 그 어느 분야보다 빠른 태생적 역사를 갖고 있다. 반면, '군사외교'에 관한 연구는 아직까지 독립영역으로서의 학문적 인정을 제대로 받지 못하고 있는 실정이다. 일종의 '변연'(邊緣) 혹은 '종합' 성격을 띤 초보적 단계에 있다고 보아야 할 것이다. 이는 아마도 군사외교가 군사와 외교라는 두 영역의 교집합이기 때문에 나타나는 현상일 것이다.

본 장에서는 학계 및 정책분야에서 시론(試論)적으로 검토된 군사외교 관련 이론을 정리하고, 외교의 핵심이라 할 수 있는 협상에 관한 이론과 그 사례를 살펴보고자 한다.

제 1 절 군사외교의 개념과 기능

1. 국가안보와 군사외교

미국의 경우 제2차 세계대전 이후 대다수 연구자들이 국방정책을 협의의 안보정책과 동일한 개념으로 취급하였다.[3] 1980년대에 '대체 안보'(alternative security)를 주장한 학자들 역시 안보정책과 국방정책의 연구를 동일시하는 경향을 보였다.[4] 반면, 일부 학자들은 안보정책을 국가의 대전략 범주에 포함시키고, 군사정책은 안보정책을 구성하는 하위개념으로 분류하기도 한다. 카우프만(Daniel J. Kaufman)의 경우 미국 안보정책을 구성하는 하위정책으로 경제정책, 국방정책, 외교정책을 들고 있다.

[그림 6-1]에서 보는 것처럼 미국의 안보정책은 외교, 경제, 국방정책의 세 영역으로 구분되며, 각각은 상호 밀접한 연관성을 갖는다. 외교정책은 동맹관계 강화와 국제기구 참여도 증진, 그리고 국제협상력 제고에 중점을 두고 수립되며, 경제정책은 국내경제의 번영과 이를 위한 국제적 환경조성에 초점을 맞추고 있다. 국가안보에 기여하는 경제정책에는 외국에 대한 경제(군사)원조, 경제적 제재(economic sanctions), 기술이전, 경제협력 등이 포함된다. 외교 및 경제정책이 안보위협에 대응하는 차원이라면 국방정책은 외교적 노력이 실패하거나 국익에 심대한 피해를 초래할 상황에 처할 경우 군사력을 사용하여 안전을 보장하는 것이다. 군사외교와 미국의 국가안보체계를 연관시킬 경우 경제, 국방, 외교정책의 교집합을 군사외교 영역으로 볼 수 있는 것이다.[5]

2. 군사외교 개념과 범주

군사외교에 대한 명확한 개념 정의에 앞서 '국방외교'(defence diplomacy)와 '군사외교'(military diplomacy)의 용어 혼용을 둘러싼 논의가 필요하다. 이는 세계 각 국

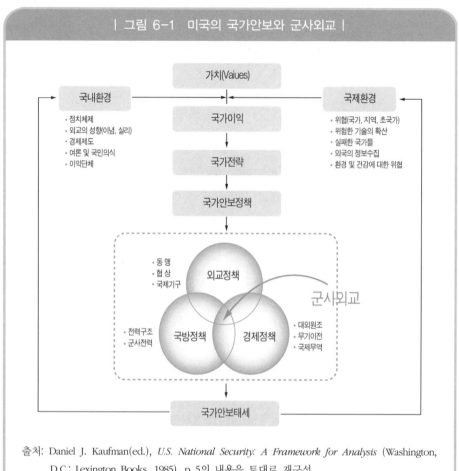

| 그림 6-1 미국의 국가안보와 군사외교 |

가치(Vaiues)

국내환경
· 정치체제
· 외교의 성향(이념, 실리)
· 경제제도
· 여론 및 국민의식
· 이익단체

국가이익

국가전략

국가안보정책

국제환경
· 위협(국가, 지역, 초국가)
· 위험한 기술의 확산
· 실패한 국가들
· 외국의 정보수집
· 환경 및 건강에 대한 위협

· 동 맹
· 협 상
· 국제기구

외교정책

군사외교

· 전력구조
· 군사전력

국방정책   경제정책

· 대외원조
· 무기이전
· 국제무역

국가안보태세

출처: Daniel J. Kaufman(ed.), *U.S. National Security: A Framework for Analysis* (Washington, D.C.: Lexington Books, 1985), p. 5의 내용을 토대로 재구성.

가에서 사용하는 용어가 각기 상이할 뿐만 아니라, 특히 한국의 경우에도 몇 차례에 걸친 용어 수정이 있었기 때문에 고찰의 필요성이 있을 것이다.[6]

‘국방외교’와 ‘군사외교’ 용어 사용을 둘러싼 국가별 논의를 요약해보면, 미국의 경우 학술적 연구보다는 대부분 정책적 실천과정에서 군사외교 용어를 사용하고 있다. 학술적 차원에서 볼 경우 군사외교 개념보다는 ‘강압외교’(coercive diplomacy)에 관한 개념 및 연구가 주를 이루고 있다. 강압외교는 통상 “외교행위의 한 형태로 설득이나 회유적 방법이 아닌 강요와 무력시위 등을 통해 자국의 의사를 타국에 관철시키려는 외교활동"을 말한다.[7]

강압외교 개념은 군사외교 목적 및 실천적 차원에서 볼 때 해군외교(naval diplomacy), 함정외교(gunboat diplomacy) 개념과는 미세한 차이가 있다. 해군외교는 대외정책의 일환으로 군함을 타국에 배치하는 것을 의미하며, 함정외교는 전쟁행위는 아니지만 타국에 군사적인 시위나 위협을 통해 외교목적을 달성하는 외교를 말한다. 해군외교가 군사력 강제보다는 협력 혹은 비강압적 설득(non-coercive persuasion)의 성격을 갖지만, 함정외교의 형태로 확대될 경우 군사력 사용까지를 포함하게 된다. 함정외교는 해군외교의 한 형태이긴 하지만 엄밀히 구분한다면 군사외교가 아닌 강압외교의 한 형태로 보는 것이 보다 합당할 것이다. 협력외교와 상대되는 개념으로서의 강압외교는 군사력 수단을 사용하는 '피없는'(bloodless) 외교라고 표현할 수 있지만, 통상 무력사용 외에 다른 외교수단이 없을 경우 사용된다는 점이 군사외교와 다르다. 강압외교의 경우 통상 일상적인 해군 외교활동과 연계되지만 해군 혹은 함정외교의 범주를 넘어서 확대되는 경우도 많다. 이러한 혼재된 개념을 군사와 외교차원에서의 영향(influence), 설득(persuasion), 억제(deterrence), 강제(compelling)라는 4가지 요소로 구분하여 상호연계성을 도식하면 [그림 6-2]와 같이 정리할 수 있다.

영국을 포함한 영연방 국가들은 '국방외교' 개념을 사용하되, "무관을 포함한 군인들이 실시하는 충돌 예방 및 처리에 관한 업무"라는 지극히 협의적 수준의 정의로 한정하고 있다.[8] 이러한 사전적 개념 정의를 학술적 차원으로 수용하기에는 한계가 있다. 또한 '국방외교'에 관한 정확한 개념 정의보다는 '국방외교'의 임무와 역할, 활동과 그 성과 등에 초점을 맞춰 기술하고 있다. 또한 러시아는 군사외교를 군사정보업무의 대명사로서, 해외무관들에 의해 수행되는 업무로 국한하는 등 매우 소극적인 태도를 취하고 있다. 이와는 달리 대만과 중국의 경우 대부분 '군사외교' 용어를 사용하고 있으며, 그 어느 국가보다 '군사외교'에 대한 개념 정의는 물론 학문적 체계 정립을 위해 노력하고 있다.

한국은 1990년대 후반부터 학문적 접근을 시도한 이후 간헐적으로 군사외교에 관한 연구결과를 발표하고 있지만, 이러한 연구물에서도 용어에 대한 혼용 현상

| 그림 6-2 '군사'와 '외교'의 연계성 |

협력(cooperation) - 설득(persuasion)

영향(influence)
- 잠재적 설득(복종)
- 예방외교
- 국방(군사)외교
- 해군외교
- * 비강압적 활동(예: 친선방문)

억제(deterrence)
- 기지접근 등 군사력 현시
- 군사력 사용 및 투사위협

외교적 방식

군사적 방식

설득(persuasion)
- 외교적 제재
- 해군외교
- * 비강압적활동(예: 평시 봉쇄 또는 제한적 봉쇄)

강제(compelling)
- 강압외교
- 해군외교
- * 강압적 활동(예: 제한된 해군활동)
- 함정외교

충돌(conflict) - 강제(coercion)

출처: Anton, Du Plessis, "Defence Diplomacy: Conceptual and Practical Dimensions with Specific Reference to South Africa," *Strategic Review for Southern Africa*, 30－2 (Nov. 2008), p. 96.

이 나타나고 있다. 초기 연구자들은 대부분 '군사외교' 용어를 사용해 왔으나, 최근 일부 연구자가 '국방외교' 용어 사용의 타당성을 제기하기 시작하였다.[9] 이상에서 살펴본 것처럼 개념의 혼용 문제는 국가별 인식과 연구자별 관점이 상이하기 때문에 어느 개념이 맞는다고 단정할 수 없다.

다음으로 군사외교를 어떻게 정의할 것인가에 대한 논의가 필요하다. 한국 국방부는 군사외교를 "타국과의 군사적인 유대강화 및 교류협력을 통하여 국가외교에 기여하고, 군사적 역량을 증진시키며, 유사시 외국의 군사적 지원을 획득하기 위해 수행하는 제반 활동"이라고 정의하고 있다.[10] 이러한 개념 정의는 국방당국자가 아닌 인사가 군사적 목적 달성에 기여하는 행위도 군사외교이며, 국방당국자가 국가경제에 이바지하기 위하여 방산수출을 위한 외교적 노력을 경주하는 것도 군

사외교 범주에 포함하고 있는 것이다. 또한 군사외교의 성격을 규명함에 있어 '군
사적 목적을 달성하기 위한 외국과의 관계'로 보는 목적 중심적 성격과, '국방당국
자가 외국 국방당국자들과 국가의 이익을 극대화하기 위하여 취하는 제반 행동'으
로 보는 행위자 중심적 성격을 모두 포함하는 정의라고 볼 수 있다.

한국 국방부의 군사외교에 관한 공식적 정의 외에 일반 학자들에 의해 발전되
어 온 개념을 정리하면 다음과 같다. 배진수 박사는 "국가목표에 따른 외교 및 국방
목표를 추구하기 위해 결정된 외교정책과 국방정책을 실현시키기 위한 군사부문의
대외적 군사교류협력활동"으로 정의하였고,[11] 최영종 교수는 군사부문의 외교적
영역과 외교부문의 군사적 측면을 통합한 개념으로서의 군사외교, 즉 외연이 확대
된 군사외교의 개념정립을 주장하였다.[12] 한편 하도형 교수는 기존 연구결과를 바
탕으로 "국방외교(군사외교)는 국가안보와 외교의 정책적 목표에 기반한 국방분야의
제반 대외적 활동"으로 포괄적인 개념 정의를 내리고 있다.[13]

이상에서 살펴본 것처럼 연구자별 시각과 관심에 따라 군사외교에 대한 개념
정의 역시 차이를 보이고 있다. 여기에서는 군사외교에 대한 작위적(作爲的) 재정의
보다는 국방부의 공식적 입장을 따르고자 한다. 왜냐하면 일반 연구자들에 비해 국
방부의 정의가 군사외교에 대한 협의·광의적 개념을 모두 포괄할 뿐만 아니라, 목
적과 대상 그리고 그 성격까지 함축적으로 표현하고 있기 때문이다.

군사외교 개념 정의에 있어 군사외교 범주 규정이 매우 중요함에도 불구하고
이를 명확히 제시하고 있는 연구물을 찾아보기가 어렵다. 여기에서는 넓은 의미에
있어서 대외군사교류협력을 군사외교로 볼 수 있다는 전제하에 대외군사교류협력
범주를 군사외교 범주와 동일시하고자 한다. 군사외교는 협력의 강도에 따라 관련
국 간 단순한 협의를 통해 이뤄지는 군사교류와 고도의 협상을 필요로 하는 군사협
력으로 대별할 수 있다.[14]

먼저 군사교류란 외국과의 군 인사, 정보, 과학기술 등의 교류를 증진하고 이
를 기반으로 공동 협력분야를 개발함으로써 궁극적으로 국가안보 및 국익증진에
기여하는 군사적 성격의 제반 대외활동을 말한다.[15] 다시 말해 군사교류는 국가 간
상호 이해 및 신뢰제고를 위한 제반 군사활동으로서 인적 교환방문, 상호 훈련참
관, 항공기 및 함정 교환방문, 군사교육교류, 문화·예술·체육교류, 군사학 연구·

학술 교류 등이 군사교류에 포함된다.

표 6-2 **군사외교 분야별 포함내용**

구 분	포 함 내 용
작전/운영	● 조약 ● 협의기구 ● 비용분담 ● 군사력의 파견주둔 ● 연합훈련 ● 군사작전 및 교리의 공동연구 ● 군사정보교환
인사교류	● 주요인사 교환방문 ● 무관교환 ● 군사교육훈련 교류 ● 군사사절단 교환방문 ● 군사훈련 참관
군수/방산	● 군사원조 ● 방산협력 ● 군사교역(방산품, 전략물자) ● 군사과학기술 교류 및 공동연구개발

출처: 윤종호, "대외군사협력 발전방향: 대미, 대일 군사협력을 중심으로," 『교수연구보고서』(국방대학원, 1991) pp. 11–12.; 최경락·조희완, 『한·일 관계론』(서울: 대왕사, 1985), p. 141.

군사협력이란 공동의 안전이나 이익을 추구하기 위하여 복수국가 간의 군사부문에 있어서 협력적 관계를 유지하는 것을 말한다. 보

▲제55차 한·미 연례안보협의회의(2023. 11. 3)

다 구체적으로 정의하자면, 군사협력은 군사교류를 통하여 구축된 상호신뢰를 바탕으로 보다 긴밀한 군사관계를 추구하는 단계, 즉 국가 간 공동의 안보목표를 달성하기 위한 제반 군사활동으로서 안보정책 공조, 정보·첩보교환, 군사·방산협력, 연합훈련 및 연습, 군사기지 제공, 군사지형 측량 및 지도제작 협조 등의 활동을 말한다. 군사동맹은 이러한 차원에서 군사협력 범주에 포함된다. 즉 군사동맹은 양국군 간 군사협력의 최고 단계로 볼 수 있다.[16] 동맹군은 공동의 적을 상정하고 이에 공동으로 대비하기 때문이다. 한편 군사외교는 협력분야에 따라 작전/운영분야, 인사교류분야, 군수/방산분야 등으로 구분할 수 있으며, 각 분야별 포함되는 내용은 [표 6-2]와 같이 정리할 수 있다.

3. 군사외교 추진 목적 및 기능

군사외교는 국제안보정세의 변화와 국가안보정책을 구성하는 국방, 외교, 경제정책의 변화에 따라 그 목적도 맥을 같이 한다고 볼 수 있다. 국가별로 보면 처한 안보상황과 해당 국가의 국내외 정책에 따라 군사외교 추진목적이 상이할 수 있다. 또한, 군사외교의 추진정도와 성과는 국가이익의 확보와 유지에 직접적인 영향을 미치게 된다. 국가이익과 군사외교와의 변증법적 관계, 즉 군사외교가 국가이익 구현의 강력한 추동력이 된다는 상관관계를 전제로 하여 군사외교를 연구해 볼 필요가 있는 것이다. 이러한 의미로서의 군사외교는 군사 · 외교(정치)적 활동의 산물이기 때문에, 군사 전문가 및 정치가들의 지대한 관심을 끄는 분야이기도 하다. 군사외교의 추진 목적과 그 기능을 요약하면 다음과 같다.[17]

첫째, 군사외교는 외부로부터의 위협을 억제하고 국내외 환경을 자국에게 유리하게 조성하기 위해 전개한다. 모든 주권국가는 국제관계에 있어서 자국의 국가안보를 확립하는 중요한 조치와 과정으로서 군사외교라는 수단을 활용해 왔다. 강대국은 군사외교를 통해 군사적 우세를 과시하였고, 약소국은 강력한 위협의 대처 수단으로 삼았다. 특히 약소국으로서는 생존을 위한 중요한 수단이자 과정이 바로 군사외교였으며, 9 · 11 테러 이후 군사외교를 통한 비전통적 영역에 있어서의 안보 달성을 위해 각 국이 군사외교에 커다란 비중을 두는 것도 바로 이러한 이유라고 볼 수 있다.

둘째, 군사외교를 통해 대외적으로 자국의 평화적 이미지를 적극 홍보할 수 있다는 점이다. 군사대표단 상호방문, 국제항공박람회, 해군함정 상호 교환방문 등의 군사교류활동을 통해 군사외교의 대외 홍보기능을 실현할 수 있으며, 이는 국가외교의 범주에도 포함된다. 이러한 활동을 통해 한 국가의 국방정책의 투명성을 홍보하고, 신형 무기장비 및 부대훈련 수준, 작전수행능력을 먼저 타국에 알림으로써 해당 국가의 '우호성'과 '위협성'을 동시에 인식시킬 수 있는 것이다.[18]

셋째, 군사교류협력은 상당한 군사 · 경제적 이익을 동반한다. 즉 방산 및 기술 이전 등의 군사외교 활동을 통해 국제무역을 활성화시킬 수 있는 것이다. 군수품은 일종의 특수상품으로서 국가 간 방산활동을 통해 고액의 상업적 이윤을 추구할 수

있으며, 일단 교역이 성사되면 쌍방
간 장기간에 걸친 매매관계를 유지
하게 된다. 수출국으로서는 지속적
인 기술지원과 부품수리, 탄약 공급
등 경제적 실익을 얻게 되는 것이다.
세계 군사대국의 대외무역이 이러한
무기 및 군사기술 수출을 통해 호황
을 누리게 되는 것도 바로 이러한 군
사외교의 부수적 산물이라고 볼 수
있는 것이다.

▲ 제1차 한·중 국방장관 회담(1999. 8)

　　넷째, 대외군사교류협력을 통해 무기체계 및 작전교리의 발전, 군 요원에 대한
전문화 교육 및 훈련 등의 효과를 기대할 수 있다. 현대는 첨단 무기장비의 기술주
기가 현저히 단축되고, 무기개발 단가가 지속적으로 높아지기 때문에 한 나라가 단
독으로 무기체계를 연구개발 하기에는 비용상 상당한 제약이 따르기 마련이다. 따
라서 대부분 국가들은 국방비 지출에 대한 부담을 줄이기 위해 첨단 무기장비를
연구개발할 경우 국제협력의 형식을 빌게 된다. 심지어 세계 초(超)군사대국인 미국
도 미사일 방어시스템이나 차세대 전투기를 연구개발할 경우 동맹국을 끌어들이기
도 한다. 개발도상국의 경우에는 선진 무기장비 및 군사기술 획득, 군 현대화 건설
기간 단축을 위해 선진국과의 군사교류협력을 적극 추진하고 있는 것이다.

　　이러한 군사외교의 목적과 기능에 기초하여 각 국가들이 전개하는 군사외교
의 활동영역을 보면 대외군사교류, 지역안보협력, UN PKO 참여, 신뢰구축조치, 대
테러 협력, 전략대화, 국제재난구조활동, 군비통제, 방산협력, 연합훈련 등의 영역
을 포함한다.

제 2 절 군사외교 전개 유형

　지금까지 군사외교의 개념, 추진목적과 기능을 살펴보았는데 실천적 차원에서 보다 의미를 부여하기 위해서는 군사외교 전개행태를 모형화할 필요가 있다. 여기에서는 모든 국가들이 추진하는 군사외교의 일반적인 행태를 5가지로 유형화하였다.

　첫째, 단순한 대외교류협력 차원의 '상징형' 유형이다. 이 유형에는 대부분의 대외군사교류 및 지역안보협력 활동이 포함된다. 타국과 군사관계를 막 수립했거나, 아니면 전략적 차원에서 의도적으로 군사외교활동을 제한시킬 필요가 있는 경우가 여기에 해당된다고 볼 수 있다. 군사과학기술교류나 방산협력, 연합훈련 등의 수준까지 발전하지 못한 초보적 수준의 군사외교활동인 셈이다.

　둘째, 안보위협을 조정하기 위한 '조정형' 유형이다. 이 유형은 주로 냉전기 적대국가들과 전개되었던 군사외교 유형이라 할 수 있지만, 탈냉전 이후 복잡하고 다양해진 위협의 등장으로 여전히 '조정형' 군사외교를 전개하고 있는 국가들이 많다고 볼 수 있다. 예를 들면 중국이 과거 최대 위협이었던 러시아 및 구소련 연방국들과 전개한 군사외교가 바로 이러한 유형에 속한다.

　셋째, 충돌예방 및 군 현대화를 위한 '건설형' 유형이다. 5가지 유형 중 최고의 전략적 차원에서 전개되는 유형으로서, 대부분의 국가에서 추진하는 군사외교 목적과 기능이 상당부분 포함된다고 볼 수 있다. 최근 중국의 경우 미국과의 군사교류 진행과정에서 미국의 군사혁신(RMA) 경험을 취득하여 첨단기술조건 혹은 정보전하의 전쟁을 준비하겠다는 것이다. 사실 1990년대 중반부터 양국 군사교류가 재개된 이후 중국이 미국으로부터 군사과학기술 및 정보를 비밀리에 유출해간다는 의혹을 받아왔다. 중국이 자국의 군사·정보능력의 향상을 위해 핵무기·미사일·항공우주기술 같은 미국의 첨단군사기술을 '군사교류를 가장한 수단과 방법'을 통해 수십 년 간 불법적으로 획득했다는 것이다. 미국에 비해 중국이 대(對) 미국 군사교류를 적극적으로 원하는 것은 바로 중국의 국방 현대화 건설에 필요한 미국의 경험과 기술 습득에 목적이 있기 때문이며, 이로 인한 인사교류가 해당 분야 전문 장교 위주로 이뤄지고 있는 것이다.

넷째, '견인형' 군사외교이다. 견인형 군사외교는 다른 표현으로 '올가미형' 혹은 '끌어들이기식' 군사외교라고 할 수 있다. 중국이 대(對) 동남아 국가와 추진하는 군사외교의 내용과 목적을 보면 전형적인 '견인형' 군사교류 성격을 띠고 있다. 표면적으로는 이 국가들과 우호협력을 증진하기 위함이라고 주장하지만, 해당 지역 내에서 미국이나 인도 그리고 일본 등의 정치군사적 개입이나 외교적 헤게모니를 중국이 장악하겠다는 전략적 의도를 갖고 군사외교를 추진하는 것이다. 이러한 전략적 의도는 동남아 국가들이 대부분 개도국이라는 정치경제적 약점과 군사적 불안을 볼모로 하여 타국가 혹은 타지역과 대별되는 군사외교 ─ 군사비 지원, 무기 제공, 중국군 내 무료 위탁 및 연수기회 부여, 저렴한 가격으로 무기장비 판매 등 ─ 행태를 보여주는 데서 표출되고 있다. 또한 기존에 미국과 밀접한 군사협력 관계를 맺고 있는 국가들에 대해서는 상술한 형태에 군 대표단 상호방문이나 훈련 관찰단 초청 등의 방식을 부가적으로 활용하고 있다.

마지막으로 '견제형' 군사외교를 들 수 있다. 견제형 군사외교는 대부분 순수한 목적보다는 말 그대로 전략적이고 견제 목적의 군사외교를 말한다. 견제형 군사외교는 타유형에 포함된 상징적 활동도 포함되지만 그 수준과 내용은 한계를 갖고 있다. 만일 보다 발전된 방향으로 군사교류협력이 전개될 경우 자국의 주요 군사외교 대상국과 추진하는 군사외교 유형으로 전이될 수도 있을 것이다.

제 3 절 협상

외교의 핵심은 협상(bargaining)을 통하여 관련국 간에 상호 갈등적인 이익을 조정하는 데 있다. 그러므로 협상은 곧 외교의 본질이요, 요체라 할 수 있다. 여기에서 협상이란 "둘 이상의 국가 간에 이해관계가 상충될 경우 상호 수용가능한 제의의 교환을 통하여 당사자 간에 이해를 조정하는 과정"이다.[19] 종종 협상은 교섭이라는 개념과 혼용되는 경우가 많다. 그러나 굳이 두 개념을 구분한다면 협상은 교섭을 포함하는 광의의 개념이라 할 수 있다. 협상은 관련 당사국 간에 서로 공개적으로 제안을 주고 받으며 진행하는 명시적인 형태뿐만 아니라 간접적인 의사소통을 통하여 묵시적인 형태로 진행하는 경우도 있다. 반면 교섭은 공식적이며 명시적인 협상을 말한다.[20] 한편 협상, 교섭과 유사한 개념으로 협의(consultation)가 있다. 협의는 관련 당사국 간 단순한 의견교환을 말하며 견해가 대립되어도 이를 조정·수렴할 필요가 없다는 점에서 협상이나 교섭과는 구별된다. 군사협상도 대상 영역을 군사적인 쟁점으로 한다는 것 외에 위에서 제시한 협상개념과 개념상 큰 차이가 없다.

이러한 협상은 항상 가능한 것이 아니라, 관련국 간에 일정한 조건들이 부합될 때 가능하다. 그렇다면 협상이 필요하게 되는 상황(bargaining situation)은 어떠한 경우인가. 독립된 협상주체가 둘이라는 전제하에 대체로 다음 세 가지의 요건이 충족되면 협상이 필요하고 또 가능하다. 첫째, 당사자들이 상호 대립하는 이해관계를 지니고 있다고 인식하여야 한다. 당사자들 간에 추구하는 이익에 대립이 없고 단순히 정보의 교환이나 의견교환을 위하여 모이는 회의는 앞서 설명한 협의이지 협상은 아니다. 둘째, 당사자들이 상대방의 입장을 이해하고 경우에 따라서는 상호 양보하며 대립된 이해관계를 조정할 가능성이 있다고 믿고 그렇게 할 용의가 있어야 한다. 만약 어느 일방 당사자가 위와 같은 가능성이 전혀 없다고 생각한다면 진정한 의미의 협상은 시작될 수 없다. 마지막으로 당사국들이 협상을 통하여 이해관계를 조정하는 것이 하지 않는 것보다 유리하다고 인식하여야 한다. 즉 협상을 위하여 지불하는 대가에 비해 추구하는 이해관계가 너무 하찮은 것이라면 협상상황은 발생하지 않는다는 것이다.[21]

1. 협상의 방법 및 수단

협상당사자들이 협상에 임할 때에는 흔히 당근(carrots)과 채찍(sticks)으로 대별되는 수단이 동원된다. 당근이란 협상에 있어서 일방당사자가 타방당사자에게 자신들이 제시한 조건을 수락할 경우 일종의 보상(rewards)을 제공하거나 혹은 그렇게 할 것을 약속(promise)하는 것을 의미한다. 반면 채찍은 일방당사자가 타방당사자로 하여금 자신들의 입장을 변경하지 않을 경우 보다 큰 대가를 치러야 한다는 점을 위협(threats)하거나 이를 실제 행동으로 옮겨 일정수준의 제재(punishment)를 가하는 것을 말한다. 일반적으로 위협이나 제재를 가할 경우 정치, 경제, 군사 등 다양한 측면에서의 방안이 강구될 수 있다. 예컨대 한 국가가 다른 국가에게 자국의 요구를 수락하도록 하거나 다른 국가의 요구를 거절하기 위해서 동원할 수 있는 정치적 수단으로는 외교관계의 단절, 국제무대에서의 국제적 지지거부 등이 있을 수 있고, 경제적으로는 경제제재, 무역단절, 경제봉쇄, 그리고 군사적으로는 무기거래 및 군사원조의 중단, 해상봉쇄 등의 수단들이 강구될 수 있다.

위의 두 가지 수단 중 어떤 방안이 보다 효과적이라고 단정하기는 어렵다. 각 수단의 효율성 여부는 협상내용, 협상상대, 그리고 협상상황 등에 따라 달라질 수 있기 때문이다. 그러나 대개의 협상에서는 위의 두 가지 수단이 상황에 맞게 적절히 혼용되거나 혹은 동시에 사용되는 것이 일반적인 경향이라 할 수 있다.

1962년 쿠바 미사일위기에서 나타난 미국의 대(對)소련 협상방법은 대표적인 사례가 될 수 있다. 쿠바 미사일위기가 막바지에 치달은 상황에서 미국의 케네디 행정부는 소련의 흐루시초프 정권에게 소련이 쿠바로부터 미사일을 철수하지 않을 경우 전쟁도 불사하겠다고 위협하는 동시에 미사일을 철수할 경우 미국은 쿠바를 침공하지 않겠다고 약속함으로써 소련측의 미사일 철수약속을 받아낼 수 있었다.

이 사례에서 보듯이 국제협상에서 위협과 보상(혹은 약속)의 수단은 마치 양날의 검처럼 거의 동시에 활용되는 경우가 빈번하다. 물론 가정이지만 위의 경우 만약 흐루시초프 정권이 미국의 제안을 거부했을 경우 사태는 급격히 악화되어 양국 간에 전쟁상황으로까지 진전될 수 있었을 것이다. 동시에 만약 미국이 아무런 반대급부(예컨대 쿠바를 침공하지 않겠다는 약속) 없이 소련측의 일방적인 미사일 철수만을 요구했을 경우에도 상황은 악화되었을 가능성이 높다고 하겠다.

쿠바 미사일위기(Cuban Missile Crisis) 개요

쿠바 위기는 소련이 쿠바에 상당수의 공격용 미사일을 이미 설치하였다는 사실이 미국의 첩보망에 포착된 상황에서 추가적인 설치 움직임에 대하여 당시 미국의 케네디 행정부가 쿠바 해안에 함정 183척, 군용기 1,190대를 동원하여 봉쇄(blockade)함으로써 미국의 군사적 우세에 도전하려 했던 소련 수상 흐루시초프의 의지를 좌절시키고 미사일 철수를 관철하는 과정에서 전세계를 핵전쟁의 공포로 몰아넣었던 1962년 10월 22일부터 28일까지의 약 1주일간의 국제적 위기상황을 말한다.

쿠바는 1959년 1월 카스트로가 바티스타 정권을 타도하고 공산정권을 수립하였다. 특히 1959년 10월 카스트로 정권은 자국 내 미국의 각종 이권을 폐기하고, 1960년에 들어서는 미국계 기업의 자산을 국유화했다. 1961년 5월 쿠바는 사회주의 혁명을 선언하고 1962년부터는 사회주의 건설 4개년 계획을 시작했다.

이러한 쿠바의 움직임은 당연히 미국과의 관계를 급속도로 악화시켰다. 1960년에 미국은 쿠바로부터 사탕수수 수입을 대부분 삭감했으며, 중요 물자의 수출금지 조치를 통하여 쿠바에 경제적인 압력을 가했다. 1961년 1월에는 국교가 단절되고, 미국 내에서 결성된 쿠바 혁명평의회 의장 호세 미로 카르도나가 미국의 지원을 받아 동년 4월 반혁명군을 인솔하고 쿠바 동남부 피그만(Bay of Pig)에 상륙, 카스트로 정권 타도를 계획하였으나 오히려 진압되었다.

미국으로부터의 무력공격의 위협을 느낀 쿠바는 급속도로 소련에 접근하였고, 1962년에는 소련과 쿠바의 무기원조 협정에 따라 쿠바에 미사일 기지가 건설되기 시작했다. 이에 미국의 케네디 행정부는 1962년 10월 22일 소련에 대하여 쿠바 내 미사일 기지철거와 핵미사일 반입금지를 요구하고 쿠바에 대한 해상봉쇄명령을 내려, 핵전쟁의 위험으로 전세계를 동요시켰다. 이러한 미·소 대립의 위기상황은 소련이 쿠바에 건설 중인 중거리 탄도미사일 기지의 철거를 약속하고 그것을 사찰하는 등의 조건으로 미국은 쿠바를 침략하지 않을 것을 약속함으로써 전쟁을 피할 수 있었다. 이 사태를 계기로 미·소 양국의 지도자 간 대화의 길을 열었으며, 미·소 대립을 완화시키는 계기가 되었다.

국가 간의 협상에 있어서 위협과 보상의 방법을 혼용하여 협상을 타결지은 또다른 예로 1994년 북·미 제네바 핵합의를 들 수 있다. 북한 핵문제는 1989년 9월 프랑스의 상업위성이 영변지역 핵시설을 찍은 사진이 공개됨으로써 증폭되었다. 이후 북한이 국제원자력기구(IAEA)의 핵사찰을 수용하고 남북한 간에 '비핵화공동선언'(1992년 2월 19일 발효)이 채택되면서 해결의 실마리를 찾는 듯하였다. 그러나 1993년 초 미국이 북한의 핵폐기물(사용 후 핵연료) 저장시설로 추정되는 2개의 미신고 시설에 대한 사찰을 요구하면서 다시 수렁에 빠지게 되었다. 북한은 미국의 이러한 요구에 대하여 '핵확산금지조약'(NPT)을 탈퇴하겠다고 위협하면서 거부하였다. 이후 미국은 북한과 2차례의 고위급 회담을 갖고 북한이 국제원자력기구에 의한 특별사찰을 수용할 것을 거듭 촉구하였으나

▲ 제네바 핵 합의문 서명(1994. 10)

북한은 1994년 5~6월 기간 중 국제원자력기구의 감독 없이 8,000여 개에 달하는 폐연료봉을 교체하였으며, 아예 동 기구로부터의 탈퇴를 선언함으로써 미·북 간의 핵협상은 악화일로의 양상을 띠게 되었다.

사태가 이렇게 악화되자 미국 내에서는 대북 제재를 향한 강경한 분위기가 고조되었다. 미 행정부는 6월 15일 대북제재를 골자로 유엔안보리 국가들을 대상으로 결의안 협상에 들어갔다.[22] 한편 6월 16일 미 상원은 유엔의 대북제재시 발생할지도 모를 북한으로부터의 공격을 저지하고 유사시 격퇴시키기 위한 필요한 모든 조치를 취해야 한다는 존 맥케인 상원의원의 발의안을 통과시켰다.

적어도 미국인들의 시각에서 한반도는 전운이 감도는 폭풍전야와 같은 상황을 맞이하고 있었다. 미국 대통령을 역임했던 카터(Jimmy Carter)가 개인적인 자격으로 북한을 방문한 것도 이때였다. 카터-김일성 회담에서 양측은 북한의 핵문제를 해결하면서 동시에 전쟁도 피할 수 있는 방안을 논의한 것으로 알려졌다. 이 과정에서 북한의 핵개발 프로그램을 동결시키라는 카터의 요구에 김일성은 잠정적으로 핵 프로그램을 중단시키겠으며, 미국이 경수로 공급을 약속하면 항구적인 동결도 약속했다는 후문이다.[23] 이 회담을 계기로 북·미 간의 핵협상은 1994년 10월 제네바 핵합의에 이르게 되었다. 결과적으로 보면 제네바 핵합의는 채찍과 당근의 적절한 활용으로 가능하였다는 판단이다. 미국은 자국 내 고조된 대북제재 분위기를 바탕으로 북한에 대한 압력을 가하는 한편, 북한이 핵동결을 수락할 경우 경수로 지원을 약속함으로써 북한으로 하여금 체면을 살리면서 후퇴할 수 있는 기회를 제공하였다고 할 수 있다.

2. 협상의 성공 요인

자국에 유리한 협상을 위해서는 일반적으로 당근과 채찍, 보상과 위협의 방법을 효과적으로 활용하는 것이 중요하다고 할 수 있다. 그러나 협상은 상대가 있는 게임이며, 모든 국가가 동일한 방법을 사용한다고 어느 경우나 성공을 장담할 수는 없다. 국가 간의 협상에서 어느 협상·일방당사자가 타방당사자에게 사용하는 보상과 위협의 성공 여부는 다양한 조건에 따라 달라질 수 있다.[24] 여기에서는 이 중 상대적으로 중요하다고 생각되는 두 가지 요인에 대하여 살펴본다.

협상에 영향을 미치는 중요한 요소 중의 하나는 협상당사국의 능력(capability)이다. 여기서 능력이란 특정 협상당사국이 타방에 대하여 보상 혹은 위협의 방법으로 협상의 목적을 달성하고자 할 때 구체적으로 그러한 방법을 실제 집행할 수 있는 경제력 또는 군사력을 지녔는가 여부를 말한다. 도덕이나 법보다 힘(power)이 중시되는 국제정치 현실을 감안할 때 협상에 있어서 능력은 매우 중요하다. 만약 쿠바 미사일 위기시 미국이 소련에 대한 군사적 제재능력이 결여된 상태에서 철수를 주장하였다면 소련이 미국의 요구를 수용하였겠는가 의문시된다. 1994년 북·미 제네바 핵합의의 경우도 마찬가지다. 미국측이 북한이 핵동결을 이행할 경우 경수로를 제공한다고 약속했을 때 만약 북한이 미측의 경수로 제공능력을 의심하였다면 협상은 타결되기 힘들었을 것으로 판단된다. 국가 간 협상에서 실제 능력이 뒤따르지 못하는 위협을 하여 '종이 호랑이'로 인식될 경우 협상의 목적을 달성하기는 어렵다고 할 수 있다.

능력과 함께 중요한 다른 하나는 협상시 특정 협상당사자가 타방당사자에게 제시하는 보상책이나 위협이 신뢰성(credibility)을 동반해야 한다는 점이다. 신뢰성이란 일방·협상당사국이 제시한 보상이나 위협책이 실제 실행될 수 있다고 타방·협상당사국에게 믿게 하는 능력이다. 만약 A국가가 B국가에게 특정 조건을 수락하지 않을 경우 군사적 공격을 감행하겠다고 할 때, B국가가 A국가의 결행의지를 의심한다면 A국가의 위협은 효과를 발휘할 수 없다. 이솝우화에 나오는 '늑대와 소년'의 이야기는 반복된 거짓말로 신뢰성을 상실한 소년의 이야기를 대변하고 있다.

예를 들어 쿠바 미사일위기시 "소련이 쿠바에서 미사일기지를 철수하지 않을 경우 전쟁도 불사하겠다"는 미국의 의지가 소련측에 일종의 허풍(bluffing)으로 인식 되었다면 흐루시초프 정권은 쿠바로부터 미사일기지를 철수하지 않았을 가능성이 높다고 할 수 있다. 신뢰성은 핵전략에 있어서도 매우 중요하다. 과거 미·소의 핵 전략의 근간을 이룬 억제전략(deterrence theory)은 만약 어느 일방이 핵공격을 가할 경우(1차 공격) 타방은 자신들의 핵공격 능력을 완전히 파괴당하지 않고 그에 상응한 혹은 더 강력한 반격(2차 공격)을 가할 수 있는 능력을 지니고 있다는 사실을 상호 인지함으로써 상호 핵공격을 저지토록 한다는 것을 골자로 하고 있다. 만약 여기에 서 어느 일방이 그러한 2차 공격력을 지니고 있지 못했다면 미·소 간에는 '전략무 기제한협정'(Strategic Arms Limitation Talks: SALT)과 같은 핵통제협상이 불가능했을 것이다.

　이렇듯 협상에서 협상당사국이 지닌 능력과 신뢰성은 협상의 성사 여부에 중 대한 영향을 미친다. 다시 말해 특정 협상당사국이 타방협상국에 대하여 협상목적 을 달성하기 위하여 당근과 채찍을 효과적으로 활용하기 위해서는 이를 실행할 수 있는 경제력과 군사력은 물론 반드시 이행할 것이라는 신뢰성이 뒷받침되어야 한 다는 것이다.

　일반적으로 말해 능력이 있으면 신뢰성은 높아진다고 할 수 있다. 그러나 어 떠한 경우나 능력이 있다고 신뢰성이 높아진다고는 할 수 없다. 능력을 구비하고 있어도 신뢰성이 저하될 경우도 있다. 신뢰성은 ① 협상대상물(또는 조건)의 가치, ② 협상당사국의 능력, ③ 과거의 경험 등 다양한 요소들에 의해 결정되기 때문이다.[25] 예컨대 일방 협상당사국이 협상과정에서 위협의 방법을 구사할 경우 이는 타방 협 상당사국이 자신들이 추구하는 협상의 대상물 혹은 조건에 부여하는 가치가 높으 면 높을수록 상대방이 하는 위협의 신뢰성 또한 높아진다고 할 수 있다. 더불어 위 협의 방법을 구사하는 협상당사국의 능력 혹은 국력이 강하면 강할수록 그 위협의 신뢰성 또한 높아진다고 할 수 있다. 나아가 위협을 하는 국가가 과거 협상에서 위 협을 하고도 이를 실제 이행하지 않는 경우가 많으면 많을수록 그만큼 그 국가가 하는 위협은 신뢰성이 줄어든다고 할 수 있다.

3. 대상국에 따른 협상의 특징

"소련인들은 미·소 관계를 적대국 관계로 바라보았다. 때문에 그들은 양국 간의 군비통제협상에 임할 때에도 진정한 의미에서 무기의 통제보다는 가급적 적은 비용으로 미국의 특정한 군사적 프로그램들의 개발을 제한하고자 하는 의도를 지니고 참여하였다.[26]" 협상상대국이 다른 협상당사국과 어떠한 관계에 있는 국가인가 여부는 협상과정과 결과에 중대한 영향을 미친다. 특히 자국의 안보에 직접적인 영향을 미치는 군사협상의 경우 이러한 경향은 더욱 증대된다고 할 수 있다. 여기에서는 협상상대국에 따른 협상의 성격 및 특성에 대하여 살펴본다.

브래디(Linda P. Brady)는 과거 미국이 경험한 군사협상들에 대한 사례연구를 통하여 다음과 같은 분석을 하고 있다. 협상은 그 대상국이 동맹국(alliances), 적대국(adversaries) 혹은 우방국(friends)이냐에 따라, ① 정서(affect), ② 이해관계의 정도(the degree of commitment), ③ 관계의 범주(scope) 등에 있어서 차이가 있으며, 이는 협상의 과정과 결과에 심대한 영향을 주고 있다고 분석하고 있다. 여기에서 정서란 협상당사국 간에 오랜 기간에 걸쳐 형성된 긍정 혹은 부정적 느낌의 정도를, 이해관계의 정도는 협상당사국들이 각기 협상 목적을 달성하기 위하여 협상에 임하는 참여 의지의 정도, 그리고 관계의 범주는 협상상대국 간 관계의 복잡성을 의미한다. 관계가 복잡하다는 것은 협상상대국 간의 교류와 협력의 범위가 정치, 경제, 문화, 사회, 군사 등 제 분야에 걸쳐 이루어진다는 것을 뜻한다.[27]

가. 동맹국 간의 협상

동맹[28]을 맺고 있는 국가 간에는 긍정적 정서, 높은 이해관계의 정도, 그리고 광범위한 관계 범주를 형성하는 특징을 지닌다. 물론 동맹국 간에도 경쟁적인 측면과 협력적인 측면이 상존하는 것이 사실이지만 전반적으로 후자의 측면이 강하다. 동맹국 간에는 군사적 측면에서 공통된 위협인식을 지님은 물론 여타 다양한 분야에 있어서도 상호 인식을 공유하는 특징을 지닌다. 또한 동맹국 간에는 높은 공약의 정도가 요구된다. 그러나 동맹을 유지한다는 것 자체는 동맹국들에게 유형, 무형의 값비싼 대가를 요구한다. 동맹을 유지하기 위하여 참여국들은 경제적·군사적 자원의 기여와 함께 외교정책의 유연성도 일정수준 제한받기 때문이다. 나아가 동맹국 간에는 광범위한 범주에서 관계가 형성된다. 동맹국은 종종 비슷한 역사적 경험과 정치·문화적 구조를 지니게 되고, 이는 정치·경제·문화·군사 등 제 분야에서의 다양한 관계를 형성하게 하는 바탕이 된다.

▲ 6·25전쟁기간 중 북·중 군사지도자 협상(1951. 11)

이상과 같은 동맹이 지니는 특징은 동맹국 간의 협상에 다음과 같은 영향을 미치게 된다. 첫째, 특정 협상은 전반적인 동맹관계의 정서 속에서 이루어지는 경향을 띤다. 동맹국들은 협상을 협조적인 분위기 속에서 쌍방 혹은 다자간 공동의 이익을 추구하는 문제해결 과정으로 인식하게 된다. 둘째, 동맹관계는 상호 공동의 이익을 추구하는 데 도움을 준다. 동맹국들은 위협에 대한 인식뿐만 아니라 공동의 목표에 대한 이해를 같이 한다. 이러한 경향은 동맹이 아닌 국가와의 협상보다는 동맹국 간의 협상에서 협상당사국들이 자국의 이익이 무엇인지 분명하게 구별할 수 있다는 점을 시사하고 있다. 셋째, 동맹국 간의 관계가 매우 광범위하다는 사실은 협상과정에서 운신의 폭이 그만큼 크다는 것을 의미한다. 협상이 오랜 시간에 형성된 지속된 관계 속에서 이루어지기 때문에 동맹국들은 다양한 측면에서의 협상대안들을 강구할 수 있다. 마지막으로 동맹국들은 과거 공동의 이익을 위하여 협력한 경험을 지니고 있어서 보다 쉽게 신뢰를 구축할 수 있다. 일반적으로 동맹국이 아닌 국가 간의 협상에서는 협상 초기 상대방을 어디까지 신뢰할 수 있는가를 판단하는 데 많은 시간을 허비하게 된다. 절차적인 문제에 시간을 낭비하게 된다는 말이다. 그러나 동맹국 간의 협상은 절차적인 문제보다는 쟁점을 구체화하고 해결하는 데 보다 많은 시간을 집중할 수 있다는 특징을 띤다.

나. 적대국 간의 협상

적대국 관계는 동맹국 관계와는 매우 다른 정치적 역동성을 내포한다. 일반적으로 적대국 관계는 부정적인 정서, 높은 이해관계의 정도, 그리고 상대적으로 좁은 범주의 교류를 특징으로 한다. 우선 적대국 관계는 경쟁적인 요인이 지배적으로 작용하게 된다. 물론 적대국 간에도 제한적으로는 협력을 촉구하는 공통의 이해관계를 갖는 부분이 있을 수도 있지만 전반적인 관계는 역시 경쟁적인 성격으로 규정할 수 있다. 동맹국 관계와 마찬가지로 적대국 간에도 높은 이해관계를 지니며, 이는 외교정책에 있어 융통성을 제한하는 요인이 되기도 한다. 반면 적대국 간에는 동맹국 간에 비해 상대적으로 제한된 교류의 범주를 지니는 특징을 지닌다.

이러한 특징들은 결국 적대국가 간의 협상시 다음과 같은 문제를 야기하게 된다. 첫째, 구체적인 협상은 전반적으로 적대관계라는 맥락 속에서 인식된다. 본질적으로 경쟁적인 성격을 띠는 적대국 관계를 고려할 때, 협상당사자들은 협상과정을 상호 협력적이기보다는 경쟁적으로 파악한다. 따라서 이들은 협상을 종종 영합게임(zero-sum game)으로 보는 경향이 강하다. 둘째, 적대관계에 내재되어 있는 경쟁적 성격은 성공적인 협상을 위해 필요한 당사국 간의 공통의 이익을 발견하는 데 어려움을 야기한다. 셋째, 적대국 협상에서는 종종 협상의 융통성에 제한을 받는다. 제한된 교류와 접촉의 기회는 협상대안의 선택의 폭을 감소시키게 마련이기 때문이다. 마지막으로 적대국 간에 신뢰를 조성하기는 상대적으로 어려우며, 설사 가능하다 할지라도 매우 점진적으로 구축된다고 할 수 있다.

다. 우방국과의 협상

동맹도 적대도 아닌 '우방국 간의 관계'(friendly relationships)는 긍정적 정서, 낮은 수준의 이해관계, 그리고 제한된 범주의 교류를 특징으로 한다. 우선 우방국 관계를 규정하는 것은 동맹국이나 적대국을 규정하는 것보다 훨씬 어렵다. 물론 우방국 관계에도 동맹국 관계와 같이 협조적인 정서가 지배하는 것이 사실이지만, 그 강도는 후자에 비해 훨씬 떨어진다. 또한 우방국 관계는 동맹국과 적대국 관계와는 달리 낮은 수준의 이해관계를 특징으로 한다. 나아가 우방국 관계는 매우 제한된

교류의 범주를 지닌다 할 수 있다.

이러한 특징을 지니는 우방국 관계를 고려할 때, 이들 국가 간의 협상은 동맹국 혹은 적대국과는 또 다른 협상의 문제를 야기한다. 첫째, 동맹과는 달리 장기간에 걸친 지속된 관계가 미비된 상태에서 특정 협상은 사안에 따라 '임시방편'(on an ad hoc basis)으로 이루질 수밖에 없다. 이러한 경향은 협상당사자들에게 '단판승부의 사고'(one-shot mentality)를 강화하여 협상과정에서 상호 공동의 이익보다는 개별 이익을 추구하게 한다. 둘째, 교류의 범주가 매우 제한되어 있기 때문에 협상과정에서 상대방에게 사용할 협상대안 혹은 협상의 지렛대(leverage)가 매우 제한되는 특징을 지닌다. 마지막으로 제한된 교류와 지속적인 관계의 부재 등을 고려할 때 비록 우방국 사이라도 불신의 문제는 여전히 상존한다. 이 같은 협상환경에서 오식(misperceptions)이나 오판(miscalculations)은 언제라도 가능하다.

요컨대 국가 간의 협상은 협상대상국가가 누구냐에 따라서 추구하는 협상이익, 협상전략과 전술이 영향을 받을 수 있다는 것이다. 그러나 국가 간의 관계는 고정불변하는 것이 아니고 끊임없이 변화하는 것이다. 국제관계에서 오늘의 동맹이 내일의 적이 될 수도 있고, 오늘의 적이 내일의 친구가 될 수도 있는 것이 현실이다. 중요한 사실은 협상대상국에 따라 협상의 역동성이 변화될 수 있다는 점일 것이다.

1 >> 군사외교는 타국과의 군사적인 유대강화 및 교류협력을 통하여 국가외교에 기여하고, 군사적 역량을 증진시키며, 유사시 외국의 군사적 지원을 획득하기 위해 수행하는 제반 활동이다.

2 >> 군사외교는 군사협력, 군사교류의 두 가지 범주로 구분할 수 있다.

3 >> 군사외교의 목적과 기능은 1) 외부 위협 억제 및 자국에 유리한 환경 조성, 2) 자국의 평화적 이미지 홍보, 3) 군사·경제적 이익 추구, 그리고 4) 무기체계 및 교육훈련의 전문성 제고 등으로 요약할 수 있다.

4 >> 군사외교의 전개유형은 상징형, 조정형, 건설형, 견인형, 견제형 군사외교로 구분할 수 있다.

5 >> 협상은 둘 이상의 국가 간에 이해관계가 상충될 경우 상호 수용가능한 제의의 교환을 통하여 당사자 간에 이해를 조정하는 과정이다.

6 >> 효과적인 협상 방법은 협상 상황에 따라 당근(보상)과 채찍(위협)을 적절히 혼용하는 것이다.

7 >> 협상당사국이 협상에 성공하기 위해서는 능력(경제력, 군사력)과 신뢰성이 뒷받침되어야 한다.

8 >> 협상은 그 대상국이 동맹국, 적대국, 우방국이냐에 따라, 정서, 이해관계의 정도, 관계의 범주 등에 있어서 차이가 있으며, 이는 협상의 과정과 결과에 심대한 영향을 준다.

더 읽으면 **좋은 글**

1 >> 김순수, 『중국의 한반도 안보전략과 군사외교』(서울: 양서각, 2013).
 - 군사외교에 관한 이론적 틀 제공, 중국의 對남북한 군사외교 분석

2 >> 김태현, "탈냉전기 중국의 대(對)한반도 군사외교: 개념, 전략 및 특징," 『아태연구』,
 17-2 (2010), pp. 83-102.
 - 군사외교에 대한 이론적 개념을 바탕으로 중국의 대(對)한반도 군사외교에 대
 해 분석

3 >> 대한민국 국방부, 『2012 국방백서』(서울: 국방부, 2012), pp. 76-91.
 - 최근 한국의 국방외교에 대한 사례 제공

4 >> 최강 외, 『한국 군사외교체제 정비방안: 비전과 과제를 중심으로』(서울: 안보경영연구원,
 2006).
 - 군사외교의 개념 및 주요국 군사외교 사례, 한국 군사외교의 비전 제시

5 >> 최영종, "군사외교의 고도화 및 다변화 방안에 관한 연구," 『전략연구』, 16-3 (2009),
 pp. 139-165.
 - 군사외교의 개념에 대해서 검토하고 한국의 군사외교에 대해 평가

| 미 주 |

1 Sir Harold Nicolson, *Diplomacy*(New York: Oxford University Press, 1964), p. 4.

2 Frederic S. Pearson and J. Martin Rochester, *International Relations: The Global Condition in the Late Twentieth Century*(Mass.: Addison-Wesley Publishing Co., 1984), p. 217.

3 Douglas J. Murray and Paul R. Viotti, *The Defense Polices of Nations: A Comparative Study* (Baltimore and London: Johns Hopkins University Press, 1989), pp. 3-6; John F. Reichart and Steven R. Sturm, *American Defense Policy*, 5th ed., (Baltimore and London: Johns Hopkins University Press, 1982). 黃炳茂, 『新中國軍事論』(서울: 법문사, 1991), p. 15에서 재인용.

4 '대체 안보'에 관한 대표적 연구로는 Alternative Defence Commission, *The Politics of Alternative Defense: A Role for A None-nuclear Britain*(London: Paladin Books, 1987, Cambridge: Ballinger Publishing Co., 1986). 또한 '대체안보' 연구경향에 관한 연구로는 黃炳茂, "구미의 평화연구와 한국에서의 적용," 『國際政治論叢』, 30-2(1990), pp. 122-142. 黃炳茂, 앞의 책, p. 16에서 재인용.

5 이러한 시각과는 달리 군사외교를 외교정책 구현 수단으로서의 대외군사교류협력에 비중을 둔 해석으로는 배진수, "한국 군사외교론: 개념체계와 실천과제," 『國際政治論叢』, 37-2(1997), pp. 289-307를 참고할 것. 또한 외교 유형 구분에 있어 주체나 대상보다는 영역별(안보·통일외교, 경제·통상외교, 환경외교, 과학기술외교, 문화외교, 인권외교, 국방외교/군사외교 등)로 구분한 연구로는 송영우, 『현대외교론』(서울: 평민사, 1990), pp. 15-43을 참고할 것.

6 한국 역대 국방백서에 표현된 국방(군사)외교 용어 변천과정은 다음과 같다.

구 분	1967년 (1회)	1968년 (2회)	1988년-1992년 (3회-7회)	1993년-1996년 (8회-11회)	1997년-2007년 (12회-20회)	2008년-현재 (21회-23회)
용 어	군사외교	국방외교	미 사 용	대외군사교류협력	군사외교	국방외교

한편, 국방부는 2008년 이전까지 『국방기본정책서』 부록으로 발간했던 『군사외교지침서』(평문)를 『국방외교지침서』(대외비)로 표제를 수정하여 발간하였다.

7 국방대학, 『外交關係用語集』(2006), p. 30. 강압외교에 관한 대표적 연구는 쉘링

(Thomas C. Shelling)과 조지(Alexander L. George)의 연구를 들 수 있다. 쉘링은 강압외교 이론을 주로 군사적인 관점에서, 조지는 보다 외교적인 측면에 비중을 둔 주장을 하고 있다. Thomas C. Schelling, *Arms and Influence*(New Haven, Conn: Yale University Press, 1966), pp. 69-91; Alexander L. George, *Forceful Persuasion: Coercive Diplomacy as an Alternative to War*(Washington, D. C.: United States Institute of Peace Press, 1991), pp. 10-11.

8 G. R. Berridge and Alan James, *A Dictionary of Diplomacy* (*2nd Edition*), (Nov 2003). p. 66.

9 국방외교 용어 사용의 타당성을 제기한 글로는 하도형, "한·중 국방교류의 확대와 제한요인에 관한 연구: 한·중의 대북 인식요인을 중심으로,"『현대중국연구』제9집 2호(2008), pp. 6-10.을 참고할 것.

10 차영구·황병무 編著,『국방정책의 이론과 실제』(서울: 오름, 2004), pp. 403-404.

11 배진수, 앞의 글, p. 292.

12 최영종, "우리나라 군사외교의 이론과 실제,"『전략연구』통권 제2호(2004), p. 185.

13 하도형, 앞의 글, p. 10.

14 한국 국방부는 군사동맹을 군사협력의 범주에 포함시키고 있다. 차영구·황병무 編著, 앞의 책, pp. 404-407.

15 국방부,『국방백서 1994-1995』, p. 120.

16 군사동맹은 크게 두 가지 형태로 나눌 수 있는데 하나는 방위조약에 입각한 공식적 관계이고, 또 다른 하나는 상호군사지원이 법적 근거는 없으나 일종의 기정사실로 되어 있는 경우이다. 전자에 해당하는 것이 한·미 동맹관계이고, 후자에 해당하는 것이 미국과 이스라엘의 관계로 볼 수 있다. 국방대학, 앞의 책, p. 22.

17 여기에 기술된 군사외교의 목적과 기능은 영국 국방부의 보고서(2000년)를 포함한 영연방 국가들의 연구결과와 薺勁松, "推動國際軍事合作之我見",『國防大學學報』2005年第5期, p. 30; 王普豊,『現代國防論』(重慶: 重慶出版社, 1993), pp. 312-323; 黃炳茂, 앞의 책, pp. 397-419 내용을 종합, 정리한 것이다.

18 여기서 말하는 '위협성'은 엄밀한 의미에서 군사외교 속성보다는 '강압외교' 성격이 더 강하다고 볼 수 있다. 예를 들면 한 국가의 합동 및 제병협동훈련이나 2개국 이상의 연합훈련에 타국 관찰단을 초청하는 활동은 군사외교의 일환으로 볼 수 있지만 그 이면에는 훈련에 참가하는 첨단무기장비를 의도적으로 노출시킴으로써 제3국으로 하여금 '위협'을 느끼게 하려는 의도도 있다고 보는 것이다.

19 Frederic S. Pearson and J. Martin Rochester, *op. cit.*, p. 226.

20 金永周, 『外交의 理論과 實際: 情報, 對話, 交涉』(서울: 외교안보연구원, 1992), p. 226.

21 위의 책, pp. 225-226.

22 이 결의안 초안에 따르면 유엔안보리는 1단계로 1994년 9월부터 학술 및 문화교류를 중지하고, 향후 5년에 걸쳐 1,500만달러 상당의 유엔의 대북 기술원조를 중단하며, 무기의 수출과 수입을 통제하게 되어 있다. 북한이 태도를 바꾸지 않을 경우 2단계 조치로는 일본으로부터의 현금송환차단, 석유의 수출입통제와 같은 보다 강경한 조치들이 포함되었다. 서재경 옮김, 하버드대학교 케네디스쿨 편, 「한반도, 운명에 관한 보고서」(Harvard Report: Carrots, Sticks and Question Marks)(서울: 박영사, 1998), p. 126.

23 위의 책, pp. 142-143.

24 셸링(Thomas C. Schelling)은 다음의 여섯 가지 요인들을 제시하고 있다: ① 공약(commitment), ② 신뢰성(credibility), ③ 위험(risk), ④ 공통된 이해관계(common interest), ⑤ 돌파구(escape), ⑥ 의사전달(communication): Thomas C. Schelling, *The Strategy of Conflict*(Cambridge: Harvard University Press, 1960).

25 朴尙植, 『國際政治學』(서울: 집문당, 1981), p. 233.

26 Howard Stoertz Jr., "Observations on Soviets Negotiating Practice," Leon Sloss and M. Scott Davis, eds., *A Game for High Stakes*(Cambridge, Mass.: Ballinger Publishing Company, 1986), p. 46.

27 Linda P. Brady, *The Politics of Negotiation: America's Dealings with Allies, Adversaries, and Friends*(Chapel Hill: The University of North Carolina Press, 1991), pp. 26-27.

28 동맹(alliance)이란 둘 이상의 국가 간에 맺은 공식적인 협정으로 특정국가 혹은 국가군에 대하여 군사력을 사용함에 있어 협력하며 종종 특정 상황하에서 하나 혹은 그 이상의 협정서명국의 군사력의 사용을 의무화하는 내용의 협정을 의미한다. 동맹에 대한 고전적인 정의는 다음 글을 참고. Robert E. Osgood, *Alliances and American Foreign Policy*(Baltimore: Johns Hopkins University Press, 1968), p. 17.

군비통제론

제 7 장

황 진 환

학습 목표

1. 공동안보의 정책 기제로서 군비통제의 개념, 범주, 기능을 이해한다.
2. 군비통제를 다양한 기준에 따라 분류하고, 각각의 특성을 파악한다.
3. 쌍무적 군비통제의 성립 조건을 이해하고, 이를 남북한 군비통제에 적용한다.

탐구 중점

1. 군비통제와 국가안보의 연계구조에 대하여 논의하시오.
2. 군비통제의 다양한 분류 중, 대칭적 상호주의와 비대칭적 상호주의에 의한 군비통제 방식의 차이를 설명하고 구체적인 사례를 논하시오.
3. 쌍무적 군비통제의 두 가지 필요조건을 중심으로 남북한 군비통제의 가능성과 한계를 논하시오.

핵심 개념

● 군비통제 ● 군비축소 ● 운용적 군비통제 ● 신뢰구축조치(CBMs) ● 구조적 군비통제
● 쌍무적 군비통제 ● 국제 군비통제 ● 대칭적 상호주의 군비통제
● 비대칭적 상호주의 군비통제 ● 군비통제의 Catch-22 현상

:: 군비통제는 잠재적국 간 혹은 관련국 간에 제한적인 군사협력을 통하여 상호 위협의 수준을 낮춤으로써 안보를 달성하는 방식이라 할 수 있다. 이는 관련국 간 상대국의 안보이익과 동기를 존중하며 상호 공존을 추구하려는 인식을 바탕으로 한다. 이 점에서 군비통제는 공동안보를 실행하는데 있어 주요 추진수단이라 할 수 있다. 이 장에서는 국가안보의 또 다른 정책기제로서 군비통제의 개념과 기능, 분류 방법에 대하여 살펴보고, 두 잠재적국 간의 쌍무적 군비통제가 가능한 조건에 대하여 고찰한다. 아울러 사례연구를 통하여 1990년대 이후 남북한 간의 군비통제 노력에 대하여 살펴본다.

제 1 절 군비통제: 개념과 기능

1. 개념

군비통제(arms control)는 일반적으로 "잠재적국 사이에 전쟁의 가능성과, 전시 (戰時) 그 확산범위와 파괴력을 제한하며, 평시(平時) 전쟁에 대비한 정치경제적 기회 비용을 감소시키기 위한 다양한 형태의 군사적 협력"을 의미한다.[1] 이러한 정의는 군비통제가 지향하고 있는 기능적인 측면을 강조하는 반면, 개념이 내포하여야 할 군비통제의 주체(actor)와 범주(scope), 그리고 수단(means)에 대해서는 불분명한 점이 있다. 예컨대 군비통제의 주체국가가 반드시 적대국 혹은 잠재적국에 국한되어야만 하는 문제와 '다양한 형태의 군사적 협력'의 범위는 어디까지이며, 그 실질적인 통제의 수단으로는 어떤 방법이 동원될 수 있는가 하는 문제가 그것이다. 이상의 요소들이 분명하게 구분될 때 분석적 의미로서의 군비통제의 개념이 정리될 것이다.

군비통제 개념에 대한 '외연'(外延)과 '내포'(內包)를 분명히 하기 위해서는 '군비(軍備)'와 '통제(統制)'에 대한 재해석이 요구된다. 첫째, 군비에 대한 해석이다. '군비'에 대한 해석은 '군비통제'의 대상과 범주를 결정한다. 군비란 흔히 무기(weapons) 혹은 군사비(military spending)를 지칭하는 의미로 이해되는 경향이 있지만, 분석적인 의미에서의 군비란 "무기와 병력의 생성, 유지 및 배치, 그리고 사용 등과 관련된 자원과 자원의 준비를 통칭[2]"하는 개념으로 이해하는 것이 타당하다. 이렇게 볼 때 '군비'란 현재적(現在的) 혹은 잠재적(潛在的) 군사력(병력과 무기체계)을 포함하는 포괄적인 개념이라고 할 수 있다. 예를 들어, 광의(廣義)의 군사력이란 전선에 배치 혹은 투입 가능한 상태의 병력과 무기체계를 의미하는 상비(常備)군사력, 전쟁발발 직후 동원 가능한 인적·물적 자원을 포함하는 동원(動員)군사력, 그리고 전쟁수행을 위해 동원할 수 있는 인력, 경제력, 과학기술능력 등을 의미하는 잠재(潛在)군사력 등을 포함하는 군사력을 지칭한다.[3] 반면 협의(狹義)의 군사력은 통상 상비군사력을 의미한다. 즉 군사편제에 속해 있어 즉각 동원 가능한 병력과 무기체계를 말하는 것이다.

이러한 맥락에서 오늘날 군비통제 개념은 상비군사력은 물론 잠재적 군사력과 그 군사력의 사용과 관련한 매우 복잡하고 다양한 측면을 내포하고 있다. 이렇게 볼 때, 군비통제란 "무기의 생산·배치·이전 및 사용에 대하여 특정한 제한이나 규제를 하는 것[4]"이라는 협의의 군비통제로부터 "① 특정 무기체계의 동결(freeze), 제한(limit), 감축(reduce), 폐기(abolish), ② 특정 군사활동의 제한, ③ 군사력의 전개 조정·통제, ④ 군사적으로 중요한 물자의 이전(transfers)을 규제, ⑤ 특정 무기의 사용을 제한 혹은 금지, ⑥ 우발전쟁의 방지책, ⑦ 국가 간의 군사적 투명성 확보를 통한 신뢰구축[5]" 등을 포함하는 광의의 군비통제에 이르기까지 매우 다양한 측면을 내포하고 있다.

　군비통제에 대한 개념적 정의와 관련하여 한 가지 언급할 것은 바로 군비통제의 주체(actors)에 관한 내용이다. 셸링과 헬퍼린의 전통적인 군비통제 정의에서는 군비통제의 주체를 '잠재적국'(potential enemies)으로 한정하고 있는데, 이러한 구분은 오늘날 적절치 못하다. 물론 군비통제가 현실적으로 가장 필요하고 의미가 있는 대상은 적대국 간이라는 점은 부연할 필요가 없다. 그러나 오늘날 군비통제는 비단 잠재적국 혹은 적대국 간의 문제만이 아니라 동맹국 혹은 우호국 간에, 아니 세계 모든 국가가 특정 군비통제의 대상이 된다고 할 때 군비통제의 주체는 모든 주권국가로 확대되어야 할 것이다.

　이러한 점들을 고려할 때, 분석적 의미에서 군비통제는 일방, 쌍방 혹은 다자 간의 합의를 통하여 특정 군사력의 건설, 배치, 이전, 운용, 사용을 확인, 제한, 금지 또는 축소하여 군사적 투명성을 확보하고 군사적 안정성(military stability)을 제고하여 궁극적으로 국가안보를 달성하려는 안보협력 방안이라 정의할 수 있다. 군사전략적 차원에서 군사적 안정성이란 분쟁국 상호 간 어느 일방도 상대방의 군사적 공격에 대하여 치명적인 손실없이 자국의 영토를 방어할 수 있는 상황을 의미한다. 즉 일방이 타방에 대하여 군사적 공격을 감행하는 것으로 유발되는 기대비용(opportunity costs)을 기대이득(expected benefits)보다 크게 하여 상호전쟁이 억제되는 상태를 의미하는 것이다.

　이러한 의미에서 '군비통제' 개념은 흔히 이와 대치·혼용되고 있는 '군비축소'(disarmament)의 개념과는 차이가 있다. 군비축소는 항상 군사력의 감축을 전제로 하며, 이러한 감축은 특정 무기체계나 병력의 부분적 감축으로부터 군사력의 전면폐기까지의 모든 영역을 포괄한다.[6] 반면, 군비통제는 군사력의 감축을 포함하고 있지만 그것이 전부는 아니다. 군비통제는 관련국 상호 간의 현재적인 군사력의 확인은 물론 제한, 금지, 그리고 감축 등 다양한 정책적 스펙트럼을 지니는 포괄적인 개념인 것이다.[7]

2. 군비통제의 기능

군비통제의 기능은 크게 군사적 기능과 정치적 기능으로 구분할 수 있다. 우선 군사적 측면에서 군비통제는 다음과 같은 기능을 수행한다. ① 우발전쟁의 가능성을 감소, ② 지역 및 세계 군비경쟁의 완화, ③ 적대국가 간 상호불신의 감소 및 군사적 예측성을 증대, ④ 심각한 군사적 불균형의 완화, ⑤ 평화적 방법에 의한 국가 간 분쟁해결, ⑥ 경제 및 사회복지를 위한 투자재원의 마련, ⑦ 분쟁 발생 시 파괴의 범위와 후유증의 제한, ⑧ 환경파괴의 위험을 감소, ⑨ 국가 간 군사적 상호이해 및 신뢰증진 등이 그것이다.[8]

이러한 군사적 기능과 더불어 군비통제는 중요한 정치적 역할도 수행한다. 첫째, 군비통제는 분쟁관계에 있는 국가 간에 군사안보에 대한 대화의 장을 마련함으로써 외교적인 채널을 유지케 해준다. 둘째, 군비통제 협상자체는 – 협상의 타결여부와 관련 없이 – 해당국가 간의 상호안보에 대한 공감대를 형성하는 교육과 학습의 장이 된다.[9] 이러한 맥락에서 나이(Joseph Nye)는 다음과 같이 학습의 중요성을 강조한다.

> 군비통제의 필요성 자체가 소련의 '신사고'를 촉구하는 원인이 된 것은 아니라 할지라도, 군비통제가 지난 30년간 미·소 양국 간 공동의 관심사를 논의하는 주된 대화채널이었다는 점에서 소련의 정책변화에 끼친 영향을 간과할 수 없다.[10]

셋째, 군비통제 노력을 통하여 국가안보에 대한 자국민의 정치적 안정감을 제고시키는 기능이다. 이러한 의미에서 비록 군사력의 통제가 군사적 안정성에 기여하는 바는 미미하다 할지라도 그것이 국민의 안보인식에 미치는 영향은 간과할 수 없다.

마지막으로 군비통제는 국가 간 정치적인 변화과정을 조정하고 통제하는 중요한 수단이 된다는 것이다. 예를 들어, 유럽 국가들의 「유럽안보협력회의」(Conference on Security and Cooperation in Europe: CSCE)를 통한 군비통제 노력은 유럽의 전후 질서를 인정하는 계기가 되었으며, 냉전종식과 더불어 독일의 통일문제가 대두되면서 미래 독일의 역할에 대한 정치적 합의를 형성하는 협력의 장을 제공하였다는 점이 그것이다.

이렇게 볼 때, 군비통제의 기능은 비단 군사적 측면에서뿐만 아니라 정치적 측면도 함께 고려해야 한다. 아니 어떤 의미에서는 정치적 측면이 보다 중요하다 할 수 있다. 그동안 미국을 중심으로 하여 발전된 군비통제에 대한 전통적인 시각은 '억제이론'(deterrence theory)에 바탕을 둔 군사적 안정성의 확보를 강조하여 왔다. 이에 따라 미국을 중심으로 하는 서방의 군비통제의 노력은 상호 군사력의 비율을 통제하고자 하는 기술적 접근(technical approach) 방식을 위주로 전개되어 왔다.

물론 군비통제를 통하여 나타나는 결과는—그것이 운영적 혹은 구조적 군비통제가 되었든 간에—군사력에 대한 하드웨어적인 통제이며 관련국 간의 '군비경쟁에 대한 통제'(controlling arms race)로 나타난다고 할 수 있다. 그러나 실제 그러한 결과가 곧바로 군비통제의 본래의 기능—예컨대, 전쟁을 억제하고 제한하는—과 직결된다는 보장은 없다. 전쟁은 단순히 군사력의 차이나 군비경쟁에 의해서만 유발되는 것이 아니기 때문이다. 바로 이 점에서 "군비통제의 결과는 기술적 수준에서의 군사력의 비율보다는 그 정치적인 효과에 의하여 판단되어야 한다.[11]"는 주장은 주목할 필요가 있다. 즉, 군비통제의 기능은 단순히 관련국 간 군사력을 얼마나 통제하였는가 보다는 군비통제를 통하여 관련 당사국 간 얼마나 상호 불신을 감소하고 나아가 관계개선을 이룩하였는가 여부로 판단하여야 한다는 것이다.

제 2 절 군비통제의 분류

1. 통제 대상에 따른 분류

군비통제는 통제하고자 하는 대상에 따라 '운용적 군비통제'(operational arms control)와 '구조적 군비통제'(structural arms control)로 대별된다.[12] 먼저 운용적 군비통제는 관련국 상호 간에 군사정보의 교환이나 훈련의 사전통보 등을 통하여 군사적

표 7-1 헬싱키 신뢰구축조치

구분	내용
적용지역	• 유럽지역, 유럽에 연한 소련과 터키 영토 250Km 범위 내
전력유형/규모	• 25,000명(2개 사단) 병력규모 이상의 군사훈련 - 해·공군 및 수륙양용부대, 공수부대 포함 • 대규모 군사이동(자유재량)
사전통보 시기	• 훈련개시 21일 전 (3주전) - 불가시, 연습개시전 조속한 기회
통보내용	• 훈련명칭, 목적, 참여국가, 전력유형 및 규모, 훈련지역, 훈련기간
참관인 교환 규정	• 자발적 혹은 쌍무적으로 군사훈련에 타 참가국의 참관인 초청 - 초청국은 참관인의 수, 참가절차, 조건 등에 대한 정보제공, 적절한 시설과 편의 제공

투명성을 확보하는 것에 중점을 둔다. 여기에는 ① 전쟁의 규칙(rules of war)을 마련한다든지, ② 위기시 직접대화 수단으로서의 통신 및 행정협정의 마련, 그리고 ③ 신뢰구축조치(Confidence Building Measures: CBMs) 등의 방법이 포함된다. 특히 운용적 군비통제 방식으로 가장 대표적인 신뢰구축조치는 ① 정보의 교환, ② 상호 통신, ③ 상호 군사시설에의 접근, ④ 부대훈련 및 기동의 사전통보, 그리고 ⑤ 특정부대 규모 이상의 훈련제한 등의 방법을 포함한다.[13] 구체적인 신뢰구축조치 사례로는 「유럽안보협력회의」(CSCE)의 1975년 헬싱키 최종합의서에서 규정하고 있는 신뢰구축조치와 1986년 스톡홀름 '신뢰 및 안보구축조치'(Confindence and Security Building Measures: CSBMs) 등을 들 수 있다.

　　다음으로 구조적 군비통제는 관련 당사국 간 실질적인 병력과 무기체계에 제한을 가하는 방법으로 크게 ① 군사력의 건설, 획득, 그리고 동원의 제한, ② 특정지역에서의 특정무기 사용의 제한, 그리고 ③ 무기의 생산이나 이전에 대한 규제 등을 포함한다. 구조적인 군비통제의 사례로는 미·소 간의 「전략무기제한협정」(Strategic Arms Limitation Talks: SALT)을 위시하여 「유럽재래식무기감축조약」(Treaty on Conventiounal Armed Forces in Europe: CFE), 「핵확산 금지조약」(Nuclear Non-Proliferation Treaty: NPT)을 중심으로 하는 국제 핵확산 방지체제, 「화학무기금지협약」(Chemical

Weapons Convention: CWC)을 중심으로 한 국제 화생무기 비확산 체제 등 다양한 형태가 있다.[14]

2. 참여국 수에 따른 분류

군비통제는 참여국의 수에 따라 일방적 군비통제(unilateral arms control), 쌍무적 군비통제(bilateral arms control), 그리고 다자간 군비통제(multilateral arms control)로 구분된다. 일방적인 군비통제란 "분쟁 당사국 중 일방이 타방의 협력을 유도하기 위하여 타방과의 협정이 없는 상태에서 일방적으로 자신의 군사력에 제한을 가하는 행위[15]"를 의미한다. 1962년 미국이 대기권의 핵실험을 일방적으로 금지하여 소련의 협력을 유도한 것이나, 한국이 지난 1991년 11월 북한의 상응하는 조치를 이끌어내기 위하여 일방적으로 '한반도 비핵화와 평화구축을 위한 선언'을 한 것 등이 대표적인 예이다.[16]

쌍무적 군비통제는 가장 전통적 방법으로 2개의 분쟁 당사국 사이에 이루어지는 통제형태이다. 1970년대 미국과 소련 양국 간 「전략무기제한협정」(Strutegic Arms Limitation Treaty: SALT)과 이후 1990년대 「전략무기감축협정」(Strategic Arms Reduction Treaty: START) 등이 대표적인 예이다. 다자간 군비통제는 3국 이상의 국가 간에 이루지는 통제형태로서, 이는 다시 '지역군비통제'와 '국제군비통제'로 세분할 수 있다. 전자는 참여국의 수에 있어서는 다자적인 형태를 띠고 있지만 대상국이 특정 지역으로 한정되는 특징을 지닌다. 예를 들어, 유럽 지역국가들을 중심으로 이루어진 「상호균형감군회의」(Mutual and Balanced Force Reductions: MBFR), 「유럽안보협력회의」(CSCE) 등과 동남아시아 국가들을 주축으로 형성된 「동남아 비핵지대」(Southeast Asian Nuclear Weapon Free Zone: SEANWFZ) 등이 이에 해당된다. 반면, 후자는 참여국의 수에 있어서 다자적이면서 이론적으로 대상국이 지구상 모든 국가에 해당된다는 점에서 차이를 지닌다. 1967년의 「핵확산금지조약」(NPT), 「화학무기금지협약」(CWC), 「전면핵실험금지조약」(Comprehensive Test Ban Treaty: CTBT) 등이 여기에 포함된다.

3. 무기 형태에 따른 분류

'재래식 군비통제'(conventional arms control)와 '핵 통제'(nuclear arms control)로 구분된다. 전자는 재래식무기를 중심으로 이루어지는 통제인 반면 후자는 핵무기를 위주로 한 통제를 지칭한다. 많은 군비통제 연구자들은 핵 통제가 재래식 무기에 대한 통제보다 중요하다는 견해를 피력한다. 그 이유는 중 하나는 핵무기의 가공할 만한 살상력 때문이며, 다른 하나는 재래식무기 통제에 대한 기술적 어려움 때문이다. 군사력의 균형을 평가할 때, 핵무기에 비하여 재래식 군사력은 비슷한 전력을 가진 군사력일지라도 전장환경 – 예컨대 시간, 지형, 예비대, 병참선, 훈련의 정도, 사기 – 에 따라 다르게 평가될 수 있기 때문이다. 특히 병력의 경우는 검증의 어려움이 심각하다. 일단 훈련을 마치게 되면 현역이든 예비역이든 군사력으로 동원이 가능하고, 이 경우 어디까지를 통제 대상 병력으로 산정할 것인가 어려움에 봉착하게 되기 때문이다. 이 점은 바로 재래식 군비통제가 실제 실행단계에서 많은 시간과 노력을 필요로 하게 된다는 점을 시사한다.

4. 통제방식에 따른 분류: 대칭적 상호주의 vs. 비대칭적 상호주의

전통적 의미에서 군비통제는 핵확산 방지를 위한 범세계적인 차원의 노력이나 미·소 간 혹은 유럽지역의 군사블럭 등 동 – 서 군사대립의 완화 노력에 국한되는 경향을 보여 왔다. 사실 그동안 군비통제에 대한 개념이나 방법에 대한 담론은 주로 동 – 서 간의 군비통제의 경험을 반영한 것이라고 할 수 있다. 그러나 탈냉전 시대에 접어들어 국가 간의 갈등관리 기제로서의 군비통제는 그 대상영역을 다수의 지역분쟁국가로까지 확대하고 있다. 이는 탈냉전과 함께 국제적 안보환경이 변화되었고 그에 따른 군비통제의 구조 또한 변모되고 있기 때문이다. 나아가 군비통제 구조의 변화는 군비를 통제하는 방식에 있어서도 보다 전향적인 방법의 모색을 강조하는 연구도 점증되고 있다.[17] 다음에서는 냉전시대와 탈냉전 시대를 비교하여 변화되고 있는 군비통제 구조와 이에 따른 통제방법의 변화를 살펴보기로 한다.

가. 대칭적 상호주의(symmetrical reciprocity) 방법

종종 "군비통제는 냉전의 부산물"(arms control was a stepchild of the Cold War)이라는 평가를 받아왔다.[18] 왜냐하면 정책수단으로서의 군비통제 문제는 1960년대 미·소 간의 핵경쟁의 가속화로 인한 상호 공멸의 위협 속에서 양국 간의 핵무기 경쟁을 안정적으로 관리하고자 하는 목적에서 본격적으로 탐색되었기 때문이다. 실제 냉전기간을 통하여 군비통제 협상 자체는 미·소 양 군사강국 간의 정치적 대화의 장으로서의 역할을 하였으며, 조약의 형태로 만들어진 군비통제 결과는 양국 간의 군비경쟁을 보다 안정적으로 관리하는 기능을 수행하였던 것이다.[19] 그 결과 1959년에서 1992년에 이르는 기간 중 30개 이상의 군비통제 조약이 체결되었으며, 1992년 미·소 양국 간 「전략무기 감축조약」(START)과 「유럽재래식무기감축조약」(CFE)은 미·소 양국의 군비통제 노력의 절정을 이루는 것이었다.[20]

냉전하에서의 군비통제 구조는 미·소가 중심이 된 양극체제하에서 양국 간 핵통제를 중심으로 하는 대칭적 형태의 군비통제 방식을 특징으로 한다. 군비통제의 전형으로 받아들여지고 있는 냉전하의 군비통제 구조를 주 행위자, 이들의 상호 역학, 그리고 군비통제 관련국 간의 군사력 구조와 전략을 살펴보면 다음과 같다.

우선 군비통제의 주 행위자는 미국과 소련 등의 핵보유국 혹은 유럽지역과 같이 미·소가 주축이 된 양대 군사블록으로 제한되는 경향을 보였다. 군비통제의 주된 목적은 미·소 간의 군사적 대립을 관리하는 데 있었으며, 군비통제는 곧 양국 간의 핵무기 통제와 동일시되었다.[21] 이러한 가운데 군비통제에 대한 기본적인 전제는 소수의 강대국만이 핵무기를 독점하는 반면, 다수의 제3세계의 약소국들은 이러한 무기를 생산할 기술과 재원을 지니지 못한다는 인식을 바탕으로 하고 있다. 또한 이러한 무기체계에 대한 국가 간 기술이나 정보의 이동은 쉽게 구별되고 감시 및 통제가 가능하다고 상정하였다.

이러한 전제하에 군비통제에 대한 논의는 핵무기를 중심으로 대칭적인 전력 구조와 전략을 지닌 미·소 간의 핵통제 문제로 귀결될 수밖에 없었다. 물론 같은 핵전력이라도 미국은 주로 잠수함발사탄도미사일(SLBM)을, 소련은 대륙간탄도미사일(ICBM)을 중시하는 경향을 보인 것은 사실이지만, 양 무기체계는 모두 군사적 효

표 7-2 대칭적 상호주의 방법의 군비통제의 예
(CFE 조약에 따른 NATO/WTO의 무기별 삭감규모) (1990년 11월 기준)

구분	보유상한선	NATO 삭감규모 (보유)	WTO 삭감규모 (보유)
전차	20,000대	2,757 (22,757)	13,191 (33,191)
장갑차	30,000대	0 (28,197)	12,949 (42,949)
화포	20,000문	0 (18,404)	6,953 (26,953)
전투기	6,800대	0 (5,531)	1,572 (8,372)
공격용 헬기	2,000대	0 (1,685)	0 (1,642)

과면에서 대등성을 보유하고 있었다고 할 수 있다. 아울러 양국은 어느 일방의 1차 공격에 대한 확실한 2차 공격능력을 보유함으로써 일단 유사시 상호 공멸할 수 있다는 인식의 공감대를 형성할 수 있었으며, 이는 상호 구조적 군비통제를 통하여 전략적 안정성을 달성하고자 하는 노력을 가능하게 했던 것이다.

따라서 군비통제 대상의 선정과 동원되는 통제 수단이라는 측면에서 볼 때, 냉전기간 동안 미·소를 중심으로 하는 군비통제 방식은 상호 대등한 전력에 대하여 1:1로 상쇄(SALT 혹은 START) 혹은 방어무기체계의 동수(同數) 제한(ABM Treaty) 등 통제대상의 선정과 통제수단에 있어 '대칭적 상호주의'에 입각한 방법에 준거하여 진행되었다고 할 수 있다. 통제대상은 핵심 전략무기체계에 대하여 대칭적으로 선정되는 형태를 띠고 있으며, 통제수단도 군비통제 관련국 간 상호주의에 입각한 군사적 수단으로 한정되는 경향을 보여 왔다. 이 같은 접근방식이 가능했던 이유는 앞서 지적하였듯이 군비통제 관련국간 상호공멸에 대한 공통된 위협인식, 군사력의 구조나 운영방식의 대칭성의 존재가 근간이 된다.

나. 비대칭적 상호주의(asymmetrical reciprocity) 방법

군비통제가 냉전하에서 미·소 간의 핵무기 경쟁을 관리하여 핵전쟁을 억제하고자 하는 목적에서 생성된 정책기제라는 점에서 탈냉전의 상황은 크게는 국제안보환경에, 적게는 국제적 군비통제 구조에 많은 변화를 야기하고 있다. 우선 국제안보환경에 있어 냉전종식에 따른 국제체제의 구조적 변화는 지역 분쟁국가 간의 내재되어 있던 갈등과 분쟁을 노골적으로 표출하는 현상을 가져왔다. 냉전 기간 중 지속되었던 미·소 중심의 전통적 권위체제의 소멸은 과거 양 진영에 속해있던 개별국가들의 독자적인 행동 영역을 확대시키면서 민족, 인종, 자원, 영토, 기술 등 제반 쟁점들을 둘러싼 지역 분쟁국가 간 갈등을 표면화시키고 있다. 여기에다 오늘날 정보혁명으로 축약되는 정보·통신기술의 비약적 발전은 국가 간 아이디어와 기술의 정보이동을 신속하게 만들었으며, 주권 국가 간 정치·경제·문화적 거리를 아주 좁혀놓는 결과를 가져왔다. 정보화 시대의 도래는 여러 가지 국제정치적 의미가 있으나, 안보적 측면에서의 여파는 다수의 지역분쟁국가 혹은 소수의 '불량국가'(rogue state)들에 의한 핵 및 미사일, 화생무기 등 대량파괴무기의 확산을 가속시키고 있다는 점이다.

국제체제의 변화와 정보화 시대의 도래에 따른 첨단무기에 대한 기술정보 접근의 용이성 등의 요인들이 상호 연계된 결과는 군비통제 구조에 새로운 변화를 야기하고 있다. 첫째, 군비통제 대상이 되는 주 행위자들이 확대, 변화되고 있다. 냉전시대의 군비통제가 미·소를 중심으로 한 반면 오늘날은 다수의 지역분쟁국가들이 새로운 행위자로 부상되고 있다. 여기에는 크게 두 가지 이유가 작용한다. 하나는 미·소 양극체제의 붕괴로 말미암아 자연스럽게 지역분쟁국가 간의 갈등 관리 기제로서의 군비통제의 필요성을 새롭게 제기하고 있다는 점이다. 다른 하나는 오늘날 정보혁명의 여파는 상당수의 지역분쟁 국가들에 있어 대량살상무기 체계에 대한 확보욕구를 자극함은 물론 이러한 무기체계에 대한 정보접근과 획득을 상대적으로 용이하게 하여 수평적 확산 위협을 증대시킨다는 점이다. 이러한 점에서 탈냉전하에서의 군비통제 문제는 과거 미·소를 중심으로 한 논의에서부터 다수의 지역분쟁국가들로 확대되고 있다.[22]

둘째, 군비통제 관련국 간의 통제대상이 되는 군사력과 이들 군사력의 운영과 관련한 군사적 대칭성이 보장되지 않는다. 냉전기간 중 미·소의 군비통제는 핵무기를 중심으로 한 상호 대칭적인 전력과 전략을 대상으로 이루어졌다. 반면, 오늘날 군비통제의 필요성이 대두되고 있는 지역분쟁국가들의 경우 군사적 대칭성을 발견하기란 쉽지 않다. 대다수의 이들 국가들은 본질적으로 상이한 전력을 보유하고 있으며, 이러한 전력의 상이성은 쌍방 간 군사정책 전반을 비교하면 더욱 확연해진다.[23] 적대국가 간 형성된 군사적인 비대칭성은 과거 미·소나 유럽지역에서와 적용되었던 방식의 군비통제를 어렵게 하는 또 다른 이유가 된다. 왜냐하면 적대국간 군비통제는 쌍방이 상쇄전력을 중심으로 하는 군비경쟁 상태보다는 동종의 전력을 바탕으로 한 군비경쟁 상태에 있을 때 보다 용이하기 때문이다. 예를 들어, 대표적 분쟁지역인 중동의 경우 아랍 국가들은 여전히 대규모 지상군 병력에 중심을 둔 전력구조를 지니고 있는 데 반하여 이스라엘은 소규모의 병력에 핵무기 및 우세한 공군력으로 무장된 전력을 지니고 있다. 군사력의 구조나 운영의 비대칭성은 남북한의 경우에도 뚜렷하다.

셋째, 지역 분쟁국가 간 갈등구조의 복잡성은 과거와 같이 군사력에 대한 상호 대칭적 통제를 통한 군사적 안정성의 달성을 한층 더 어렵게 하고 있다. 과거 미·소의 경우와 같이 이념적 대립 이외에 이를 심화시킬 수 있는 여타의 갈등요인들(예컨대, 정치, 경제, 역사, 그리고 영토적 분쟁요인 등)이 부재한 상황에서는 갈등을 관리하는 방편으로 군비통제를 통한 군사적 경쟁관계를 안정화시키는 작업에 집중하기에 상대적으로 용이하였다고 할 수 있다. 그러나 오늘날 대다수의 지역분쟁국가 간의 군사적 갈등과 경쟁은 영토의 문제를 비롯한 정치·경제·역사 등 다양한 요인들에 의한 복합갈등의 형태를 띠고 있다. 이 경우 단순히 군사 분야만의 통제노력으로 갈등을 관리하기는 훨씬 어렵다는 것이 학자들의 일반적인 견해이다.

냉전의 종식은 기존의 군비통제에 대한 구조와 기본전제들을 변화시키고 있으며, 이는 전통적 의미의 군비통제 방식에 있어 새로운 시각과 변화를 요구하고 있다. 군비통제 대상국으로 지역분쟁국가들의 대두, 군비통제를 필요로 하는 대상국가간 주요 핵심전력과 군사력 운영에 대한 비대칭성, 그리고 이들 간 갈등구조의 복잡성 등 다양한 요인들은 냉전하의 대칭적 상호주의가 전제하고 있는 군비통제의 전제조건들을 변화시키고 있기 때문이다.

　이러한 맥락에서 골드만(Emily O. Goldman)은 군사력의 비대칭성이 존재하는 지역분쟁국가 간 혹은 특정 지역분쟁국가와 강대국 간에 전통적 의미에서의 군비통제가 이루어지기는 매우 힘들다는 전제하에 이들 국가 간에 군비통제에는 먼저 비대칭성 문제를 해소할 수 있는 일종의 '가교전략'(bridging strategy)이 필요하다는 점을 강조하고 있다. 이러한 가교전략의 핵심은 복잡한 갈등구조와 함께 상이한 군사력의 구조를 지닌 지역분쟁국가 간 혹은 특정 지역분쟁국가와 강대국 간에 군비통제를 위한 협상이 효과적이기 위해서는 이와 병행하여 정치·경제적인 협상이 병행되어야 한다는 점을 강조한다. 왜냐하면 쌍방 간 군사적 비대칭성이 존재하는 가운데 군비통제가 이루어지려면 어느 일방의 군사적 양보가 필수적이고 이러한 양보는 이에 상응하는 정치 혹은 경제적 보상이 수반될 때 실현 가능성이 높아지기 때문이다.[24]

　이러한 가교전략에 의한 군비통제 접근방법을 굳이 냉전시대의 군비통제 모형인 '대칭적 상호주의' 방식과 대비하여 개념화한다면 '비대칭적 상호주의' 방식이라 할 수 있다. 보다 구체적으로 비대칭적 상호주의에 입각한 군비통제는 통제대상의 선정에 있어 비대칭적 방법(즉, 군비통제 관련 당사국 중 어느 일방의 특정 군사력만을 통제대상으로 하는 방법)을 채택하며, 통제수단도 비단 군사적 수단만이 아닌 정치, 경제적 기제와 같은 비군사적 수단이 동원되는 경우를 의미한다. 전통적 군비통제 방식이 관련국 간 주로 군사적 측면의 통제와 제한을 통하여 궁극적으로 전쟁의 위험을 방지하고자 하였다면, 비대칭적 상호주의에 입각한 군비통제가 지향하는 목표는 군사적 측면은 물론 비군사적 차원에서의 무력사용 동기 자체를 감소시키고자 하는데 있다.

　요컨대 대칭적 상호주의 모형이 냉전기간을 대표하는 군비통제 모형이라면, '비대칭적 상호주의' 방식은 탈냉전에 수반된 국제적 군비통제 구조 변화에 대한 새로운 적용의 시도라고 할 수 있다. 이는 과거와 같이 군사적 기제만을 수단으로 한 방법뿐만 아니라 군사와 비군사적 기제를 연계시킨 방법도 군비통제의 새로운 영역이 될 수 있음을 직시하고 있다.

　그러나 이러한 방식이 성공하기 위해서는 군비통제 관련국 간 상호 군사적 비대칭성을 인정하고 상호 타방의 제의를 수용하고자 하는 정치적 의지가 전제되어

┌─
│ 표 7-3 비대칭적 상호주의 방법의 군비통제의 예 (1994년 북·미 제네바 합의)

구 분	미국 이행사항	북한 이행사항
경수로 지원/ 핵활동 동결	• 합의문 발표 6개월 이내 경수로지원을 위한 국제 컨소시엄 구성 • 미국, 컨소시엄을 대표하여 북한과 경수로 공급 계약 체결 • 2003년까지 경수로 지원 종료(2천 MWe 급) • 합의문 발표 3개월 이내 북한 원자로 가동 및 건설 중단에 따른 대체 에너지 지원: 규모(매년 50만 톤까지)	• 합의문 발표 1개월 이내에 5MWe 원자로 가동 증단 및 건설중인 50, 200MWe 원자로 건설 중단, 방사화학 실험실 봉인, 추후 해체 • 동 시설에 대한 IAEA 감시
미·북한 정치·경제 관계	• 3개월 이내 무역, 투자 장벽 축소(통신 및 금융 거래 포함) • 영사 및 기술적 문제 해결 후 연락사무소 교환 • 공동 관심사항 진전에 따라 차후 대사급 관계로 격상	
한반도 평화 안보협력	• 북한에게 "소극적 안전 보장"(NSA) 제공	• 한반도 비핵화 공동선언 이행을 위한 조치 실시 • 남북대화에 호응
NPT 체제 강화 협력		• NPT 잔류 및 핵안전협정 이행 • 경수로 핵심시설(터빈 등) 도착 전까지 IAEA의 핵사찰 수용

야 한다. 나아가 '비대칭적 상호주의'에 입각한 군비통제를 추진할 경우 두 가지 고려해야 할 사항이 있다. 하나는 비대칭적 교환이니 만큼 피통제국의 특정 군사력을 통제하는 대신 통제국이 얼마만큼의 정치·경제적 보상을 할 것이냐의 문제이다. 이 과정에서 쌍방 간 기계적인 등가 교환은 현실적으로 어렵다. 결국 군비통제 관련국이 상호 국가이익을 감안하여 서로 납득할 만한 수준을 협상을 통해 모색하는 수밖에 없다. 다른 하나는 비대칭적 상호주의에 바탕을 둔 군비통제의 실행과정에는 반드시 엄격한 지원조건의 명시와 이를 위한 법적, 제도적 장치가 필요하다는 점이다. 왜냐하면 통제국의 입장에서 이러한 방식을 채택하는 목적은 궁극적으로

피통제국으로부터의 군사적 위협의 감소 혹은 제거에 있지, 제공된 보상이 다른 측면에서 오히려 피통제국의 안보능력을 고양시키는 데 활용될 수 있다면 본래의 목적은 상실되기 때문이다.

제 3 절   군비통제와 국가안보정책

그렇다면 국제관계에서 군비통제가 요구되는 것은 어떤 이유에서인가? 가장 본질적인 이유는 무정부주의적인 국제체계 구조 속에서 잠재적국 간의 생존과 독립을 확보하고자 하는 경쟁적 노력과 이로 인한 안보딜레마(security dilemma)이다. 적대국가 간의 안보딜레마는 국가안보를 위한 군사력의 경쟁적인 증강을 초래하고, 이는 일단 유사시 우발전쟁과 고의적 전쟁을 유발될 가능성을 높이는 동시에 평시 관련국 각각의—물론 정도의 차이는 있지만—국가경제에 심각한 장애 요인으로 대두된다.

이러한 군비경쟁이 종식되는 경우는 여러 가지 방법이 있을 수 있다. 그 하나는 전쟁을 통하여 일방이 승리하는 경우이고, 다음으로는 군비경쟁중에 있는 한 국가가 일방적으로 우세한 군사력을 확보하여 상대국가가 자진 포기토록 하였을 때이다. 마지막으로는 군비경쟁국가 상호 간 합의를 통하여 상호 군사력의 증감 수준에 대하여 투명성(transparency)을 확보하여 안보딜레마를 약화시키는 방법이다. 이 중 첫 번째와 두 번째의 경우는 전통적으로 군비증감을 통한 절대안보를 추구할 때 표출되는 현상이며, 세 번째의 경우는 관련국 상호 간에 합의를 통하여 군사력의 운용, 배치, 사용, 그리고 증감 등에 대하여 협조를 추구할 때 나타나는 현상이다. 이렇게 볼 때, 군비통제는 기존의 군사력 증강을 통한 국방정책에 병렬하여 국가안보를 위한 또 하나의 전략적 선택으로 볼 수 있다.

그러나 국가안보를 위하여 잠재적국과의 끝없는 군비경쟁을 할 것인가 아니면 군비통제를 통한 정치적, 군사적 협조관계를 추구할 것인가 하는 문제는 모든 분쟁 국가들이 안고 있는 어려운 숙제이다. 결국 해답은 군사력 증강을 통한 군비경쟁이냐 혹은 군비통제냐 하는 이분법적인 논리보다는 이 둘을 적절한 수준에서 상호보완적으로 정책화하는 데 있다고 하겠다. 아울러 적절한 수준이란 궁극적으로 관련국의 대외적 안보환경, 적국과의 정치·군사적 갈등정도, 대내적 동원자원, 그리고 이에 따른 정치 지도자들의 의지와 인식에 달려있다고 해도 과언이 아니다. 이상의 논의한 내용을 정리하면 다음 [그림 7−1]과 같이 나타낼 수 있을 것이다.

한편 군비통제의 대상이 주로 군사 분야의 병력과 무기체계를 취급하기 때문에 군비통제 정책도 군사·국방정책의 일부 혹은 하위개념으로 간주하기 쉽다. 그러나 위의 그림에서 나타나는 바와 같이 국가안보정책은 크게 군사력 증강을 통한 절대안보와 군비통제를 통한 공동안보로 대별될 수 있고, 이 두 분야에 대한 정책적 선택은 다양한 요소의 복합적인 고려에 바탕을 두고 있다.

우선 군비통제정책은 국가재원의 배분문제와 직접적인 연관성을 지니며 국가

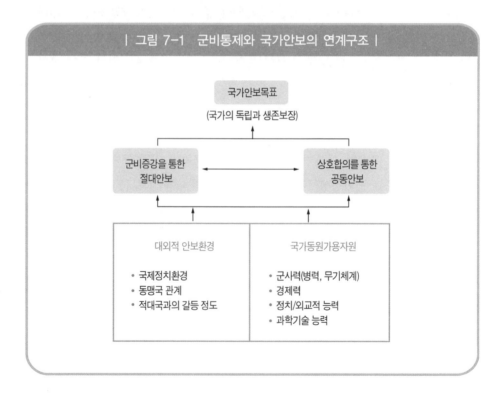

| 그림 7−1 군비통제와 국가안보의 연계구조 |

국가안보목표
(국가의 독립과 생존보장)

군비증강을 통한 절대안보 ← → 상호합의를 통한 공동안보

대외적 안보환경
• 국제정치환경
• 동맹국 관계
• 적대국과의 갈등 정도

국가동원가용자원
• 군사력(병력, 무기체계)
• 경제력
• 정치/외교적 능력
• 과학기술 능력

경제정책과도 긴밀한 관계를 가진다. 또한 군비통제는 대부분 관련국 상호 간의 묵시적·현시적 합의와 협상을 통하여 이루어지는 것이 상례이기 때문에 업무의 성격상 순수 군사적 영역을 초월하여 정치, 외교정책과 밀접히 연계되어 있다. 나아가 군비통제가 실행단계에 이르면 이는 과학기술 및 산업정책-특히 군수산업을 중심으로 한-에 영향을 주는 동시에 받기도 한다. 요컨대, 군비통제정책은 단순히 국방 분야의 일부 정책으로만이 아니라 국가의 다양한 정책요소와 연계되어 추진될 수밖에 없다는 것이다.

특히 남북한의 경우 군비통제정책은 통일정책과도 밀접히 관련되어 있다. 예를 들어, 우리 정부의 통일정책은 자유민주주의 이념과 체제 구현을 목표로 하여 평화적이며 단계적인 통일을 지향하고 있다. 그러나 남북한은 전쟁을 경험한 바 있으며, 정전 이후 현재까지의 지속되고 있는 첨예한 군사적 대치 상황을 고려할 때 쌍방 간 군사관계의 안정이 선행되지 않는 한 평화적 통일은 상당히 어려운 과제임에 틀림없다. 더욱이 남북한 쌍방은 그간 진지한 대화나 교류의 경험도 빈약하여 군사관계의 안정에 절대적으로 요구되는 군사적 신뢰구축이나 군사자료의 투명성조차도 확립되어 있지 못한 상태이다. 결국 우리가 상정하는 평화적 통일은 군사적 신뢰구축, 군비제한, 군비감축, 그리고 최종적인 군사력 통합 등 단계적인 군비통제의 순서를 통하여 추진되는 것이 바람직하다고 할 때, 군비통제는 우리의 통일정책 구현의 핵심이며 필수 과정이라 할 것이다.

제4절 군비통제 결정요인: 이론적 변수군

분쟁 국가 간의 관계에서 군비통제의 필요성을-특히 남북한 관계에 있어서도-부정하는 사람은 별로 없다. 문제는 어떠한 요인에 의하여 적대국 간 군비통제가 가능하냐 하는 것이다. 필요성과 가능성은 별개의 문제이기 때문이다. 분쟁 당사국 간 군비통제의 정책적 가능성을 한마디로 단언하기는 매우 어렵다. 대내외적으로 매우 다양한 변수가 고려되어야 되기 때문이다.

이러한 점에서 모간(Patrick Morgan) 교수의 군비통제에 대한 이론적 고찰은 시사하는 바가 크다. 그는 적대관계에 있는 국가들 사이에 군비통제에 대한 관심과 가능성은—군비경쟁의 이유와 마찬가지로—본질적으로 무정부주의적인 국제체제 구조에서 기인한다고 가정한다. 이러한 국제체제하에서 모든 단위국가는 다음 4가지의 기본속성을 나타내며, 이러한 속성들의 분석을 통하여 군비통제의 결정요인을 파악할 수 있다고 보았다. 먼저 무정부주의적인 국제체제하에서 모든 단위국가들은 (1) 국가안보에 관한 한 최대한 '자율성'(autonomy)을 유지하려 한다. 왜냐하면 국가안보 문제는 국가 존립의 사활이 걸린 문제이며, 국제관계에 있어서 다른 쟁점 영역—경제, 문화, 통신, 과학기술 등—보다 한 차원 높은 민감성을 지니고 있기 때문이다. (2) 영토의 보존과 정체의 영속성 유지로 대변되는 국가의 '독립성' 확보를 최고의 국가목표로 한다. (3) 국가 간의 갈등으로 인한 무력사용의 유혹은 정기적으로 발현되고 이는 군사력의 보유를 필요로 한다. (4) 군사력의 보유에는 평시 엄청난 비용이 요구되며 일단 유사시 치명적인 파괴력을 수반한다.[25]

이상의 무정부주의적 국제정치 구조의 기본성격은 분쟁국 간의 군비통제의 가능성에 대하여 다음과 같은 일반적인 조건들을 시사한다. 첫째, 국가 간 군비통제는 '정치적 현상유지'(political status quo)에 대한 상호 공감대를 형성할 때 가능하다. 즉 군비통제 당사국 간 타방의 영토와 정체(政體)에 대한 공식적 혹은 묵시적 합의가 존재하여야 한다는 것이다. 군비통제는 본질적으로 분쟁 당사국 상호 간의 군사력 운용 및 구조에 대한 통제로 귀결된다. 그러나 군사력의 존재이유(raison detre)는 주권과 영토 보존이라는 국가의 핵심적 가치(vital interest)를 보호·증진하는 것이므로, 국가의 핵심적 가치를 둘러싼 분쟁 당사국 간의 영합게임(zero-sum game)적 갈등은 군비통제보다도 오히려 군비증강의 필요성을 강하게 만든다.

둘째, 군비통제는 분쟁당사국 간의 정치적인 갈등의 완화를 필요로 한다. 근본적인 갈등 원인을 무시한 채 상호 군사력을 통제하여 갈등의 동인을 완화 혹은 해소하려는 노력은 마치 "마차가 말을 끄는"(to put the cart before the horse) 시도나 다름이 없다.[26] 개별국가가 군사력을 보유하는 이유는 영토, 민족, 종교 등 다양한 갈등원인의 결과이지, 군사력 자체가 갈등원인은 아니라는 점이다. 따라서 이러한 갈등의 원인에 대한 최소한 해소노력도 없이 군사력을 통제하여 갈등을 통제한다는 것은 본말(本末)이 전도된 것에 다름없다.

셋째, 분쟁국가 사이의 군비통제 가능성은 관련국 각각의 '군비부담'(defense burden)이 자국의 독립성 유지에 치명적이 되면 될수록 높아진다. 즉, 국가경제의 침체에도 불구하고 지속적으로 높은 수준의 군사비를 투자할 경우, 종국에는 정권의 안정을 해치게 되는 상황에까지 이르게 될 수 있고 이를 사전에 예방하는 방법의 하나로 적국과의 군사적인 협조관계를 꾀할 수 있는 점이다.

넷째, 적대국가 간의 군비통제는 쌍방이 공히 타방에 대하여 군사적인 최소한의 억제능력을 보유하고 있을 때 보다 그 가능성이 증대한다. 마지막으로 강대국과의 동맹관계를 형성하고 있는 지역분쟁국가의 경우 동맹국 관계가 급격히 약화되거나 혹은 새로운 동맹국 획득이 좌절될 경우 적대국과의 군비통제에 관심을 갖게 된다. 한 국가의 군사력을 유지·증대하는 방법은 크게 두 가지로 대별된다. 하나는 자체 군사비를 투자하는 방법이고, 다른 하나는 동맹을 형성하는 방법이다.[27] 여기에서 동맹관계의 약화는 자체 군사비의 증가를 요구하거나 분쟁 상대국과의 군비통제를 통한 균형의 유지를 필요로 하기 때문이다.

요컨대 군사적으로 강대국으로부터 직·간접의 영향을 받고 있는 지역분쟁국가 간의 군비통제에 대한 실현 가능성은 쌍방 간의 '정치적 현상유지 인식여부,' 최소한의 '정치적 긴장의 완화,' '군비부담 정도,' '상호 군사력 균형,' 그리고 '동맹국과의 역학관계' 등 제 요인들의 복합적인 상호작용하에 증대된다고 할 수 있다. 과거 사례에 비추어 볼 때, 이 중에서도 특히 군비통제 관련국 간 정치적 현상유지 인식과 정치적 긴장의 완화는 군비통제 추진에 필수적인 요인이 된다고 할 수 있다.

제 5 절   사례: 남북한 군비통제[28]

남북한이 「남북사이의 화해와 불가침 및 교류·협력에 관한 합의서」(이하, 기본합의서)와 「한반도의 비핵화 공동선언」(이하, 비핵화 선언)에 합의한지도 어언 20여 년이 흐르고 있다. 그동안 북한 핵을 통제하기 위한 노력은 1994년 미·북한 간 「제네바 합의」, 2005년 6자회담에서 북한의 단계적 비핵화를 위한 '2.13 조치' 등과 같은 국제적 합의가 있었음에도 불구하고, 그동안 북한은 두 차례의 핵실험을 통하여 사실상 핵을 보유할 정도로 핵능력을 키웠다. 남북한 간에도 2000년과 2007년 두 차례의 정상회담과 국방장관, 장성급, 실무자급 회담이 수십 차례 개최되었지만, 군사적 측면에서 그 성과는 아주 제한적인 것으로 평가된다. 이러한 와중에서 2010년 북한에 의해 자행된 천안함 폭침이나 연평도 포격사건은 한반도에 군사적 긴장을 고조시키는 동시에 남북한 군사적 신뢰구축 및 군비통제에 대한 회의론까지 야기하고 있다.

여기에서는 지난 20여 년간 각종 합의에도 불구하고 남북한 간의 실질적인 군비통제 문제가 진전되지 않고 있는 현상에 대하여, 첫째, 1990~2008년 기간 중 이루어진 남북한 간 군사회담을 통해 나타난 군비통제에 대한 쌍방 간 쟁점사항과 상호입장을 평가한다. 둘째, 쌍방 간 실질적인 군비통제를 가로막고 있는 요인들을 이론적 차원에서 검토해 본다.

1990년 이후 남북한은 남북고위급회담 내 군사분과위원회(8회), 남북핵통제공동위원회(13회)를 비롯해 2000년 이후 국방장관회담(2회), 장성급회담(7회), 실무회담(37회) 등 총 67여 차례에 이르는 군사회담을 개최하였다. 이를 협상틀의 변화라는 관점에서 세분하면 제1시기는 1990년 남북고위급회담 이후 시기, 제2시기는 2000년 제1차 남북정상회담 이후 시기, 마지막으로 제3시기는 2004년 남북장성급회담 이후 시기로 구분할 수 있다.[29]

각 시기별로 남북 간 군사분야 회담은 1990년 이후는 남북고위급회담 내 군사분과위원회를 중심으로, 2000년 이후는 최초의 남북정상회담에 따른 군사실무회담을 중심으로, 2004년 이후는 장성급 군사회담이라는 새로운 협상 틀을 중심으로 진행되었다. 다음에서는 각 시기별로 남북한 군비통제와 관련된 합의내용과 이행사례, 그리고 남북 간의 쟁점사항과 상호입장을 평가하고자 한다.

1. 제1시기(1990~1999): '기본합의서'와 '비핵화'에 대한 선언적 합의

남북한은 한국전쟁으로 인한 적대적 불신과 군사적 대결 상태에 놓여있기 때문에 다른 분야의 회담에 비해 군사 분야의 회담이 상대적으로 부진하였다. 남북한

이 군사문제를 최초로 협의하였던 1990년 남북고위급회담과 남북군사분과위원회 회담의 경우만 하더라도 타 분야의 남북회담에 비해 약 20~30여 년 가량 늦은 출발이었다.[30] 그토록 더딘 군사회담이 1990년 고위급회담을 통해 시작된 것은 탈냉전의 도래와 한국의 북방정책 때문이었다.

1988년 2월 출범한 노태우 정부는 북방외교의 적극적인 추진의사를 표명하면서 같은 7월 「민족자존과 통일번영을 위한 특별선언」(7·7 선언)을 발표한다. 이 선언에서 한국 정부는 한반도의 평화를 정착시킬 여건을 조성하기 위하여 북한이 미국·일본 등 우리 우방과의 관계를 개선하는 데 협조할 용의가 있으며 또한 우리는 소련·중국을 비롯한 사회주의 국가들과의 관계개선을 추구한다는 입장을 표명하였다.[31] 이어 한국 정부는 북한에 동년 9월 북한에 양측 총리를 수석으로 하는 '남북 고위급회담' 개최를 제의하기에 이른다.

한편, 동구 사회주의권 붕괴와 구소련 해체, 독일 통일 등 1980년대 후반부터 시작된 탈냉전의 도래는 북한에게는 심각한 체제위기 의식을 야기하기에 충분했다. 북한은 냉전시기 중·소 양국에 의존하여 대외적 안정성을 확보하고 경제·군사적 지원을 받았던 전략적 환경구도를 상실하게 됨으로써 체제위기 의식을 고조시키게 된 것이다. 이러한 위기의식 속에서 북한은 한국의 고위급회담 개최 제의에 대하여 정치·군사회담으로 하자고 역제의 하는 가운데 분단 이후 처음으로 공식적인 남북 고위당국자 간 회담이 시작되게 되었다.

이후 남북한 쌍방은 8차례의 예비회담('89. 2. 8~'90. 7. 26)과 2차례의 실무대표접촉('90. 7. 6~'90. 7. 12)을 통해 '정치·군사적 대결상태 해소와 다각적인 교류·협력 실시문제'를 본회담 의제로 정하는 등 고위급회담 개최와 관련한 제반 실무문제를 타결하였다. 그러나 이어 개최된 1~3차 고위급회담('90. 9. 4~'90. 12. 14)에서 양측 간 입장 차이는 극명하게 나타났다. 남측은 '남북관계 개선을 위한 기본합의서' 채택을, 북측은 한·미 팀스피리트 훈련 중지를 회담 진행의 전제조건으로 제시하고 정치·군사적 대결상태 해소에 중점을 둔 '남북 불가침에 관한 선언'의 채택을 주장하였다.[32] 남측은 쌍방 간 화해협력을 도모한 후 군사적 신뢰구축과 군비감축 등 군사적 문제를 논의할 수 있다는 입장을, 북측은 '정치·군사적 문제의 우선 해결'을 주장한 것이다. 다음 [표 7-4]에서 보는 바와 같이, 남북 군사문제 해결을 위한 군비통제에 대한 입장 차이도 극명하게 나타났다.

첫째, 군비통제의 기본 원칙의 차이다. 한국은 군사력의 투명성을 증대하여 군사적 신뢰구축을 확보한 후, 서로의 군비를 제한 및 축소하는 단계적인 접근을 시도하고 있었다. 다시 말해 선(先) 신뢰구축, 후(後) 군비축소를 기본 입장으로 제시했다.

▲ 1차 남북고위급회담(1990.9)

표 7-4 **남북한 군비통제안 비교***

구분	북한	남한
기본원칙	※ 전제: 팀스피리트 훈련 중지 • 신뢰구축 – 군비축소의 일괄 동시실현	• 신뢰구축 – 군비제한 – 군비축소의 순으로 단계적 접근
군사적 신뢰구축	• 군사훈련의 제한 • 군사훈련의 사전통보 • DMZ 평화지대화 • 우발충돌 및 확대방지를 위한 직통전화 설치 • 군사공동위원회 설치	• 군사훈련 사전통보 및 참관 • DMZ 완충지대화, 평화적 이용 • 군 인사 상호방문 • 군사정보 상호공개 및 교환 • 직통전화 설치 • 군사공동위원회 설치
군비제한	• 없음	• 주요 공격무기, 병력의 상호동수 배치 • 전력배치 제한구역 설치
군비축소	• 3-4년 기간 중 3단계 군사력 감축 • 군사장비의 질적 갱신 금지 • 군축정형 통보, 검증 • 조선반도 비핵지대화 • 무력감축에 병행한 주한미군 철수 및 군사기지 철폐	• 통일국가로서의 적정군사력 수준으로 상호 동수 균형감축 • 방어형 전력으로 부대개편 • 공동검증단과 상주감시단 운영 ※ 주한미군은 한미동맹 내부의 문제
평화보장 방안	• 남북한 불가침 선언 • 북·미 평화협정 체결	• 남북 불가침 선언 • 남북한 평화협정 체결

* 이 표는 1990년 9월 제1차 남북고위급회담을 시작으로 동년 12월까지 3차에 걸친 회담을 통해 나타난 양측의 입장을 정리한 것임.
출처: 통일원, 『남북한 군축제의 관련 자료집』(서울: 남북대화 사무국, 1994), pp. 26-32.

그러나 북한은 신뢰구축과 군비제한을 한 번에 달성하는 일괄타결안을 제시하며 정치, 군사적인 문제가 우선적으로 해결되어야 한다는 주장을 폈다.

둘째, 주한미군에 대한 입장 차이이다. 한국은 남북한 군비통제 문제와 주한미군 철수 문제를 분리시켜서 접근하였다. 한국 정부는 주한미군 문제는 한·미동맹 간의 내부 문제라는 점을 들어 남북 군비통제의 논의 대상이 아니라는 입장을 분명히 하였다. 한국 정부는 주한미군 전력을 제외시킨 상태에서 남북 양측이 향후 통일국가로서의 적정 군사력 수준으로 상호 동수 균형감축을 주장한 데 반하여, 북한은 "외국무력의 철수"를 별도의 항목으로 하여 한반도 비핵지대화와 외국군대의 철수를 강조하였다. 한반도 비핵지대화 주장을 통하여 "주한미군의 핵무기 즉각 철수, 핵무기의 생산 및 구입 금지, 그리고 핵무기를 탑재한 외국 비행기와 함선의 조선경내로의 출입 및 통과 금지" 등을 주장하면서, 남북한 군축에 상응하는 주한미군과 장비의 단계적 철수와 주한미군의 기지의 철폐를 요구하였다. 북한의 협상 목표는 주한미군의 철수뿐만 아니라 남한에 제공하는 미국의 핵우산의 제거까지 포함하고 있었던 것이다.

셋째, 군사적 신뢰구축에 대한 입장 차이이다. 남한은 상호 군사적 신뢰 구축을 위해 군사훈련 사전통보 및 참관, 군인사의 상호방문 및 교류, 군사정보의 상호 공개 등 군사활동의 상호 투명성 증대에 중점을 두고 있다. 그러나 북한은 군사훈련과 연습의 제한을 주장하면서 "외국과의 모든 합동군사연습 및 훈련 금지," "자기 영내에서의 외국군대의 군사연습 허용 금지" 등을 강조함으로써 군사력의 투명성 확보보다는 한·미 동맹관계의 약화를 겨냥하고 있었다. 아울러 "DMZ 평화지대화론"을 중심으로 "비무장지대 안에 배치된 모든 군사인원들과 군사장비 철수"에 초점을 맞춤으로써 사실상 유엔군사령부의 해체에 무게를 두고 있었다.

넷째, 군비제한 및 축소에 대한 입장 차이이다. 남한은 주요 공격무기를 우선 감축한 다음 통일국가로서의 적정군사력 수준으로 상호균형감축할 것을 제안하였다. 반면 북한은 합의된 시점으로부터 3~4년 동안에 10만으로의 병력감축과 이에 상응한 군사장비의 축소 및 폐기를 주장하였다. 그리고 남한은 전력구조를 방어형 전력구조로 전환할 것을 강조한 반면, 북한은 이에 대해 언급을 회피하였다. 아울러 북한은 군사장비의 질적 갱신의 중지를 주장하며 새로운 군사기술, 장비의 자체

개발은 물론 외국으로부터의 반입의 금지를 강조하였다. 이러한 주장의 배경에는 남북의 경제적 격차로 인하여 대남 군사 우위를 상실하는 것을 막고, 감축된 병력을 신속하게 동원할 수 있는 체제적 강점을 최대한 활용한다는 전략적 고려가 들어 있다.

이상에서 나타나고 있는 남북 양측의 입장 차이는 결국 주한미군 문제로 귀착된다. 북한은 남북 '불가침 선언' 채택을 주장하면서 이를 보장하기 위한 방안으로 팀스피리트 훈련 중지, 주한미군 철수, 비무장지대 평화지대화를 통한 유엔사 무력화, 한반도 비핵지대화를 통한 한반도에 배치된 미군의 전술핵무기 철수 등을 주장함으로써 사실상 한미동맹과 유엔사의 해체에 무게 중심을 둔 것이다. 반면 한국에게 주한미군은 대북 억제력의 본질로서 남북 간에 논의할 사항이 아니라는 점을 분명히 함으로써 양측 간의 입장차가 극명하게 확인되었다.

한편 평행선을 긋던 고위급회담은 제4차 고위급회담(1991. 10. 22~25)부터 북한 태도에 전술적 변화가 일기 시작하면서 최종합의의 전망을 밝게 하였다. 여기에는 다양한 변수가 있겠지만 핵심적인 것은 북한의 미국과의 고위급회담 개최 기대이다. 북한은 노태우 대통령의 '7.7선언'에 이은 미국과의 실무접촉에서 자신들에 대한 외교적 완화조치와 대화의 격상을 요구했고, 미국은 북한에게 이에 대한 전제조건으로 '남북대화의 진전'과 국제원자력기구(IAEA)의 핵안전조치협정 체결을 필수적인 요건임을 강조하여 왔다.[33] 이에 대해 북한은 1990년 11월 "미국의 핵무기 불사용 및 불위협에 대한 법적 보장"을 요구하는 등 기존의 "조선반도 비핵지대화[34]" 주장을 자신들의 IAEA 안전조치협정 체결의 전제조건으로 내세웠던 것이다.

북한에게 구실을 주어 핵개발에 시간을 주지 않으면서 조속한 핵사찰을 받게 하기 위한 한, 미 양국의 고려는 결국 미 행정부의 일방적인 주한미군 전술 핵무기 철수 결정과('91. 9. 27) 이에 따른 한국 정부의 일방적인 "비핵화 선언"('91. 11. 8)으로 이어졌다. 북측은 이에 대해 11월 22일 남측의 비핵화 선언에 "원칙적"으로 동의한다는 입장을 표명하고. 이듬해 1월 IAEA에 가입('92.1. 7)하고 '한반도 비핵화 공동선언'에 서명('92. 1. 20)하였다. 아울러 남북 간의 입장차로 평행선을 걷고 있던 고위급회담도 양측 주장을 모두 담은 "남북 사이의 화해와 불가침 및 교류협력에 대한 합의서"를 채택('91. 12. 31)함으로써 일단 미완(未完)의 성과를 도출할 수 있었다.

표 7–5 **1990년 이후 군사협상의제 합의이행 여부**　　　(○ : 이행, × : 불이행)

협상의제 합의결과		남한 이행여부	북한 이행여부
남북 불가침 문제	무력불사용	○	×
	분쟁의 평화적 해결	○	×
	우발적 무력충돌 방지	○	×
	불가침 경계선 및 구역	○	×
	남북군사공동위원회 구성 · 운영	×	×
	군사직통전화의 설치 · 운영	×	×
	남북군사분과위원회 구성 · 운영	○	○
한반도 비핵화	핵에너지의 시험, 제조, 생산, 보유, 저장 금지	○	×
	핵재처리 시설 및 우라늄 농축시설 보유 금지	○	×
	남북 핵통제 공동위원회 구성	○	×
	남북 핵통제공동위원회에 의한 비핵화 검증	○	×

그러나 그 이행과정을 보면 이 시기 이루어진 군사부분의 합의는 이행되지는 못한 채 선언적인 의미만을 갖게 되었다. 먼저 남북 기본합의서의 불가침 부분에서 양측은 무력불사용, 분쟁의 평화적 해결, 우발적 무력충돌 방지, 불가침 경계선 및 구역, 군사적 신뢰구축 및 군축을 위한 남북군사공동위원회 구성 및 운영, 군사직통전화 설치 및 운영, 남북군사분과위원회 구성 및 운영 등의 사안에 합의하였다. 그러나 [표 7–5]에서 알 수 있듯이 북한은 남북 군사분과위원회의 설치를 제외하고는 모든 사항을 이행하지 않았다.

남북한 비핵화를 위한 이행 여부도 마찬가지다. 남북한은 '92년 2월 19일부로 발효된 '비핵화 공동선언' 제5항의 규정에 따라 동년 3월 14일 '핵통제공동위원회' 를 발족하고 동년 8월 31일까지 모두 8차례의 회의를 가졌으나 비핵화 공동선언에 대한 이행합의서 채택, 사찰원칙과 방법 등에 대한 남북 간의 시각 차이는 결국 동 위원회의 기능을 무력화시켰다. 표면적인 이유는 [표 7–6]에서 나타나듯이 사찰원 칙과 방법에 대한 남북 간의 입장 차이에 기인한다. 북한은 국제적 의혹의 대상이

표 7-6 **남북핵통제공동위원회 쟁점**

쟁점	남측 주장	북측 주장
'비핵화 공동선언' 이행합의서 채택	• 불필요 - '비핵화공동선언'과 중복	• '별도의 실천대책 필요 - 내용: '비핵화 공동선언' 1, 2, 3항 '비핵지대화'
사찰 원칙	• '상호주의' - 상호 동수주의 원칙 적용 필요	• '상호주의'수용 불가 - 북측: 영변 1곳/남측: 미군기지
사찰 대상	• 대칭 사찰 (북한 핵시설 및 유관 군사시설/ 주한미군기지)	• 비대칭 사찰 (영변 핵시설/주한미군기지) * 영변의 2개 의혹시설은 군사기지로 수용불가
사찰 방법	• 특별사찰	·특별사찰 불수용

되고 있는 영변의 2개 미신고 시설(핵폐기물 저장소로 추정)을 군사기지로 못 박고 남측의 계속된 특별사찰 요구에 쐐기를 박았다. 더구나 회담의 진행과정에서 북한 측은 한반도 핵문제의 발단근원이 주한미군의 핵무기에 있음을 반복, 강조하면서 남한 내 핵무기와 핵기지에 대한 사찰을 강변하여 협상을 무산시켰다.

그러나 협상 파행의 본질적인 이유는 북한의 목적에 있다. 북한의 의도는 자신들은 영변 한 곳만을 정기사찰로 받는 대신 한국의 미군기지에 대한 사찰을 벌이는 한편 한반도의 '비핵지대화' 주장을 통해 주한미군에 대한 압박을 목표로 한 것으로 판단된다. 즉, 핵통제공동위원회를 통해 한국은 '한반도의 비핵화'를 북한과 논의할 의도인 반면, 북한은 '한반도의 비핵지대화'를 목표로 주한미군의 문제를 부각시킬 의도이기 때문에 회담은 파행되었던 것이다.

결국 1990년대 초 합의된 '남북 기본합의서'나 '비핵화 선언'은 이행을 담보하지 못한 채 선언적 합의에 머물고 있다. 두 합의가 표류된 표면적인 이유는 각 쟁점에 대한 남북한의 현격한 시각차라고 할 수 있겠으나, 본질적인 이유는 북한이 동 합의들을 통해 추구하는 전략적 의도에 있다고 하겠다. 북한은 애초 위의 두 개의 합의를 통해 남북관계를 발전시켜 한반도에 실질적인 평화정착을 추구하기보다는, 미국의 요구를 적정수준에서 수용함으로써 대미 직접협상의 채널을 구축하고 궁극적으로는 미국과의 평화협정체결을 도모한 것으로 평가할 수 있다. 때문에 북한은 동 합의 이후 미국과의 고위급 회담에 진척이 없고 IAEA에 의한 북한 핵의혹이 불거지자 1993년 2월 NPT 탈퇴를 선언하면서 미국과의 직접대화를 요구하는 강수를 던진 것이다. 당연히 이후 1990년대 말까지 남북 간에는 기본합의서나 비핵화의 이행을 위한 후속회담이 개최될 수 없었다.

2. 제2시기(2000~2004): 남북 경제협력과 군사적 보장 조치 이행

제2시기는 남북 정상회담에 이어 최초로 국방장관회담이 열린 2000년부터 2004년까지이며, 이 시기에는 한 차례의 국방장관회담과 그 합의사항을 이행하기 위한 20차례의 실무회담이 진행되었다. 제2시기에서 북한은 주적개념문제, 주한미군문제 등을 '근본문제'라고 묶어 군사의제를 논하기 위한 선결조건으로 내세움으로써 군사의제에 대한 합의를 회피하고 경제협력 분야에 집중하여 실익을 챙기려는 전략을 구사하였다.

1991년 남북 기본합의서가 채택된 이후 북한의 핵개발 의혹 문제로 국제적 긴장이 고조되면서 경색되었던 남북대화가 다시 재개된 것은 김대중 정부 출범 이후이다. 김대중 정부는 탈냉전에 따른 한반도 주변정세가 남한에게 유리하게 변화되고 있는 가운데 북한의 경제난이 심화되고 여기에 한국이 주도하여 통일정책을 펴기만 한다면 통일을 앞당길 수 있을 것이라는 확신을 가졌다.[35] 그리고 이러한 의지를 반영한 2000년 3월 9일 김대중 대통령의 '베를린 선언[36]'은 북한 지도층에게 남북협력에 대한 기대감을 높이는 계기로 작용하였다.

물론 한국정부의 대북포용정책이 처음부터 북한을 대화에 나서도록 유인한 것은 아니었다. 북한은 김대중 정부의 대북포용정책을 다른 형태의 흡수통일을 위한 책략이라고 거부하고, '강성대국론'을 표명하며 군사강국의 기반 확보를 추진하고 있었다. 그러나 북한 국내총생산(GDP)은 1993년 231억 달러에서 1999년 126억 달러로 감소할 정도로 최악의 상황을 맞고 있었다.[37] 북한 입장에서 볼 때 체제발전을 위한 물적 조건 즉, 한국으로부터의 대규모 경제적 지원과 협력을 받을 수 있다는 점과 미·일 수교를 포함한 대외관계 개선을 위해서도 남북 간의 가시적

긴장완화 조치가 필요하였다.[38]

이러한 맥락에서 2000년 6월(13~15
일) 역사적인 남북 정상회담이 개최되었
고, 「6·15 남북공동선언」(이하 6.15 선언)
이 발표되었다. 그러나 아쉽게도 이 선
언에서 남북 군사문제는 다루어지지 못
했다. 북미관계와 남북관계를 분리시키
는 북한의 이중 협상 전략 때문이었다.

▲ 제1차 남북국방장관회담(2000. 9)

2000년 이후 북한은 남북 군사회담에 응하면서도 회담에서 군사 이슈를 다루는 것
을 회피하였다. 그들은 군사문제를 체제안전과 동일시하였으며 북미 대화에서 다
루어져야 할 사항으로 간주하였다. 따라서 남북 간의 군사회담을 통해 한반도 평화
를 위한 근본적인 군사문제들을 해결하는 것에 대해 미온적이며 소극적 태도로 일
관하였다.

반면 한국은 군사분야의 진전이 없는 남북관계는 허울뿐이라는 인식 아래 군
사문제를 의제화시키기 위해 적극적으로 노력하였다. 2000년 7월 29일부터 31일까
지 서울에서 개최된 제1차 남북 장관급회담에서 정부는 중단된 판문점 당국 간 연
락사무소 재개를 시작으로 남북관계를 복원시키고 화해협력 분위기를 이어가는 데
중점으로 두고 군사문제를 우선적 의제로 제시하였다. 그러나 북한은 '민족대단결',
'우리민족끼리'라는 구호와 함께 주한미군 문제를 끌어오며 군사문제를 회피하려
하였다. 그러나 남북경협과 병행한 군사회담의 중요성을 강조해 온 한국 정부의 입
장을 북한이 수용함으로써 2000년 9월(25~26일) 남북 분단 최초로 국방장관회담이
개최되었다.

이 회담에서 한국은 철도 및 도로 연결을 보장하기 위한 군사적 조치와 국방
장관회담의 정례화, 남북군사위원회 및 군사실무위원회의 설치, 부대이동 통보, 군
인사교류, 군사정보 교환, 군사직통전화설치 등 군사적 긴장완화 및 투명성 재고를
위한 신뢰 구축 조치를 제안하였다. 그러나 북한은 한국이 군사의제를 제시할 때마
다 북한에 대한 주적개념 적용 철회와 한미 연합훈련의 금지를 선행조건으로 내세
우며, 경제협력에 관한 의제 이외의 논의는 회피하였다. 그 결과 남북한은 철

표 7-7 2000년 이후 군사실무회담의 합의이행 여부   (○ : 이행, × : 불이행)

협상의제 합의결과		남한 이행여부	북한 이행여부
철도·도로 연결사업	남북관리구역의 설정	○	○
	철도·도로작업의 군사적 보장	○	○
	남북관리구역 임시도로 통행 군사적 보장	○	○
	남북관리구역 경비초소 설치·운영	○	○

도·도로연결과 관련된 내용을 제외한 여타의 군사적 신뢰구축 문제에 대해서는 아무런 합의도 보지 못했다.

반면 철도·도로 연결에 필요한 군사적 보장 문제는 같은 해 10월부터 이듬해 12월까지 개최된 총 20차례의 실무회담을 통해 파행 없이 진행되었다. 실무회담은 장관급회담을 통해 결정된 남북 철도·도로 연결과 관련된 군사적 보장조치를 주요 의제로 하였기 때문에 세부의제 설정이나 합의 도출과정에서 의견 충돌은 적었기 때문이었다. 남북 양측은 [표 7-7]에서 보는 바와 같이 실무회담을 통하여 철도 및 도로 연결사업을 진행하는 데 필요한 남북관리 구역의 설정, 철도 및 도로작업의 군사적 보장, 남북관리구역 임시도로 통행의 군사적 보장, 남북관리구역 경비초소의 설치 및 운영 등의 합의를 끌어내었다.[39]

이 합의에 따라 양측은 서해지구에서는 서울-신의주 간 철도 및 개성-문산 간 도로의 연결을 위해 250m 폭의 남북관리구역을 설정하였다. 그리고 동해지구에서 관리구역은 동해선을 따라 100m 폭으로 하였다. 이 구역 내에서는 1개 초소가 설치되었으며 지뢰지대의 제거 작업이 진행되었다. 양측은 지뢰 제거 작업 간 군사적 오해가 발생하는 것을 방지하기 위하여 작업 시간과 내용을 서로에게 통보하였다. 그리고 사업이 진행되는 동안 양측 군사당국 간 직통전화를 운영하여 의사소통이 가능하도록 만들었다. 이와 같은 군사적 보장조치 속에서 철도 및 도로 연결 사업은 순조롭게 진행되었다.

앞서 살펴보았듯이 2000년 이후 북한이 군사회담에 응했던 이유는 김정일 체제 집권 이후 제체 안정성과 경제난 극복을 위해서였다. 하지만 북한은 대남협상과 대미협상 전략을 이중화시켜 한반도 평화체제 및 군사적 긴장 완화와 같은 군사 문제들을 북미협상 틀 속에서 다루면서 남북 군사회담에서는 경협에 대한 군사적 보장조치 마련 수준에서 회담을 진행하였다.

제1차 국방장관회담에서는 남북 철도 및 도로연결 사업에 관한 기본적 내용이, 이후 실무회담에서는 세부사항들이 합의되었다. 그러나 실제 군사적 신뢰구축 문제에는 큰 진전이 없었다. 다만, 남북 철도·도로 연결을 위한 사업 간 취해졌던 지뢰제거 작업을 위해 합의된 행동 수칙 및 제한 사항의 이행과 쌍방 간 경비초소의 운영 방식 등은 제한된 지역에서나마 일부 군사적 신뢰구축 조치가 이루어졌다는 점에서 의미를 부여할 수 있다.

3. 제3시기(2004~2008): 남북 장성급 회담과 군사문제 의제화 시도

2002년 10월 초 부시(George W. Bush) 미 대통령 특사인 제임스 켈리(James Kelly)의 방북 시 북한이 고농축우라늄 핵무기의 개발을 시인했다고 하여 그 파장은 북미관계뿐 아니라 남북관계에도 영향을 미쳤다. 나아가 2003년 3월 20일 미국은 이라크 공습을 개시하고 한국은 미국의 이라크 전쟁을 즉각 지지하고 군대 파병까지 결정했다. 연례행사인 한미 연합군사훈련도 실시되었다. 이처럼 남북관계는 국제 정세와 연동되어 냉각기류를 타게 되었다.

한편, 2003년 2월에 취임한 노무현 대통령은 '선 북핵 해결 후 대북지원' 입장을 천명하였다. 그리고 대화를 통한 해결, 호혜주의, 국제협력, 국민 참여 등 이른바 평화번영정책의 4원칙을 제시하였다. 김대중 정부의 대북포용정책을 계승하면서도 국제협력과 국민 참여를 강조함으로써 정책의 투명성을 보완한 것이었다. 그러나 출범초기부터 2차 북핵 위기로 인하여 노무현 정부의 대북정책은 사실상 큰 진전을 이루지 못했다. 평화와 번영의 동북아시아 시대라는 거대한 전략적 목표를 제시했지만 노무현 정부의 대북정책 성과는 거의 대부분 북핵 문제의 해결노력과 남북회담 및 3대 경협사업(철도·도로 연결, 개성공단, 금강산관광) 추진 정도로 한정되었다.

가장 큰 걸림돌은 북한 핵문제였다. 2003년 7월 8일 북한은 핵 재처리를 완료

통보를 통해 핵보유를 선언하였다. 그리고 이 문제를 해결하기 위하여 2003년 8월 27일 중국 베이징에서 동북아 6개국(남·북한, 미·일·중·러)을 중심으로 북핵 해결을 위한 '6자회담'이 개최되었다.

이처럼 급격한 안보환경 변화 속에서 노무현 정부는 평화번영정책의 이름아래 남북 간의 교류를 확대하는 가운데 남북 군사회담의 제도화를 위한 노력을 병행 추진하게 되었다. 즉, 한편으로는 남북경협사업을 지속적으로 추진하며 개성공단의 조속한 건설, 금강산 관광의 활성화, 이산가족사업의 적극 추진 등 남북경협사업과 함께 민간교류를 지속하였으며, 다른 한편으로는 제2차 남북국방장관회담 개최를 요구하며 남북대화를 통한 북한 핵문제의 평화적 해결 분위기 조성에 적극 나서게 되었다.[40]

그러나 참여정부의 이러한 노력은 북한의 부정적인 태도에 부딪혔다. 북한은 북미회담과 남북회담을 이용한 이중 회담 전략(two-track dialogue strategy)을 구사하였다. 북한은 남북회담에서 핵문제를 포함한 군사적 이슈들이 의제화되는 것을 적극 회피하였고, 이는 미국과의 직접협상을 통해 다루어져야 한다고 주장했다. 따라서 한국정부의 반복되는 군사문제 의제화 시도에도 불구하고, 북측은 한미연합 군사연습, 이지스함의 동해배치계획, 북한이탈주민들이 만든 인터넷 방송의 중지 등을 이슈화하며 군사문제에 대한 논의를 회피하였다.[41]

이러한 어려움 속에서도 남북한 군사적 긴장 완화를 위한 한국 정부의 노력은 계속되었다. 경제 분야의 교류협력 활성화에도 불구하고 북한 핵문제로 인해 한반도 안보위협상황이 심화되자, 노무현 정부는 남북 간 군사적 의제협상이 가능한 군사회담이 시급함을 인지하고 최초로 남북 장성급군사회담 개최를 제의하였다. 이것은 경제적 교류를 위한 군사적 보장조치를 위주로 하는 군사실무회담보다는 합의수준이 높고 국방장관회담 보다는 합의수준이 낮았으나, 장성급군사회담을 통해 남북 간 긴장완화와 신뢰구축을 위한 군사의제를 전담할 수 있다는 장점이 돋보이는 제안이었다. 이러한 제안에는 남북한 평화체제 구축의 근본적 문제를 해결할 수는 없어도 군사회담을 전문화, 상설화함으로 인해 남북 간 군사분야의 실질적 협의가 가능하며, 이를 통해 군사적 긴장완화를 도모할 수 있다는 판단이 내재되어 있었다. 북한은 여러 차례의 협상을 통해 한국정부의 제안을 수용하였고, 마침내

2004년 5월 25일 제1차 장성급군사회담이 개최되었다.

장성급군사회담을 중심으로 하는 제3시기의 남북 군사회담은 제2시기의 군사적 보장조치를 위한 실무협상보다 그 기능이 향상된 '군사의제 전담협상'의 성격을 띠게 되었다. 제3시기에 개최된 총 7차례의 장성급회담에서는 크게 서해상 우발적 충돌 방지와 군사분계선 지역에서의 선전활동 중지 등 두 가지 의제가 다루어졌다.

제1차 장성급회담에서 한국 측이 서해 우발적 충돌 방지 문제를 제기한 반면, 북한은 선전활동을 의제화시켰다. 1, 2차 서해교전(1999. 6. 15, 2002. 6. 29) 이후, 한국 측은 서해상에서의 우발적 무력 충돌 방지가 남북한 긴장완화에 무엇보다 중요한 과제라고 판단한 것이다. 북한은 서해문제에 대해서는 원칙적인 동의만 표명하는 가운데 군사분계선 지역에서의 전단 살포 및 선전방송 등의 중지와 방송시설 철거에 대해서는 구체적으로 중지 및 제거 날짜와 그 대상을 제시하는 등 유례없는 적극성을 보였다.

그러나 제2차 장성급회담에서부터 양측의 입장 차이가 나타나기 시작했다. 한국은 서해 우발적 충돌 방지 문제를 우선적으로 논의하는 가운데 북한이 이를 수용할 경우 모든 선전 활동 중지와 선전 수단의 제거에 적극 협의할 용의가 있음을 밝혔다. 이에 대해 북한은 선전문제의 우선적 해결을 주장하며, 서해상의 해상 경계선 설정을 새로운 의제로 들고 나왔다. 이러한 입장 차이는 제2차 남북장성급회담('04. 6. 3~4)에서 양측이 「서해해상에서 우발적 충돌방지 조치와 군사분계선 지역에서의 선전활동 중지 및 선전수단 제거에 관한 합의서」('04 .6. 4)를 채택함으로써 봉합되는 듯하였다.

그러나 합의 내용의 이행을 둘러싸고 남북 간에는 현격한 의견대립이 존재했다. 쟁점은 서해 북방한계선(Northern Limit Line: NLL)을 둘러싼 남북의 입장 차이에 기인한다. 2004년 7월 NLL을 침범한 북한 함정에 대한 한국 해군의 경고 사격 사건으로 인해 이러한 입장 차이

▲ 제2차 남북장성급회담(2004. 6)

표 7-8 2004년 이후 장성급군사회담 합의이행 여부 (○ : 이행, △ : 부분이행)

협상의제 합의결과		남한 이행여부	북한 이행여부
서해상 우발적 충돌방지	국제상선 공통망 운용	○	x
	쌍방 경비함정 간 기류 및 발광신호 운용	○	x
	쌍방 관련 군사당국 간 불법 조업선박에 대한 정보 교환	○	x
	새로운 통신선로 및 통신연락소 설치 · 운용	○	x
	통신운용	○	○
선전활동중지 선전수단제거	2004.6.15일 0시부터 군사분계선 지역에서 모든 선전 활동 중지	○	○
	8.15까지 군사분계선 지역에서의 모든 선전수단을 제거	○	○
	합의사항에 대한 구체적 이행방안 마련을 위해 후속회담 개최	○	○

는 보다 극명하게 표출되었다. 결국 제3차('06. 3. 2~3), 제4차('06. 5. 16~18) 장성급회 담은 서해 해상불가침경계선 설정 문제를 두고 기존의 NLL을 주장하는 한국의 입장 과 이를 무시하고 새로운 서해 해상불가침경계선의 설정을 강변하는 북한의 주장이 대립되면서 서해상 우발적 충돌방지 조치에 대한 기존의 합의는 이행될 수 없었다.

이러한 가운데 북한의 미사일 시험 발사('06. 7)에 이은 핵실험('06. 10)으로 남북 군사회담은 교착상태에 이르게 되었다. 그러나 2007년 2월 제5차 3단계 6자회담에 서 북핵 문제의 단계적 해결 조치를 담은 '2.13 조치[42]'가 도출되면서 남북 간 대화 도 재개되었다.

양측은 이후 열린 제5차 남북장성급회담('07. 5. 8)에서 서해문제의 해결, 기존 합의사항에 대한 철저한 준수 및 위반시 재발방지 노력 등 5개항으로 이루어진 '공 동보도문'을 내놓았다. 그러나 합의의 이행을 위해 열린 제29차 실무회담('07. 6. 8)과 그 이후의 회담들에서 양측은 여전히 이견을 보였다. 한국 정부는 이러한 이견차를 좁히기 위하여 NLL을 중심으로 한 「서해해상 충돌방지 및 공동어로 실현에 관한 합의서(안)」를 제시하였으나 북한은 기존의 새로운 서해 해상불가침경계선 설정 주장을 반복하면서 한국 측 제안을 거부하였다. 이후 제2차 남북정상회담('07. 10. 2)에 이어 개최된 제2차 남북국방장관회담('07. 11. 27)에서 한국 측은 '서해평화협력특별지대43' 설치안을 제시하면서까지 합의점에 이르고자 하였으나 이 역시 북한의 반복된 주장에 직면하여 서해 해상에서 우발적 충돌방지 조치 이행에 아무런 합의를 볼 수 없었다.

요컨대 2004년 이후 남북한은 장성급 군사회담을 통해 서해 해상의 우발적 충돌방지와 선전활동 중지 및 선전수단 제거를 목적으로 하는 군사적 신뢰구축조치에 최초로 합의하였다. 그러나 북한이 제기한 선전수단 제거 문제는 신속하게 이행이 된 반면, 한국 측이 의제화시킨 서해문제는 아직까지 북한의 이행거부로 파행되고 있다. 북한은 남북의 국력차이로 인해 자신들이 불리하다고 판단한 선전활동의 중단 및 선전수단 제거 문제는 적극성을 보인 것으로 판단되나, 서해상 우발충돌 방지 문제는 이행을 미루면서 오히려 이 지역을 분쟁지역화함으로써 자신들의 NLL 무실화 책동에 전략적으로 활용하고 있는 것으로 보인다. 북한의 이러한 태도는 남북한의 군사적 신뢰구축 및 군비통제가 쉽게 진전될 수 없는 과제임을 재확인하고 있다.

이상에서 1990년대 이후 남북군사회담을 1~3기로 나누어 분석, 평가해 보았다. 그 결과 다음과 같은 특징을 발견할 수 있었다. 첫째, 남북한은 1990년대 '남북기본합의서'와 '비핵화'에 대한 선언적 합의, 2000년대 초반 남북경협에 따른 군사적 보장조치 논의, 그리고 2000년대 후반 본격적인 군사문제 의제 논의 등으로 진전되고 있다. 표면적으로는 의제가 점차 군사적 신뢰구축 문제로 집중되는 양상을 보이고는 있으나, 결국 북한이 추구하는 경제적 실리 확보나 체제안전을 저해하지 않는 의제만 이행되는 면모를 보이고 있다. 둘째, 남북 군사회담의 진행과정이 북핵 문제 해결을 위한 미·북협상 및 6자회담과 긴밀히 연계되어 있다는 점이다. 북한은 남북 군사회담을 이들 핵협상의 종속변수화함으로써 궁극적으로는 비핵화 협상을 통해 체제안전과 자신들의 의도대로 한반도의 구조적 변화를 꾀하고 있는 것이다. 때문에 남북 군사회담은 20여 년간의 대화를 통해 군사회담의 제도화라는 측면에서는 기여하였지만 쌍방 간 군사적 신뢰구축과 군비통제에는 실질적 효과를 창출하고 있지 못하고 있는 실정이다.

4. 남북한 군비통제의 이론적 고찰

분쟁국가 간의 군비통제의 필요성은 아무리 강조해도 지나치지 않다. 잠재되어 있는 정치·군사적 차원의 갈등을 관리함으로써 평시에 전시에 대비한 정치·경제적 기회비용을 줄일 수 있기 때문이다. 나아가 분쟁 당사국 간 군사적 위기에 대한 대화의 통로를 마련한다든가 안보의 공감대를 형성하는 등 정치적 차원에서도 국가안보에 기여하는 바 크다. 반면 분쟁국가 간 군비통제를 이루어 나가는 것은 매우 어렵다. 군사적 충돌에 대비해 평소 군사력을 유지하는 것인데, 정치·군사적 갈등이 완화되지 않는 상황에서 상호 군사력을 통제한다는 것 자체가 매우 어렵기 때문이다. 이것이 바로 분쟁국가 상호 간 군비통제의 필요성과 그 가능성에 대하여 "Catch-22[44]"의 역설적 현상이 발생하는 이유다.

남북한의 경우 군비통제의 "Catch-22" 현상이 극명하게 나타나고 있다. 1990년대 초 남북기본합의서와 비핵화 공동선언이 발표되었고, 2000년과 2007년에는 남북정상회담이 개최되기도 하였다. 그러나 이러한 시도들이 경제 협력이나 문화교류 등의 분야에서 일정부분 성과를 거둔 것에 반해, 국가의 안보 문제와 직결되는 군사분야에서는 효과적인 합의를 이끌어내지 못했다. 다시 말해, 그동안 남북한 간의 수차례에 걸친 협의에도 불구하고 정작 가장 중요한 군사 부분에서 그 성과가 기대에 미치지 못하고 있다.

그렇다면 그 이유는 무엇일까? 각종 회담의 이행과정에서 나타난 표면적인 이유는 군사문제 논의에 대한 북한의 거부이며, 그 속내에는 정전체제의 무실화 및 유엔사 해체·미국의 핵우산 제거·주한미군 철수·미·북 평화협정 체결 등으로 이어지는 북한의 전략적 계산이 깔려있다. 즉 북한이 남북 회담과 합의에 응한 것은 평화적 남북관계를 발전시키기 위한 의도라기보다는 일단은 체제유지를 위한 경제적 실리를 확보하고, 궁극적으로는 대남적화를 달성하기 위한 수단으로 활용하고 있다는 것이다.[45] 때문에 그동안 우리 정부가 지속적으로 제기해 온 남북경협과 병행한 남북 간 긴장완화와 군사적 신뢰구축 요구를 계속 외면해 온 것이다. 그렇다면 이에 대한 대처방안은 오히려 간단할 수 있다. 북한의 의도가 변화되었다고 판단되지 않은 한 남북 간의 대화를 중단하는 것이다.

문제는 남북문제가 그렇게 간단하지 않다는 점이다. 우리 정부로서는 당면과제인 이산가족 문제와 같은 민족으로서 인도주의적 차원의 대북 지원을 외면하고 있을 수만은 없다. 보다 중요한 점은 향후 평화적 방법에 의해 한반도에 공고한 평화체제를 구축하기 위해서는 남북한의 경협의 확대와 함께 군사적 긴장의 완화와 신뢰구축이 요구된다는 점이다. 남북한과 관련한 동북아의 복잡한 역학구도를 고려할 때, 평화적 남북통일 과정에서도 남북한 간 군사적 신뢰구축과 군비통제는 당연히 요구되는 과제다.

그렇다면 남북한 간의 군사적 신뢰구축과 군비통제를 가로막는 본질적인 이유는 무엇인가? 다음에서는 이론적 차원에서 남북한 간의 군비통제의 조건들을 살펴봄으로써 그 이유들을 살펴보고자 한다.

첫째, 분쟁 국가 간 군비통제는 '정치적 현상유지'에 대한 상호 간의 공감대를 형성할 때 가능하다. 분단국으로서 남북한의 정치적 현상유지에 대한 인식은 각각의 통일정책과 밀접한 관계가 있다. 이러한 맥락에서 남북한이 통일이라는 동일목표에 대하여 각각 상대방과 공유할 수 없는 전략적 인식과 목표를 추구하는 한 군비통제에 대한 실질적인 진전은 매우 어렵다. 그 이유는 군사력을 통제하거나 통제의 결과 나타나는 군사적 균형이 결과적으로 차후 통일의 주도권과 상당히 밀접히 관련되어 있기 때문이다. 이럴 경우 쌍방 간에 군비통제에 대한 각종 제안이 교차되더라도 일방은 타방의 제안을 현상타파를 위한 전략적 움직임으로 파악하기 쉽기 때문에 결국 공허한 제안으로 남을 수밖에 없다. 그러므로 남북한 간에 현재의 분단 상태하에서 각각의 영토와 체제에 대한 실질적인 합의가 이루어지지 않는 한 쌍방 간 구체적인 군비통제의 진전을 기대하기는 어렵다. 물론 남북한 간에 이러한 합의가 부재하는 것은 아니다. 지난 1991년 남북 기본합의서가 그것이다. 문제는 북한이 이를 사문화하고 있다는 점이다.

둘째, 군비통제는 분쟁 당사국 간의 정치적인 갈등의 완화를 필요로 한다. 그러나 남북한 간에는 정치적 갈등 해소를 위한 노력들이 부족하다. 북한은 여전히 남한의 적화통일을 국가전략의 전면에 내세우고 있다. 남북정상회담과 연이은 수차례의 장관급 회담을 통해 최소한 표면적으로는 남북 간의 긴장이 완화되고 있는 것이 사실이다. 그러나 지난 반세기 동안 존속해 온 남북한 간의 군사적 갈등과 북

226

한의 대남 군사위협의 원천적인 해소는 궁극적으로 북한이 가진 대남전략의 변화 없이는 불가능하다는 점을 간과해서는 안 된다. 그러나 한반도 공산화통일을 목표로 규정하고 있는 북한의 노동당 규약이 존속되고 있는 한 실질적인 대남전략에 큰 변화는 없을 것으로 예상된다. 아울러 북한이 대남 적화통일노선을 포기하지 않는 한, 실존 군사력의 규모와 위상에 엄청난 파급효과를 가져올 군비통제에 쉽게 응하지 않을 것으로 예상된다.

셋째, 관련국 각각의 '군사비 부담'(defense burden)이 자국의 독립 유지에 치명적일수록 분쟁국 간 군비통제의 가능성은 높아진다. 이는 국가들이 처한 '국방딜레마'(defense dilemma)와 관련이 있다.[46] 국방 딜레마란 자국의 군사안보를 위하여 지속적으로 투자된 군사비가 오히려 부메랑(boomerang) 효과를 유발하며 자국의 총체적인 안보를 해치게 되는 상황을 야기하는 것을 의미한다. 예를 들어, 특정 국가가 자국의 경제적 능력에 비해 높은 수준의 군사비를 장기간 투자할 경우 정부 내의 다른 공공부문의 투자의 희생은 불가피하며, 이러한 현상이 누적될 경우 종국에는 내부적 경제위기와 체제 위기를 유발할 개연성이 높다. 따라서 이러한 국방 딜레마가 심화될수록 군사비 부담을 줄일 수 있는 군비통제는 점차 매력적인 정책대안으로 상정될 가능성이 높아지게 된다.

그러나 북한에는 이 조건이 적용되지 않는 것으로 보인다. 현재 북한의 실존 군사력과 군대가 지니고 있는 역할 때문이다. 북한은 경제가 피폐한 상황하에서도 재래식 군사력을 꾸준히 증강시켜 왔다. 재래식 군사력에 화학무기와 탄도미사일 능력을 더한다면 북한의 군사력 증강 의도는 명백하다. 북한이 이처럼 대량살상무기를 비롯한 군사력 증강에 심혈을 기울이는 이유는 군부가 체제의 버팀목 역할을 수행하고 있기 때문이며, 군사력의 존재 자체가 대남 혹은 대미 협상의 중요한 수단이 되기 때문이다. 따라서 북한은 현재 국방딜레마로 인해 비군사적 부문의 발전에 어려움을 겪고 있으나, 체제 유지를 위한 군사력의 필요성을 우선적으로 고려하며 군비통제에는 관심을 보이지 않고 있다.

마지막으로 남북한의 군비통제 진전을 어렵게 하는 요인으로는 쌍방 간 군사적 비대칭성에서 오는 구조적 문제도 있다. 쌍방이 군사적 대칭성(symmetry)을 유지하고 있을 경우 합의의 가능성이 증대한다. 여기서 군사적 대칭성이란 상호 동맹구조나 군사력의 구조 등이 대등한 구조를 유지하는 것이다. 이 점에서 남북한 상황은 과거 미·소의 핵통제나 유럽에서의 군비통제 구조와는 상이한 양상을 띤다. 남북한 군비통제 구조는 전략적 비대칭성을 특징으로 하고 있다. 쌍방 간의 동맹구조와 이로 인한 위협인식의 괴리, 상이한 군사정책 및 전략, 그리고 군사력의 구조와 운영에 이르기까지 대칭성을 발견하기란 쉽지 않다.

우선 남북한은 비대칭적인 쌍무적 군사동맹 구조를 지니고 있다. 북한은 중국과 구소련을 계승한 러시아와, 한국은 미국과 동맹관계를 맺고 있다. 역사적, 전략적인 이유에서 한국에는 주한미군이 주둔하고 있다. 이 중에서도 특히 주한미군의 문제는 쌍방이 쉽게 양보할 수 없는 핵심 관건이 된다. 한국의 경우 주한미군은 대북 억제력의 본질로서 당분간은 협상불가의 대상으로 인식되는 반면, 북한에게는 위협의 근원으로 자신들의 체제생존, 나아가 대남 무력통일 기도를 저지하는 핵심 전력으로 인식되고 있기 때문이다.

따라서 북한의 대남 군비통제 제안의 초점은 주한미군의 철수와 미국이 제공하는 핵우산의 제거에 맞추어져 있다. 반면, 남한의 대북 군비통제 제안의 핵심은 일단 주한미군 문제는 배제한 채 북한의 장사거리포를 포함하는 주요 공격무기의 제한과 감축, 그리고 화학무기 철폐에 초점이 맞추어져 있다. 문제는 쌍방이 각각 타방에게 제안하고 있는 통제대상 군사력이 상대방의 안보에는 매우 긴요한 전력이라는 점에서 양보나 합의가 쉽지 않다는 데 있다.

요약하면 남북한의 군비통제 구조는 냉전 구조하에서 미·소 간에나 유럽의 집단안보체제 간에 군비통제를 가능하게 하였던 구조와는 매우 상이한 형태를 띠고 있다고 할 수 있다. 남북한 간에는 냉전적 대결 양상을 유지하고 있지만, 실제 구체적인 대치 구조를 보면 전통적 군비통제가 상정하고 있는 구조와는 매우 상이한 특징을 지니고 있다. 결국 남북한 간에 엄존하고 있는 정치적 현상유지 인식이나 정치적 긴장완화의 미흡, 비대칭적인 군사동맹관계와 군사력 구조의 비대칭성 등은 남북 쌍방간 군비통제를 절실한 정책 대안으로 상정하는 데 장애요인이 되고 있는 것이다. 이러한 조건들에 남북한 사이에 명확한 상호이해가 결여된 쌍방 간 합의는 결국 실질적 진전을 이루지 못하고 동상이몽(同床異夢)의 선언적 합의로 지속되고 있다.

요 약

1 >> 군비통제는 일방, 쌍방 혹은 다자간의 합의를 통하여 특정 군사력의 건설, 배치, 이전, 운용, 사용을 확인, 제한, 금지 또는 축소하여 군사적 투명성을 확보하고 군사적 안정성 (military stability)을 제고하여 궁극적으로 국가안보를 달성하려는 안보협력 방안이라 정의할 수 있다.

2 >> 군비통제는 관련국 상호간의 현재적인 군사력의 확인은 물론 제한, 금지, 그리고 감축 등 다양한 정책적 스펙트럼을 지니는 포괄적인 개념인 반면, 군비축소는 군사력의 부분감축 으로부터 전면폐기 등 군사력의 감축을 의미한다.

3 >> 군비통제는 다양하게 분류된다. 통제하고자 하는 대상에 따라 운용적 군비통제와 구조적 군비통제로 구분되며, 참여국의 수에 따라 일방적 군비통제, 쌍무적 군비 통제, 다자간 군비통제로, 통제하는 무기 형태에 따라 재래식 군비통제와 핵 통제로, 통제방식에 따라 대칭적 상호주의와 비대칭적 상호주의 군비통제로 대별할 수 있다.

4 >> 신뢰구축조치(CBMs)는 운용적 군비통제 방식 중 가장 대표적인 조치로 (1) 정보의 교환, (2) 상호 통신수단의 마련, (3) 상호 군사시설에의 접근, (4) 부대훈련 및 기동의 사전통보, 그리고 (5) 특정 부대 규모이상의 훈련제한 등의 방법을 포함한다.

5 >> 쌍무적 군비통제를 가능하게 하는 이론적 변수들은 관련 당사국 간 (1) '정치적 현상유지'(political status quo)에 대한 상호 공감대 형성, (2) 정치적 갈등의 완화, (3) 군비부담의 증대, (4) 상호 억제가 가능한 정도의 군사력 균형 유지, 그리고 (5) 동맹국과의 역학관계 등으로 구성된다. 이 중 (1)과 (2)는 군비통제를 가능하게 하는 필요조건이라 할 수 있다.

6 >> 남북한의 경우 군비통제의 "Catch-22" 현상이 극명하게 드러난다. 즉, 오랜 기간 군사적 대립과 갈등을 거듭해 온 남북한 사이에 군비통제의 필요성은 매우 높은 반면 실제 성사가능성은 매우 낮다는 것이다.

229

더 읽으면 **좋은 글**

1 >> 김명진, 『탈냉전 이후 군비통제: 자료와 해제』(서울: KIDA Press, 2008).
   - 탈냉전 이후 국·내외 방대한 군비통제 연구현황을 군비통제 환경, 정책 및 제도, 협상, 검증 등의 분야로 구분하여 제시하고 자료에 대한 간략한 해설을 제공

2 >> 한용섭, 『한반도 평화와 군비통제』(서울: 박영사, 2004).
   - 군비통제 측면에서 북한 대량살상무기와 재래식 무기 통제 및 한반도 평화체제 구축 등을 논의

3 >> 황진환, 『한국의 안보와 군비통제(개정판)』(서울: 봉명, 2003).
   - 한국의 안보와 연관된 다양한 군비통제 쟁점들을 남북한, 동북아지역, 그리고 국제 군비통제 차원에서 기술

4 >> 황진환, "남북한 군사적 신뢰구축과 군비통제 추진방향," 『한반도 군비통제』, 제49집 (2011. 6), pp. 37-64.
   - 1990-2008년 기간 중 남북한 군사회담을 3개의 시기로 나누어 각 시기별 남북한 간 합의사항과 이행사항별로 평가하여 남북한 군비통제의 한계를 고찰한 후 향후 바람직한 추진방향을 제시

5 >> Mike Chinoy, 박성준·홍성걸 옮김, 『북핵롤러코스터』(서울: 시사IN북, 2010).
   - 1994년 미·북 제네바 합의에서부터 2008년 6자회담의 파행과정까지를 전 CNN 기자가 쓴 북미 비핵화 협상의 인사이드 스토리

6 >> Joel S. Wit 외, 김태현 역, 『북핵위기의 전말: 벼랑끝의 북미협상』(서울: 모음 북스, 2005).
   - 1994년 북·미 간에 제네바 핵합의에 이르는 과정의 전말을 당시 미국측 협상 대표의 시각에서 구체적으로 기술

7 >> Jozef Goldblat, *Arms Control: A Guide to Negotiations and Agreements* (Oslo: International Peace Research Institute, 1994).
   - 다양한 군비통제 합의 및 조약들을 (1) 핵실험 금지 차원, (2) 핵무기 제한, (3) 핵확산 금지, (4) 화생무기금지, (5) 비무장지대화 및 비핵지대화, (6) 유럽에서의 신뢰구축조치 및 재래식전력 감축 등의 측면에서 분류, 설명

| 미 주 |

1 Thomas C. Schelling and Morton H. Halperin, *Strategy and Arms Control*, (2nd ed.) (Washington, DC: Pergamon-Brassey, 1985), p. 2.

2 Patrick M, Morgan, "Elements of a General Theory of Arms Control," in Paul R. Viotti, *Conflict and Arms Control: An Uncertain Agenda* (Boulder, CO: Westview Press, 1986), p. 283.

3 군사력에 대한 이러한 구분과 논의는 이영우, "군사력 비교평가 방법의 고찰,"『국방논집』제26호 (1994년 여름), pp. 6-11; 아울러 이러한 군사력의 구분에 의한 남북한 전쟁수행능력을 비교한 글로는 다음 글을 참조. 이영희, "남북한 전쟁능력 비교연구," 함택영 외, 『남북한 군비경쟁과 군축』(서울: 경남대 극동문제연구소, 1992), pp. 117-144.

4 James E. Dougherty, *How to Think Arms Control and Disarmament* (New York: Crane, Russak, and Company, 1973), pp. 29-30.

5 이러한 구분에 대해서는 다음 책을 참조. Jozef Goldblat, *Arms Control: A Guide to Negotiations and Agreements* (Oslo: International Peace Research Institute, 1994).

6 Michael Sheehan, *Arms Control: Theory and Practice* (New York: Basil Blackwell, 1988), p. 7.

7 그럼에도 불구하고 두 개념이 보는 관점에 따라서 선호되는 것은 다분히 전쟁의 원인에 대한 인식론적인 차이에 기인한다. 먼저 '군비축소' 개념을 선호하는 입장은 전쟁의 원인을 군사력 자체에 있다고 보는 경향이 강하며, 따라서 전쟁을 방지하기 위해서는 군사력의 제거가 필수적이라는 견해를 표명하는 것이다. 반면, '군비통제'를 주창하는 측에서는 전쟁의 일차적인 원인은 다양한 이유에 기인하는 국가 간 불신과 갈등에 있다고 인식하며, 그러므로 국가 간 평화와 안정은 단지 군사력뿐만 아니라 갈등에 의한 침략의도 여하에 따라 결정된다는 입장을 견지한다. Richard D. Burns, "Arms Control and Disarmament: Techniques and Methods in Historical perspective," in Udo Heyn, ed., Disarmament As a Social Process, *Occasional Papers Series 15* (Los Angeles, CA: California State University at Los Angeles, 1988), pp. 68-69.

8 Jozef Goldblat, *op. cit.*, p. 5.

9 이러한 주장에 대해서는 다음 글을 참조. Patrick M. Morgan, "On Strategic Arms Control and International Security," in Edward A. Lolodziei and Patrick M. Morgan, *Security and Arms Control: A Guide to International Policymaking 2* (New York: Greenwood Press, 1989), p. 301; Lawrence Freedman, "Arms Control: Thirty Years On," *Daedalus*, 120-1 (Winter 1991), pp. 72-73.

10 Joseph Nye, "Arms Control and International Politics," in Emanuel Adler, ed., *The International Practice of Arms Control* (Baltimore: The Johns Hopkins University, 1992), p. 162.

11 Lawrence Freedman, "The End of Formal Arms Control," in Emanuel Adler, ed., *op. cit.*, p. 73.

12 Richard Darilek, "The Future of Conventional Arms Control in Europe: A Tale of Two Cities, Stockholm, Vienna," *Survival*, 29-1 (January/February 1987), pp. 5-6.

13 Johan J. Holst, "Confidence-Building Measures: A Conceptual Framework," *Survival*, 25-1 (January/February 1983), p. 2.

14 각 사례에 대한 개괄적인 내용을 잘 설명한 대표적인 연구로는, Jozef Goldblat, *op. cit.*, 참조.

15 William Rose, *U.S. Unilateral Arms Control Initiatives: When Do They Work?* (New York: Greenwood Press, 1988), p. 4.

16 1991년 11월 당시 한국의 노태우 정부는 북한의 핵개발 문제가 민족의 생존에 중대한 위협을 제공한다는 점에서 동년 9월 27일 발표된 미국의 한반도에서의 전술핵 철수와 병행하여 동 선언을 선도적으로 발표하였다. 여기에서 "한국은 (1) 핵에너지를 평화적 목적에만 사용하고 핵무기의 제조·보유·저장·배비·사용을 하지 않는다. (2) '핵안전 조치협정'을 준수하고 핵연료의 재처리 및 농축시설을 보유하지 않는다. (3) 화생무기 제거를 위한 국제적 노력에 적극 참여하고 이에 대한 국제적 합의를 준수한다"고 선언 하였다. 국토통일원, 『南北基本合意書 解說』(통일원, 1992), pp. 150-151.

17 대표적인 저술로는 다음 글을 참조. Nancy W. Gallagher ed., *Arms Control: New Approaches to Theory and Policy* (Portland, Oreg.: Frank Cass, 1998); Keith Krause and Andrew Latham, "Constructing Non-proliferation and Arms Control: The Norms of Western Practice," *Contemporary Security Policy*, 19-1 (April 1998), pp. 23-54; Lewis A. Dunn and Sharon A. Squassoni, eds., *Arms Control: What Next?* (Boulder, CO: Westview Press, 1993).

18 Brad Roberts, "Arms Control and the End of Cold War," *Washington Quarterly*,

15-4 (Autumn 1992), p. 39.

19 Joseph S. Nye, Jr. "Arms Control and International Politics," in Emanuel Adler, ed., *op. cit.*, pp. 167~169.

20 U.S. Arms Control and Disarmament Agency (ACDA), *Arms Control and Disarmament Agreements: Texts and Histories of Negotiations* (Washington, D.C.: US ACDA, 1990).

21 Lewis A. Dunn and Sharon A. Squassoni, "Introduction: The New Global Arms Control Agenda," in Lewis A. Dunn and Sharon A. Squassoni, eds., *op. cit.*, p. 5.

22 Brad Roberts, *op. cit.*, pp. 40-46.

23 여기에는 군사전략, 무기체계의 기술수준, 군사조직 구조, 훈련, 인력구조 등이 포함될 수 있다.

24 비대칭적 상호주의에 입각한 군비통제에 대한 구체적인 설명은 다음 글을 참조. Emily O. Goldman, "Arms Control in the Information Age," in Nancy W. Gallagher, ed. *op. cit.*, pp. 41-44.

25 Patrick M, Morgan, *op. cit.*, pp. 289-296.

26 Robert R. Bowie, "Basic Requirements of Arms Control," in Donald G. Brennan, ed., *Arms Control, Disarmament, and National Security* (New York: George Braziller, 1961), p. 43.

27 Hans J. Morgenthau, *Politics Among Nations: The Struggle for Power and Peace*, (6th ed.) (New York: Alfred A. Knopf, 1985), p. 201.

28 이 부분은 황진환, "남북한 신뢰구축과 군비통제 추진방향."『한반도 군비통제』, 49 (2011년 6월)의 내용을 일부 재인용, 일부 수정한 내용임.

29 황진환, 정성임, 박희진, "1990년대 이후 남북 군사분야 회담 연구: 패턴과 정향,"『통일정책연구』, 19-1 (2010), pp. 25-29.

30 남북관계 연표 참조. 김형기,『남북관계변천사』(서울: 연세대학교 출판부, 2010), pp. 422-495.

31 대통령비서실,『노태우대통령 연설문집』제1권 (서울: 대통령비서실, 1990), p. 178.

32 통일원,『남북한 통일·대화 제의비교 제2권〈1988-1991. 3〉』(서울: 통일원 남북대화사무국, 1991), pp. 354-396.

33 황진환,『한국의 안보와 군비통제(개정판)』(서울: 봉명, 2003), pp. 170-171.

34 북한은 1977년 1월 25일「정당·사회 단체 연석회의」에서 남북한 핵전쟁 위험 제거와 주한미군 철수를 주장한 이래 간헐적으로 이를 반복하였다. 그 후 1986년 6월 23일

「조선반도의 비핵지대로 만드는 데 대한 제안」을 통하여 종전의 주장을 구체화하여 거론하였으며, 여기에서는 ① 남북한 핵무기의 시험, 생산, 저장, 반입 금지, ② 핵무기의 적재가 가능한 항공기, 함선의 영토 통과, 착륙, 기항 및 일체의 군사훈련 금지, 그리고 ③ 주한미군의 핵무기 철수와 핵무기 사용과 관련된 모든 작전계획의 취소를 주장하고 있다. 국토통일원, 『남북한 통일·대화 제의 비교(제1권) 〈1945－1987〉』(통일원 남북대화사무국, 1987).

35 임동원, "제1차 남북정상회담의 성사과정과 향후과제,"『남북한 관계의 회고와 전망』(한국정치학회, 2002), pp. 40-41.

36 정식명칭은 「한반도 평화와 통일을 위한 남북 화해협력 선언」으로 주 내용은 (1) 북한에 대한 농업구조 개혁 지원 및 사회간접 자본 확충 지원 등 남북 경협, (2) 이산가족 문제 해결, (3) 한반도 냉전종식과 평화정착, 그리고 (4) 남북대화 재개 등이다.

37 북한의 공식발표에 의하면 1993년 209.4억 달러, 1999년 102.7억 달러이다. DPRK, Core Document Forming Part of The Reports of Parties (24 June 2002); 한국은행, 『북한의 GDP 추정결과』, 1993-1999년 참조.

38 북한은 실제 6.15 정상회담을 전후하여 이탈리아(2000. 1), 호주(2000. 5), 필리핀(2000. 7), 영국(2000. 12), 네덜란드, 벨기에(2001. 1), 캐나다, 스페인(2001. 2), 독일(2001. 3) 등 미얀마를 제외한 ASEAN 9개국과 EU 15개 회원국 중 프랑스와 아일랜드를 제외한 13개국과 정식 수교를 맺고, 대서방 관계개선을 위해 적극적 태도를 취했다. 김성주, "6·15 남북정상회담이후 남북한관계와 한반도평화체제 구축의 전제,"『국제정치논총』, 42-3 (2002), p. 210.

39 『동해지구와 서해지구 남북관리구역 설정과 남과 북을 연결하는 철도·도로작업의 군사적 보장을 위한 합의서』(2002. 9. 17 체결).

40 국가안전보장회의 사무처, 『평화번영과 국가안보: 참여정부의 안보정책구상』(서울: 국가안전보장회의, 2004).

41 통일부 통일정책실, 『통일백서 2005』(서울: 통일부, 2006).

42 동 합의는 '9.19 공동성명'에서 언급된 초기 단계의 이행 조치를 규정하는데 목표가 있었다. 동 합의의 핵심적 내용은 북한 핵시설의 '폐쇄－불능화－폐기'라는 핵 폐기 로드맵과 이에 따른 나머지 국가들의 단계적 보상과 보장이라고 요약할 수 있다.

43 이 안은 공동어로구역에 새로운 법과 제도를 적용하여, 해군 경비함정 출입을 금지하는 대신 경찰 및 행정조직 중심의 남북 공동관리기구를 설치 및 운영함으로써 남북 간 우발적 충돌을 막으며 경제협력을 확대해가자는 구상이다.

44 미국의 헬러(Joseph Heller)가 쓴 소설 「Catch-22」에서 유래한 말로 딜레마적 상황을

의미. 군비통제 분야에서는 정작 군비통제가 절실한 분쟁국가 간에는 그 성사 가능성이 낮고, 오히려 그 필요성이 적은 국가 간에는 성사 가능성이 증대된다는 역설적 상황을 의미한다.

45 문성묵, "남북군사회담 경험을 기초로 살펴 본 북한의 협상전략," 『한반도 군비통제』, 46 (2010.6), p. 45.

46 부잔(Barry Buzan)은 '국방의 딜레마'를 "국방과 안보문제 사이에 상호 갈등적인 관계가 형성되는 것"으로 정의하면서 다음 두 가지 경우 야기될 수 있다고 설명하고 있다. 그 하나는 국방의 필요에 의해 다른 안보목표를 희생하는 경우이며, 다른 하나는 국방에 따르는 위험이 국방이 억제하고자 하는 위협을 초월하는 경우이다. Barry Buzan, *People, States and Fear: An Agenda for International Security Studies in the Post-Cold War Era*, (2nd ed.) (New York: Harvester Wheatsheaf, 1991), pp. 272-274.

집단안보론

제 8 장

김 인 수

1. 집단안보의 형성 배경과 기능, 한계에 대해 이해한다.
2. 유엔 PKO의 등장배경과 발전양상을 살펴본다.
3. 한국군의 PKO 참여 현황과 활동양상에 대해 알아본다.

1. 집단안보가 등장하게 된 이론적, 역사적 배경을 고찰하고, 국제연맹의 한계와 이를 극복하기 위한 국제연합의 구체적인 조치들을 논의하시오.
2. 집단안보체제로서 유엔의 한계와 PKO의 등장배경에 대하여 논의하시오.
3. PKO의 임무에서 예방외교와 평화조성, 평화강제, 평화유지, 평화재건의 개념은 각각 무엇이며 이는 PKO의 발전양상과 어떻게 연결되는가?

● 집단안보 ● 국제연합 ● 평화유지활동(PKO) ● 동의의 원칙 ● 중립의 원칙
● 무력사용의 원칙 ● 평화조성 ● 평화강제 ● 평화재건

약육강식의 국제질서 속에서 힘의 우위를 통해 안보를 달성하려고 할 경우 평화를 유지할 수는 있지만 상호 불신과 적대감은 사라지지 않는다. 따라서 불안정한 평화를 넘어 안정적인 평화로 나아가기 위해서는 전쟁이라는 인간의 불합리한 행위를 제약할 수 있는 규범체계가 필요하다. 집단안보는 개별국가의 물리적 힘 대신 국제사회의 도덕적 힘을 통해 갈등을 해결하고 평화를 지켜나갈 수 있다는 신념으로부터 비롯되었다. 오늘날 집단안보는 해당 국가의 주권을 넘어 인류 보편의 가치인 인권을 보호하기 위한 국제사회의 개입을 확대해나가는 방향으로 발전하고 있다. 이 장에서는 집단안보의 의미, 형성 배경, 한계에 대해서 살펴보고, 평화유지활동의 등장배경과 발전양상을 검토한 후, 한국의 평화유지활동 현황과 발전방향에 대해 모색해본다.

제 1 절   집단안보의 의미와 형성 배경

1. 집단안보의 의미

집단안보(collective security)는 제1차 세계대전 이후 정립된 안보달성 방식으로 그 역사가 불과 100여 년에 지나지 않는다. 그러나 적대관계에 있는 국가들을 하나의 연합에 참여시켜 전쟁을 막으려는 구상은 아주 오래전부터 존재했다. 중국 「춘추(春秋)」의 기록에 따르면 경쟁관계에 있던 제후들은 당시 가장 큰 영향력을 갖고 있던 제후를 중심으로 일종의 정상회담인 회맹(會盟)을 열었다. 기원전 651년 하남(河南)성 규구(葵丘)에서 열린 회맹에 모인 제후들은 황하(黃河)의 관리와 곡물 거래 등 경제적 문제들을 논의한 후, "우리 동맹국은 이 동맹 후에 우호관계를 유지해야 한다(我同盟之人 旣同盟之後 言歸于好)"고 합의하였다.[1] 이처럼 잠재적 적국을 안보협력 대상으로 포섭하는 것이 집단안보의 특징이기는 하지만, 엄밀한 의미의 집단안보는 다음과 같은 세 가지 절차를 필요로 한다.[2] 첫째, 모든 형태의 침략 전쟁을 불법화한다. 둘째, 국제사회의 모든 국가들이 침략을 당한 국가를 돕겠다고 약속한다. 셋째, 만약 침략 전쟁이 발생하면 침략국을 공동으로 응징한다. 따라서 집단안보는 "국제사회의 모든 국가들이 불특정 국가에 대한 침략행위에 공동 대처하기로 합의함으로써 자국에 대한 침략 위협을 감소시키는 안보달성 방식"으로 정의할 수 있다.

집단안보는 타국과의 안보협력이라는 측면에서 NATO와 같은 동맹 또는 집단방위(collective defense)와 혼동되기 쉽다. 그러나 집단안보와 집단방위는 전혀 다른 개념이다. 먼저 집단방위는 세계질서를 약육강식(弱肉強食)의 무질서 상태로 보고 세력균형을 통해 평화를 유지하려는 안보달성 방식이다.[3] 개별국가들은 공동의 위협에 대처하기 위해 동맹을 맺고 군사력을 키운다. 이때 국제법과 규범은 보조적인 기능을 수행한다. 반면 집단안보는 개별국가들을 국제법과 규범을 토대로 하나의 공동체로 통합시켜 평화를 유지하려는 안보달성 방식이다.[4] 개별국가들은 자국의 이익이 직접적으로 침해당하지 않더라도 평화에 대한 위협에 공동으로 대응한다. 이때 군사력은 보조적인 기능을 맡는다. 미국의 윌슨(Woodrow Wilson) 대통령은 집단안보의 개념에 대해 "국제사회의 도덕적 힘이 세속의 물리적 힘을 능가하지 못할 경우 군사력이 이를 뒷받침 한다"고 설명하였다.[5] 또한 집단안보는 양자 또는 다자간의 안보협력을 의미하는 집단방위와 달리 모든 국가를 참여를 필요로 한다. 만약 참여국 수가 적거나 강대국이 참여를 거부하면 국제사회가 침략행위를 규제할 수 있는 능력이 약해지기 때문이다.

2. 집단안보의 형성 배경

"펠로폰네소스 전쟁이 불가피하게 된 이유는 아테네의 국력 신장으로 인해 스파르타가 느끼게 된 위협이다.[6]" 투키디데스(Thucydides)의 펠로폰네소스 전쟁사를 옮긴 홉스(Hobbes)는 국제관계의 본질을 절대 권력이 존재하지 않는 개인들의 관계와 동일한 것으로 파악한다. 약육강식(弱肉强食)의 질서 속에서 생존을 위해 수단과 방법을 가리지 않는 개인들과 마찬가지로 국가 역시 생존을 위한 치열한 경쟁을 피할 수 없다. 이러한 혼란에서 벗어나기 위해서는 절대자(leviathan)가 필요하다.[7] 기원전 338년 카이로네이아(Chaeronea) 전투에서 승리하여 그리스 전역에 대한 패권을 장악한 마케도니아의 필리포스 2세는 그리스의 도시국가들이 서로 싸우지 못하도록 규제하기 위하여 코린토스 연맹(League of Corinth)에 강제로 가입시켰다. 그러나 마케도니아와 같은 절대 강국의 존재는 다른 한편으로 자국의 생존이 언제라도 위협당할 수 있다는 두려움을 낳게 한다. 따라서 강대국을 중심으로 하나의 통합된 세계체제를 구축하려는 시도는 강대국의 세력이 약화될 때마다 약소국의 반발을 불러일으켜 평화를 유지하는 데 효과적이지 못했다. 그렇다면 국제질서의 혼란과 절대자에 대한 두려움을 동시에 해소할 수 있는 방법은 무엇인가?

이에 대한 해답은 19세기 유럽의 주요 강대국들을 중심으로 형성된 유럽협조체계(Concert of Europe)에서 찾아볼 수 있다. 유럽협조체계는 나폴레옹 전쟁(1803-1815)으로 엉클어진 유럽의 왕정체제를 복구하고 유지하기 위해 형성된 영국, 프로이센, 오스트리아, 러시아의 세력균형체제를 말한다. 그러나 유럽협조체계는 말 그대로 강대국들의 협의를 위한 것으로 이들 국가의 자율성을 구속할 권한을 갖지 못했다. 이에 따라 유럽협조체계는 식민지 확장을 둘러싼 강대국 간의 대립으로 삼국동맹(Triple Alliance)과 삼국협상(Triple Entente)으로 분열되었다. 삼국동맹은 독일, 오스트리아, 이탈리아 간에 체결된 동맹이고, 삼국협상은 영국, 프랑스, 러시아 사이에 구축된 협력 체제이다. 두 동맹 사이의 불안정한 세력균형은 세르비아에서 발생한 오스트리아 황태자 암살 사건을 계기로 결국 제1차 세계대전(1914-1918)으로 확대되었다.

제1차 세계대전의 참상은 평화에 대한 국제사회의 열망을 불러일으킨 계기가 되었다. 이에 따라 학자와 지식인들 사이에 적대관계에 있는 국가들의 연합을 통해 분쟁을 조정하고 전쟁을 막는 방안이 활발하게 논의되었다. 당시 유럽에는 프랑스혁명(1789)의 영향으로 국가의 형태는 국민의 의사에 따라 결정되어야 한다는 믿음이 확산되어 있었다. 이를 토대로 18세기 칸트(Immanuel Kant)와 벤담(Jeremy Bentham)은 자연법(natural law)으로부터 도출된 도덕적 법칙과 제도를 토대로 모든 국가들을 아우르는 단일한 국제사회를 만들어 항구적인 평화를 정착시키는 방안을 제시하

▲ 제임스 브라이스

기도 하였다. 그러나 범세계적 연합체(universal alliance)를 통해 무정부 상태의 국제질서(international anarchy)를 종식시키려는 정치적 구상은 브라이스(Sir James Bryce)[8]의 제안으로 구체화되었다. 이 방안은 제1차 세계대전의 승전국인 미국을 중심으로 모든 국가들이 참여하는 연맹(League)을 조직하고 이를 통해 분쟁을 조정 또는 중재하는 것으로, 이를 거부하는 국가에 대해서는 국제사회가 공동으로 제재를 가하는 것을 골자로 하고 있다.

이러한 제안을 토대로 국제연맹(League of Nations)이 창설되면서 집단안보체제가 출범하게 되었다. 1920년 미국 윌슨(Woodrow Wilson) 대통령의 주도로 창설된 국제연맹은 전쟁을 바라보던 기존의 시각을 새롭게 바꾸는 원칙을 마련했다는 점에서 의의를 갖는다.[9] 19세기까지 전쟁은 주권(sovereignty)에 의해 결정되는 영역이며, 국제관계의 자연스러운 현상으로 여겨졌다. 따라서 전쟁과 관련된 국제법의 역할은 전쟁 중에 사용할 수 있는 무기를 규정하고, 중립의 지위를 보호하는 것으로 제한되었다. 국제연맹은 이러한 관행을 깨고 자위(self-defense)를 위한 전쟁과 침략국을 응징하기 위한 전쟁을 제외한 모든 형태의 침략전쟁을 범죄로 규정하고 금지시켰다. 이에 따라 국가주권의 차원에서 일반적으로 허용되던 군사력의 사용이 국제법과 국제기구에 의해 제한되는 새로운 시대가 열렸다. 그러나 국제연맹은 몇 가지 한계로 인해서 집단안보의 기능을 제대로 수행할 수 없었다.

첫째, 국제연맹의 이념은 국제관계의 현실과 충돌하는 경우가 많았다. 국제연맹규약(Covenant of League of Nations) 10조와 16조는 국제연맹의 가맹국들은 다른 가

맹국의 영토보전과 정치적 독립을 존중해야 하고, 이를 어기는 가맹국에 대해서 재정적·경제적 제재를 가하도록 규정하고 있다. 그러나 현실적으로 대부분의 국가들은 동맹국과 잠재적 적국에게 서로 다른 태도를 보인다. 잠재적 적국에 대해서는 이들이 다른 국가를 침략하지 않더라도 적대적 태도를 취하는 반면, 동맹국에 대해서는 이들이 다른 국가를 침략하더라도 우호적 태도를 취하는 경향이 있다. 또한 자국의 국가이익과 직접적인 관련이 없는 분쟁에 연루되기를 원하는 국가는 없다. 따라서 국가이익이 국제연맹의 이념과 충돌할 경우 회원국들은 국제연명의 이념을 무시할 가능성이 높았다.

둘째, 침략 행위자를 제재하기 위한 국제연맹의 임무가 구체화되지 않았다.[10] 국제연맹규약 제12조는 가맹국 간에 분쟁이 발생할 경우 중재, 사법적 해결, 이사회의 심사를 통해 해결을 모색하고, 만약 실패할 경우 최종 결론이 내려진 이후 3개월이 지난 시점에서 전쟁을 개시할 수 있는 것으로 규정하고 있다.[11] 그러나 강대국을 대상으로 집단적 제재를 가하는 것은 현실적으로 어려웠기 때문에 강대국의 침략행위를 막을 수 없었다. 이러한 한계는 1930년대에 발생한 국제연맹 상임이사국들의 침략행위에서 명백하게 드러난다.[12] 일본은 1933년 국제연맹이 일본의 만주 침략을 비난하자, 이에 반발하여 국제연맹을 탈퇴하였다. 에티오피아를 침략한 이탈리아는 영국이 경제제재 조치를 단행하자, 1937년 국제연맹을 탈퇴하였다. 독일은 1933년 국제연맹을 탈퇴하여 1938년 오스트리아를 병합하고, 1939년 체코를 침공하였다.

셋째, 국제연맹의 결정적 한계는 국제연맹의 창설을 주도한 미국의 불참이었다. 1년 남짓 참전한 제1차 세계대전 중에 30만 명의 전·사상자가 발생하자 미국 상원은 유럽의 전쟁에 미국이 연루되어 미국인들이 또다시 희생되는 것을 우려하지 않을 수 없었다. 이에 따라 상원이 베르사유 조약(Treaty of Versailles)의 비준을 거부하면서 미국은 국제연맹에 참여할 수 없게 되었다. 미국의 불참으로 국제연맹의 주도권은 역사적으로 오랜 앙숙인 영국과 프랑스의 손으로 넘어갔다. 영국은 프랑스가 유럽 대륙에서 패권을 장악하지 못하도록 견제하는 데 치중하였고, 프랑스는 국제연맹을 독일의 침략을 막기 위한 수단으로 활용하려고 하였다. 이러한 이해관계의 대립으로 국제연맹은 집단안보의 기능을 수행하지 못하다가 1939년 제2차 세계대전의 발발과 함께 붕괴되었다.

베르사유 조약(Treaty of Versailles)

베르사유 조약은 독일 제국을 일방으로 연합국을 다른 일방으로 하여 1919년 6월 제1차 세계 대전을 종결짓기 위해 체결된 평화협정이다. 총 440개의 조항으로 구성되어 있으며, 미국 대통령 우드로 윌슨이 제시한 국제연맹에 관한 규정과 유럽의 평화 유지와 관련된 내용을 담고 있다. 베르사유 조약으로 독일은 해외 식민지를 상실하고 막대한 전쟁배상금을 지불하게 되었다.

제2차 세계대전의 포화 속에서도 "말할 수 없는 비애를 두 번씩이나 인류에게 안겨준 전쟁의 참화로부터 다음 세대를 구출할 수 있다"[13]는 희망은 사라지지 않았다. 이에 따라 1945년 3월 5일 유엔헌장 제정을 위한 기초 작업이 이루어졌고, 1946년 1월 10일 런던에서 제1차 유엔총회가 소집됨에 따라 유엔(United Nations)을 중심으로 하는 집단안보 체제가 형성되었다. 유엔헌장 1장은 "국제평화와 안전을 유지하고, 이를 위하여 평화에 대한 위협의 방지, 제거 그리고 침략행위 또는 기타 평화의 파괴를 진압하기 위한 유효한 집단적 조치를 취하고 평화의 파괴로 이를 우려가 있는 국제적 분쟁이나 사태의 조정·해결을 평화적 수단에 의하여 또한 정의와 국제법의 원칙에 따라 실현한다"고 규정하여 집단안보의 원리를 제시하고 있다. 국제연맹과 달리 유엔은 안전보장이사회(United Nations Security Council)에 중앙집권적 권한과 함께 거부권을 부여하였다(유엔헌장 5장). 이러한 조치는 의사결정의 난맥을 막고 강대국의 리더십을 중심으로 세계 평화를 유지해나가기 위한 것이었다. 이에 따라 미국, 소련, 중국, 영국, 프랑스의 5개국이 거부권을 행사할 수 있는 안전보장이사회의 상임이사국으로 선출되었다.

3. 집단안보의 역할과 한계

유엔 회원국들은 분쟁이 발생하면 교섭(negotiation), 심사(enquiry), 중개(mediation), 조정(conciliation), 중재(arbitration), 사법적 절차(judicial settlement), 또는 그들이 선택하

는 기타 평화로운 방법을 사용하여 평화롭게 해결해야 한다(유엔헌장 6장). 만약 분쟁의 평화적 해결이 불가능할 경우 유엔은 평화 파괴자에 대해서 무력사용을 포함한 강제조치를 취할 수 있다(유엔헌장 7장). 유엔은 국제평화와 안전의 유지를 위한 병력의 사용 및 지휘, 군비의 규제와 축소 임무를 군사참모위원회에 부여한다.

군사참모위원회(Military Staff Committee)

군사참모위원회는 안전보장이사회 상임이사국의 참모총장 또는 그의 대표로 구성되며 부여된 임무의 효과적인 수행을 위하여 필요한 경우에는 다른 회원국과 제휴할 수 있다. 군사참모위원회는 1946년 안전보장이사회에 필요한 병력과 원조를 제공하기 위한 특별협정 작성에 착수하여 1947년 국제연합군 기본 원칙에 관한 보고서를 제출하였으나, 일부 상임이사국 간의 의견 불일치로 인해 거부된 후 기능이 정지되어 거의 활동하지 않고 있다.

유엔은 분쟁의 평화적 해결을 위한 제도 마련에도 불구하고 두 가지 이유에서 국제평화와 안전을 보장하는 데 한계를 보였다. 첫째, 침략행위를 규제하기 위해서는 안전보장이사회 상임이사국 전체의 협력과 동의를 필요로 하지만 냉전체제 하에서 국제분쟁이 미·소 양국의 대리전 양상을 보임에 따라 미·소 양진영의 거부권 행사로 안전보장이사회의 기능이 마비되었다. 그 결과 소련이 아프가니스탄을 침공했을 때, 또는 미국이 중남미 국가들의 공산 혁명을 막기 위한 목적으로 군사적으로 개입했을 때 유엔은 아무런 조치도 취할 수 없었다. 둘째, 냉전 종식 이후에도 안전보장이사회 상임이사국의 이해관계가 엇갈리게 될 경우 이들의 거부권 행사로 안전보장이사회가 정상적으로 작동할 수 없었다. 이와 관련된 사례로 코소보 사태를 들 수 있다. 1998년 세르비아로부터 독립을 주장하는 코소보에서 세르비아가 알바니아계 주민들을 학살하자 미국과 영국은 인권 옹호를 명분으로 국제사회의 응징을 요구하였다. 그러나 세르비아 민족의 이익을 옹호하는 러시아는 안전보장이사회에서 세르비아에 대한 무력 사용을 거부하였다.

이에 따라 우 탄트(U Thant) 유엔 사무총장은 "오늘날 분쟁이 끊이지 않는 이유는 유엔 자체의 문제이기도 하지만 필요한 지원을 가로막는 강대국들의 이기심 때

문이다"라며 유엔의 한계를 지적
하였다. 이라크를 둘러싼 국제분
쟁이 좋은 예이다. 1990년 이라크
가 쿠웨이트를 침공하자 유엔 안
전보장이사회는 이라크에 대해 무
조건적이고 즉각적인 철수를 요구
하는 한편, 미국 주도의 다국적군
을 결성하여 1991년 1월 16일 이
라크를 공격한 지 42일 만에 쿠웨

▲ 걸프전쟁(1990. 8)

이트를 해방시켰다. 그러나 걸프전은 이라크의 침략행위를 응징하기 위한 전쟁이
아니라 유엔을 등에 업고 자국의 이익을 추구하기 위한 전쟁이라는 비판이 일었
다.[14] 프랑스와 러시아가 2003년 유엔의 대량살상무기 사찰을 방해한다는 이유로
이라크를 공격하려는 미국과 영국에 반대하자 미국이 안전보장이사회의 승인을 구
하지 않고 이라크를 침공하여 발생한 이라크 전쟁 역시 이러한 비판을 뒷받침한다.
    유엔이 국가이익의 각축장인 국제정치의 들러리에 불과하다는 비판이 제기됨
에 따라 안전보장이사회 상임이사국의 거부권 행사를 방지하고 평화유지를 위한
수단을 확보하기 위해 평화유지활동(Peacekeeping Operation: PKO)이 새로운 분쟁해결
방법으로 제시되었다.[15] 평화유지활동의 역사는 국제연맹으로부터 시작된다. 국제
연맹의 평화유지활동은 국경분쟁의 평화로운 해결을 위해 적대세력의 분리, 중립
지대의 설치, 국제연맹의 강제조치 시행 등과 같은 임무를 포함하고 있었다. 국제
연맹에 의한 첫 번째 평화유지활동은 프랑스와 독일의 분쟁지역인 자르(Saar) 지역
의 귀속을 결정하기 위한 국민투표를 관리하는 것이었다. 1935년 3월 1일 3,300명
의 영국, 이탈리아, 스웨덴, 네덜란드 군인들이 거리에 배치된 가운데 투표는 평화
롭게 진행되었고, 90% 이상의 찬성으로 독일로의 귀속이 결정되었다. 평화유지활
동은 제2차 세계대전의 발발과 함께 국제연맹이 해체되면서 중단되었다가 유엔에
의한 평화유지활동으로 이어졌다.
    유엔 평화유지활동은 1948년 예루살렘 정전감시단으로 처음 시작된 이래 그
활동이 점차 확대되고 있다. 이처럼 유엔의 평화유지활동이 활발하게 이루어지게

된 배경으로는 냉전의 종식을 들 수 있다. 첫째, 냉전의 종식과 함께 그동안 억눌렸던 사회적 불만이 불거지면서 크고 작은 국지적 분쟁이 늘어났다. 둘째, 냉전의 종식으로 미·소의 이해관계가 첨예하게 대립하던 내전 지역에서 유엔이 정상적으로 활동할 수 있는 여건이 만들어졌다. 셋째, 냉전 이후 크게 증가한 자국민에 대한 정부의 잔학행위는 엄밀한 의미에서 타국의 국가이익을 침해하거나 국제질서의 근간을 위협했다고 볼 수 없었다. 그러나 국내 문제에 간섭받지 않을 주권국가의 권리보다 인권을 보호하기 위해 맞서 싸울 국제사회의 권리가 더 중요하다는 주장이 제기되었다.[16] 예를 들어 전통적인 인권이론은 인권을 보호하지 못하는 국가에 대해 국제사회가 집단적 강제조치(collective enforcement measure)를 취할 권리를 인정하고 있다.[17] 이에 따라 유엔은 기아, 질병, 대량학살, 인종청소 등 비전통적 안보 위협으로 인해 인권이 위협받고 있는 지역으로 평화유지활동을 확대해 왔다. 그 결과 오늘날 평화유지활동은 분쟁 지역에 병력과 경찰력을 파견하여 평화를 정착시킬 뿐만 아니라 민간단체들과 협력하여 실질적인 도움을 제공할 수 있다는 점에서 유엔의 대표적인 평화 증진 수단으로 손꼽히고 있다.

제 2 절 평화유지활동

1. 평화유지활동의 의미와 원칙

유엔 평화유지활동은 "국제평화와 안전을 위협할 우려가 있는 분쟁에 대해 유엔 안전보장이사회 또는 총회의 결의에 근거하여 그 분쟁 또는 사태에 이해관계를 갖지 않는 유엔 회원국이 유엔 사무총장의 요청을 받아 주로 군인으로 구성된 평화유지군 또는 군 감시단을 양자 간에 개입시켜 정치적, 군사적 중립성을 유지하면서 전투행위 재발방지와 사태의 진정을 촉진하는 활동"으

▲ 다그 함마르셸드

247

로 정의된다.[18] 유엔 안전보장이사회는 평화와 안보에 대한 위협이 발생할 경우 안
전보장이사회 또는 총회의 결의안을 통해 평화유지활동을 승인할 수 있다. 유엔 평
화유지활동은 일반적으로 UN에 의해 직접 실행되지만 유엔 안전보장이사회의 결
의에 의해 국제기구 또는 동맹국에 위임하여 실시할 수 있다. 유엔 안전보장이사회
의 결의안에는 평화유지활동의 임무, 목적, 규모, 기간, 재정 및 군수 지원, 지휘·통
제체계 등이 명시된다. 유엔의 평화유지활동국(Department of Peacekeeping Operation:
DPKO)은 평화유지활동을 계획, 준비, 관리, 집행하는 기구이며, 평화유지활동을 위
한 정책 지침과 전략 지시를 하달한다.

표 8-1   유엔의 평화적 해결, 평화유지활동, 강제조치

구 분	평화적 해결	평화유지활동	강제조치
유엔헌장	제6장	제6.5장	제7장
군사적 수단	불필요	평화유지군	유엔군
당사자 동의	필요	필요	불필요

　　유엔의 평화유지활동은 군사적 수단을 사용한다는 점에서 유엔헌장 6장의 평화
적 해결수단과 구분되며, 당사자의 동의를 필요로 한다는 측면에서 유엔헌장 7장에
규정된 강제 조치와 다르다. 이에 따라 함마르셸드(Dag Hammarskjöld) 유엔 사무총장은
평화유지활동이 유엔헌장 6.5장에 토대하고 있다고 설명하였다.[19] 그러나 유엔의 통
제 없이 독립적으로 활동하는 평화유지활동도 존재한다. 시나이 반도의 평화를 유지하
기 위해 설치된 다국적군 감시단(Multinational Force and Observers: MFO)이 좋은 예이다.

다국적군 감시단(MFO)

　　다국적군 감시단은 1979년 이집트와 이스라엘 사이에 체결된 평화협정의 부속 조항 I에 따라
시나이 반도의 평화유지를 위해 설립된 독립적 국제기구이다. 시나이 반도에 평화유지군을 파병
해달라는 요청이 유엔 안전보장이사회의 승인을 얻지 못하게 되자, 1981년 이집트와 이스라엘은
유엔 평화유지군을 대체하는 다국적군 감시단을 설치하기로 합의하였다. 다국적군 감시단에는 호

주, 캐나다, 콜롬비아, 체코, 피지, 프랑스, 헝가리, 이탈리아, 네덜란드, 뉴질랜드, 노르웨이, 미국, 우루과이가 참여하고 있다.

유엔의 평화유지활동은 세 가지 원칙에 따라 이루어진다. 첫째, 평화유지군의 전개와 활동에 대한 분쟁 당사자의 동의가 필요하다. 분쟁 당사자의 동의는 평화유지군의 주둔과 활동을 위해 반드시 필요하지만 동의를 얻었다고 하더라도 평화유지군에 대한 안전이 보장되지는 않는다. 1948년 유엔 평화유지활동이 시작된 이래 오늘날까지 평화유지군에 대한 적대행위로 사망한 인원은 747명에 달한다.[20] 둘째, 자기 방어(self-defense)와 같은 예외적인 경우를 제외하고는 무력 사용이 제한된다. 그러나 평화유지 임무를 완수하기 위해 반드시 필요하다고 판단되는 경우 안전보장이사회의 승인을 얻은 후 가용한 모든 수단을 동원할 수 있다. 셋째, 평화유지활동은 현상유지에 영향을 미치지 않도록 중립성과 공정성을 유지해야 한다. 그러나 이러한 원칙이 평화협정 위반자에게도 적용되는 것은 아니다. 바람직한 중재자의 역할을 수행하기 위해서는 협정 위반행위를 처벌할 수 있는 능력이 요구되기 때문이다.

2. 평화유지활동의 임무, 유형, 발전양상

가. 평화유지활동의 임무

오늘날 실시되고 있는 평화유지활동에는 예방외교, 평화조성, 평화유지, 평화강제, 평화재건 등이 포함된다. 예방외교는 분쟁의 원인을 제거하여 분쟁발생을 예방하는 활동을 말한다. 2004년 아이티의 쿠데타로 내전의 가능성이 높아지자 유엔은 아이티의 안정화를 위해 평화유지군을 파견하였다. 평화조성은 유엔헌장 6장에 의거하여 분쟁국 간 교섭, 중재, 협상을 시도하는 활동을 말한다. 이스라엘과 팔레스타인의 화해를 중재하려는 유엔의 활동이 대표적인 사례이다. 평화유지는 무력 충돌로 심화된 분쟁에 중립적으로 개입하여 평화회담을 지원하는 활동을 말한다.

1956년 7월 이집트가 수에즈 운하의 국유화를 선언하자 이를 중대한 위협으로 판단한 영국은 프랑스와 함께 이스라엘이 이집트를 침공하도록 계획한 후 수에즈 운하에 대한 위협이 있다는 핑계로 개입하려 하였다. 이에 따라 유엔은 영국과 프랑스의 개입을 막기 위해 유엔 긴급군(UN Emergency Force)을 파병하여 이스라엘군과 이집트군 간의 정전 감시 및 완충지대 형성 임무를 수행하였다.

▲ 유엔 긴급군 활동(1956. 11)

평화강제는 평화조성과 평화유지 활동으로 실효성을 거둘 수 없을 때 강제적인 수단과 방법을 동원하여 평화를 획득하는 활동이다. 평화유지는 분쟁 당사국 또는 분쟁 당사자의 동의 아래 제한된 군사력 사용이 허용되지만 평화강제는 안전보장이사회의 승인하에 임무 달성을 위한 전략적 차원에서 전면적인 군사력 사용이 허용된다. 보스니아 내전에서 임무를 수행한 유엔 보호군(UN Protection Force)이 대표적 사례이다. 평화재건은 무력분쟁이 종결된 지역에서 지속 가능한 평화를 정착시키기 위해 정치·경제·사회적 인프라 건설을 지원하는 활동을 말한다. 동티모르의 재건을 위해 설치된 유엔 동티모르 과도행정기구(UN Transitional Administration in East Timor: UNTAET)가 대표적인 사례이다. 그러나 [그림 8-1]에 제시한 바와 같이 실제로 이루어지는 평화유지활동 간의 경계는 점차 희미해지고 있다.

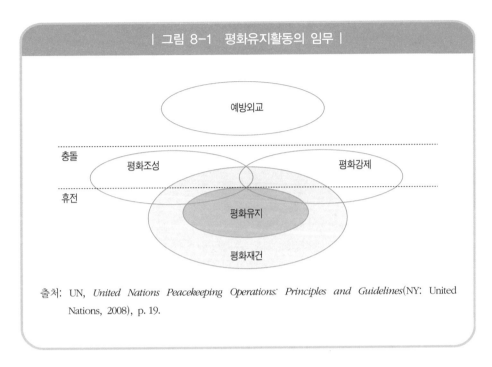

| 그림 8-1 평화유지활동의 임무 |

출처: UN, *United Nations Peacekeeping Operations: Principles and Guidelines*(NY: United Nations, 2008), p. 19.

　분쟁예방은 무력충돌이 발생하기 전에 취해지는 조치라는 측면에서 다른 평화유지활동과 명확히 구분된다. 분쟁 당사자 간의 무력충돌이 발행한 이후에는 유엔헌장 6장에 따라 평화조성 활동과 유엔헌장 7장에 따라 평화강제 활동이 이루어진다. 그러나 무력충돌로 인해 유엔이 평화유지활동을 안정적으로 수행할 수 없을 정도로 치안과 공공질서가 붕괴된 경우에는 국가 기능을 정상화시키기 위한 목적에서 평화재건 활동이 동시에 이루어질 수 있다. 평화유지는 원칙적으로 분쟁이 종식된 이후 휴전 또는 평화협정의 이행과 준수를 돕기 위해 실시되지만, 분쟁 당사자 간들이 대화에 나서도록 하여 평화조성의 가능성을 확대하거나 선거 감시와 치안 유지 등을 통해 평화재건 활동을 지원하기도 한다.

보스니아 내전

보스니아 사태는 1990년대 유고슬로비아의 해체 과정에서 발생한 민족분쟁에서 비롯되었다. 유고슬라비아가 해체되면서 독립하게 된 세르비아와 크로아티아가 독립하게 되자 보스니아의 세르비아계 주민들과 크로아티아 주민들은 각각 세르비아와 크로아티아로 흡수되기를 희망하였다. 보스니아 인구의 43%를 차지하고 있던 무슬림들은 이러한 혼란을 틈타 보스니아 의회에 독립을 요구하였다. 세르비아 대통령 밀로셰비치(Slobodan Milosevic)는 보스니아를 세르비아에 병합시키려고 했기 때문에 무슬림의 독립운동을 진압하는 과정에서 무슬림에 대한 대량학살이 발생하였다. 보스니아의 혼란이 가중되자 유엔은 크로아티아에서 활동하던 유엔 보호군의 임무를 확대하여 보스니아의 난민에게 구호물자가 전달될 수 있도록 조치하였다. 그러나 유엔 보호군은 자신을 방어하는 목적 외에 안전지대를 보호하기 위한 무력 사용이 허용되지 않았다. 세르비아계 반군들은 이러한 한계를 이용하여 유엔의 평화유지활동을 무력화시켰다. 이들은 1995년 7월 400명의 네덜란드 병력이 배치된 스레브레니차(Srebrenica) 안전지대에서 8,000명의 민간인을 학살하였다. 그 결과 미국과 러시아가 개입하여 1995년 12월 파리에서 평화협정이 체결되었다. 이와 함께 1995년 12월 15일 유엔 안전보장이사회는 유엔보호군의 임무를 종결하고 NATO의 주도로 결성된 다국적군 IFOR(Implementation Force)에게 임무를 이양하였다.

나. 평화유지활동의 유형

평화유지활동의 임무유형은 군 감시단, 평화유지군, 혼성 평화유지활동으로 구분된다. 통상적으로 군 감시단은 휴전은 성립되었지만 평화협정이 체결되지 않은 지역에서 비무장으로 활동한다. 군 감시단의 주 임무는 정전협정 이행상태를 감독하여 분쟁의 확산을 방지하는 것이다. 일반적인 감시단의 임무에는 정전위반 사항의 감시 및 보고, 정전협정 위반으로 추정되는 사안에 대한 조사, 군대의 무장해제 및 무기의 폐기처분 및 감독, 군대의 분리 및 철수의 감시, 지방정부, 대치하고 있는 파벌 및 국제기구 간 연락 유지 등이 포함된다.[21] 군 감시단의 예로는 인도와 파키스탄의 정전 상태를 감독하기 위해 1949년 설치된 유엔 인도·파키스탄 군 감시단(UN Military Observer Group in India and Pakistan: UNMOGIP)이 있다.

평화유지군은 회원국의 참여로 파병되어 유엔의 지휘를 받는 비무장부대를 말한다. 유엔 평화유지군은 [표 8-2]에 제시한 바와 같이 비용 조달 및 지휘체계 등 여러 가지 측면에서 다국적군(Multinational Force PKO: MNF PKO)과 구분된다. 이러한 차이는 한국군의 동티모르 평화유지활동 사례를 통해 쉽게 이해할 수 있다. 유엔 안전 보장이사회는 1999년 동티모르의 내전을 관리하기 위해 호주 주도의 다국적군 (International Force East Timor: INTERFET)의 결성을 결의하였다. 당시 INTERFET는 MNF PKO로 구성되었기 때문에 한국은 정부 예산으로 상록수 부대를 파병하였고, 상록수 부대는 호주군의 지휘를 받았다. 그러나 2002년 UNTAET가 활동을 개시하자 호주는 INTERFET의 지휘권을 UNTAET 평화유지군 사령관에게 이양하였다. 이와 함께 상록 수 부대의 지위 역시 유엔 다국적군에서 유엔 평화유지군으로 변경되었다. 이에 따 라 상록수 부대원들은 전투복 및 차량에 유엔 마크를 부착하고 블루베레(blue beret)를 착용하였으며 평화유지활동을 위한 경비를 유엔으로부터 지원받게 되었다.

동티모르 내전과 UNTAET

1976년 인도네시아가 동티모르를 무력 점령하자 유엔은 동티모르를 인도네시아에 병합시키는 방안과 독립시키는 방안에 대한 국민투표를 실시하였다. 투표 결과 유권자 78.5%는 인도네시아 로 편입되는 것을 희망하지 않는 것으로 나타났다. 그러자 독립에 반대하는 집단들이 투표 결과에 불복하고 무장 소요를 일으켜 3,000명 이상이 학살당하는 사건이 발생하였다. 이에 따라 유엔은 다국적군의 파병과 함께 UNTAET 활동을 승인하는 결의한 1272호를 통과시켰다. 2002년 2월 임무를 시작한 UNTAET는 동티모르의 정치인과 유엔 대표가 참석하는 국가협의회를 조직하여 법 률, 조세, 화폐 제도를 정비하였다. 그 결과 2002년 3월 헌법이 제정되었고, 이를 근거로 4월 13 일 티모르 레스테(Timor-Leste) 민주공화국이 건국되었다.

혼성 평화유지활동은 민간 기구를 참여시켜 민·군 혼성으로 편성한 평화유지 활동을 말한다. 혼성 평화유지활동은 민간, 경찰, 군의 상호 협력을 통해 임무를 달 성한다. 민간 부분에서 활동하는 요원은 정치적 업무, 정보 수집, 보급, 경리, 예산, 의무, 수송과 관련된 실무를 담당하며 다른 민간단체와의 협조 업무를 맡기도 한 다. 경찰은 분쟁지역에서 경찰관들의 활동을 감시하거나 이들에 대한 교육, 지원 업무를 담당한다. 이들은 분쟁 또는 내전지역에 사법체계를 구축하여 공공질서를 확립하는 것을 목적으로 한다. 특히 유엔의 경찰 활동은 범죄를 예방하여 현지 주 민들이 보다 안전한 환경에서 생활할 수 있도록 하는 데 기여하고 있다. 마지막으로 군은 분쟁의 재발을 방지하고 평화로운 분쟁해결 절차가 지속될 수 있도록 상황을 안정시키는 역할을 담당한다. 동티모르의 재건을 위해 유엔이 설치한 UNTAET가 혼성 평화유지활동의 대표적인 사례이다.

표 8-2 **평화유지활동의 파병 유형**

구분	UN PKO(평화유지군)	MNF PKO(다국적군)
설치근거	안보리 건의, 총회 의결로 파병	안보리 결정, 핵심 이해 당사국의 주도로 파병 추인
임무	평화조성, 유지, 강제, 재건 등 (주로 평화유지 또는 재건 임무)	주로 평화강제 임무
무력사용	자위 목적 내에서 최소화	침략국 또는 평화파괴국의 의지를 제거하기 위해 적극적 무력사용
지휘체계	유엔사무총장이 사령관을 임명, 안보리 지침을 통한 작전 지휘	파병국의 자체적인 지휘체계 구성, 안보리는 임무 범위, 기한 검토 등 형식적인 통제
경비부담	유엔 회원국이 분담	병력 파병국이 부담
복 장	청색모, 유엔마크	자국 복장
예 시	 ▲ 동명부대(레바논)	 ▲ 자이툰부대(이라크)

다. 평화유지활동의 발전 양상

평화유지활동은 활동의 범위 및 내용에 따라 1세대, 2세대, 3세대 평화유지활동으로 구분할 수 있다. 1세대 평화유지활동은 1948년 유엔 예루살렘 정전감시단(UN Truce Supervision Organization)이 설립된 이후 1980년대 후반 냉전이 해체될 때까

254

지 이루어졌던 주로 군 감시단과 평화유지군에 의한 전통적 의미의 평화유지활동을 말한다. 1세대 평화유지활동은 한편으로 분쟁 당사국의 요구로 평화유지군이 쌍방 간에 맺어진 휴전을 감시하거나 평화적 성격의 활동을 통해 분쟁을 해결하는 데 기여하였으나, 다른 한편으로 냉전의 심화로 안전보장이사회 상임이사국 간의 협조가 제한되었던 1978년부터 1987년까지 평화유지활동이 중단되는 등 한계를 보였다. 그러나 냉전의 붕괴와 함께 냉전체제하에서 억눌려왔던 종족, 문화, 종교적 갈등이 내전으로 확대됨에 따라 유엔 평화유지활동은 정전 감시나 적대세력의 분리와 같은 군사적 임무 외에도 선거 관리, 난민 송환, 무장해제, 기간시설 및 행정체계 복구 등 국가 재건 임무를 담당하게 되었다.

표 8-3 **다차원적 평화유지활동의 임무 형태**

- 무장단체의 철수(disengagement), 해산(demobilization), 수용(cantonment)
- 치안(policing) 유지
- 인권 감시 및 보호·증진
- 선거 감시, 조직, 감독
- 인도주의적 지원, 교육 및 홍보
- 국제기구 및 독립적인 평화유지활동 단체 감시 및 협력

2세대 평화유지활동은 지속가능한 평화를 위한 토대를 마련하기 위해 군, 경찰, 민간 요소들의 협력으로 진행되는 다차원적 평화유지활동을 말한다. 민간부문은 유엔 안전보장이사회가 제시한 평화유지활동의 목적을 달성할 수 있도록 보좌하는 역할을 담당한다. 이들 실무자는 현지인 또는 전문가를 고용하는 경우를 제외하고는 대부분 유엔 직원으로 구성된다. 경찰부문의 요원들은 유엔의 직원 또는 회원국의 지원으로 파견된 경찰관으로 구성된다. 군부문에 속하는 평화유지군에 대한 책임자는 유엔군 사령관이다. 따라서 평화유지군은 유엔군 사령관의 작전통제를 받는다. 전통적인 평화유지활동의 경우 분쟁 당사국이 분쟁을 종식시키기로 공식적으로 합의하면 임무가 성공적으로 종료되었다고 평가한다. 그러나 전통적인 평화유지활동은 분쟁을 해결하기 위한 외교적 노력을 기울이지 않기 때문에 10년 이상 임무가 진행되기도 한다. 이에 따라 국가 간 분쟁 해결에 초점을 두는 1세대

평화유지활동과 달리 2세대 평화유지활동은 내전으로 붕괴된 국가체제가 붕괴된 지역에서 합법적이고 효율적인 정부를 만들어 공공질서를 유지하고 인권이 보호받을 수 있는 여건을 만들어내는 것을 목적으로 한다. 이러한 목적을 달성하기 위해 다차원적 평화유지활동에 포함되는 임무의 형태는 [표 8-3]에 제시한 바와 같다.

3세대 평화유지활동은 활동과 성격에 있어서 평화강제의 임무를 확대했다는 점에서 기존의 평화유지활동과 구분된다.[22] 1990년대 내전 지역에 대한 유엔의 개입이 증가하면서 유엔은 분쟁 당사자 간의 휴전 합의가 이루어지지 않는 지역에서 인도주의적 지원 활동을 보호하고 평화를 정착시키기 위한 무력 개입을 시도했다. 분쟁 당사자의 동의를 얻지 못했더라도 개입을 통해 인권유린 행위를 반드시 중단시켜야 한다는, 이른바 보호책임(Responsibility to Protect: R2P)에 대한 인식이 확대되었기 때문이다.[23] 그러나 평화강제가 반드시 성공적인 것은 아니었다. 유엔 소말리아 활동단(UNOSMO II)의 경우 소말리아 반군들과의 무력 충돌로 임무 완수에 실패하고 소말리아에서 철수해야 했다.[24]

소말리아 내전

유엔은 1992년 내전과 가뭄으로 인한 소말리아의 사회적 혼란을 잠재우기 위해 유엔 소말리아 활동단 I(UN Operation in Somalia I)을 파병하였다. 그러나 반군세력의 활동으로 인도주의적 구호활동이 제한되었다. 이에 따라 안전보장이사회는 소말리아 주민들에게 구호물자를 전달하기 위해 1992년 12월 미국 주도의 통합군(United Task Force)에게 유엔헌장 7장에 규정된 모든 방법을 사용하도록 허용하여 소말리아의 치안 질서를 확립하였다. 통합군의 활동으로 소말리아의 질서가 회복되자, 유엔은 유엔 소말리아 활동단 II(UNOSMO II)로 임무를 전환하였다. 그러나 1993년 10월 유엔 소말리아 활동단 II의 지원을 받는 미군 특수임무단이 군벌 지도자인 아이디드의 측근을 체포하려고 시도하는 과정에 소말리아 반군세력과 무력 충돌이 발생하여 미군 18명이 전사하고 75명이 부상당하는 사건이 발생하였다. 그 결과 1993년 3월 미국과 주요 평화유지활동 참여국들이 소말리아에서 병력을 철수시켰다.

이에 따라 2000년대 유엔 평화유지활동은 군사작전 이외에도 질서유지, 인도주의적 지원 등의 역할을 동시에 수행하여 지속가능한 평화를 정착시키는 다차원적 평화유지활동 및 평화재건 활동으로 방향을 전환하였다. 다차원적 평화유지활동을 효율적으로 수행하기 위해서는 무엇보다 현장 상황을 정확하게 파악해야 하고, 이를 위해서는 분쟁지역에 대한 전문지식을 보유한 유엔 산하기구들과의 협력이 필요하다. 이를 위해 유엔은 계획 단계부터 평화유지활동에 참여하는 민간부문, 경찰부문, 군부문과의 협력을 강조하는 '통합임무(integrated mission)'라는 접근방식을 제시하였다.[25] 이처럼 평화유지활동의 효율적 수행을 위해 '하나의 유엔(One UN)'이라는 기치 아래 유엔의 모든 노력을 통합한 평화유지활동을 4세대 평화유지활동으로 구분하기도 한다.[26]

제 3 절　한국의 평화유지활동

　한국은 1991년 유엔에 가입한 이후 2년만인 1993년 소말리아에 공병부대를 처음으로 파병한 이래 유엔의 평화유지활동에 적극적으로 참여하고 있다. 1992년 9월 유엔이 한국 정부에 처음으로 평화유지군 파병을 요청했을 당시 평화유지활동 경험이 없었던 정부는 이를 거절하였다. 평화유지활동에 대한 인식이 부족했던 당시 상황에서 인명 손실에 대한 우려와 북한과의 대치 상태에서 해외에 병력을 파병하는 것은 적절하지 않다는 비판이 제기되었고, 특히 한국이 주도적인 역할을 수행하는 것이 아

▲ 인도·파키스탄 군 감시단

니라 강대국의 보조적인 역할을 수행하게 될 것이라는 부정적 여론이 지배적이었기 때문이다.[27] 그러나 1993년 2월 유엔이 재차 평화유지군 파병을 요청함에 따라 정부는 "대한민국은 국제평화의 유지에 노력하고 침략적 전쟁을 부인한다"는 헌법 제5조 1항에 근거하여 1993년 7월 최초로 소말리아에 상록수 부대를 파병하였다. 이후 한국의 평화유지활동 참여는 크게 확대되어 소말리아, 서부사하라, 앙골라, 동티모르, 아프가니스탄, 이라크에서 지역분쟁과 인권 침해 등에 국제사회와 공동

257

으로 대처하며 국제평화 유지를 위해 기여해왔다. 현재는 동명부대, 청해부대, 단비부대, 오쉬노부대가 레바논, 소말리아 해역, 아이티, 아프가니스탄에서 각각 평화유지활동을 수행 중이다. 한국은 정전협정 위반 여부를 감시하는 옵저버(observer), 사령부 참모부에 소속되어 기능별 참모업무를 지원하는 참모장교, 다국적군 파병활동을 지원하기 위한 참모 및 연락장교 요원 파견 등 개인 단위 파병에도 참여하고 있다. 개인 단기파병은 1994년 인도·파키스탄 유엔정전감시단을 처음 파견한 이후 현재는 레바논, 라이베리아, 아프가니스탄, 수단, 네팔, 서부사하라, 아이티, 코트디부아르 등에서 평화유지활동에 참여하고 있다.

표 8-4 한국의 유엔 평화유지활동 참여 현황

지 역	파병부대	파병기간	규 모
소말리아	공병부대(상록수부대)	93.07~94.03	516명
서부사하라	의료지원단	94.09~06.05	542명
앙골라	공병대대	95.10~97.02	600명
동티모르	보병대대(상록수부대)	99.10~03.10	3,283명
아프간	해군수송지원단(해성부대)	01.12~03.12	823명
	공군수송지원단(청마부대)	01.12~03.12	446명
	의료지원단(동의부대)	02.02~07.12	780명
	건설공병지원단(다산부대)	03.02~07.12	1,330명
이라크	의료지원/건설공병지원단(서희·제마부대)	03.04~04.08	1,141명
	민사재건부대(자이툰사단)	04.08~08.12	19,032명
레바논	보병대대(동명부대)	07.07~현 재	9,243명
소말리아 해역	구축함(청해부대)	09.03~현 재	11,967명
아이티	단비부대	10.02~12.02	1,425명
아프간	오쉬노부대	10.06~현 재	1,745명
남수단	한빛부대	13.03~현 재	4,813명

출처: 국방부, "세계 속의 한국군," <www.mnd.go.kr> (2024년 7월 11일 검색).

　　한국은 평화유지활동을 통해 유엔 등 국제정치 무대에서 한국의 외교 및 정치적 능력을 강화하는 토대를 마련하였을 뿐만 아니라 한국군의 우수한 능력을 국제적으로 인정받았다.[28] 그러나 한국의 평화유지활동은 두 가지 한계를 보였다. 첫째, 평화유지활동을 위해 파견하고 있는 군인 및 경찰 병력 규모는 세계 37위에 불과하여 세계 10대 경제대국인 한국의 국력에 비해 낮은 수준이라는 비판이 제기되었다.[29] 둘째, 국내 정치적인 목적과 파병 인원의 안전에 대한 고려 등으로 파병 결정이 지연되면서 파병에 따른 효과가 반감하는 문제가 발생하였다. [표 8-5]에 제시한 바와 같이 한국의 경우 유엔의 파병 요청부터 실제 병력이 파병되기까지 평균 6개월의 기간이 소요되었다. 유엔이 현지에 지휘소가 설치되고 현장요원이 임무를 개시하기까지 전통적 평화유지활동의 경우 30일, 다차원적 평화유지활동의 경우 90일이 소요되는 것을 목표로 한다는 점을 고려할 때 한국의 파병은 상당히 지연되는 편이다.[30] 이에 따라 국방부는 우리나라의 국가적 위상에 부합하는 평화유지활동 참여를 보장하고 유엔의 다양한 파병 요청에 적시에 대응하기 위한 제도적 개선을 추진하였다.

표 8-5 해외 파병 결정과정 소요기간 현황

구 분	참여요청	정부결정	국회동의	파 병	요청-파견
소말리아	93. 1. 19	93. 4. 15	93. 5. 18	93. 6. 15	147일
서부사하라	94. 2. 28	94. 5. 30	94. 8. 9	94. 8. 9	162일
앙골라	95. 2. 9	95. 7. 7	95. 7. 15	95. 10. 4	235일
동티모르	99. 9. 15	99. 9. 16	99. 9. 28	99. 10. 4	19일
레바논	06. 8. 17	06. 11. 28	06. 12. 15	07. 7. 7	321일
아이티	10. 1. 19	10. 1. 21	10. 2. 9	10. 2. 28	41일
남수단	11. 7. 26	11. 12. 1	12. 9. 27	13. 2. 25	581일

출처: 이근수, 정상돈, 신범철, 『한국의 유엔평화유지활동 참여방안』(서울: 국방연구원, 2008), p. 95; 대한민국 정책브리핑, "남수단 재건지원단 「한빛 부대」 창설," <https://www.korea.kr/briefing/pressReleaseView.do?newsId=155871217>(2024년 7월 11일 검색); 대한민국 정책브리핑, "국군부대 「유엔 아이티 안정화 임무단(MINUSTAH)」 파병 동의안 국회 통과, " <https://www.korea.kr/briefing/pressReleaseView.do?newsId=155435651>(검색일 2024년 7월 11일) 등을 참고하여 작성.

첫째, 평화유지활동 참여를 목적으로 하는 상비부대를 설치하고, 이를 신속하게 파병할 수 있도록 하는 내용을 담은 평화유지활동 신속파병법이 2009년 12월 국회를 통과하여 평화유지활동에 보다 신속하고 적극적으로 참여할 수 있는 법적 근거가 마련되었다. 2010년 제정된 신속 파병법은 1년 후의 평화유지활동 파병계획에 대해 전년도에 미리 국회 동의를 받아놓고 파병 방침이 결정되면 파병을 실시한 후 사후에 국회에 보고하도록 규정하여 신속한 파병이 가능해졌다. 둘째, 이를 토대로 2007년 7월 국제평화지원단(온누리 부대), 임무교대를 위한 예비지정부대(특전사 예하의 4개 대대), 별도 지정부대(공병, 수송, 의료 등)로 편성된 해외파병 상비체제가 구축되었다. 해외파병 전담부대의 창설로 파병 병

▲ 국제평화지원단 창설(2010. 7)

력의 선발이나 훈련에 소요되는 기간을 단축할 수 있게 되어 1개월 이내에 유엔 평화유지활동 또는 다국적군 평화유지활동 임무를 수행할 수 있게 되었다. 셋째, 평화유지활동 임무 수행을 위한 교육훈련과 전문성 강화를 위해 1995년 8월 합동참모대학에 설치된 평화유지활동학처가 2010년 1월 국방대학교 평화유지활동센터로 확장 개편되었다. 국방대학교 평화평지활동센터는 해외파병 간부교육, 평화유지활동 교리발전 및 정책연구 지원, 평화유지활동 관련 국내·외 기간과 정보 및 교류 활동 증진 등을 통해 파병부대 교육훈련과 효율성을 증진하는 데 기여하고 있다.[31]

한국의 평화유지활동 현황

• 소말리아 상록수 부대는 1993년 7월부터 1994년 3월까지 소말리아 발라드(Balad) 지역에 파병되어 도로 보수 및 심정개발, 대민지원 임무를 수행하였다. 특히 특히 사랑의 학교 및 기술학교 개설, 구호활동 등을 통해 유엔본부로부터 "소말리아 유엔 평화유지활동 참여국 중 가장 모범적인 국가"라는 찬사를 받았다.

• 서부사하라 의료지원단은 1994년 9월부터 2006년 5월까지 서부사하라 라윤(Laayoune) 일대

에 중앙진료소를 설치하여 의료지원과 환자 후송 임무를 담당하였다. 서부사하라 의료지원단은 월남전 파병 이후 가장 긴 기간 동안 해외에서 임무를 수행하였다.

- 앙골라 공병대대는 1995년 10월부터 1997년 2월까지 앙골라 루안다 일대에 파견되어 교량 및 도로 보수, 정비 등 공병 임무를 성공적으로 수행하였다. 또한 심정 설치, 사랑의 학교 운영, 고아원 및 성당 지원 등 인도주의 활동을 실시하였다.
- 동티모르 상록수 부대는 한국군 최초의 보병 파병부대로 1999년 10월부터 2003년 10월까지 치안유지와 재건지원, 인도적 지원활동 임무를 수행하였으며, 지역 곳곳을 마을 단위로 순회하면서 블루엔젤(blue angel) 작전으로 명명된 주민친화 활동을 전개하였다.
- 아프간 수송지원단, 의무지원단, 건설공병지원단은 2001년 9·11 테러 이후에는 아프가니스탄에서 아프간 현지인과 동맹군에 대한 진료활동, 미군 및 동맹군의 기지건설 지원, 대민지원 활동 임무를 수행하였다.
- 이라크 서희·제마부대는 2003년 3월 미국이 이라크 전쟁을 시작하면서 한국의 파병을 요청하자 이라크에 파병되어 미군 및 동맹군에 대한 의무 진료와 인도적 구호활동을 실시하였다. 2003년 9월에는 미국의 추가 파병 요청에 따라 창군 사상 최초로 민사지원부대인 자이툰 부대가 창설되었다. 자이툰 부대는 2004년 10월 이라크 아르빌(Arbil) 일대에 전개하여 평화정착과 재건지원 임무를 수행하였다.
- 레바논 동명부대는 2007년 7월부터 레바논 남부 티르 지역에서 레바논과 이스라엘의 정전감시 임무를 수행하고 있다. 동명부대는 피스 웨이브(peace wave) 작전으로 명명된 민사작전을 통해 주민친화 활동을 전개하고 있다.
- 청해부대는 2009년 3월부터는 소말리아 해역에서 국제해상안전과 테러 대응을 위한 국제사회의 노력에 동참하고 있다. 2010년 4월부터 8월까지는 한국 해군의 이범림 제독이 다국적 연합 해군부대인 CTF-151의 지휘관을 역임하였다.
- 아이티 단비부대는 2010년 1월에는 대규모 지진 피해를 입은 아이티에서 공공건물 잔해제거 및 신축, 도로복구, 제한된 민사작전, 의료진료 등의 지원활동을 통해 피해 복구 및 재건을 지원하고 있다.
- 아프간 오쉬노부대는 한국 민간 지방재건팀(provincial reconstruction teams)의 활동이 원활하게 이루어질 수 있도록 주둔지 경계, 호송 및 경호, 정찰활동 등을 수행하고 있다.
- 남수단 한빛부대는 내전으로 폐허가 된 남수단에 2013년 3월부터 파병되어 현재까지 재건자원과 의료지원 등 남수단 안정과 지원 활동을 실행하고 있다.

261

요 약

1 >> 집단안보는 국제사회의 모든 국가들이 불특정 국가에 대한 침략행위에 공동 대처하기로 합의함으로써 자국에 대한 침략 위협을 감소시키는 안보달성 방식이다.

2 >> 집단안보는 제1차 세계대전 이후, 윌슨의 자유주의적 구상에 의해 국제연맹으로 시작하였으며, 제2차 세계대전을 거치며 제도적 보완이 이루어진 국제연합(UN)으로 구현되었다.

3 >> 집단안보의 집단적 강제조치가 가지는 비효율성과 분쟁의 평화적 해결이 갖는 비효과성을 보완하기 위해서 유엔은 이 둘을 결합한 평화유지활동(PKO) 개념을 탄생시켰다.

4 >> PKO는 제한된 군사력을 운용하여 분쟁의 종결과 평화의 정착을 지원하는 일련의 활동들을 의미하며, 동의, 중립, 자위의 원칙을 기반으로 실행된다.

5 >> 전통적 평화유지 개념으로 출발한 PKO는 오늘날 포괄적 임무들을 수행하게 되었다. 주요 임무로는 예방외교, 평화조성, 평화유지, 평화강제, 평화재건 등이 있다.

6 >> PKO의 임무유형은 군 감시단, 평화유지군, 혼성 평화유지활동으로 구분할 수 있으며, 파병유형은 유엔 PKO와 다국적군 PKO로 나눌 수 있다.

더 읽으면 **좋은 글**

1 >> 고성윤, 『국제 평화유지활동의 미래구상』(서울: 국방연구원, 2009).
　　 - 평화유지활동의 세대별 구분 및 발전과정에 대해 설명

2 >> 국방부, 『유엔평화유지활동(PKO)의 실체』(서울: 국방부, 1994).
　　 - 평화유지활동에 대한 군사적 접근

3 >> 김열수, 『국제기구를 통한 분쟁관리』(서울: 오름, 2000).
　　 - 평화유지활동의 정의, 임무, 유형에 대해 정리

4 >> 박치영, 『유엔정치론』(서울: 법문사, 1994).
　　 - 국제연맹과 국제연합의 한계에 대해 설명

5 >> 이근수, 정상돈, 신범철, 『한국의 유엔평화유지활동 참여방안』(서울: 국방연구원, 2008).
　　 - 한국의 평화유지활동 참여 현황과 문제점에 대해 분석

6 >> Joseph Nye, 양준희 역, 『국제분쟁의 이해』(Understanding International Conflicts: An Introduction to Theory and History)(서울: 한울아카데미, 2000).
　　 - 집단안보의 개념과 형성배경을 역사적으로 이해하는 데 유용

| 미 주 |

1 강재희, "2,600년 전 황하 유역 회맹의 교훈,"「동아비즈니스 리뷰」70호 (2010년 12월 1일).

2 조지프 나이(Joseph S. Nye). 양준희 역, 『국제분쟁의 이해』(Understanding International Conflicts: An Introduction to Theory and History)(서울: 한울아카데미, 2000), p. 133.

3 Craig Snyder, "Regional Security Structures," in Craig Snyder (ed) *Contemporary Security and Strategy* (London: MacMillan Press, 1999), pp. 105-106.

4 Ibid, pp. 107-108.

5 Otto Pick and Julian Critchley, *Key Concepts in Political Science: Collective Security* (London: MacMillan, 1974), p. 49.

6 Thucydides, *The Peloponnesian War* (NY: Penguin, 1954), p. 49.

7 Hobbes, *Leviathan* (Everyman's Library, 1961), pp. 64-65.

8 제임스 브라이스(James Bryce, 1838-1922)는 영국의 정치가로 1907년부터 6년간 주미 영국대사로 근무하면서 국제연맹의 창설을 위해 활동하였다.

9 Stanley Hoffmann, *Chaos and Violence: What Globalization, Failed States, and Terrorism Mean for U.S. Foreign Policy* (NY: Rowman & Littlefield Publishers, Inc., 2006), p. 97.

10 Francis Paul Walters, *A History of the League of Nations* (London: Oxford University Press, 1952), p. 31.

11 박치영, 『유엔정치론』 (서울: 법문사, 1994), p. 49.

12 국제연맹은 최초 일본, 러시아, 영국, 프랑스를 상임이사국으로 선정하였으나, 이후 독일과 러시아가 상임이사국으로 참여하였다. 이에 대해서는 조지프 나이, 앞의 책, pp. 139-143를 참고할 것.

13 유엔헌장 전문, http://www.un.org/en/documents/charter/index.shtml을 참고할 것 (2010년 7월 30일 검색)

14 Stanley Hoffmann, *op. cit.*, p. 100.

15 Joseph Hanlon, "Intervention," in *Civil War and Civil Peace*, edited by Helen

Yanacopulos and Joseph Hanlon (OH: Ohio University Press, 2009), p. 51.

16 Stanley Hoffmann, *op. cit.*, p. 66.

17 Thomas M. Frank and Nigel S. Rodely, "After Bangladesh: The Law of Humanitarian Intervention by Military Forces," *American Journal of International law* 67, pp. 279–295; Nigel Rodely, "Collective Intervention to Protect Human Rights and Civilian Populations: the Legal Framework," in Nigel Rodley, ed., *To Loose the Bands of Wickedness: International Intervention in Defense of Human Rights* (UK: Brassey's, 1992).

18 박종수, "UN 및 국제기구와 PKO 역할 평가,"「합참」 31 (2007) p. 25.

19 조지프 나이, 앞의 책, p. 235를 참고할 것.

20 <http://www.un.org/en/peacekeeping/fatalities/documents/StatsByYearIncident Type_5.pdf>(2013년 5월 19일 검색).

21 국방부, 『평화유지활동(PKO)의 실체』 (서울: 국방부, 1994), pp. 156–157.

22 고성윤, 『국제 평화유지활동의 미래구상』 (서울: 국방연구원, 2009), p. 33.

23 Helen Yanocopulos and Joseph Hanlon, *op. cit.*, p. 50.

24 Thijs W. Brocades Zaalberg, *Soldiers and Civil Power: Supporting or Substituting Civil Authorities in Modern Peace Operation* (Netherlands: Amsterdam University Press, 2006), p. 168.

25 Department of Peacekeeping Operations and Department of Field Support, *A New Partnership Agenda: Charting a new horizon for UN peacekeeping* (NY: United Nations, 2009), p. 13.

26 Norimas Tochibayashi, "Expansion of UN Peacekeeping," http://www.pko.go.jp/PKO_E/organization/researcher/atpkonow/article004.html(2013년 5월 9일 검색)

27 김열수, 『국제기구를 통한 분쟁관리: 국제연합의 평화유지활동(PKO)』(서울: 오름, 2000), pp. 231–234.

28 오이석, "여군 첫 DPKO 진출,"「서울신문」, 2010년 11월 16일자.

29 United Nations, "Rankings of Military and Police Contributions to UN Operations," March 31, 2013, <https://www.un.org/en/peacekeeping/contributors/2013/mar13_2.pdf> (2013년 5월 9일 검색).

30 United Nations, *United Nations Peacekeeping Operations: Principles and Guidelines* (NY: United Nations, 2008), p. 63.

31 조주로, "소말리아 유엔 평화유지활동 참여 성과,"「국방일보」, 2006년 6월 13일자.

국가안보와 시민사회

제 9 장

김 인 수

1. 시민사회의 개념과 기능에 대해 살펴본다.
2. 국방 NGO의 등장배경과 그 유형에 대해 고찰한다.
3. 국방 NGO의 활동이 안보정책결정 및 집행과정에 미치는 영향을 살펴본다.
4. 국가안보를 위한 바람직한 시민사회의 역할에 대해 살펴본다.

1. 시민사회와 비정부기구(NGO)가 무엇인지 각각 살펴보고, NGO의 정부정책 감시/비판 및 보조/협력 역할 등 시민사회의 기능에 대해 논의하시오.
2. 한국사회에서 국방 NGO가 소수인 이유에 대해 알아보고, 국방 NGO 중 사적 선도형과 공적 선도형 유형을 수혜대상 및 활동목적을 중심으로 비교해 보시오.
3. '제주 해군기지 반대운동' 사례를 들어 NGO의 기능과 활동이 안보정책에 미친 영향에 대해 논의하시오.

● 시민사회 ● 비정부기구(NGO) ● 집단행위(collective action)의 딜레마
● 사적 선도형 NGO ● 공적 선도형 NGO

:: 민주주의 사회의 시민들은 국가권력에 맹목적으로 복종하지 않는다. 이들은 다양한 시민사회조직을 통해 정부의 활동을 감시·견제하면서 자신들의 이익을 정부 정책에 관철시킨다. 시민사회가 성장함에 따라 오랫동안 금단의 영역으로 인식되던 안보정책의 결정과 집행과정에 대한 시민들의 참여가 확대되고 있다. 그 결과 한편으로 무분별한 집회·시위 등으로 인해 안보정책의 효율적 집행이 제한된다는 비판의 목소리가 들려오기도 한다. 그러나 다른 한편으로 정부의 역량만으로는 포괄적 안보위협에 효율적으로 대응할 수 없는 오늘날의 안보 현실을 고려할 때 국가안보를 달성하기 위해서는 시민사회와의 협력이 반드시 필요하다는 시각도 존재한다. 이 장에서는 시민사회의 개념과 기능을 살펴보고, 국가안보를 위한 국방 NGO의 역할을 검토한 뒤 바람직한 시민사회와 국가안보의 관계를 모색해본다.

제 1 절   시민사회의 개념과 기능

1. 시민사회의 개념

1980년대 후반 전 세계에 밀어닥친 민주화의 물결과 함께 한국은 필리핀, 대

만 등 다른 국가들과 함께 민주주의로의 전환을 경험하
게 되었다. 민주화는 1980년대의 급속한 경제성장과 맞
물려 한국 시민사회의 성장을 위한 토대를 마련하였다.
이에 따라 1980년대 말부터 경제정의실천시민연합(경실
련), 환경운동연합, 참여연대 등 대표적인 시민단체들이
결성되기 시작하였고, 이들 시민사회단체에 의한 집회,
시위, 사회운동은 국가의 공공정책 결정에 막대한 영향
력을 행사하게 되었다. 이들의 시위는 금융실명제, 소
액주주운동, 부정부패추방운동, 낙천낙선운동, 대통령

▲ 위르겐 하버마스

탄핵반대 촛불시위, 의약분업, 사법개혁, 새만금간척사업 반대운동, 동강댐 건설 반
대운동 등 일상적인 삶과 관련된 모든 영역을 대상으로 삼고 있다. 국가안보 역시
예외가 아니다. 특히 2002년 주한미군 장갑차 사망사건을 계기로 확산된 「주한미
군 반대 촛불시위」는 반미의식의 확산과 한·미동맹의 약화에 대한 우려를 자아내
기도 하였다. 이처럼 시민사회의 영향은 점점 더 커지고 있지만 국가안보 영역에서
시민사회라는 개념은 여전히 생소하기만 하다. 따라서 시민사회의 개념을 보다 쉽
게 접근하기 위해 먼저 유럽의 카페 문화를 살펴보기로 한다.

　　프랑스 파리에 위치한 레 뒤 마고(les deux magots) 카페는 보브와르(Simone de
Vouvoir)와 사르트르(Jean-Paul Sartre)가 즐겨 찾으며 작품 활동을 했던 것으로 알려진
명소이다. 19세기 유럽의 지식인과 예술가들은 카페에 모여 사상과 의견을 교환하
곤 했다. 일반인들 역시 카페에 모여 책과 신문을 읽거나 낯선 사람들과 사회 현안
에 관한 대화를 나누었다. 각종 지식과 정보가 모이는 카페는 자연스럽게 사회·정
치·경제·문화 등 다양한 주제에 대해 활발한 토론이 이루어지는 공간으로 발전하
였다. 그 결과 유럽의 카페는 문화·예술은 물론 정치 발전에 크게 기여한 것으로
평가받고 있다.

　　독일의 사회학자 하버마스(Jorgen Habermas)는 이러한 속성에 주목하여 인간 사
회를 정치·행정체계를 의미하는 공적 영역과 사적 영역으로 나누고, 사적 영역을
다시 경제활동 공간인 시민사회와 대중소통 공간인 공론영역으로 구분하였다.[1] 공
론영역(public sphere)은 시민들이 자유롭게 모여 공적 영역에 해당하는 정치·행정체

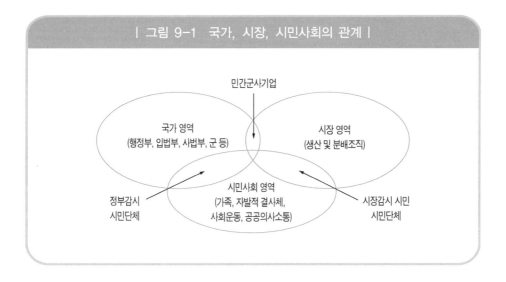

| 그림 9-1 국가, 시장, 시민사회의 관계 |

민간군사기업

국가 영역
(행정부, 입법부, 사법부, 군 등)

시장 영역
(생산 및 분배조직)

시민사회 영역
(가족, 자발적 결사체,
사회운동, 공공의사소통)

정부감시
시민단체

시장감시 시민
시민단체

계에 관해 토론할 수 있는 모든 공간을 지칭한다. 19세기 유럽의 카페, 살롱 등이 하버마스가 제시한 공론영역의 대표적 사례이다. 하버마스의 논의 이후 코헨과 아라토(Jean L. Cohen and Andrew Arato)는 인간사회를 정치·행정체계인 국가, 경제활동 영역인 시장, 공론영역인 시민사회로 구분하고 시민사회를 "국가와 시장의 경계를 넘나드는 사회적 상호작용의 공간"으로 정의하였다.[2] 그 결과 오늘날과 같이 국가, 시장으로부터 구분되는 제3의 영역으로서의 시민사회 개념이 등장하게 되었다.

시민사회는 각 사회마다 고유의 정치·문화적 특성을 갖고 있기 때문에 한마디로 정의하기 힘들다. 그러나 지금까지의 논의를 종합하면 오늘날 일반적으로 적용되는 시민사회의 개념은 공간, 제도, 형태라는 세 가지 측면에서 정의할 수 있다.[3] 첫째, 시민사회는 공유된 가치, 목적, 이해관계를 중심으로 자발적 집합행위가 이루어지는 공간이다. 시민들은 이러한 공간을 통해 시민으로서의 덕성을 함양하고 합의된 절차를 통해 각자의 이익을 조율해 나간다. 둘째, 시민사회의 제도적 형태는 국가, 시장과 크게 다르다. 그러나 실제에 있어서는 [그림 9-1]에 제시한 바와 같이 국가, 시장의 경계와 서로 복잡하게 얽혀 있어 명확하게 구분짓기 어렵다. 셋째, 시민사회의 대표적인 형태로는 자선단체, 여성단체, 종교단체, 각종 협회 및 조합, 사회운동 단체 등 비정부기구(Non-Governmental Organization: NGO)를 들 수 있다.[4]

> **NGO**
>
> NGO는 공식적으로 법률적 토대 내에서 설립이 되었고, 대체로 고용된 직원을 통해서 운영되며, 공동체 단위의 조직에 비해서 훨씬 커다란 규모 활동을 실시하고 상대적으로 풍부한 재정적인 자원의 확보가 가능한 형태의 사회조직을 말한다.

NGO는 시민사회의 주요 행위자이기는 하지만 시민사회 그 자체를 의미하지는 않는다. 그럼에도 불구하고 시민사회를 이해하는 데 있어서 NGO가 중요한 이유는 NGO가 시민들이 공공의 문제를 해결할 수 있도록 신뢰와 협력의 토대를 제공하기 때문이다. 예를 들어 사회의 소외계층에 대한 복지 서비스 제공은 정부의 중요한 역할 중 하나이지만 정부의 지원은 미흡하기만 하다. 일부 시민들이 자발적으로 소외계층 지원에 나서게 되면 우리 사회의 모든 시민들이 그 혜택을 누릴 수 있다. 그러나 각 개인의 입장에서는 소외계층 지원운동에 참여하여 자신의 소중한 시간과 돈을 낭비하는 것보다 누군가의 노력에 무임승차(free-riding)하는 것이 합리적이다. 이러한 개인의 이기심 때문에 누구도 소외계층을 지원하지 않으려 하게 되고, 결과적으로 사회 불안정이 심화되면 그 피해는 자신에게 돌아오게 된다. NGO는 이러한 집합행위의 딜레마(collective action dilemma)를 극복하는 데 도움이 된다. NGO는 필요한 돈과 인력 등의 자원을 동원할 수 있을 뿐만 아니라, 전문지식과 기술을 두루 갖추어 공익(公益)에 부합하는 서비스와 재화를 생산하는 데 효율적이기 때문이다.[5]

2. 시민사회의 기능

가. 정부 정책의 보조·협력

오늘날 시민사회의 역할이 확대되는 이유는 무엇보다 사회가 점점 복잡해지면서 이를 관리·통합하기 위한 정부의 능력이 한계에 부딪히기 때문이다. 정부는 시민들의 세금을 재원으로 공공 서비스를 제공한다. 그러나 한정된 세금의 범위 내

에서 합리적인 수준의 서비스를 제
공해야 하기 때문에 일부 국민들은
정부의 서비스에 불만을 갖게 된다.
이에 따라 시민들은 정부의 공공 서
비스를 보완하는 역할을 담당할
NGO를 조직하게 된다. 미국의 워싱
턴(Washington) 주와 애리조나(Arizona)
주에는 밀입국자를 감시하기 위한
국경감시 민병대가 활동하고 있다.

▲ 미국 국경감시 민병대 활동

전직 군인과 경찰관 등 자원봉사자들로 구성된 이들 민병대는 9·11 테러 이후에도
정부가 국경감시를 위한 적절한 조치를 취하지 않아 직접 행동에 나서게 되었다고
활동 동기를 밝히고 있다.[6] 이들 국경감시 민병대는 정부의 안보 수행능력에 불만
을 갖는 시민들에 의해 자발적으로 조직되었다는 점에서 안보를 보조하는 시민사
회조직의 대표적인 사례라고 할 수 있다.

반면 정부는 NGO와 협력관계를 맺고 이들을 직·간접적으로 지원하는 방식으
로 시민들에게 공공 서비스를 제공하기도 한다. 정부의 재정지원을 받으며 정부와
협력관계를 맺는 NGO의 대표적인 사례로는 관변단체를 들 수 있다. 우리나라의
경우 민주화 이전 시기에 새마을운동중앙협의회, 바르게살기운동중앙협의회, 한국
자유총연맹 등이 설립되어 정부정책에 호의적인 사회·정치적 환경을 조성하는 역
할을 담당했다.[7] 그러나 정부와 협력관계를 맺는 NGO가 모두 관변단체인 것은 아
니다. 특히 2000년 『비영리단체지원법』이 발효되면서 행정자치부나 국정홍보처 등
정부가 지원하는 사업에 다양한 NGO가 참여하게 되어 정부의 공공 서비스를 보완
하거나 보조하는 역할을 담당하고 있다.

비영리단체지원법

비영리단체지원법은 비영리민간단체의 자발적인 활동을 보장하고 건전한 민간단체로의 성장을
지원함으로써 비영리민간단체의 공익활동증진과 민주사회발전에 기여함을 목적으로 2000년 4월

13일 제정되었다. 이에 따라 안전행정부는 2013년 비영리민간단체·정부부처 등의 설문조사를 바탕으로 국가안보·재난안전과 사회통합 관련 76개 사업을 선정하였다. 지원 대상으로 선정된 주요 사업은 다음과 같다.

1. 선진화시민행동: 통일·안보교육 및 캠페인 개최
2. 자유대한지키기국민운동본부: 자유대한 수호세미나 교육 및 보고대회
3. 대한민국 6·25 참전유공자회: 6·25전쟁 바로 알기
4. 대한민국예비역영관장교연합회: 과거 역사 바로 알리기
5. 사단법인 육군발전협회: 국가안보 및 보훈의식 제고
6. 대한민국 6·25 전쟁전사자 유자녀회: 6·25 전쟁 참전자 및 유족 위로행사

정부가 NGO와 협력관계를 맺는 이유는 두 가지 이점 때문이다. 첫째, 정부의 비효율성에 대한 시민들의 불만이 큰 상황에서 아웃소싱(outsourcing)은 정부의 효율성을 증진하기 위한 대안이다. 정부와 같은 대규모 조직에서는 직원을 새로 뽑거나 기존 직원에게 새로운 과업을 부여할 경우 이들을 관리·통합하기 위한 비용이 급증한다.[8] 따라서 정부의 입장에서는 새로운 조직을 추가하는 것보다 아웃소싱을 하는 편이 비용 면에서 효율적이다. 둘째, 이윤 극대화를 추구하는 일반 기업은 시민들에게 약속된 서비스를 제공하지 않거나 서비스의 질을 낮추려는 경향이 있다. 이를 계약의 실패(contract failure)라고 한다. 정부가 계약의 실패 상황을 피하기 위해서는 이윤추구를 목적으로 하지 않는 협력 대상이 필요하다. NGO는 기업과 달리 자신들의 활동을 통해서 이익 또는 혜택을 추구하지 않는다는 이익분배금지(nondistribution constraint)를 원칙으로 삼는다.[9] 정부의 입장에서 NGO는 약속된 서비스의 질을 낮추어야 할 이유가 없다고 판단되므로 정부는 NGO를 신뢰할 수 있는 협력대상으로 선호하게 된다. 아마존 밀림을 보호하기 위해 그린피스(Green Peace)에게 불법 벌목을 감시해줄 것을 요청한 브라질 정부와 매년 20억 달러 규모의 잉여 농산물을 정부 예산으로 구입하여 이를 민간 구호단체를 통해 빈곤국가에 전달하는 미국의 식량원조 정책이 정부와 NGO의 협력관계를 보여주는 좋은 사례라 할 수 있다. 우리나라의 경우 보수성향의 NGO들이 국가안보 관련 교육 및 행사, 사업에 참여하고 있다.

나. 정부 정책의 감시·비판

시민사회는 정부 정책의 수립·집행 과정을 감시하여 국가의 권력행사를 견제하고 시민의 자유와 권리를 방어하는 역할을 담당한다. 시민사회는 다양한 방식을 통해 자신들의 영향력을 확대해 나가기 때문에 이들의 목소리를 무시하기가 쉽지 않다. 첫째, 관련 분야 전문가들이 운영진으로 활동하는 정부 감시단체(watchdog NGO)와 사회운동 단체(social movement NGO)들은 정부 정책의 문제점과 한계에 대한 권위 있는 비판이 가능하다. 둘째, NGO는 다른 NGO와의 협력을 통해 개선을 요구하고자 하는 쟁점에 대한 사회적 관심을 불러일으킬 수 있다. 특히 NGO 사이에 형성된 연결망은 정보와 자원을 공유시켜 보다 많은 인원들이 사회운동에 참여하도록 유도한다.[10] 셋째, 정부의 활동을 감시·비판하는 NGO들은 정부지원에 의존하기보다는 정부와 독립적인 관계를 형성한다. 우리나라에서도 정부정책에 대한 비판 및 저항운동을 주로 수행하는 참여연대의 경우 정부의 재정지원을 거부하고 있다.

NGO는 부정부패 감시, 인권옹호, 경제적 평등, 정치개혁 등과 같은 활동을 통해 정부와 갈등 관계를 형성하기도 하지만 이러한 활동은 정치권력의 견제를 위해 반드시 필요하다. 토크빌(Alexis de Tocqueville)은 미국에 성숙한 민주주의가 정착된 원인으로 지역 자치정부와 자발적 결사체의 확산에 주목하였다.[11] 그리고 시민들이 자발적 결사체에 참여하여 공동의 문제를 해결하기 위해 서로 협력해 온 미국에서는 국가의 활동을 감시하고 견제할 수 있는 자율적 권력이 형성된 반면, 시민 참여의 전통이 없었던 프랑스에서는 강력한 중앙집권적 국가체계가 형성되었다고 풀이한다.

안보 정책에 대한 감시·비판 역할을 수행하는 대표적인 NGO로는 반전평화운동단체를 들 수 있다. 반전평화운동단체들은 "평화를 원하거든 전쟁을 준비하라"는 명제를 거부하고, 평화를 위해서는 동맹을 해체하고, 군사비를 줄여야 한다는 평화 패러다임을 채택한다. 평화 패러다임에서 안보의 대상은 국가이익이 아니라 인간이다. 또한 평화 패러다임은 안보 위협이 자국의 지배를 세계로 확장하려는 패권주의(覇權主義)에 기인한다고 본다. 따라서 2001년 9·11 테러 이후 시작된 미국의 이라크 전쟁, 아프가니스탄 전쟁은 모두 미국의 패권 장악을 목적으로 하는 부도덕한 전쟁이라고 비난한다. 이들은 테러와의 전쟁을 포함해서 어떤 전쟁도 정의로울 수

표 9-1 **안보 패러다임과 평화 패러다임**

구 분	안보 패러다임	평화 패러다임
안보의 대상	국가이익	인간(보편적 인권)
위협의 주체	적대적 집단/국가	패권
평화유지전략	힘의 균형/동맹	상호공존
군사력 건설	상호확실파괴 (mutual assured destruction)	합리적 충분성 (reasonable sufficiency)

출처: 이태호, "반전평화운동과 군축문제: 국방감시운동을 중심으로," 평화재단 워크숍 발표논문(2007
년 7월 13-14일), p. 47.

없다고 주장한다. 모든 전쟁은 공포와 상호불신을 낳아 새로운 전쟁으로 이어지기
때문이다. 예를 들어 미국은 10년에 걸친 전쟁으로 2011년 결국 9·11 테러의 주범
인 빈 라덴을 살해하는 데 성공했지만 그 결과 테러와의 전쟁이 종식된 것이 아니
라 더 많은 미국 시민들이 보복 테러의 공포에 떨게 되었다. 따라서 반전평화운동
단체들은 평화를 위해서는 모든 국가들이 상호공존을 모색해야 한다는 주장을 대
변한다. 이러한 시각은 군사력 건설에 있어서도 상호확실파괴를 위한 공격 능력 대
신 방어에 필요한 최소한의 억지력을 확보해야 한다는 주장으로 이어진다.

제 2 절 국방 NGO의 등장배경과 유형

1. 국방 NGO의 등장배경

근대국가의 형성과정에서 전쟁과 전쟁준비는 국가의 생존과 직결된 문제였
다.[12] 전쟁에서 승리하기 위해서는 제한된 영토에서 자원, 즉 돈과 병력을 최대한
추출해야 했다. 그리고 이를 위해서는 근대관료제를 도입하여 국가권력의 중앙집
권화를 이루어야 했다. 그러나 근대관료제의 도입은 도시에서 성장한 자율적 시민

공동체의 인적·물적 지원이 없이는 불가능했다.[13] 이들 시민공동체는 이러한 지원을 대가로 처음에는 법 앞의 평등을, 이후에는 참정권을 요구하여 오늘날 의회민주주의와 시민사회의 출현을 이끌어냈다. 그러나 근대 초기까지 전쟁은 대부분 제한된 전장에서 이루어졌기 때문에 전쟁 그 자체는 시민공동체의 주된 관심사가 아니었다. 유럽의 주요 국가들이 참전하여 10년 이상 지속된 나폴레옹 전쟁(1792-1815)으로 40만 명 이상의 전사자가 발생했지만, 전쟁으로 인한 민간인 희생자는 거의 없었다.[14] 그러나 과학기술의 발전으로 새로운 무기체계가 도입되고, 무기체계의 성능이 개선되면서 제1차 세계대전(1914-1918) 중에는 약 600만 명의 민간인이 희생되었고, 제2차 세계대전(1939-1945) 중에는 약 4,000만 명의 민간인이 전쟁에 의해 직·간접적으로 희생되었다.[15]

전쟁의 위협이 일반 시민들의 삶 속으로 깊숙이 들어오게 되면서 일상적인 삶의 방식 역시 변화하게 되었다. 미국의 정치학자인 라스웰(Harold D. Lasswell)은 이를 위협의 사회화(socialization of danger)라는 용어로 설명한다.[16] 라스웰은 항공기술의 발전으로 어느 누구도 폭격의 위협으로부터 자유롭지 않게 되었다는 사실에 주목한다. 그리고 전쟁의 위협이 일상화되면 시민들은 안보 전문가인 군에 더욱 의존하게 되고, 그 결과 군의 영향력이 확산되어 사회 전체가 하나의 병영으로 변해가는 병영국가(garrison state)가 등장하게 될 것으로 전망했다. 실제로 미국에서는 미·소 냉전으로 군비경쟁이 가속화되면서 군산복합체(military industrial complex)로 불리는 군인, 군수업자, 정치가들의 유착관계가 형성되었다. 이로 인해 미국의 아이젠하워 대통령(Dwight D. Eisenhower)은 1961년 자신의 퇴임 연설에서 "거대한 군사집단과 대규모 무기산업의 결합은 미국 역사상 새로운 것으로서 미국의 민주주의가 이들로부터 위협받고 있다"고 경고하였다.

군산복합체

미국이 제2차 세계대전에 참전하게 되면서 미국의 산업구조는 전쟁을 뒷받침하기 위한 형태로 재편되었다. 그 결과 막대한 예산을 군사비로 할당하는 정치 엘리트, 이를 군수사업에 투입하도록 하는 군부 엘리트, 그리고 군수산업을 지배하는 경제 엘리트 간의 유착관계가 형성되었으며, 미국

사회를 지배하는 세력으로 성장하였다. 이후 군산복합체는 군부와 대규모 군수산업의 상호의존체제를 의미하게 되었다.

라스웰이 파악한 병영국가의 성립원인은 국제적인 갈등구조였기 때문에 냉전의 해체와 함께 전쟁의 위협이 감소하면서 병영국가 출현에 대한 우려도 사라지는 듯했다. 그러나 세계화로 인해 정치·경제·사회적 교류가 급증하면서 국제테러조직과 범죄조직 등 비정부 행위자에 의한 새로운 형태의 위협이 증가하게 되었다. 특히 2001년 알카에다의 무차별적인 테러 공격으로 수많은 민간인이 희생되면서 누구도 테러의 위협으로부터 안전할 수 없다는 인식이 확산되었다.

▲ 해럴드 라스웰

이에 따라 미국 정부는 테러방지 및 출입국 관리를 전담하는 국토안보부를 신설하는 한편, 중앙정보국(CIA)과 연방수사국(FBI)의 권한을 확대하여 사회감시체계를 강화하였다. 그 결과 국가의 모든 기능과 활동이 테러 방지를 위해 동원되면서 시민의 자유와 권리가 침해되고 있다는 우려의 목소리가 높아졌다.[17] 이에 따라 정부의 국가안보 활동을 감시·견제하는 NGO 활동이 증가하면서 정부와 갈등을 빚고 있다. 우리나라에서도 민주화와 함께 안보를 이유로 제한되었던 시민들의 자유와 권리를 되찾기 위한 목적으로 활동하는 NGO들이 조직되기 시작하면서 민군갈등이 급증하고 있다.

2. 국방 NGO의 유형

국가안보는 통상 적국의 군사적 위협으로부터 국민의 안전을 보장하기 위한 국가의 활동이라고 인식된다. 그러나 오늘날에는 인구 증가, 난민 유입, 집단 간 보복행위, 인적자원 유출, 경제 불평등, 경제 위축, 국가의 불법행위, 공공서비스 악화, 인권 침해, 감시·보안기구의 성장, 권력엘리트의 파벌 갈등, 외세의 개입 등 국가안보에 위해를 가할 수 있는 사건 또는 환경에 정부가 적절하게 대응하지 못하여 국민의 일상적인 삶이 위기에 처하는 상황이 벌어지기도 한다.[18] 따라서 안보의 개념을 전쟁 외에도 자연재해, 질병, 환경오염, 범죄 등 비군사적인 위협을 포함하는 포괄적 안보개념으로 확장한다면 국가안보를 증진시키기 위한 정책수단으로 NGO를 활용할 수 있는 다양한 방법을 모색할 수 있다. 그러나 최근 국제적으로 NGO의 역할이 다양한 분야로 확대되고 있음에도 불구하고 군사·안보 문제를 전문적으로 다루는 국방 NGO는 흔치 않다. 국방 및 안보를 활동영역으로 삼는 국제 NGO의 규모는 전체 NGO의 2%도 안 되며 더욱이 다른 분야 NGO의 비약적 성장에도 불구하고 이들 NGO는 오히려 감소하는 추세에 있다.[19] 우리나라에서도 아직까지 안보·군사 분야를 독립적인 활동영역으로 삼는 국방 NGO는 찾아보기 힘들다.

국방 NGO의 성장이 제한되는 이유는 세 가지 측면에서 찾아볼 수 있다. 첫째, 베스트팔렌(Westphalia) 조약 이후 국제관계는 근대 주권국가들의 활동영역이었다. 이에 따라 외부의 침략으로부터 영토를 보전하고, 외교정책을 통해 국가이익을 보호하는 것은 주권국가의 역할로 인식되어 왔다. 이에 따라 전문적인 지식과 정보가 부족한 일반 시민들이 안보·군사 문제와 관련된 활동을 하는 것이 쉽지 않은 실정이다. 둘째, 한정된 예산으로 시민들에게 공공 서비스를 제공해야 하는 정부의 입장에서는 대다수 국민들의 요구를 손쉽게 충족시킬 수 있는 분야에 예산을 우선 투입하는 것이 합리적이다. 정부가 소수의 희귀병 환자를 지원하기 위해 막대한 예산을 투입한다면 대다수의 시민들이 누려야 할 혜택이 줄어들게 되지만, 국방·치안 분야의 지출을 늘리면 모든 시민들에게 혜택이 돌아가기 때문이다. 따라서 NGO는 국방·치안 등 정부의 관심과 혜택이 집중되는 분야보다는 문화·교육·사회 서비스 분야를 중심으로 활동하는 경향이 있다. 셋째, NGO의 활동 분야를 일반 시민들이 주된 관심을 보이지 않은 분야로 제한할 경우 NGO 운영에 필수적인 시민들의 자발적 참여와 지원을 이끌어내기 어렵게 된다.

이러한 이유로 국내 NGO들은 군사·안보 분야에서 문어발식 또는 백화점식 활동을 하는 경우가 많다. 이로 인해 국방비 삭감, 무기 거래, 주한미군 철수, 남북한 군축, 병역제도 개선, 반핵운동, 북한동포 지원, 남북화해협력 및 평화통일운동 등과 관련된 활동을 전개하는 NGO들이 모두 국방 NGO에 포함된다. 따라서 활동

표 9-2 중앙 부처별 등록 NGO의 현황

구분	단체 수	비율(%)
행정안전부	221	14.24
통일부	200	12.89
환경부	183	11.79
보건복지부	182	11.73
문화체육관광부	181	11.66
외교부	127	8.18
여성가족부	113	7.28
교육부	51	3.29
고용노동부	40	2.58
농림축산식품부	37	2.38
국방부	34	2.19
해양수산부	27	1.74
산림청	19	1.22
국가보훈처	16	1.03
과학기술정보통신부	14	0.90
산업통상자원부	12	0.77
공정거래위원회	10	0.64
법무부	9	0.58
해양경찰청	9	0.58
국토교통부	8	0.52
경찰청	8	0.52
소방청	8	0.52
문화재청	8	0.52
기획재정부	7	0.45
방송통신위원회	6	0.39

금융위원회	4	0.26
농촌진흥청	3	0.19
인사혁신처	2	0.13
식품의약품안전처	2	0.13
중소벤처기업부	2	0.13
특허청	2	0.13
질병관리청	2	0.13
국가인권위원회	1	0.06
국민권익위원회	1	0.06
국세청	1	0.06
통계청	1	0.06
기상청	1	0.06

출처: 행정안전부, "비영리민간단체 등록현황(2023.3.31. 기준)"

유형에 따라 국방 NGO를 분류하면 평화·통일문제 NGO, 국방정책 NGO, 북한문제 NGO, 주한미군 NGO, 유가족/납북자 문제 NGO, 예비역 단체 등으로 구분할 수 있다.[20] 그러나 이러한 분류는 국방정책과 관련된 지역 주민들의 요구를 충족시키기 위해 조직되는 다양한 형태의 NGO를 포함시키지 못하는 한계가 있다. 군 사격장 주변의 소음과 안전문제, 도심지역 군부대의 교외이전 문제를 해결하기 위해 지역 주민들에 의해 조직되는 각종 대책위원회가 대표적인 사례라고 할 수 있다. 따라서 국방 NGO는 수혜 대상 및 활동 목적에 따라 [표 9-3]에 제시한 바와 같이 네 가지 유형으로 구분할 수 있다.[21]

첫째, 사적 봉사형(private service) NGO는 특정 서비스를 필요로 하는 시민들이 모여 이를 충족시키기 위해 설립한 NGO를 말한다. 군과 관련된 경험을 공유하는 회원들이 상호 부조와 친목을 목적으로 설립한 성우회(星友會), 납북자가족협의회, 상이군경회, 해병전우회 등이 대표적인 사적 봉사형 NGO에 속한다. 안보·군사 문제에 대한 관심을 공유하는 군사 마니아(mania)들이 조직한 군사 동호회 역시 시민들이 안보·군사 관련 문제에 대해 서로 의견을 교환하고 토론에 참여할 수 있는 공간이라는 측면에서 국방 NGO의 범주에 포함된다. 군사 동호회를 중심으로 활동하는 군사 마니아들은 군사 전문가들에 못지않은 전문지식을 갖고 있다. 이에 따라 방위사업청은 무기개발 과정에서 비용을 절감할 수 있는 지식과 아이디어를 정책에 반영하기 위해 군사 마니아를 초청하여 방산 수출 확대방안을 논의하기도 한다.[22]

표 9-3 **국방 NGO의 유형**

구 분		활동 목적	
		봉사형(service) NGO	선도형(advocacy) NGO
수혜 대상	사적(private) NGO	성우회, 납북자가족협의회, 상이군경회, 해병전우회, 군사동호회	사격장 이전 촉구 또는 이전 반대 투쟁위원회
	공적(public) NGO	독도수호대 시민야간순찰대	경실련 통일협회 참여연대 평화군축센터

둘째, 사적 선도형(private advocacy) NGO는 개인적 이익을 보호·증진하고자 하는 시민들이 정책의 변화를 이끌어내기 위한 목적으로 조직한 NGO를 말한다. 이들의 활동은 자신이 속한 지역 또는 집단의 이익에 도움이 되는 정책 결정을 유도하는 핌피현상(Please In My Front Yard) 또는 이에 반하는 정책 결정을 거부하는 님비현상(Not In My Back Yard)과 관련되어 있다. 이들은 국가안보를 위해 개인의 자유와 권리를 제한하는 것이 필요하다는 점에는 동의하나 자신들이 피해 당사자가 되기를 거부한다. 군 사격장 또는 훈련장에서 발생하는 소음으로 인해 피해를 호소하는 지역 주민들이 사격장 이전을 촉구 또는 반대하기 위해 조직한 다양한 투쟁위원회들이 대표적인 사례이다.

셋째, 공적 봉사형(public service) NGO는 대내·외적 안보 위협을 해소하여 모든 시민들에게 도움을 주기 위한 목적으로 활동하는 NGO를 말한다. 일반적으로 대내·외적 안보위협을 제거하는 것은 국가의 역할로 인식되어 왔다. 따라서 NGO가 국가를 대신해서 대외적 위협으로부터 군사안보를 제공하는 것은 현실적으로 불가능하다. 그러나 일부 NGO는 독도 관련 영토분쟁의 원인을 분석하고 도덕적 호소를 통해 상대방을 설득하는 방식으로 대외적 안보위협을 제거하는 데 기여하고 있다. 공적 서비스 NGO는 대내적 안보위협에 대응하기 위한 정부의 활동을 보조하기도 한다. 최근 심각한 가치관의 혼란과 함께 각종 범죄 행위가 증가하면서 정부의 노력만으로 시민들에게 안전한 치안을 제공하는 것이 어려워지고 있다. 이에 따라 일부 시민단체들은 야간순찰대를 조직하여 시민들의 안전을 지키는 역할을 담당하고 있다.

마지막으로 공적 선도형 NGO는 단체가 추구하는 가치 또는 이데올로기에 따라 사회·경제·정치체계의 변화 또는 사회 전반에 중요한 영향을 미치는 정책의 변화를 이끌어내기 위한 활동을 전개하는 NGO를 말한다. 반전평화운동단체가 대표적인 사례이다. 반전평화운동은 새로운 시각에서 국방·안보정책을 검토할 수 있도록 한다는 점에서 국가안보 전반에 긍정적인 영향을 미칠 수 있으나, 군의 전쟁수행능력을 약화시켜 국가안보에 부정적인 영향을 미칠 수도 있다. 이와 관련된 대표적인 사례로 1960년대 미국의 반전운동을 들 수 있다. 미국은 1964년 통킹만 사건을 계기로 북베트남에 선전포고를 하고 본격적으로 베트남전에 개입하였다. 이후 대학을 중심으로 발생한 크고 작은 반전시위를 진압하는 과정에서 1970년 오하이오 켄트 주립대학 학생 4명이 경찰의 총격으로 사망하는 사건이 발생하였다. 이 사건은 800만 명의 학생이 참가한 반전시위로 이어졌다. 그 결과 반전운동이 확산되면서 21만 명이 징병을 거부하고, 9만 명이 탈영하였다.

▲ 켄트 주립대 총격사건(1970. 5)

한국의 주요 국방 NGO

- 성우회: 예비역 장성 간 친목 도모 및 국방정책 활동
- 해병전우회: 예비역 해병 간 친목 도모 및 국방정책 활동
- 남북자가족협의회: 남북자 송환과 가족의 권익 실현
- 독도수호대: 독도사랑 실천과 자주권 수호
- 경실련 통일협회: 한반도의 자주적 평화통일을 위한 정책 토론회 및 세미나 개최
- 참여연대 평화군축센터: 권력 감시를 통해 반전·평화, 군축운동 추진
- 녹색연합: 환경운동과 군 관련 환경감시 활동
- 북한민주화네트워크: 북한 정권의 붕괴 및 북한 민중 해방운동
- 주한미군 범죄근절 운동본부: 미군범죄 조사 및 SOFA 개정 운동
- 주한미군 철수 국민운동본부: 주한미군 철수 운동
- 한반도 평화를 위한 시민 네트워크: 한반도 안보 관련 정보 제공 및 평화운동

제3절 국방 NGO와 안보정책 결정과정

정책결정과정에 대한 고전적 견해에 따르면 안보정책을 수립하고 집행하는 주체는 정부였다. 그러나 오늘날의 정책결정과정에서는 국방 NGO의 역할을 무시할 수 없다. 국방 NGO는 자신이 추구하는 가치 또는 이데올로기를 구현하는 데 유리한 정책이 선정되도록 정책결정과정에 영향력을 행사하기 때문이다. 이러한 국방 NGO의 활동으로 인해 정부는 기존의 정책대안을 포기하고 새로운 방향으로 정책을 변화시키기도 한다. 따라서 정부의 안보정책 결정과정을 이해하기 위해서는 정부가 국방 NGO와 대립 또는 협력하는 다양한 상호작용의 양상을 면밀하게 살펴볼 필요가 있다.

1. 평택 미군기지 반대운동

한미동맹은 지난 반세기 이상 불확실한 안보위협으로부터 한반도의 평화와

안정을 유지하는 데 중추적인 역할을 수행해왔다. 그러나 주한미군 기지와 훈련장이 파주, 동두천, 의정부 등 경기 북부와 서울 인근 지역에 집중되어 있어서 환경문제와 재산권 침해 등 주민의 불편이 끊이지 않았다. 이에 따라 한·미 양국은 국토의 균형 발전과 주한미군의 안정적 주둔 여건을 조성하기 위해 2004년 용산기지 이전과 미 2사단 재배치를 위한 협정을 체결하였다. 2004년 12월 국회가 주한미군 기지 이전과 관련된 협정을 비준하자, 국방부는 미군기지 이전지역 주민들을 대상으로 주민간담회, 설명회 등을 개최하고, 평택 대추리·도두리 일대의 부지매입을 추진하였다. 그러나 일부 주민들은 토지 수용을 거부하였다. 이에 따라 2005년 11월 국방부는 법원에 토지보상금을 공탁하였고, 2006년 1월 미군기지 이전 지역의 소유권이 국방부로 이전되었다. 국방부는 "국방부 소유의 미군기지 부지에서 영농행위를 하면 700만원 이하의 벌금이나 2년 이하의 징역에 처한다"는 계고장을 주민들에게 발송하고 미군기지 부지에서 영농행위를 금지하였으나, 국방부의 토지

주한미군기지 재배치 사업

용산기지 이전은 1988년 3월부터 논의되어 2003년 5월 한미 정상회담에서 합의되었으며, 2004년 「용산기지이전협정(YRP 협정)」이 체결됨으로써 본격 추진되었다. 연합토지관리계획은 2002년 「연합토지관리계획협정(LPP 협정)」 체결로 시작되었으며 2004년에는 미2사단 재배치계획을 통합·개정하여 오늘에 이르고 있다.

수용에 반대하는 지역 주민들은 시민단체와 연계하여 경작권을 주장하는 등 미군기지 반대운동을 전개하였다.

미군기지 반대운동을 주도한 단체는 '팽성 대책위,' '평택 대책위' 등 지역 주민에 의한 조직된 단체와 '평택미군기지확장저지 범국민대책위원회'(평택 범대위) 등 외부 세력에 의해 조직된 단체였다. 평택 범대위는 2005년 2월 통일연대, 한국대학총학생회연합(한총련), 전국민중연대, 민주노동당, 민주화를 위한 전국교수협의회(민교협), 반미여성회, 민주주의민족통일전국연합, 평화와 통일을 여는 사람들 등 전국 138개 진보 단체가 참가하여 조직되었으며, 평택 미군기지가 대북 선제공격과 대

중국 봉쇄라는 미국의 군사전략을 구현하기 위한 수단이라고 주장하면서 평택지역의 강제 토지 수용과 주한미군 재배치를 저지하기 위해 투쟁하는 것을 목적으로 제시하였다.[23] 이들은 2005년 3월 미군기지 이전이 평등권, 평화적 생존권을 침해한 위헌이라며 헌법소원심판을 청구하였다. 그러나 2006년 2월 헌법재판소는 미군기지 이

▲ 미군기지 이전 반대시위(2006. 4)

전으로 인해 우리나라가 침략적 전쟁에 휘말릴 것이라고 볼 수 없으며, 미군기지의 이전과 같은 공공정책의 결정과 시행을 위해서 반드시 지역주민의 의견을 필수적으로 수집해야 하는 것은 아니라는 취지로 이들의 위헌심판청구를 각하하였다.[24] 이에 따라 대책위원회의 활동은 물리력을 활용한 미군기지 이전 저지로 전환되었다.

2006년 3월 15일 국방부는 미군기지 이전 부지에 대한 주민들의 영농행위를 막기 위해 굴삭기를 동원하여 농지를 파내는 작업을 진행하려 하였다. 대책위원회는 굴삭기에 올라가거나 논에 불을 붙이며 저항하는 한편, 촛불문화제 등 다양한 행사를 기획하여 일반 시민들의 저항을 유도하였다. 이에 따라 2006년 4월 7일 국방부는 법원에 대추리 일대에 출입금지 및 영농금지 가처분을 신청하고, 농수로를 파괴하고 콘크리트를 타설하여 영농행위를 차단하였다. 그러나 4월 8일 대책위원회가 굴삭기를 동원하여 국방부가 타설한 콘크리트를 제거하는 등 마찰이 심화되었다. 2006년 5월 4일 국방부가 시위대의 집결지로 사용되는 대추분교의 철거와 기지이전 터에 대한 철조망 작업을 진행하자, 민주노총과 한총련 등 시민단체와 주민 등 1,200여 명이 대추분교에 집결해 군·경과 대치하였으며, 일부는 죽봉과 쇠파이프를 휘두르면서 격렬하게 저항하였다.[25] 이에 대해 윤광웅 국방장관은 "일부 외부 반대세력들이 반대주민과 연계해 미군기지 이전 자체를 반대하고 있다"고 비판하면서 강제철거와 철조망 설치를 강행하였다. 이 과정에서 시위대 524명이 경찰에 연행되고, 160여 명이 부상당하는 초유의 폭력 사태가 벌어졌다.

대추분교 사태 이후 평택 범대위는 미군기지 이전 문제를 군·경의 인권유린

문제로 전환시키려고 시도하였다. 국방부는 2006년 5월 4일 미군기지 이전 공사를 위해 공병으로 구성된 건설지원단과 자체 경계를 위한 병력 3,000여명을 대추리 일 대에 투입하였다. 민주노동당과 민주노총은 국방부의 군 병력 투입을 1980년 광주 항쟁 이후 군에 의한 최악의 폭력사태라고 비난하기 시작하였다. 이에 따라 평택 범대위는 대추분교 사태가 광주 5·18과 유사한 사건이라고 주장하면서 5·18 계승 행사를 대추리에서 실시하기로 하였다. 그러나 대추분교 사태를 5·18 항쟁과 연계 하려는 이들의 시도는 사회적 지지를 이끌어내는데 실패하였다. 2006년 5월 9일 문 정현 평택 범대위 대표는 시위대가 현장에 투입된 군인들을 폭행한 사건에 대해 시민들의 저항권을 행사하기 위해 불가피한 조치이며 폭력 사용의 빌미를 제공한 것은 정부라며 폭력 시위를 옹호하였다.[26] 이에 대해 불법·폭력시위에 반대하는 보수 단체의 비판이 거세졌다. 2006년 5월 9일 라이트코리아 등 16개 보수단체는 민주노동당 당사 앞에서 민주노동당이 평택 불법폭력시위를 조종하고 있다고 비난 하면서 평택 미군기지 확장을 지지하는 시위를 개최하였다.[27] 특히 이들은 불법시 위대에 의해 군 장병들이 폭행당하고 부상자가 발생한 사태에 대해 깊은 우려를 표시하였다. 이에 따라 윤광웅 국방장관은 평택 범대위와 충돌과정에서 부상당한 장병들을 위문하는 자리에서 군과 경찰에게 불법폭력을 행사한 단체를 군 형법에 의해 처벌하는 등 강력히 대응하겠다는 입장을 밝혔다.[28]

평택 범대위의 불법·폭력시위는 평택 지역 주민들의 지지 역시 받지 못했다. 미군기지 건설 부지인 대추리와 도두리 지역 주민 중 국방부의 토지 수용에 반대하 는 인원은 전체의 21%에 불과했다. 따라서 평택 미군기지 반대운동은 지역 주민과 무관한 반미세력이 전개한 정치적 투쟁이라는 비판을 받았다. 이로 인해 2006년 5 월 12일 평택 지역 70여개 시민단체로 구성된 평택시민단체장연합 대책위원회는 반미·반정부 세력의 불법시위로 인해 시민들이 생계에 막대한 지장을 받고 있다고 지적하면서 불법시위를 단호하게 처벌할 것을 정부에 요청하였다.[29] 이에 따라 당 시 한명숙 총리는 2006년 5월 12일 대국민 호소문을 통해 대화와 타협을 통한 합법 적이고 평화적인 문제 해결의 필요성을 지적하면서, 평택 미군기지 확장의 필요성 을 다시 강조하였다. 그 결과 2007년 4월 대추리 주민들의 이주가 완료되고 11월 13일 평택 미군기지 조성 공사 기공식이 열리게 되었다.

평택 미군기지 반대운동은 정부의 주한미군기지 재배치사업을 저지 또는 전환시키려고 했다는 점에서 국방 NGO의 안보정책 감시·비판 기능을 담당했다고 볼 수 있다. 그러나 평택 미군기지 반대운동은 크게 두 가지 한계를 보였다. 첫째, 소수의 반대 주민들로 구성된 대책위원회는 지역 공동체 전체의 이익을 대표하지 못했고, 이로 인해 평택 미군기지 반대운동은 님비현상에 불과하다는 비판을 받았다. 둘째, 평택 범대위는 반미투쟁을 선동하기 위한 정치적 목적으로 개입한 외부 세력이라는 비판을 받았으며, 정당성이 결여된 불법·폭력 시위로 보수 단체는 물론 일반 시민들의 반발을 초래하였다. 이에 따라 평택 미군기지 반대운동은 광범위한 사회적 지지를 이끌어내지 못하고, 결국 주한미군기지 이전 사업의 변화를 이끌어내는 데 실패하게 되었다.

2. 제주 해군기지 반대운동

우리 정부는 대한민국 수출입 물량의 99.8%가 통과하는 제주 남방 해역의 안전을 확보하기 위해 해군력의 강화가 필요하다고 판단하였다. 이에 따라 정부는 1993년 12월 제156차 합동참모회의를 통해 제주 화순항(안덕면)에 해군기지 신규 건설을 결정하였다. 해군기지 사업은 제주도의 반대 여론으로 인해 잠정 중

▲ 해군기지 건설촉구 시위(2012.3)

단되었다. 그러나 2002년 12월 제주 해군기지 건설을 공약으로 내세운 노무현 후보가 대통령으로 당선됨에 따라 정부는 제주 해군기지 건설을 재검토하기 시작하였다. 해군기지 건설을 위한 정부의 움직임이 빨라지자, 2005년 5월 화순항 지역 주민들은 해군기지 반대대책위원회를 조직하여 해군기지 건설을 저지하기 위한 활동 계획을 발표하였고, 제주 해군기지 건설을 찬성하는 제주도의 안보·보훈 단체들은

해군기지 지지 성명을 발표하였다. 그 결과 해군기지 건설을 둘러싼 지역 주민들의 갈등이 증폭되었다. 이에 따라 2005년 6월 제주도 도지사는 해군기지 건설 관련 논의를 중단하겠다고 발표하였다. 그러나 정부는 국가안보 관련 주요 사업인 제주 해군기지를 지속 추진하겠다는 입장을 밝혔다.

화순항 지역 주민들의 해군기지 반대운동이 거세지자, 2005년 8월 제주 위미항(남원읍) 지역 주민들은 정부에 해군기지 건설 타당성 검토를 요청하였다. 이에 대해 참여연대는 2005년 11월 제주 해군기지 건설 반대에 대한 군사적 의견을 발표하고, 이를 국회 예산결산위원회에 발송하여 제주 해군기지 관련 예산의 삭감을 요청하였다. 참여연대의 해군기지 건설 반대 이유는 다음과 같다.[30] 첫째, 정부는 2005년 1월 제주도를 '세계평화의 섬'으로 지정하고, 제주도에서 평화 증진 및 확산을 위한 평화 실천사업이 활발히 이루어지도록 하겠다고 약속하였다. 그러나 제주도에 해군기지가 건설되면 제주도 전체가 군사기지로 변모될 가능성이 있다. 특히 제주도 해군기지는 중국을 포위하여 패권을 유지하려고 하는 미국의 전초기지가 되어 한반도 평화와 긴장완화에 부정적인 영향을 미칠 것이다. 둘째, 제주 해군기지는 제주도가 적에게 점령당할 경우 적의 군사기지로 사용될 수 있으며, 남방 해역에서 분쟁이 발생하더라도 우회할 수 있는 항로가 있기 때문에 해군의 주장과 달리 반드시 해군기지가 필요한 것은 아니다.

2005년 12월 위미항 지역 주민들이 해군기지 건설을 재차 요구하자, 2006년 1월 정부는 타당성 검토를 실시하고, 같은 해 4월 위미항에 해군기지 건설이 가능하다는 결과를 발표하였다. 정부의 발표 이후 위미항 지역 주민들은 각각 해군기지 유치위원회와 해군기지 반대위원회를 조직하여 서로 대립하기 시작하였다. 외부의 시민단체가 사태에 개입하면서 이러한 갈등은 더욱 심화되었다. 2006년 10월에는 제주지역의 54개 시민단체가 연합하여 제주 해군기지 유치를 지원하기 위한 시민단체를 창설하였고, 같은 해 11월 참여연대는 제주 해군기지 관련 공개 질의서를 국방부 장관에게 발송하는 등 혼란이 가중되었다. 이에 따라 2006년 12월 국회는 제주도의 동의가 있을 경우 집행한다는 조건을 달아 제주 해군기지 예산 20억원을 연구용역비로 편성하였고, 제주도 도지사는 제주도민 토론회 실시 후 주민여론을 수렴하여 해군기지 정책을 결정하겠다고 발표하였다.

2007년 3월 위미항 지역 주민들이 해군기지 건설을 재차 반대하고, 대신 강정 (대천동) 지역 주민들이 해군기지 유치를 신청하자, 제주도 도지사는 같은 해 5월 화순, 위미, 강정 3개 지역에 대한 여론조사를 실시하였다. 여론조사 결과 제주도민 54.3%가 해군기지 건설에 동의하였고, 강정마을을 후보지로 선호하는 인원이 많아 강정마을이 해군기지 최우선 건설 후보지로 선정되었다. 그러나 강정마을 주민들과 시민단체가 여론조사 결과에 문제를 제기하면서 논란이 다시 시작되었다.[31] 여론조사는 제주도민 1,500명을 대상으로 실시했는데, 이 가운데 실제로 해군기지 후보지에 거주하고 있는 주민의 숫자는 100여 명에 불과하여 해군기지 건설로 인해 직접적으로 관련된 주민들의 의사가 정확하게 반영되지 않았다. 실제로 2007년 7월 강정 지역 주민들을 대상으로 한 투표 결과 전체 주민 1,900명 중 725명이 참석한 가운데 680명(94%)이 반대표를 던진 것으로 알려졌다. 이러한 반대 여론에도 불구하고 당시 노무현 대통령은 "안보보장 없는 평화는 있을 수 없으며, 제주 해군기지는 국가안보를 위해 필요하다"는 입장을 밝혔다. 이에 따라 정부는 강정마을에 제주 해군기지를 유치하기로 최종 결정하였다.

표 9-4 제주 해군기지 유치에 대한 여론조사 결과

구 분	제주도민	강정(대천동)	위미(남원읍)	화순(안덕면)
찬 성	54.3%	56%	36.1%	42.2%
반 대	38.2%	34.4%	53.9%	49%

제주 해군기지 문제는 2007년 12월 이명박 후보가 대통령으로 당선되면서 새로운 국면으로 전개되기 시작하였다. 정부는 제주 해군기지 건설에 대한 반대여론을 무마하기 위해서 2008년 9월 해군기지에 관광미항과 크루즈항 기능을 더한 민군복합항을 건설하는 방향으로 해군기지 건설 정책을 변경하였다. 노무현 정부 당시 제주 해군기지 건설을 추진하였던 민주통합당은 제주 민군복합항 건설이 부당하다는 논리를 앞세워 2011년 제주 해군기지 건설 예산의 전액 삭감을 요구하였다. 또한 2012년 3월 민군복합항 건설을 위한 발파작업이 시작되자, 민주통합당은 해

군기지 건설을 반대하는 시민단체들과 해군기지 건설 공사의 일시적 중단과 재검토를 촉구하였다.[32] 2012년 7월 참여연대는 제주 해군기지의 문제점을 다음과 같이 지적하였다.[32] 첫째, 제주 해군기지는 군사적 효용성이 떨어지며 한반도의 안보를 위협할 수 있다. 둘째, 국방부가 민군복합항을 군사보호시설로 지정하면 민항으로 활용이 제한된다. 셋째, 생태적으로 보호할 가치가 있는 구럼비 해안의 폭파 등 환경파괴가 우려된다. 넷째, 2010년 야당이 다수당이 된 제주도 의회가 여당이 다수당이었던 2009년 통과시킨 해군기지 건설지역의 절대보전지역 해제를 취소하는 안건을 다시 통과시키면서 절대보전지역 해제의 법적 타당성에 대한 혼란이 지속되고 있다.

참여연대가 강정마을 해군기지를 반대하는 이유에는 구럼비 바위 파괴 등 환경 문제가 새롭게 추가되었다. 참여연대가 이처럼 환경문제를 강조하게 된 것은 도덕적 호소를 통해 상대방을 설득하는 NGO 고유의 활동방식 때문이다. 일반적으로 제주 해군기지 문제는 군비통제 또는 군비축소의 시각에서 접근해야 한다고 생각하기 쉽다. 그러나 NGO는 해군기지 건설로 인해 발생하는 환경파괴를 부각시키는 방법으로 해군기지의 문제점을 고발한다. 분쟁 지역에서 생산되는 다이아몬드의 거래를 금지시켜 분쟁을 종식시키려는 NGO의 활동 역시 유사한 맥락에서 이해할 수 있다. 이에 따라 허버트(Don Herbert)는 NGO의 가장 큰 자산은 안보 문제를 바라보는 시각을 획기적으로 변화시켜 사회가 개입하도록 만드는 능력이라고 평가한다.[33]

분쟁 다이아몬드

아프리카의 주요 다이아몬드 생산국인 시에라리온, 앙골라, 콩고 민주공화국 등에서는 내전으로 인한 유혈분쟁이 지속되었다. 이 지역의 무장단체들이 다이아몬드 광산을 점령하여 생산한 분쟁 다이아몬드(conflict diamond)의 거래 대금은 무장단체들이 무기를 구입하는 자금원으로 사용된다. 그 결과 분쟁이 지속되면서 수많은 민간인 희생자가 발생하였다. NGO는 분쟁 지역에서 생산되는 다이아몬드를 구입하면 무고한 민간인들의 희생이 끊이지 않게 된다는 사실을 강조하여 국제사회가 분쟁 다이아몬드 거래를 금지할 것을 요구한다.

제주 해군기지 건설과 관련된 법적 논란은 2012년 7월 대법원이 강정마을 주민들이 국방부 장관을 상대로 환경영향평가가 종료되지 않은 상태에서 승인된 해군기지 건설 사업은 무효라며 제기한 소송에 대해서 제주 해군기지 건설은 적법하다는 판결을 내려 완전히 종식되었다. 이에 따라 제주 해군기지 건설예산 전액 삭감을 요구하던 민주통합당은 군항 중심 운영 우려 불식, 15만톤급 크루즈 선박 입항 가능성 철저 검증, 항만관제권, 항만시설 유지보수 비용 등에 관한 협정서 체결 등과 같은 조건을 달고 2013년 1월 제주 해군기지 예산안을 처리하기로 새누리당과 합의하였다. 그러나 대법원의 판결과 정치권의 합의에도 불구하고 강정마을 주민들과 시민단체들의 민군복합항 건설 반대운동은 계속되고 있으며, 이로 인해 정부와 시민단체 간의 물리적 충돌이 끊이지 않고 있다.

제주 민군복합항 건설 사업

2006년부터 2015년까지 9,776억원의 예산을 투입하여 15만톤급 크루즈선 2척과 대한민국 해군 기동전단 함정 20여 척을 수용할 수 있는 부두와 지원시설을 건설하는 사업이다. 제주 해군기지 건설을 추진하던 정부는 2007년 지역주민과 제주도의 건의를 받아들여 2008년 9월 국무총리실 주관 국가정책조정회의에서 민과 군이 함께 공존하는 민군복합항을 건설하기로 결정하였다. 정부는 영토주권수호 및 남방해역 관리, 지역주민의 소득증대와 일자리 창출, 주민편익 증진 등 지역 경제발전을 민군복합항 건설 이유로 제시하였다.

제주 해군기지 반대운동은 군사시설과 관련된 핌피현상과 님비현상의 좋은 사례라고 할 수 있다. 제주 주민이 해군기지를 유치하기 위해 각 지역별로 조직한 해군기지 유치위원회의 활동은 대표적인 핌피현상이라고 할 수 있고, 해군기지 예정지로 선정된 지역에서 이를 거부하기 위해 조직된 대책위원회의 활동은 대표적인 님비현상이라고 할 수 있다. 또한 제주 해군기지 반대운동은 안보정책의 감시·비판 기능을 담당하는 반전평화운동단체의 활동 전략을 보여주는 좋은 사례이기도 하다. 우리 국민들은 미국의 패권 확장보다는 자연환경의 훼손을 보다 현실적인 위협으로 느끼게 된다. 따라서 반전평화운동단체들은 국민들의 반대 여론을 최대한 끌어내기 위해 제주 해군기지 문제를 안보문제에서 환경문제로 전환시키고 있다. 이러한 활동 결과 최초의 제주 해군기지 건설 사업은 민군복합항 건설이라는 새로운 사업으로 전환되었다.

3. 대북전단 살포 운동

남북한은 1960년대부터 휴전선 일대에서의 남북 심리전을 전개해왔다. 우리 정부는 1962년 확성기를 통한 대북 라디오 방송을 시작하였고, 1963년부터는 대북 전단을 살포하기 시작하였다. 대북심리전은 1972년 7·4 남북공동성명 발표로 일시 중지되었다가, 1980년 9월 북한의 대남심리전 재개에 따라 다시 시작되었다.[34] 북 한은 북한 군인들의 사기를 저하시키고 북한 주민들에게 남한 사회에 대한 동경심 을 불러일으키는 대북 심리전을 북한 체제에 대한 심각한 위협으로 간주해왔다.[35] 이에 따라 북한은 2000년 남북정상회담과 2004년 남북장성급 회담에서 쌍방 간 비 방 중지를 제안하였고, 북한과의 화해협력을 강조하던 당시 김대중 정부와 노무현 정부는 이를 받아들여 2004년 이후 군사분계선 및 비무장지대에서 대북 심리전을 전면 중단하였다. 그러나 김대중 정부와 노무현 정부가 북한 체제의 폭압성과 북한 주민의 인권 유린에 대해서 침묵하는 정책으로 일관하자, 2003년 7월 탈북자 단체 인 북한민주화운동본부는 대북정책의 한계를 비판하며 북한 정권의 붕괴와 북한 주민의 인권 증진을 목적으로 민간 주도의 대북전단 살포 운동을 시작하였다.

당시 노무현 정부는 탈북자 단체의 대북전단 살포를 문제 삼지 않았지만, 2005 년 탈북자 단체가 수소 가스를 이용한 대형 풍선을 만들어내는 데 성공하고 북한 당국이 이들이 날려 보내는 대북전단의 위험성과 심각성을 인지하면서 상황이 급 변하였다. 특히 2008년 보수 성향의 이명박 정부가 출범하자, 북한은 같은 해 10월 시민단체에 의한 대북전단 살포에 대해 무력으로 응징하겠다는 위협을 제기하였 다. 이에 따라 정부는 탈북자 단체에 대북전단 살포를 자제할 것을 요청하였으나 이를 강제로 중단시키지 못했다. 이로 인해 북한은 2008년 12월 개성관광 및 경의 선 중단, 개성공단 통행 및 체류 제한 등이 포함된 12.1 조치를 단행하였다. 대북전 단 살포로 인해 남북 갈등이 심화될 것을 우려한 정부는 대북전단 살포 운동을 남 북교류협력법 위반으로 처벌하기 시작하였다. 달러를 소지한 북한 주민이 처벌받 을 것을 우려한 탈북자 단체들이 국내에 반입이 금지된 북한 화폐를 대북전단과 함께 살포하자, 이를 위법 행위로 간주하고 처벌하게 된 것이다.

탈북자 단체의 대북전단 살포에 대한 정부의 태도는 2010년 3월 천안함 폭침 사건 이후 변경되기 시작하였다. 정부가 2004년 이후 중단되었던 확성기 방송과 대북전단 살포 등 대북 심리전을 재개하기로 결정한 5·24 대북조치를 발표했기 때문이다. 이에 대해 북한은 심리전 수단 설치는 직접적인 선전포고라고 반발하면서 확성기를 설치할 경우 이를 직접 타격함은 물론 서울을 불바다로 만들겠다고 위협하였다. 대북 심리전으로 인한 군사적 긴장 고조를 우려한 정부는 FM 라디오 방송 재개를 제외한 확성기 방송과 대북전단 살포를 포기하였다. 그러나 2010년 11월 23일 북한이 연평도를 포격하자, 정부는 이에 대한 대응조치로 23일 밤 휴전선 근처에서 대북 심리전단 40여 만 장을 북한 지역으로 날려 보냈다.[36] 2010년 12월에는 북한의 무력 충돌 위협에도 불구하고, 2003년 이후 처음으로 김포 애기봉 성탄절 트리 점등행사를 강행하였다. 특히 국가인권위원회가 대북방송과 전단 살포를 정부가 전폭적으로 지원해야 한다는 내용의 권고안을 통과시킴에 따라 2010년 12월 이후 탈북자 단체를 중심으로 한 대북전단 살포가 크게 증가했다.

▲ 대북전단 살포(2010. 8)

이로 인해 북한은 2011년 2월 심리전 행위를 지속할 경우 임진각 등을 격파 사격하겠다고 위협하였다. 대북전단 살포에 대한 북한의 군사적 위협이 지속되자 지역주민, 진보 단체, 탈북자 단체 간의 갈등과 충돌이 증폭되었다. 임진각이 위치한 문산 지역 주민들은 북한의 군사적 위협으로 인한 불안감 해소와 지역경제 피해 방지를 위해 대북전단 살포행위를 중단해줄 것으로 정부에 요구하였으며, 필요시 이를 물리적으로 저지하겠다고 밝혔다. 진보단체들은 대북전단 살포가 휴전 협정 위반이며, 북한을 자극하여 한반도에 전쟁을 불러오는 분별없는 행동이라며 탈북자 단체를 비난하였다.

대북전단 살포에 대한 정부의 태도는 북한의 군사적 위협으로 인해서 다시 한 번 전환되었다. 2011년 2월 이후 북한이 대북전단 살포에 대해 군사적으로 보복하겠다는 위협을 지속해왔음에도 불구하고, 정부는 이를 막을 법적인 근거가 없다는 판단에 따라 대북전단 살포를 저지하지 않았다. 그러나 2012년 10월 북한이 공개

통고장을 통해 임진각을 포함한 서부전선에 무자비한 군사적 공격을 하겠다고 위협함에 따라 임진각 지역 주민의 안전을 고려한 경찰이 보수·탈북단체의 임진각 출입을 통제하였다. 2013년 3월 북한이 핵실험에 이어 정전협정 백지화를 선언하며 군사적 긴장의 수위를 고조시키자, 통일부는 남북관계의 악화를 막기 위해 탈북자 단체에 대북전단 살포를 자제할 것을 요청하였고, 경찰은 이들의 임진각 출입을 통제하여 대북전단 살포를 원천봉쇄하였다. 그러나 지속적인 전단 살포를 주장하는 탈북자 단체와 남북관계 개선과 경제적 이유 등으로 이를 저지하려는 정부, 진보단체, 지역 주민의 갈등은 앞으로 계속될 것으로 보인다.

북한 정권의 붕괴를 목적으로 하는 대북전단 살포 운동은 근본적인 안보위협을 제거 또는 축소하는 데 기여할 수 있다는 점에서 안보정책의 보조·협력 기능을 담당한다고 볼 수 있다. 그러나 실제로 이러한 기능은 정부의 정책 변화에 따라 정반대로 달라졌다. 정부가 북한의 천안함 폭침 사건과 연평도 포격도발 사건에 대한 대응으로 대북심리전을 추진할 때, 민간 주도의 대북전단 살포 운동은 정부의 군사정책을 보조·협력하는 역할을 수행하였다. 그러나 탈북자 단체의 대북전단 살포로 인해 북한의 군사적 위협이 고조되고, 정부의 대북정책에 혼선이 초래되자, 정부는 대북전단 살포 운동을 대북정책의 걸림돌로 보고 관련자들을 처벌하였다. 이에 따라 대북전단 살포 운동은 정부의 안보정책이 다면적으로 추진되거나 급격하게 변화할 때, 정부와 NGO의 관계가 협력적 관계에서 갈등적 관계로 쉽게 변화할 수 있다는 점을 보여준다.

제 4 절   시민사회와 국가안보의 관계

정부와 NGO는 안보정책의 효율적 결정 및 집행이라는 측면에서 상호 의존적인 관계를 맺고 있다. 첫째, 정부는 안보정책 결정과정이 과연 바람직하고 타당하게 이루어지고 있는 지에 대한 평가를 받게 된다. 이때 안보정책 결정 또는 집행의 주체인 정부와 독립적인 관계를 유지하는 NGO가 제3자의 입장에서 안보정책 결정 및 집행과정을 평가하게 된다면 안보정책의 투명성과 만족성이 제고되어 정부정책에 대한 일반 시민의 지지를 얻을 수 있다. 둘째, 시민들의 자원 봉사 및 참여에 의해 운영되는 대부분의 NGO는 재정자립도가 취약하여 조직 운영에 어려움을 겪고 있다. 이때 정부는 재정지원 등과 같은 직접적인 지원 외에도 법률·행정적 수단을 이용한 간접적 지원을 통해 NGO 활동의 활성화에 기여할 수 있다. 그러나 정부와 NGO가 반드시 협력적 관계만을 유지하는 것은 아니다. 정부는 NGO의 감시·비판 기능을 약화시키기 위해 NGO에 대한 지원을 차단하거나 비민주적인 방법으로 탄압하는 등 NGO의 존립을 위협할 수 있으며, NGO는 언론을 통해 정부의 안보정책에 대한 반대를 공공연하게 밝혀 안보정책에 대한 비판적 여론을 형성하거나 반정부 시위를 주도하여 안보정책의 집행을 지연시킬 수 있다. 따라서 NGO와 정부의 상호관계는 상호협력 또는 견제 여부를 중심으로 상호 협력적 관계, 정부 주도의 일방적 관계, NGO 주도의 일방적 관계, 상호 갈등적인 관계로 유형화할 수 있다.[37]

표 9-5 **NGO와 정부의 상호관계 유형**

구분		정부	
		협력·지원	감시·견제
NGO	보조·협력	상호 협력적 관계	정부 주도의 일방적 관계
	감시·비판	NGO 주도의 일방적 관계	상호 갈등적 관계

첫째, 정부가 NGO의 사회적 역할을 인정하여 각종 협력·지원책을 제시하고, NGO 역시 정부정책을 보조·협력하는 역할을 수행할 경우 상호 협력적 관계가 형성된다. 상호 협력적 관계의 중요성이 두드러지게 나타나는 사례로는 인도주의적 지원 작전을 들 수 있다. 2010년에 발생한 아이티 대지진 당시 민간 구호단체들은 이재민들에게 하루라도 빨리 구호물자를 전달하기 위해 우수한 장비와 물자를 보유한 선진국 군대가 도로 복구와 항공 지원을 제공해줄 것을 기대했다. 그러나 캐나다 구호단체와 원활한 협조 관계를 맺는 데 실패한 캐나다 부대는 1년이 지나도

록 도로를 가로막은 낙석의 5% 밖에 제거하지 못했다. 해당 지역에서 활동하고 있던 NGO와 구호활동의 범위 및 지역을 조율하지 못한 다른 부대 역시 자원과 노력의 낭비를 피할 수 없었다. 스페인의 아이티 지원 예산 1/3을 사용한 스페인 군의 경우 이들이 타고 온 선박이 정박한 항구를 중심으로 다른 민간 구호단체와의 교류 없이 독단적으로 지원 활동을 벌였다. 그러나 이 지역에서는 이미 다른 민간 구호단체들의 식수 및 의료 지원이 이루어진 후였다. 그 결과 스페인 군은 백신을 맞은 주민들에게 같은 백신을 다시 접종하거나 오염된 식수통에 식수를 제공하는 등 오히려 주민들의 건강을 위협하는 결과를 초래했다.[38]

둘째, 정부가 NGO의 활동을 감시·견제하면서 정부정책에 무조건적으로 순응하는 NGO만을 선별적으로 지원할 경우 정부로부터의 독립성을 상실한 관변단체 위주의 활동이 이루어지는 정부 주도의 일방적 관계가 형성된다. 정부가 정책의제를 채택하는 과정에서 여론의 지지와 협조를 확보하기 위한 수단으로 이들 관변단체들을 활용할 경우 정부는 일시적으로 정책집행에 유리한 사회·정치적 환경을 조성할 수 있다. 그러나 정부의 지원에 크게 의존하는 관변단체는 시민의 권익을 위하여 부정부패와 정책집행을 감시하는 다른 NGO와 달리 시민들로부터 도덕적 정당성을 인정받을 수 없을 뿐만 아니라 많은 국민들이 정책적으로 다루어질 것을 요구하는 민감한 안보 문제들은 도외시하는 한계를 갖게 된다. 따라서 정부가 집회·결사의 자유를 제한하여 정부의 입장에 반대하는 NGO의 성장을 규제할 경우 시민의 권리와 민주주의가 침해될 뿐만 아니라 정부 내의 부정부패가 증가하여 안보정책 집행의 투명성과 효율성이 떨어지게 된다. 결국 NGO의 감시·비판을 규제하는 정부 주도의 일방적인 관계는 국가안보 목표 달성에 부정적인 영향을 미치게 된다.

셋째, 정부가 NGO의 사회적 역할을 인정하여 각종 협력·지원책을 제시하지만 NGO는 정부정책을 감시·비판하는 역할만을 수행할 경우 NGO 주도의 일방적인 관계가 형성된다. 이처럼 NGO가 안보정책 결정과정에 주도적으로 참여할 경우 정부정책의 성공적인 집행과 시민의 지지를 확보하는 효과를 기대할 수 있다. 예를 들어 환경단체가 주한미군기지 환경오염문제를 정책의제로 제기하여 국민들의 주요 관심사로 부각시킬 경우 국방부는 주한미군과의 협상에서 유리한 위치를 차지할 수 있다. 그러나 NGO 주도의 일방적인 관계가 반드시 국가안보 목표 달성에 긍정적인 영향을 미치는 것은 아니다. 오늘날 NGO는 우리 사회에서 가장 신뢰받는 집단에 속하기는 하지만 한계점 역시 안고 있기 때문이다. 우리나라의 국방 NGO는 대부분 주요 군사경력자 또는 군사전문가들의 참여가 이루어지지 않고 있어 정부 당국을 능가할 수준의 전문성을 확보하지 못하고 있을 뿐만 아니라 반미의식과 같이 사상적으로 편향된 이념과 가치관을 지향하는 경우가 많다.[39] 이처럼 전문성과 중립성이 결여된 NGO들이 안보정책결정과정에 참여하여 안보문제에 대한 단편적·단기적인 접근을 고집할 경우 이를 무비판적으로 수용하는 것은 바람직하지 않다. 따라서 시민들의 지지와 정책목표 달성 모두를 가능하도록 하기 위해서는 먼저 정부당국을 능가할 정도로 전문지식을 갖춘 국방 NGO의 성장이 선행되어야 한다.

넷째, 정부가 NGO의 활동을 감시·견제하고, NGO는 정부정책을 감시·비판하는 역할을 수행할 경우 상호 갈등적인 관계가 형성된다. 이처럼 상호 갈등적인 관계를 형성할 경우 정부와 NGO는 상대방이 보유한 자원을 활용할 수 있는 기회를 모두 놓치게 된다. 만약 정부가 NGO에 대한 지원을 제공하지 않거나 관변단체 위주로 배타적인 지원을 하게 된다면 정부는 정부정책의 우선순위에서 밀리는 각종 사업을 대신 수행해줄 수 있는 사회적 자원을 상실하게 된다. 특히 정부가 NGO로부터 제기되는 다양한 소수 의견을 무시하고 NGO의 참여를 배척한다면 정부의 권위 상실과 영향력 축소를 초래할 수 있다. 반면 재정의 빈곤이라는 심각한 문제를 안고 있는 NGO의 입장에서도 정부의 직·간접적인 지원을 받지 못하게 되면 의회와 정당을 대신하여 안보정책의 각종 쟁점에 대해 활발하게 토론하고 공론화하는 NGO 본연의 목표를 달성할 수 없게 된다. 따라서 바람직한 국가안보와 시민사회의 관계를 확립하기 위해서는 재정 외에도 행정·법률·정보 인프라 제공 등 각종 NGO 지원책이 활성화되어야 하고, NGO가 안보정책의 보조·협력자 또는 안보정책의 감시·비판자로서 안보정책 결정과정에 참여할 수 있도록 다양한 토론의 장이 마련되어야 한다.

1 >> 시민사회는 공유된 가치, 목적, 이해관계를 중심으로 자발적 집단행위가 이루어지는 공간이다. 시민사회의 대표적 형태로는 자선단체, 여성단체, 종교단체, 각종 협회와 조합, 사회운동 단체 등 NGO를 들 수 있다.

2 >> 시민사회를 이해하는 데 있어서 NGO가 중요한 이유는 시민들이 공공의 문제를 해결해 나가는 과정에서 반드시 필요한 신뢰와 협력의 토대를 제공하기 때문이다.

3 >> NGO는 정부의 정책결정과정을 감시·비판함으로써 정부의 권력 남용을 견제하는 한편, 정부의 공공 서비스를 보완하는 역할을 담당하면서 시민의 자유와 권리를 보호한다.

4 >> 반전평화운동단체의 평화 패러다임은 평화를 위해서는 국가 간 상호공존을 모색해야 한다는 주장을 대변한다는 점에서 힘의 균형과 동맹을 통한 평화유지를 주장하는 안보 패러다임과 구분된다.

5 >> 전쟁과 국제 테러의 위협에 대응하기 위한 정부의 안보 관련 기능이 강화되면서 시민들의 자유와 권리를 침해할 가능성이 높아지자, 정부의 국가안보 활동을 감시·견제하는 국방 NGO의 활동이 증가하고 있다.

6 >> 국방 NGO는 안보·군사 분야 전문지식과 정보 부족, 시민들의 자발적 관심과 참여 부족 등으로 인해 다른 NGO에 비해 성장이 늦어지고 있다.

7 >> 국방 NGO의 유형은 수혜대상과 활동목적에 따라 사적 봉사형, 사적 선도형, 공적 봉사형, 공적 선도형으로 구분할 수 있다.

8 >> NGO와 정부가 형성할 수 있는 관계의 유형은 상호 협력적 관계, 정부 주도의 일방적 관계, NGO 주도의 일방적 관계, 상호 갈등적 관계 등으로 다양하다.

더 읽으면 **좋은 글**

1 >> 김인수, "한국 시민사회와 국가안보," 「원광군사논단」, 5 (2009), pp. 327-349.
   - 국가와 시민사회 관계, 사회운동과 시민사회 관계에 대한 이론을 정리

2 >> 김준기, 『정부와 NGO』(서울: 박영사, 2006).
   - NGO 관련 주요 이론, 한국의 NGO 현황, 정부와 NGO의 관계를 정리

3 >> 박상필, 『NGO』(서울: 아르케, 2005).
   - 시민사회의 역할이 확대되는 이유를 이해하는 데 유용

4 >> 박원순, 『NGO: 시민의 힘이 세상을 바꾼다』(서울: 예담, 1999).
   - 미국의 NGO가 사회문제 해결에 어떻게 기여하는 지에 대한 분석을 제공

5 >> 전봉근 외, 『동북아 NGO 백서』(서울: 통일연구원, 2005).
   - 동북아 지역의 NGO 현황에 대해 정리

6 >> 조대업·김철규, 『한국 시민운동의 구조와 동학』(서울: 집문당, 2008).
   - 시민운동과 사회운동 이론, 사회운동 사례에 대한 분석을 제시

7 >> 주성수, 『시민사회와 NGO 논쟁』(서울: 한양대학교 출판부, 2001).
   - 시민사회와 NGO에 대한 다양한 정의를 제공

8 >> Paul van Tongeren, Malin Brenk, Marte Hellema, *Juliette Verhoeven, People Buliding Peace II: Successful Stories of Civil Society* (Boulder, Co: Lynne Rienner Publishers, 2005).
   - 시민사회가 분쟁해결과 평화정착에 기여한 다양한 사례들을 제시

| 미 주 |

1 Jurgen Habermas, *The Structural Transformation of the Public Sphere* (MA: MIT Press, 1989).

2 Jean Cohen and Andrew Arato, *Civil Society and Political Theory* (Cambridge, MA: MIT Press, 1992).

3 Catherine Barnes, *Agents for Change: Civil Society Role in Preventing War and Building Peace* (Netherlands: European Center for Conflict Prevention, 2006), p. 20.

4 Claire Mercer, "NGOs, Civil Society and Democratization: a Critical Review of the Literature," *Progress in Development Studies*, 2-1(2002), pp. 5-22.

5 John D. McCarthy and Mayer Zald, "Resource Mobilization and Social Movements: A Practical Theory," *American Journal of Sociology*, 82(1977), pp. 1212-1241.

6 Korea Times, 2005년 10월 5일자.

7 김준기, 『정부와 NGO』 (서울: 박영사, 2006), p. 25.

8 Ronald H. Coase, The Firm, *the Market and the Law* (Chicago: University of Chicago Press, 1988).

9 Michael Yaziji and Jonathan Doh, *NGOs and Corporations: Conflict and Collaboration* (NY: Cambridge University Press, 2009), p. 5.

10 Gerald Marwell and Pamela Oliver, *The Critical Mass in Collective Action: A Micro-social Theory* (NY: Cambridge University Press, 1993).

11 Alexis de Tocqueville, *Democracy In America*, ed. J. P. Mayer (NY: Harper and Row, 1969).

12 Charles Tilly, "War-Making and State Making as Organized Crime," *in Bringing the State Back In*, Dietrich Rueschemeyer and Theda Skocpol, eds. (Cambridge: Cambridge University Press, 1985), p. 172.

13 Max Weber, *The Economy and Society* (NY: Bedminster Press, 1968), pp. 240-241; Reinhard Bendix, *Nation-Building and Citizenship*, 2nd ed. (CA: University of California Pres, 1977), pp. 194-195.

14 〈http://www.taphilo.com/history/war-deaths.shtml〉(2012년 9월 26일 검색).

15 〈http://necrometrics.com/20c5m.htm〉(2012년 9월 26일 검색).

16 Harold D. Lasswell, *Essay on the Garrison State* (NJ: Transaction Publisher, 1997).

17 Mattew J. Morgan, *The American Military after 9/11: Society, State, and Empire* (The Day That Changed Everything?) (NY: Palgrave Macmillan, 2008).

18 〈http://www.foreignpolicy.com/failed_states_index_2012_interactive〉(2012년 8월 5일 검색).

19 United Nations Development Programme, *Human Development Report 2002* (NY: Oxford University Press, 2002), p. 103.

20 신범철·백승주,『국방 관련 NGO 현황 및 대응정책 방향』(서울: 한국국방연구원, 2002), p. 34.

21 Michael Yaziji and Doh Jonathan, *op. cit.*, p. 5.

22 「SBS 뉴스」, 2012년 3월 22일자.

23 「중앙일보」 2006년 5월 5일자.

24 헌법재판소 판례정보, "미군기지 이전협정 등에 대한 헌법소원 사건"

25 「한겨레」, 2006년 5월 5일자.

26 「Daily NK」, 2006년 5월 10일자.

27 「한겨레」, 2006년 5월 9일자.

28 「연합뉴스」, 2006년 5월 7일자.

29 「KBS」, 2006년 5월 12일자.

30 <http://www.peoplepower21.org/Peace/571784>(2013년 5월 22일 검색)

31 <http://www.jejupeople.net/html/about1.php>(2013년 5월 22일 검색)

32 〈http://www.peoplepower21.org/Peace/923275〉(2013년 5월 22일 검색).

33 Don Hubert, "Lessons from Campaigns of the 1990s: Innovations in Humanitarian Advocacy," *in People Building Peace* II, Paul van Tongeren, eds. (CO: Lynne Rienner Publisher, 2005), p. 560.

34 「조선일보」, 2011년 1월 6일자.

35 「한국일보」, 2011년 4월 18일자.

36 「한계레」, 2010년 11월 26일자.

37 김준기, 앞의 책, pp. 151-160.

38 Oxfam, "Whose Aid is it Anyway? Politicizing Aid in Conflicts and Crises," Oxfam *Briefing Paper*, (February 2011), p. 25, <www.oxfam.org> (2012년 9월 26일 검색).

39 신범철·백승주, 앞의 책, p. 43.

국가안보정책과 기구

제10장

이 만 석

1. 국가안보정책의 개념과 중요성에 대해 이해한다.
2. 국가안보정책의 주요 특징과 구성 요소를 분석한다.
3. 국가안보정책 과정에서의 공식 및 비공식 참여자의 역할을 이해하고 평가한다.

1. 국가안보정책의 목표, 수단, 대상, 방법 등의 핵심 구성 요소를 분석하고, 이들 간의 상호작용을 설명하시오.
2. 국가안보정책 결정과정에서 공식적 참여자와 비공식적 참여자가 어떤 역할을 수행하는지 설명하고, 이들의 상호작용이 정책의제설정에 어떻게 영향을 미치는지 논하시오.
3. 국가안보정책 결정과정에서의 다원론과 엘리트론의 차이를 설명하고, 현대 안보 환경에서 두 이론이 어떤 역할을 하는지 구체적인 예시를 통해 비교해 보시오.

● 국가안보정책 ● 정책목표 ● 정책수단 ● 정책대상 ● 정책방법 ● 공식적 참여자
● 비공식적 참여자 ● 공공재 ● 추출정책과 배분정책 ● 정책의제설정 ● 다원론 ● 엘리트론

:: 이 책의 제1장에서 논의한 바와 같이 국가안보란 "대내·외적 위협으로부터 국가가 추구하는 가치와 이익을 보호·증진하는 것"이다. 따라서 국가안보정책은 국가의 주권과 영토, 국민의 생명과 재산과 같은 국가의 가치와 이익을 보호하고 증진하기 위해 국가가 수행할 행동지침이라고 규정할 수 있다. 그동안 국가안보정책은 군사력을 핵심적인 수단으로 바라보고, 어떻게 군사력을 건설하고, 보유하며, 사용할 것인가에 관한 결정에 주로 초점이 맞추었다. 그러나 오늘날 국가안보는 단순히 군사력에만 의존하는 것이 아니라, 외교, 정보, 경제 등 다양한 수단을 포함하는 포괄적인 개념을 요구한다. 이는 국제사회의 복잡성과 상호의존성이 증가하면서, 군사적 수단만으로는 국가의 안보를 효과적으로 유지하고 증진시킬 수 없기 때문이다. 따라서 오늘날 국가안보는 군사력뿐만 아니라 외교, 정보, 경제의 수단을 포괄하므로 이러한 영역에서의 상호작용도 중요하게 고려해야 한다. 이는 외교, 정보, 경제가 국가안보에 미치는 영향과 외교, 정보, 경제적 수단이 국가안보목표를 달성하는데 어떻게 활용될 수 있을지 고민해야 함을 의미한다. 지금까지 이 책은 이러한 수단들이 국가안보목표를 달성하기 위해 어떻게 사용될 수 있는지에 대해 배웠다. 예를 들어, 군사력을 강화하고 군사동맹을 맺고, 군사외교와 군비통제에 관한 것들이다. 이들은 각각 특정 국가안보문제에

대처하기 위한 정책 대안이 될 수 있다. 이어서 이번 장과 다음 장은 실제 정책현장에서 이러한 국가안보수단들이 정책으로 이어지는 과정을 배울 것이다. 국가안보수단이 국가안보목표를 달성하기 위한 정책으로 이어지는 데에는 크게 두 가지 절차가 존재한다. 첫째, 국가안보 이슈가 정책의제(agenda)가 되는 과정이다. 국가안보의 자원과 시간은 한정되어 있고, 다루어야 할 이슈는 많으므로 모든 이슈를 정책의제로 선정할 수는 없다. 따라서 이슈가 정책의제가 된다는 것은 정부가 인적, 물적, 시간적 자원을 투입하여 이 문제를 해결하고자 노력한다는 것이다. 따라서 어떤 이슈가 정책의제가 되는 가는 가장 중요한 과정 중 하나이다. 둘째, 정책의제가 실제 정책으로 구체화되는 과정이다. 정책의제 설정이 정부뿐만 아니라 의회, 시민단체, 언론, 싱크탱크 등 여러 참여자에 의해 이루어지지만, 정책의제를 실제 정책으로 구체화하는 과정은 대부분 정부 내부에서 정책전문가와 실무자들에 의해 이루어진다. 이렇게 국가안보정책이 구체화되는 과정을 설명한 것을 국가안보정책 결정 과정 또는 결정모형이라고 한다. 이러한 구체적인 정책 결정 과정에 대해서는 이어지는 11장에서 논의할 것이다.

제 1 절   국가안보정책의 특징

국가안보정책은 몇 가지 특징이 있다. 첫째, 국가안보정책은 공공재의 성격을 가지며, 국가 주도로 이루어진다는 것이다.[1] 공공재는 그 혜택이 경쟁적이지 않고 (비경합성), 수혜자를 배제할 수 없는(비배제성) 성질을 가진다. 국가안보정책도 마찬가지로, 한 나라의 안보가 강화되면 그 혜택은 국민 모두에게 동등하게 적용되며, 특정인을 이 혜택에서 배제하기 어렵다. 예를 들어, 국방력 강화는 모든 국민에게 내·외부 위협으로부터의 안전이라는 공통의 이익을 제공하며, 그 혜택에서 누군가를 제외하는 것이 불가능하다. 공공재의 이러한 특성 때문에, 개인이나 민간 기업이 자발적으로 충분한 자원을 안보 활동에 투입하는 것은 비효율적이다. 즉, 안보의 이익을 누구나 공유할 수 있기에, 개인이나 민간에서는 안보에 대한 투자 대신 다른 이들이 비용을 부담하기를 기대하고 자신은 무임승차하려는 경향이 있는 것이다. 이러한 무임승차 문제는 국가안보 관련 서비스의 제공이 시장 메커니즘에 맡겨져 있을 때 충분히 제공되지 않을 수 있다는 것을 의미한다. 따라서 국가안보는 전문적 지식 및 정보, 그리고 이것의 조정이 필요한 영역이며, 이를 효율적으로 수행하기 위해서는 중앙집권적인 조직과 자원 배분이 필요하다. 국가는 국방, 정보, 외교 관계 등과 같은 안보 활동에 필요한 전문 인력을 육성하고, 세금을 통해 자원을 모아 이러한 활동을 할 수 있다.

둘째, 국가안보정책은 추출정책(extraction policy)이자 배분정책(distribution policy)의 성격을 갖는다.[2] 추출정책이란 국가가 필수적인 공공서비스를 제공하기 위해 민간부문에서 세금을 통해 자원을 확보하는 정책을 의미한다.[3] 이는 국가의 경제적, 사회적 효과를 만들고, 장기적인 성장과 안정에 기여한다. 국가안보의 맥락에서 보면, 국가안보정책은 국가가 안보를 유지하고 강화하기 위해 필요한 자원을 확보하기 위한 전략과 방법을 포괄함을 의미한다. 국가안보는 인적, 경제적, 군사기술적 자원에 크게 의존하기 때문에 필수적인 자원을 확보하는 과정이 매우 중요하다. 따라서, 필요한 자원을 안정적으로 확보하는 것은 국가안보의 기본적인 요소가 된다. 특히, 첨단 과학기술의 발전으로 군사기술적 혁신이 이어지는 오늘날에는 국가안보에 필요한 과학기술을 개발하고 안정적으로 획득하는 것이 중요해지고 있다. 한편, 배분정책이란 정부가 공공서비스를 제공하기 위해 수입(주로 세금)을 어떻게 지출할 것인가에 관한 정책이다.[4] 국가안보의 맥락에서 보면, 국가안보정책이란 국가가 확보한 자원을 국가안보의 다양한 요구와 분야에 효과적으로 분배하고 우선순위를 설정하는 전략과 절차를 의미한다. 특히, 자원은 대체로 제한적이므로, 국가안보정책은 국가가 가진 한정된 자원을 군사, 경제, 사회 등의 다양한 안보 관련 분야에서 가장 필요한 곳에 최대한 효과적으로 사용하는 것임을 의미한다.

셋째, 국가안보정책은 국제수준의 정책이며 국가 간 상호작용을 다루는 전략적 특성이 있다. 국가안보정책은 단일 국가의 내부적 관점을 넘어서 국제적 맥락에서의 상호작용과 대립을 다루는 정책이다. 국제 질서, 국가 간 관계, 지역적 안보동맹, 국제기구와의 협력 등이 이에 포함된다. 또한, 단일 국가의 국가안보정책에 대해 적대국이나 주변국들이 어떻게 대응할지 예측하고, 이에 대비하는 방책도 준비한다는 측면에서 전략적인 특성을 지닌다. 따라서 국가안보정책은 상황을 분석하고, 위협을 평가하며, 대응 전략을 개발하는 것 등을 포함한다.

넷째, 국가안보정책은 정책 결과의 측정이 곤란하며 보험의 성격을 지닌 장기적 정책이다. 국가안보정책을 보험에 비유하는 이유는 보험이 즉각적으로 사용할 수 있거나 이득을 주는 것은 아니지만, 보험을 가지고 있다면 위험 발생 시 큰 손실을 방지할 수 있는 데 있다. 국가안보정책도 유사하게 평시에 안보 위협이 없더라도 이에 대비하고 능력유지에 큰 비용을 지출하지만, 정책의 효과와 가치는 실제 위협이 발생할 때 드러나며 이는 수년에서 수십 년에 한번 발생한다. 이러한 보험적 특성으로 인해 국가안보정책은 그 성과를 측정하기 어렵다. 특히, 국가안보정책은 특정 위협이나 상황에 대응하기 위해 수립되며, 이러한 정책의 성공 여부는 해당 위협이 제거되거나 완화되었는지에 의해 판단된다. 그러나 많은 경우 위협의 완화나 제거가 명확하게 관측되기 어렵거나, 다른 요인들에 의해 영향을 받을 수 있어 성과 측정이 어렵다. 따라서 국가안보정책의 성과를 측정하기 위해서는 경제적, 군사적, 사회적, 정치적 지표 등 다양한 지표를 종합적으로 고려해야 한다. 예를 들어, 국방 예산의 증가가 국가안보를 강화했는지 평가하기 위해, 단순한 군사력 증대뿐만 아니라 적대국과의 관계, 지역의 안정성, 경제에 미치는 부담 등 여러 변수를 고려해야 한다.

다섯째, 국가안보정책은 높은 비밀성이 요구되는 정책이다. 국가안보정책의 세부 사항, 작전계획, 전략무기의 성능과 같은 정보가 적대국에 알려질 경우, 이러한 정보를 기반으로 상대방이 대응 전략을 수립할 수 있기 때문이다. 예를 들어, 우리나라의 작전계획이나 전략무기의 성능을 북한이 알게 된다면, 이를 상쇄하기 위한 전력과 전략을 개발할 수 있을 것이다. 따라서 국가안보정책은 다른 국가정책보다 I급·II급·III급 비밀이 많다. 한편, 민주사회에서는 국민의 알 권리와 정부의 투명성도 중요한 가치로 여겨진다. 이에 따라 국가안보와 관련된 정보공개의 범위와 한계에 대한 논의가 지속해서 이루어지고 있다. 정부는 국가안보를 위해 필요한 최소한의 비밀을 유지하는 한편, 가능한 범위 내에서 정책의 방향과 기본 원칙에 대해 공개하여 국민의 이해와 지지를 얻어야 한다. 이는 안보정책의 투명성과 국민의 신뢰를 높이는 동시에, 안보 목적과 민주적 가치 사이의 적절한 균형을 찾기 위한 노력의 일환이다.

표 10-1 **국가안보정책과 다른 정책의 비교**

	국가안보정책	사회복지 및 교육정책	환경정책
수행 주체	기획/시행: 국가	기획: 국가 / 시행: 민간단체	기획/시행: 국가
정책 형태	추출·분배정책	배분·재분배정책	규제정책
정책 대상	국제 행위자	국내 행위자	국내외 행위자
정책 기간	중장기	단기	중장기
정책효과 측정	측정 어려움	계량적 측정 가능	일부 계량적 측정 가능 (정책이 장기적인 환경변화에 미치는 효과는 측정 어려움)
정보 개방성	비밀성 요구	정보개방	정보개방

출처: 정정길 외, 『정책학 원론』(서울: 대명출판사, 2020), pp. 54-64와 한용섭, 『우리 국방의 논리』(서울: 박영사, 2019), pp. 77-80을 바탕으로 작성.

제 2 절   국가안보정책의 구성요소

이러한 국가안보정책은 몇 가지 핵심요소로 구성되어 있다. 여기에는 국가안보정책의 목표(Ends), 정책수단(Means), 정책대상(Targets), 그리고 정책방법(Ways) 등이 포함된다.[5] 이러한 구성요소를 하나하나 검토하면 국가안보정책의 의미를 어느 정도 이해할 수 있다. 이들 중 정책목표와 정책수단, 정책대상이 가장 핵심적 요소이다. 왜냐하면 정책(또는 전략)은 정책의 목표를 달성하기 위해 정책대상에 대해 정책의 수단을 어떻게 사용할 것인지에 대한 방책이기 때문이다. 따라서 정책목표와 정책수단, 정책대상을 합하여 정책의 3대 구성요소라고 한다.[6]

1. 정책목표

정책목표는 "정책을 통하여 이룩하고자 하는 바람직한 상태(desirable state)"로 정의된다.[7] 예를 들어 경제안정정책의 목표는 경제의 안정이고, 교통정책의 목표는 교통의 원활이며, 보건정책의 목표는 국민건강의 향상인 것과 같다. 정책목표가 단순히 달성해야 할 과제가 아닌 상태라는 점은 중요한 의미를 지닌다. 이는 정책이 특정 조건이나 상황을 만들어내려는 의도를 반영하기 때문이다. 이러한 관점은 정책이 단순한 행동이나 단기적인 목표 달성을 넘어서, 지속가능하고 장기적인 변화를 추구한다는 것을 의미한다. 이러한 정책목표는 미래성과 방향성을 가지고 있다. 즉, 시간상으로 보아서 미래에 도달하고자 하는 바람직한 상태이며, 그대로 방치할 경우 이러한 상태를 유지하거나 도달할 수 없기 때문에 정책을 통해서 실현하고자 하는 지향적인 성격 또는 의지를 포함한다.

이러한 측면에서 보면, 국가안보정책의 목표는 내·외부 위협으로부터 국가가 치와 이익이 보호되고 증진되는 상태가 될 수 있다. 이러한 국가안보정책 목표를 달성하기 위해서는 여러 가지 하위 정책목표를 달성해야 한다. 이러한 하위 정책목표들은 경우에 따라서는 상호 모순되기도 충돌하기도 한다. 예를 들어, 북한과 재래식 군비통제를 추진하면서도 북핵 위협에 대응하기 위해 확장억제를 강화하고 대응전력을 강화하는 것과 마찬가지이다. 따라서 최종 정책목표를 달성하기 위해 목표를 상위, 중위, 하위 목표로 계층화하고 목표 간의 관계를 설정하는 것이 필요하다.

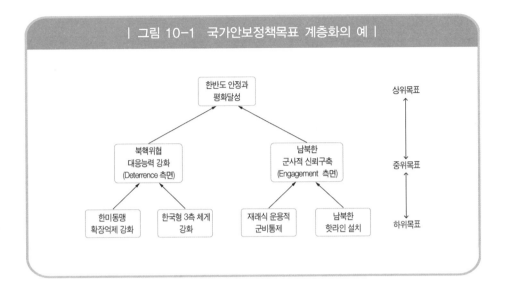

| 그림 10-1 국가안보정책목표 계층화의 예 |

이러한 정책목표는 정책수행과정에서 크게 세 가지 역할을 한다. 첫째, 목표는 다양한 정책수단 중 최적의 수단을 결정하는 데 필요한 기준을 제공한다. 다음 절에서 자세히 논의하겠지만, 최선의 정책수단을 선택하는 가장 핵심적인 기준은 그 수단으로 목표달성을 할 수 있는가에 있다. 따라서 정책목표는 가용한 자원과 수단을 선택하고 효율적으로 활용하는 기준이 될 수 있다. 둘째, 정책목표들은 정책수행 과정에 필요한 지침을 제공하며, 구체적인 행동 방향과 우선순위를 설정하는 데 도움을 준다. 실질적이고 세부적인 결정들은 실행과정에서 발생하는데, 이 경우 정책목표는 결정의 지침의 역할을 한다. 셋째, 정책목표는 정책의 효과를 평가하는 기준이 되며, 이를 통해 현재 정책의 적합성을 재검토하고 필요한 조정을 하는 기준을 제공한다. 이러한 방식으로, 국가안보정책목표는 정책의 선택, 집행, 평가 단계에서 중요한 역할을 하며, 국가안보정책에 있어서 핵심적인 요소이다.

2. 정책수단

정책수단은 정책목표를 달성하기 위한 수단이다. 예를 들어, 교통을 원활히 한다는 정책목표가 있다면 이를 달성하기 위한 수단은 대중교통이나 도로 신설 및 확장과 같은 것이 될 수 있다. 국가안보정책에 있어서 중요한 정책수단은 소위 DIME이라고 불리는 수단들이다. 여기서 D는 외교(Diplomacy), I는 정보(Intelligence), M은 군사력(Military), E는 경제(Economy)를 의미한다.

이중 군사력은 국가안보정책 목표 달성에 있어 핵심적인 정책수단이다. 이는 군사력이 상대국의 군사적 위협에 대하여 실체적인 억제력을 제공하고, 필요한 경우 강압을 통해 국가의 안보이익을 달성하며, 만약 전쟁이 발발하면 공격과 방어작전을 통해 국가를 방위하는 능력을 제공하기 때문이다. 군사력의 이러한 다면적 기능은 국가의 주권과 영토를 보호하는 데 있어 가장 확실하고 직접적인 정책수단을 제공한다. 한편, 외교도 국가안보정책에서 매우 중요한 정책수단이다. 이는 외교가 국제 갈등을 평화적으로 해결하고, 동맹을 구축하여 군사적 지원을 얻어내며, 국제적 지지를 얻는 데 있어 중요하기 때문이다. 따라서 외교는 군사적 충돌을 예방하고, 국제 관계에서 협력을 증진하는 효과적인 수단으로 여겨진다. 그러나 외교만으로는 모든 안보 위협을 해결할 수 없으며, 특히 직접적인 군사적 위협이나 긴급한 안보 위기 상황에서는 군사적 수단과 함께 상호 보완적으로 사용되어야 한다.

한편, 정보와 경제도 중요한 국가안보 정책수단이다. 정보가 주어진 안보환경에서 정확한 위협 인식과 예측을 가능하게 하고, 경제는 국가의 군사적 및 비군사적 수단을 지원하는 자원을 제공한다. 최근에는 안보문제 해결을 위한 수단으로 군사력의 사용보다 경제제재와 같은 비군사적 수단도 주목을 받고 있다. 이는 군사력 사용이 큰 비용과 희생이 요구될 뿐만 아니라 국제적 비판에 직면할 수도 있기 때문이다. 따라서 경제적 수단이 중요한 국가안보수단으로 조명을 받는 추세이다.[8] 그럼에도 정보와 경제는 군사력과 외교와 같은 직접적인 안보정책 수단 없이는 국가의 영토와 주권을 완전히 보장하기 어렵다는 점에서 보조적인 정책수단으로 고려된다. 이러한 DIME 정책수단들은 상호 연결되어 있으며, 각각 국가안보정책의 성공을 위해 중요한 역할을 한다는 사실에서 군사력이 실질적인 수단으로 중심에 서 있지만, 외교, 정보, 경제 등의 보조적 수단들이 종합적인 안보 전략의 효과를 극대화하도록 종합적으로 고려되어야 한다.

3. 정책대상과 방법

국가안보정책은 일반적으로 정책목표와 정책수단을 연결하는 것을 의미한다. 예를 들어, 국가이익의 보호와 증진을 위해 어떻게 군사력과 외교력을 사용할 것인가에 대한 방법이다. 이와 더불어 다른 사회정책과 달리 국가안보정책은 국제적인 행위자를 대상으로 정책이 이루어진다는 데 중요한 특징이 있으며, 따라서 정책대상이 누구인지 고려하는 것이 중요하다. 이러한 정책대상은 우리나라의 국가안보에 직접적인 위협을 가하는 적대국, 유사시 군사원조를 약속한 동맹국, 우리와 직접적인 동맹 관계를 맺지는 않지만 지리적으로 가까운 위치에서 영향을 주고받는 주변국, 시장과 자원을 가지고 있는 중요한 경제협력국, UN이나 IAEA와 같은 국제기구를 포함한다.

단일 국가는 정책목표와 수단을 연결하는 방법을 실행함으로써 국가안보정책을 수행한다. 이러한 방법에는 이 책의 앞에서 배웠듯, 군사력건설, 군사동맹, 군사외교, 군비통제, 집단안보 등이 있다. 이러한 정책방법은 적대국, 동맹국, 주변국과 같은 정책 대상자들의 손익계산과 인식에 영향을 미치는 것을 목적으로 한다. 이를 통해 대상자들의 행동에 변화를 일으키고 나아가 정책의 목표를 달성하는 것이다. 이러한 국가안보정책 수행에 대해 정책 대상자들은 어떠한 식으로든 반응을 할 것이다. 예를 들어, 군사력 증강이라는 정책을 강력하게 추진한다면 적대국은 위협을 단념하고 자제를 선택할 수 있다. 또한, 주변국과 집단안보와 군사외교를 강화한다면 서로에 대한 우호적 인식이 높아지고, 협력을 강화하는 정책으로 반응할 수 있다. 이러한 정책대상의 반응은 정책효과로 평가된다. 만약 특정 정책방법의 실행이 정책목표 달성에 기여하는 방향으로 작용한다면, 단일 국가는 그 정책을 지속해서 추진할 것이며, 반대로 정책목표달성에 효과적이지 않다면 다른 정책대안을 모색하게 될 것이다.

정리하자면, 국가안보정책은 목표(Ends), 수단(Means), 대상(Targets), 방법(Ways)의 핵심요소로 구성되며, 본 절은 이들 간의 상호작용이 어떻게 국가의 안보목표를 달성하는 데 기여하는지를 탐구해 보았다. 각 요소는 정책의 성공적인 실행을 위해 필수적이며, 이들의 효과적이며 효율적인 결합은 주어진 안보환경에서 국가가 직면한 도전을 극복하고 가치와 이익을 보호, 증진하는 데 결정적이다. 이에 더해 여기에서 깊이 있게 논의하지는 않았지만 국가의 정책의지도 중요한 측면이다. 특히 모든 국가안보정책은 어느 정도의 직·간접적인 비용과 안보위기가 고조될 위험을 감수해야 하므로 단일 국가의 정부가 위험을 얼마나 감수하고 추진력 있게 수행할지에 관한 정책의지도 정책의 성패를 결정하는 중요한 요인이다. 만약 정책의지가 없다면 정책의 대상인 국제 행위자들도 그 국가의 정책을 신뢰하지 않을 것이기 때문이다.

제 3 절 국가안보정책과정의 참여자와 기구

국가안보정책과정에는 다양한 참가자들이 있으며, 이들은 공식 및 비공식 경로를 통해 참여한다. 먼저, 공식적 참여자로는 의회, 대통령, 행정부처가 있으며, 이들 모두는 헌법에 따라 특정 권한과 책임하에 국가안보정책에 관여한다. 의회는 대의민주주의 체계에서 안보 관련 법안의 제정 및 수정, 예산 결정의 권한을 가지며, 대통령은 중요 정책 이슈의 선정, 정책 결정 및 실행의 핵심적인 역할을 한다. 국가안보 관련 행정부처(국방부와 외교부, 국가정보원 등)는 정책 결정 과정에 참여할 뿐만 아니라, 대통령의 정책 결정을 실행하고, 필요한 정보와 자원을 제공하는 중요한 기능을 담당한다.

한편, 정책과정의 비공식 참여자 중 이익집단은 의회와 대통령의 결정에 직간접적으로 영향을 미치며, 언론매체의 영향도 정책기조나 정책의 전반적 흐름을 좌우하는 핵심요소이다. 정책전문가나 정책공동체, 싱크탱크의 경우도 이슈네트워크를 형성하고 정책아이디어와 분석을 제공하고 있다. 이에 더해 최근 시민사회의 발전으로 이러한 비공식 참여자의 중요성이 더욱 커지고 있는데, 시민사회와 NGO의 역할은 이 책의 제9장에서 별도로 논의한다.

1. 국가안보정책과정의 공식적 참여자와 기구

대의민주주의하에서는 선거로 선출되는 대통령이나 국회의원, 이들의 지휘·감독을 받는 행정부처가 정책과정에 공식적으로 참여한다. 이와 같은 공식적 정책결정 참여자 또는 기구는 다음과 같이 크게 세 영역으로 나눌 수 있다.

- 국회: 국민에 의하여 선출된 대표자의 모임
- 대통령과 국가안보실: 국민이 선출한 행정수반과 대통령을 보좌하는 비서관 등으로 이루어진 관료 및 전문가
- 행정부처: 대통령에 의해 임명된 장·차관과 관료로 구성된 국가안보 관련 부처(국방부, 외교부, 국가정보원 등)

공식적인 정책참여자와 기구를 중심으로 우리나라의 국가안보정책결정의 절차를 살펴보면 다음 [그림 10-2]와 같다. 이 그림에서 보듯이 행정부처에서 제안된 의견이나 안건이 화살표 방향을 따라서 보고 및 제시되어 행정부 내에서는 최종적으로 대통령에 의해 결정된다. 그리고 국회의 의결이 필요한 경우에는 국회로 이송되어 최종결정이 이루어진다. 이 과정에서 집권당의 경우 비공식적인 참여자로 당·정 협의를 통해 행정부와 정책을 협의하여 국회에 제출할 정책을 조율한다. 행정부 내에서의 정책결정은 행정부처 내부의 정책결정절차, 국무회의와 같이 부처 간의 의견조정 및 행정부 내의 중요안건을 처리하는 회의기관의 의사결정, 그리고 대통령과 국가안보실의 정책참여로 이루어진다. 정부 내의 의사결정 중에서는 부처 장관에 의해 최종적으로 결정되는 경우와 국장 이하에서 결정되는 경우가 많다.

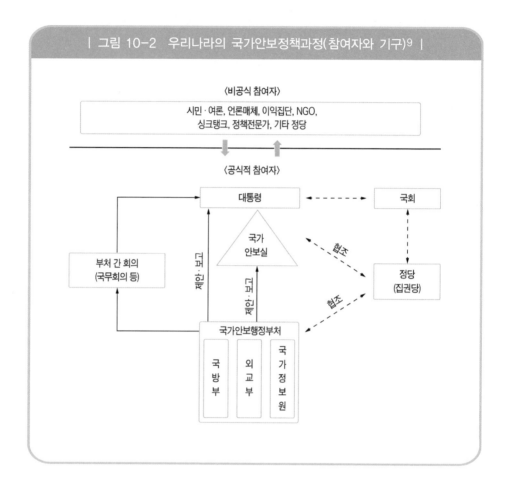

| 그림 10-2 우리나라의 국가안보정책과정(참여자와 기구)9 |

가. 국회

국회는 선거로 선출된 기관으로 법률을 제정하며 국가 예산을 심의하고 중요한 국가정책을 결정하는 최고의 의사결정기관이다. 대통령과 더불어 국가안보에 있어 가장 중요한 국민의 대표기관인 국회는 정책결정과정에서 큰 영향력을 행사한다. 이러한 국회가 국가안보정책 결정기구에 미치는 영향은 다음과 같다.

첫째, 국회는 입법권을 가진다. 여기에는 동맹과 같은 군사원조에 관한 조약, UN과 같은 국제기구 가입에 관한 조약, 주권이 제약받을 수 있는 조약, 국가나 국민에게 중대한 재정적 부담을 지우는 조약 등의 체결·비준이 해당한다. 또한, 국회

는 선전포고, 국군의 외국에의 파견 또는 외국군대의 대한민국 영역 안에서의 주둔
에 대한 동의권을 가진다.[10] 또한 국회는 국가안보와 관련된 법률을 제정하여 조직
을 만들거나 작전, 정보 수집 및 분석, 국제안보협력 등을 규정하고 지원하는 법적
지원을 한다. 예를 들어, 정부조직법 제33조는 국방부의 조직 및 예하 방위사업청
과 병무청 설치의 법적 근거이다. 또한 국가정보원의 경우 국가정보원법이 별도로
제정되어 조직 및 직무범위에 대한 규정을 하고 있다. 이러한 법률제정과정은 아래
[그림 10-3]과 같다.

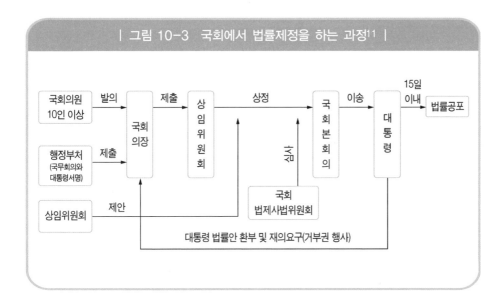

│ 그림 10-3 국회에서 법률제정을 하는 과정[11] │

둘째, 국회는 국방비와 같은 행정부처의 재정과 운영에 관한 광범위한 권한을
가진다. 특히, 국회는 예산안을 심의 및 확정하고, 결산심사권, 계속비에 대한 의결
권, 예비비지출 승인권 등을 가지고 있어서 국가안보 관련 예산에 막대한 영향을
미치고 있다.[12] 따라서 국방부와 군에서 특정 무기체계를 구매하고자 하더라도 국
회의 승인이 없이는 획득이 불가하다. 또한 국회는 국정감사와 국정조사를 통해 행
정부의 운영에 대한 감시와 견제를 하고, 예산사용의 적절성을 평가한다.[13] 이때
국정감사는 국정전반에 대하여 매년 정기적으로 실시하는 것을 의미하며, 국정조

사는 특정 사안이 발생할 경우, 재적의원 1/4 이상의 요구에 의해 실시하는 것을 의미한다.

국회 국방위원회 국정감사

국가안보정책에 관련된 행정부처는 매년 각 상임위원회의 감사를 받는다. 예를 들어 국방부는 국방위원회, 외교부는 외교통일위원회, 국가정보원은 정보위원회의 감사를 받는 방식이다. 이러한 국정감사는 해당 부처가 예산의 사용과 정책수행을 올바르게 하고 있는지 점검하고, 그 결과를 입법활동, 정책심의, 예산안 심사에 반영하는 국회의 핵심적인 활동이다.

국정감사는 감사대상기관의 업무보고를 청취하고, 서류 제출, 증인 출석, 필요할 경우 현지 시찰을 하는 방법으로 수행된다. 감사가 끝난 뒤에는 '국정감사결과보고서'를 작성하는데 여기에는 감사의 주요 내용과 시정 및 처리 요구사항 등이 포함된다. 이후 해당 행정부처는 감사 지적사항을 보완하여 '국정감사결과 시정 및 처리 요구사항에 대한 처리결과보고서'를 제출하게 되어있다.

셋째, 국회는 대통령의 행정부처 장관 임명에 대한 의견을 제시할 권리를 갖고 있다. 예를 들면, 대통령이 국방부 장관, 외교부 장관, 국가정보원장, 합참의장 후보자를 지명하면, 국회는 후보자에 대해 인사청문회를 개최하여 행정부처의 장으로서 임무를 수행하기에 적절한지 검증하고 청문보고서 채택 여부를 결정한다. 장관 후보자의 경우에는 청문보고서의 채택이 이루어지지 않더라도, 즉 국회가 동의하지 않더라도 대통령은 해당 부처의 장관으로 임명할 수 있다. 반면, 국무총리, 대법원장, 감사원장 등의 후보자에 대해서는 국회의 동의가 없이는 임명할 수 없다.[14]

나. 대통령

대통령중심제에서 대통령은 행정부의 수반으로서의 지위와 국가원수의 지위를 동시에 지니고 있다.[15] 이러한 대통령중심제에서 대통령이 국가안보정책과정에 행사하는 영향은 크게 정책결정에 관한 권한, 정책집행에 관한 권한, 국군통수권자 및 위기관리자의 책임으로 나눌 수 있다.

먼저, 정책결정에 관한 권한은 두 가지로 나눌 수 있다. 첫째, 앞의 절에서 논의했듯이 법률의 형태를 취하는 정책안을 국회에서 논의하도록 제안하거나 국회의 의결을 거친 법률을 거부하는 권한이다. 예를 들어, 국방조직을 만들거나 국제안보에 관한 조약을 맺거나, 해외파병을 보내기 위해 법률을 신설해야 하는 필요가 있을 때 대통령은 이를 제안할 수 있다. 사실 대통령의 이러한 권한은 매우 막강한 권한이다. 특히 대통령이 속한 여당이 국회의 다수당일 경우 이는 행정부가 정책집행에 필요로 하는 법률적 장치를 비교적 수월하게 마련할 수 있기 때문이다. 의회의 견제장치를 더욱 강조하는 미국의 경우에는 대통령이 의회에 법률안을 제출할 공식적인 권한이 없으며, 행정부의 법안 초고를 대통령과 같은 소속정당의 상임위원회 위원장이나 간사 의원을 통해 제출한다. 이러한 법률적 장치를 마련할 수 있다면 군사, 외교, 정보, 경제의 정책수단을 이용하여 군사력건설, 동맹, 군비통제, 집단안보 등의 정책방법을 보다 수월하게 실행할 수 있고, 희망하는 방식으로 정책목표달성을 추구할 수 있다.

둘째, 국회의 의결을 요구하지 않는 세부적인 정책을 결정하고 집행하는 권한이다. 국가안보정책의 많은 경우는 대통령이 대통령령이나 각 행정부처의 규칙을 통해 법적 근거를 마련하고 정책을 추진한다. 이러한 대통령령이나 행정부처 시행규칙은 법령의 세부 시행규정을 정하는 경우가 많다. 예를 들어 군인사법의 경우 법령이 모든 세부 규정을 담지 못하기 때문에, 군인사법 시행령이 대통령령으로 있으며, 더 세부적인 사항은 군인사법 시행규칙이 국방부령으로 존재한다. 이러한 측면에서 볼 때 정책결정과 집행에 있어서 대통령의 권한은 광범위하다.

이러한 대통령의 강력한 영향력은 대통령이 보유한 여러 가지 자원(resources)에서 나온다. 이러한 자원은 공식적인 자원과 비공식적 자원으로 나눌 수 있으며, 강력한 자원을 보유하고 있다면 대통령 국가안보정책을 성공적으로 추진할 수 있다.[16] 대통령의 공식적 자원이란 헌법기관 구성, 입법권한, 행정권한과 같은 제도적 권한을 의미한다. 우리나라 대통령의 핵심권한은 헌법 제4장 제1절에 명시되어 있다. 특히, 대통령은 헌법개정을 제안할 수 있으며, 외교·국방·통일 등 국가안보에 관한 중요한 사안에 대해 국민투표를 붙일 수 있는 권한이 있다. 또한, 대통령은 국방장관, 외교장관, 국정원장 임명 등 중요 헌법기관에 관한 인사권을 갖고 있으며, 외교·국방·통일정책에 관한 입법 및 행정 권한을 행사한다. 예를 들어, 한미상호방위조약(한미동맹조약)과 같은 조약을 체결하거나, 국제회의의 참여를 통해 우리나라의 이익을 대변하거나, 국군의 최고 통수권자로서 국가안보회의를 주재하는 것이다.

319

한편, 대통령은 비공식적 자원을 통해서도 영향력을 행사한다. 이는 내적 자원과 외적 자원으로 구분해 볼 수 있다.[17] 내적 자원은 대통령이 보유한 정보, 전문지식, 그리고 시간(잔여 임기) 등을 포함한다. 이 중 대통령 개인이 가진 정보나 전문지식은 한계가 있기에 대통령실과 국가안보실의 보좌와 지원을 받는다. 시간(잔여 임기)의 경우, 잔여 임기가 많이 남았다면 정책을 보다 연속적으로 추진할 수 있어 국회나 정책대상의 참여를 유도하기가 용이하다. 반면, 임기가 짧을 경우에는 정책에 대한 합의가 이루어지더라도 정책변경의 가능성으로 인해 결정이 유보될 수 있다는 점에서 차이가 있다. 예를 들어, 동맹 정책 변화나 군비 통제와 같은 대외정책을 추진할 때, 임기 초반에는 상대 국가가 적극적으로 참여하는 경향이 있지만, 임기 말에는 상대 국가가 합의를 유보하는 경우도 있다.

반면, 외적 자원은 정치적 자산을 의미하는데, 이에는 정당(특히 집권당)의 지원, 국민적 지지, 그리고 평판이 포함된다. 여기서 정당의 지원은 대통령 정책에 대한 국회의 동의를 확보하는 데 중요한 역할을 하며, 대통령에게 결정적인 정치적 자산을 제공한다. 국민의 지지와 선거에서의 높은 득표율 또한 대통령의 영향력을 강화하는 주요 요소이다. 국민이 대통령의 정책을 높이 지지할수록 국회(특히 야당)도 대통령의 의제와 정책대안에 동의할 수 밖에 없다. 이와 더불어, 과거 성과와 업적에 기반한 평판(reputation)은 대통령이 국민적 지지를 얻는 데 있어 설득력(power to persuade)을 높이는 중요한 수단이 된다.[18]

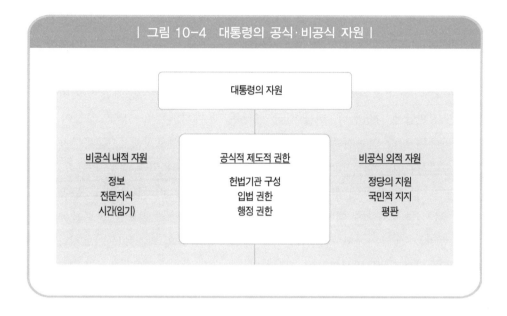

| 그림 10-4   대통령의 공식·비공식 자원 |

대통령의 자원

비공식 내적 자원

정보
전문지식
시간(임기)

공식적 제도적 권한

헌법기관 구성
입법 권한
행정 권한

비공식 외적 자원

정당의 지원
국민적 지지
평판

다. 국가안보실

대통령의 자원 중 비공식 자원, 특히 내적 자원은 대통령의 역량에 따라 큰 영향을 미칠 수 있다. 그러나 대통령 혼자서 모든 분야의 정보를 가질 수 없고 전문성을 보유할 수 없으므로, 이를 보좌하고 정책을 결정하는 기구가 필요하다. 국가안보정책의 경우 국가안보실이 이러한 역할을 담당한다.

국가안보실은 대통령을 보좌하여 국가안보정책의 결정과 실행에 있어서 핵심적인 역할을 담당하며, 다음과 같은 특징을 가지고 있다. 첫째, 국가안보실은 최상위 국가안보정책의 수립 및 조정을 담당한다. 둘째, 국가안보실은 예하에 위기관리센터를 두고 있으며, 이를 통해 다양한 위기 상황을 관리하고 대응한다. 셋째, 국가안보실은 정보융합 기능을 바탕으로 안보와 관련된 국내외 정보를 종합하고 분석하며 이를 바탕으로 대통령에게 필요한 조언을 제공한다. 넷째, 국가안보실은 국방부, 외교부, 통일부 등 관련 행정부처 간의 정책을 조율하고, 통합적인 대응을 할 수 있는 컨트롤 타워(control tower) 역할을 한다.

이러한 특징은 국가안보실이 전문성을 바탕으로 한 참모기구로서 국가안보와 직결된 대통령의 정책결정에서 중심적인 역할을 수행한다는 것을 의미한다. 또한, 국가안보실은 다양한 부처와 기관들 사이에서 조정자 역할을 하여, 국가안보에 대한 일관된 접근 방식을 유지하고, 효과적인 정책 실행을 위한 통합적 대응 체계를 마련한다. 따라서 국가안보실장을 누구로 임명하는가는 매우 중대한 일이며 안보실장은 장관급에 해당한다. 더불어 국가안보실장 예하에는 2~3명의 차장이 있고, 그 예하에는 각각 안보전략, 국방정책, 외교정책, 경제안보정책 등 전문분야를 담당하는 비서관이 있다. 각 비서관실은 행정부처의 관료와 민간 전문가 행정관으로 구성되며 이들은 업무에 필요한 전문성을 제공한다. 각 비서관은 담당 분야 최고 전문가로서 중요사항에 대해 대통령에게 수시로 보고하고 필요한 정보를 제공한다. 대통령은 각 부처에서 제출된 안건에 대해 비서관들의 의견을 물어보거나 행정부처의 대면보고 시 비서관들이 배석한다.

이와 더불어 국가안보실은 헌법에서 명시한 정책결정기구인 국가안전보장회의를 보좌하고 담당하는 조직이다. 국가안전보장회의(이하 안보회의)는 국가안보에 관한 대외정책, 군사정책 및 국내정책의 수립을 위해 국무회의 심의 전 대통령에게 자문을 제공하는 대통령 직속 헌법기관이다.[19] 안보회의 1963년 12월 17일 설립되어 여러 차례 조직 개편을 거쳤으며, 현재는 상임위원회와 사무처를 포함한 구조로 운영된다. 상임위원회는 1998년에 처음 설치되었으며, 한 차례 폐지되었다가 2014년에 다시 설립되어 현재까지 활동 중이다. 사무처 또한 비슷한 시기에 설치되어 회의의 효율적 운영을 지원하고 있다.

안보회의의 구성은 대통령을 의장으로 하며, 국무총리, 외교부 장관, 국방부 장관, 통일부 장관, 국가정보원장 등 국가의 주요 안보부처 장관들이 위원으로 참여한다.[20] 안보회의는 의장인 대통령이 소집하며, 필요하면 관계 부처의 장 및 기타 관계자를 회의에 참석시켜 의견을 들을 수 있다. 상임위원회의 위원장은 국가안보실장이며, 사무처장은 국가안보실 제1차장이 겸임한다.[21] 상임위원회는 안보회의의 위임을 받아 국가안보에 관련된 대외정책, 군사정책 및 국내정책에 관한 사항을 협의한다. 한편, 사무처는 회의의 운영과 관련된 다양한 사무를 처리하며, 핵심 업무 중 하나는 각 부처의 차관이 모여서 부처별 정책을 협의하고 조정하는 실무조정회의를 운영하는 것이다. 이러한 구조를 통해 국가안전보장회의는 국가안보와

322

직결된 중요한 정책의 결정에 있어 핵심적인 역할을 수행하며, 상임위원회와 사무처는 국가안보정책의 효율적이고 체계적인 결정 및 실행을 보장하는 데 기여한다.

라. 국가안보 행정부처: 국방부, 외교부, 국가정보원 등

국가안보 행정부처의 공식적 역할은 국회가 법률의 형식으로 결정한 정책과 대통령이 결정한 주요 국가안보정책을 충실히 집행하는 것이다. 국회와 대통령은 안보부처의 편성을 결정하는 정부조직법을 만들거나 개정할 수 있고, 대통령은 이들 부처에 대한 조직권, 인사권, 예산권에 관한 권한을 가지고 부처를 통솔한다.

반대로 안보부처도 전문지식과 정보를 활용하여 주요 정책을 만들고 집행하며 국회와 대통령의 최종적인 정책결정에 영향을 줄 수 있다. 이때, 안보부처가 영향력을 발휘하는 경로는 크게 두 가지이다. 하나는 부처의 수장인 장·차관이 발휘하는 정치적 리더십이다. 각 부처의 장은 대통령과 국회를 설득하고 언론과 여론을 바탕으로 부처와 관련된 정책을 추진한다. 두 번째 경로는 행정부처의 관료가 가진 지식과 경험에서 나오는 전문성과 자율성이다. 직업공무원인 관료들은 길게는 수십 년간 해당 분야의 정책을 수립 및 집행했으며 여기서 얻어진 실무경험과 통찰은 전문성과 자율성의 기초가 된다.

정책과정에서 우리나라 안보부처의 중요한 특징은 품의제 형식의 의사결정을 한다는 것이다.[22] 여기서 '품의'란 상관의 재가를 받기 위해 논의를 드린다는 의미이며, '품의제'란 정책 실무자가 의견을 제시하고 상관이 그 의견을 검토하되 실무자와 상의하에 최종결정을 내리는 제도를 의미한다. 국방부의 예를 들면, 정책 실무자가 제안을 하면, 과장, 국장, 차관보, 차관, 장관의 순서대로 결재를 받으면서 정책이 결정되는 것이다. 이렇게 정책 실무자가 공식적인 의견을 제안하는 것을 '기안'이라고 한다. 일반적으로 행정부처는 과 단위로 구성되어 있으므로 각 과의 구성원들이 정책을 기안하는 실무자이다.

예를 들어, 국방부 조직의 구성단위는 '과'이며, 각 과의 구성원들이 정책 실무자 임무를 수행하며, 정책문서를 기안하는 역할을 한다. 이렇게 다양한 기안 중 무엇을 정책안으로 결정하여 공식적으로 논의할 것인지를 결정하는 자는 '과장'이다. 실무자의 기안은 과장을 결재를 받아야 고위정책결정자에게 보고되기 때문에, 어떠한 아이디어든지 과장의 결정에 의해서만 구체화 한 정책안이 될 수 있다. 따라서 과장은 의사결정점(decision point)의 역할을 하고, 또한 거부점(veto point)가 될 수도 있다.

　이상에서 본 안보부처 정책과정은 조직 내 실무자가 제안을 하고 상부로 올라가면서 결재를 하는 민주적인 제도라는 특징을 가지고 있지만, 실제로는 고위정책결정자의 의견을 반영하기 위한 여러 가지 제도적 장치가 마련되어 있으며, 고위급의 의견이 지대한 영향을 미치는 형태의 의사결정이 이루어진다. 예를 들어, 정책실무자의 기안 과정에서 이미 고위정책결정자는 어떻게 업무를 처리할 것인가에 관해 지침을 제시하는 경우가 대부분이다. 또한, 다루어야 할 문제가 중대한 사안일 경우 달성해야 할 기본목표와 고려해야 할 대안에 대해서도 자세히 지시를 내릴수 있다. 그렇지 않으면 실무자가 정책 방향을 잡기 위한 불필요한 환류 과정을 되풀이할 수 있다. 따라서 공식적인 기안을 하기 전에 정책 실무자는 결재권자와 상의하여 중요한 내용을 대부분 결정하고, 비로소 결정된 내용을 실무자가 정리하여 문서화하는 경우가 많다.

2. 국가안보정책과정의 비공식 참여자

　제9장에서 살펴본 바와 같이, 과거 국가안보정책 결정 과정은 주로 소수의 공식적 참여자, 전문가, 그리고 군이 주도하여 보안을 유지하면서 수행되었다. 특히 냉전 시기에는 국가안보의 초점이 주로 군사적 분야에 맞춰져 있었으며, 안보 관련 정보의 유출이 국가의 안전을 크게 위협할 수 있다고 간주하였다. 따라서 정보보호를 최우선 과제로 여겼다. 또한, 고도의 전문성과 집중력을 통한 신속한 의사결정은 첨예한 군사적 대치상황 속에서 복잡한 문제를 효과적으로 해결하고 국가이익을 달성하는 방법으로 인식되었다.

　그러나 탈냉전 시기 이후 국가안보 환경은 크게 변화하기 시작했다. 인터넷과 소셜미디어의 발전으로 정보 접근성과 전파속도가 획기적으로 향상되었다. 이로인해 시민단체, 이익집단, 정책학자들이 국가안보에 관한 공공데이터에 더욱 쉽게 접근하여 이를 분석할 수 있게 되었고, 자신들의 의견을 널리 퍼뜨리며 여론을 형성한다. 이들은 국가안보정책 결정 과정의 투명성과 참여를 적극적으로 요구하고 있다. 동시에, 국제사회의 상호의존성과 문제의 복잡성이 증가함에 따라, 국가안보 문제를 군사적 관점에서만 해결할 수 없게 되었다. 경제, 환경, 사회적 요인들이 안보와 밀접하게 연결되어 있으며, 이에 대한 전문지식을 가진 싱크탱크나 학자들의 정책 결정 과정 참여가 점점 중요해지고 있다.

현재 국가안보정책 결정 과정에서 핵심 참여자는 여전히 대통령, 행정부처, 국회와 같은 공식적 참여자들이지만, 위에서 언급한 변화에 따라 이익집단, 언론, 싱크탱크와 같은 비공식 참여자들의 역할도 점차 주목받고 있다. 이에 따라, 이 절에서는 비공식 참여자의 다양한 유형과 그들의 역할에 대해 소개하고자 한다.

가. 이익집단

이익집단은 구성원들의 공통된 이익을 증진하기 위해 결성된 집단을 의미한다. 국가안보와 관련하여 방위산업체나 사적선도형 국방NGO와 같은 집단들이 여기에 속한다. 이들 집단은 정책과정에서 자신들의 이익이 향상되도록 활발한 활동을 전개한다. 특히, 다원적 민주주의 제도하에서 이익집단은 인적 및 물적 자원을 활용하여 세미나를 개최하거나, 언론을 통한 기자회견이나 성명 발표, 국회 및 행정부처 설득 등을 통해 유리한 정책이 추진되고 불리한 정책이 억제되도록 노력한다.

이익집단의 활동이 단지 사적인 이익 추구로만 볼 수 없는 것은 이들이 국가안보정책에 필수적인 역할을 수행하기 때문이다. 예를 들어, 방위산업체는 군사적 필요에 부응하는 첨단 무기와 장비를 개발 및 생산함으로써 국가안보에 기여한다. 이들은 국방부와 같은 행정부처와 협력하여 국가의 군사전략과 안보목표에 부합하는 제품과 서비스를 제공하며, 국가의 전략적 자주성 유지에 중요한 역할을 한다. 우리나라의 경우 방위산업체 대부분은 민영화되어 있으며, 국제무대에서 세계 최고의 방위산업체와의 경쟁을 통해 기술혁신과 비용효율성을 실현하고 있다. 이를 통해 우리나라는 세계 최고 수준의 방위산업 생산력과 기술력을 갖추고 있음을 국제사회로부터 인정받고 있으며, 이는 전쟁억제력에 직접 기여한다. 따라서 국가안보에 관련된 이익집단과 국가안보정책을 수행하는 국가 간에는 서로 상호의존적인 관계가 형성되어 있다고 할 수 있다.

나. 언론

언론은 TV, 라디오, 인터넷, 소셜미디어(예: 트위터, 인스타그램)와 같은 다양한 대중매체를 통해 사회구성원 사이의 정보를 전달하고, 사회에서 일어나는 주요 사건들을 알려준다. 이러한 기능 때문에 언론은 국가안보정책 결정 과정에도 큰 영향을 미친다. 만약 우리나라의 민주주의를 우리 몸에 비유한다면, 언론은 마치 민주주의를 유지하는 혈액과 같다. 일반 국민, 국회, 대통령, 행정부처 등에 다양한 정보와 지식을 제공함으로써 정치와 정책 과정이 원활하게 진행될 수 있도록 돕기 때문이다. 언론은 특정 정책문제에 대한 국민적 공감대, 즉 여론을 형성하는 데에도 중요한 역할을 한다. 사회 이슈의 형성과 발전에 있어서 중요한 프레이밍(framing) 기능을 수행하는 것이다.[23] 이를 통해 특정 안보문제 등을 일반 대중에게 알리고, 그들의 관심을 끌어 여론을 형성함으로써 정책에 직접적인 영향을 미친다. 또한, 언론은 국회, 대통령, 행정부처의 활동을 감시하며 올바른 정책이 수립되는지 확인하고 견제하는 중요한 역할을 한다. 따라서, 언론은 정책문제의 인식, 의제설정, 정책 대안 모색, 정책집행 등 정책과정 전반에 걸쳐 중요한 비공식 참여자로 볼 수 있다.[24]

다. 싱크탱크(Think Tank)와 정책전문가

싱크탱크(또는 정책연구소)는 각 분야의 최고 정책전문가를 보유하고 있으며, 정부정책과 독립된 위치에서 전문적인 연구를 통해 정책과정에 아이디어와 정책분석을 제공하기 위해 만들어졌다.[25] 오늘날에는 국가안보에 관련된 행정부처도 정책결정을 위한 대안의 구성·비교분석을 싱크탱크에 의뢰하는 경우도 많아지고 있다. 국가안보와 관련된 싱크탱크는 크게 정부산하 싱크탱크와 민간 싱크탱크로 나뉘며, 우리나라의 경우 정부산하의 싱크탱크가 전통적으로 중요한 역할을 해온 반면 미국의 경우 민간 싱크탱크가 주도적인 역할을 해온 경향이 있다. 다음 [그림 10-5]은 우리나라 국가안보정책에 영향을 주는 싱크탱크와 정책전문가 집단을 도식화한 것이다. 그림에서 보듯 우리나라 국가안보정책에는 공공 싱크탱크뿐만 아니라, 민간, 학계, 국회의 연구소들이 영향을 미치며, 국제적 행위자를 대상으로 정책을 수립하고 수행하는 국가안보정책의 특성상 미국을 비롯한 국제 싱크탱크도 중요한 영향을 미친다.

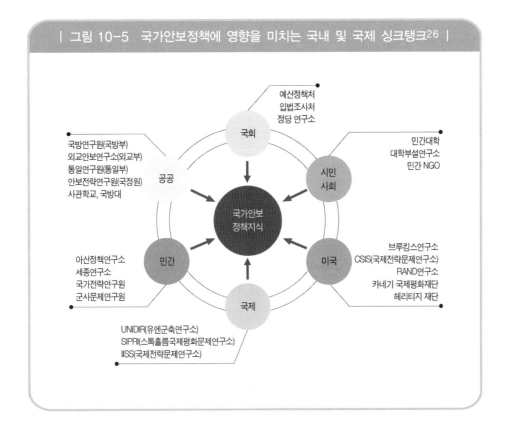

| 그림 10-5 국가안보정책에 영향을 미치는 국내 및 국제 싱크탱크[26] |

이러한 싱크탱크들은 다양한 경로를 통해 국가안보정책과정에 영향을 준다.[27] 첫째, 싱크탱크들은 세미나나 학술대회를 개최하여 주요 정책쟁점을 토의하고 알림으로써 정책에 영향을 미친다. 또한, 싱크탱크에 소속된 정책전문가들은 대학이나 언론매체에서 강연을 하거나 국회에 출석하여 증언을 하는 등의 활동을 하기도 한다. 나아가 싱크탱크의 정책전문가들이 발간하는 연구보고서나 서적, 논문, 기고문 등도 싱크탱크가 정책에 영향을 주는 중요한 통로이다. 둘째, 싱크탱크의 인력이 국가안보실이나 행정부처에 진출하여 영향력을 발휘할 수 있다. 특히, 국가안보실의 비서관, 행정관이나 국방부의 개방형 직위 등을 통해 싱크탱크 소속 전문가들

이 등용되어 정책을 기획하고 추진하는 경우도 많다. 셋째, 싱크탱크는 다양한 인적 네트워크를 통해 정책과정에 영향을 미치기도 한다. 특히, 행정부처의 고위정책결정자와 싱크탱크 정책전문가 사이에 형성된 네트워크는 싱크탱크의 정책 아이디어가 행정부로 전파되는 중요한 통로이다. 마지막으로, 싱크탱크는 행정부처의 공식적인 연구용역을 수주하여 연구과제를 수행하고 보고서를 제출함으로써 정책과정에 영향을 미치기도 한다. 이 경우 싱크탱크는 행정부처에서 수행하기 어려운 분석적인 연구를 통해 정책문제의 원인을 판단하고 합리적인 대안을 도출하는데 도움을 줄 수 있다.

제 4 절 정책의제설정(Agenda Setting)

정책의제설정이란 정부가 국가안보문제를 공식적으로 해결하기 위해 이를 정책과제로 전환하는 것을 의미한다. 이는 안보문제에 대한 정부의 단순한 의견표명이 아니라 문제를 해결하기 위해 정부가 공식적인 절차를 시작하고 가용한 수단과 자원을 사용할 것임을 의미한다. 따라서 정책의제설정은 모든 정책과정의 첫 단추라고 볼 수 있다.

1. 의제설정의 중요성

어떤 국가안보문제든 일단 정책의제로 선정이 되어야 문제해결을 위한 정부의 노력이 시작된다. 즉, 의제설정은 문제를 인식하고 이를 해결하기 위한 공식적인 접근의 출발점이라는 것이다. 구체적으로 정책의제 설정은 세 가지 측면에서 중요성을 갖는다.

첫째, 정책의제설정은 공식적인 정책과정에서 볼 때 정책문제 해결의 시작인 동시에 정책과정의 첫 번째 단계이다. 또한, 정책문제가 의제로 채택되면 어떠한 방향이든 자원이 투입되고 문제가 해결되어 새로운 평형상태를 만들 가능성이 크다. 따라서 여기에서부터 정책문제를 둘러싼 서로 다른 의견이 등장하여 경쟁한다. 즉, 현재 직면한 문제가 해결되고 새로운 상태가 만들어졌을 때의 모습에 대한 서로 다른 생각이 충돌하는 것이다. 예를 들어, 북한이 핵무기를 개발하고 우리나라가 이에 대응해야 하는 안보문제가 중요한 정책의제로 선정되었다고 한다면, 이때부터 어떻게 북한 핵 위협에 대응해야 하는지에 관한 의견이 갈리기 시작한다는 것이다. 어떤 참여자들은 미국의 핵확장억제의 신뢰성을 강화하는 것을 선호하기도 한다. 반면에 다른 참여자들은 우리나라의 자체 핵무장을 선호할 수도 있다. 주로 이러한 선호도의 차이는 참여자들이 가지고 있는 가치체계의 차이와 관련이 깊다. 전자는 북한 핵 위협이라는 문제에 직면하여 더욱 강화된 동맹체제를 만들고 안정을 추구하는 것이 중요한 가치지만, 후자는 자력방위에 기초한 전략적 자율성 확보를 중요한 가치로 여긴다. 이러한 서로 다른 가치관의 충돌은 이후의 정책단계, 즉 정책결정, 정책집행, 평가단계에 걸쳐 계속된다.

둘째, 정책결정단계에서 고려되어야 할 대안들은 종종 의제설정 단계에서 미리 제시된다. 이는 어떠한 심각한 국가안보문제도, 해결할 수 있는 대안이 존재해야만 정책의제로서 고려될 수 있다는 원칙에 기반한다. 예를 들어, 북한의 핵 위협 같은 국가안보문제가 대두될 때, 이 문제를 정책의제로 선정하는 이유는 동맹 강화 등과 같은 정책 대안들을 통해 해결 가능성이 있다고 가정하는 데 있다. 그리고 이렇게 의제설정 시 염두에 둔 대안이 공식적인 정책으로 이어지는 경우가 많다. 따라서, 이론적으로는 정책수단과 방법을 결정하는 것은 일반적으로 정책결정단계에서 이루어져야 하지만, 실제로는 정책의제 선정 시점에 이미 여러 대안을 비교하고 선택하는 과정이 포함될 수 있다. 이후 정책결정과정은 선정된 정책대안을 평가하고 적절한 수단과 방법을 모색하는 활동에 집중하는 경향이 있다.

셋째, 정책의제설정이 중요한 이유는 정책의제화의 방식에 따라 나머지 정책과정의 방식도 달라지기 때문이다. 정책의제설정의 방식에는 의제화의 주도자가 정부 내부에 있는가 외부에 있는가에 따라 내부동원형과 외부주도형으로 나뉜다. 먼저 내부동원형은 정부 내부의 실무자와 정책결정자가 주도적으로 정책의제를 선정하는 방식이다. 이 방식은 정부가 특정 안보문제에 대해 이미 인식하고 있거나 문제해결을 위해 적극적으로 나서고자 할 때 사용된다. 따라서 내부동원형 방식으

329

로 의제가 설정되면 정책대안을 모색하는 과정도 부처 내부에서 분석적인 과정을 거치게 되고, 국가안보실에서 부처 간 정책의 협조와 조정도 거친다. 국가안보정책은 이러한 의제설정 방법을 따르는 경우가 많다. 앞서 예로 든 북한의 핵 위협에 대한 대응방안이나 이지스함, 스텔스기 등 전력증강정책 등도 내부에서부터 동원형으로 의제가 설정되고 분석적 정책과정을 통해 정책이 추진된다.

반면, 외부주도형은 정책의제의 설정이 정부 외부의 비공식 참여자들에 의해 주도되는 방식을 의미한다. 이는 이익집단, 시민단체, NGO, 싱크탱크와 정책전문가 집단, 언론과 같은 외부 참여자들이 특정 문제를 제기하고, 이를 정책의제로 만들기 위해 정부에 압력을 가하거나 설득하는 과정을 포함한다. 특히, 외부주도형은 정부가 문제의 존재를 인식하지 못하거나, 특정 문제가 우선순위에서 밀려 정부가 해결을 미루고 있을 때 특히 중요한 역할을 한다. 예를 들면, 군 사격장 주변의 소음과 안전문제, 무기체계 획득의 투명성 제고 문제, 병역의 공정성과 국방비 사용의 효율성 등이 있다. 의제가 외부주도형 방식으로 설정될 때에는 정책결정과정도 점진적 적응 형태를 띠는 경우가 많다. 정책의제화 단계에서의 갈등이 정책결정과 집행 단계까지 지속되어 지속적인 타협이 필요하기 때문이다.

요컨대, 정책의제설정은 국가의 안보와 발전에 있어 필수적인 과정이다. 이는 정부가 문제해결을 위해 적극적으로 나서고자 할 때의 출발점이 되며, 정책과정의 나머지 부분을 결정하는 핵심적인 역할을 한다. 의제가 내부적 동원을 통해 설정되든, 외부 압력에 의해 주도되든, 이는 결국 정책의 방향, 집행의 방법, 그리고 공공의 참여 정도를 결정짓기 때문이다. 이를 통해 정책의 효과성과 수용성, 그리고 최종적인 성공 여부가 크게 좌우될 수 있음을 알 수 있다.

2. 정책의제설정 이론

정책의제설정에 대한 이론이란 특정 문제나 주제가 어떻게 정부의 공식적인 정책 결정 과정의 주목을 받게 되는지 설명한다. 즉, 이 이론은 여러 정책문제 중 어떤 것이 정책의제로 선정되어 정부의 주요 과제가 되는지, 그리고 어떤 이슈가 공식적인 토론과 결정 과정에 포함되거나 배제되는지를 설명하는 것이다. 여기에는 크게 다원론(pluralism)과 엘리트론(eliticism)이 있는데, 우리가 정책의제설정 이론을 알아야 하는 이유는 국가안보정책이 형성되는 초기 단계에서 어떤 요인들이 영향을 미치며, 다양한 이해관계자 간의 상호작용이 어떻게 정책 방향성을 결정하는지를 파악하기 위함이다.

먼저, 정책의제설정에서 다원론이란 정치적 영향력 및 권력이 사회 각 계층에 널리 분산되어 있다는 것을 의미한다. 즉, 정치권력의 실질적 근원이 다원화되어 있다는 것이다.[28] 다원론의 핵심적인 가정은 정치제도상 중요 지위를 점하고 있는 참여자들이 공식적으로 정책문제를 채택하고 정책결정에서 중요한 영향력을 행사하는 것은 사실이지만, 민주주의 체제 하에서 이들은 계속 정치적 지위를 유지하기 위해 자신들을 지지해 주는 시민들, 언론, 이익집단, 싱크탱크 및 대학 등의 요구에 반응할 수 밖에 없다는 것이다. 따라서 다원론에서는 정책참여자 중 비공식·외부 참여자의 영향력과 역할에 주목한다. 예를 들어, 특정 국가안보문제에 대해 시민들의 지지를 얻지 못하는 방향으로 정책을 추진하다 보면 다음번 선거에서 많은 표를 얻지 못하고 실각하게 될 수 있다. 동시에 새로 지지를 얻어 당선된 사람은 시민들이 지지하는 방향을 정책을 추진할 것이다. 따라서 시민, 언론, 이익집단 등 외부 참여자들은 경기장에서의 심판과 같은 역할을 담당하며, 결과적으로 실질적 권력은 이들을 포함하여 여러 참여자에게 분권화되어 있다는 것이 다원론의 관점이다.

이러한 논리를 국가안보정책 의제설정에 적용하면, 정치인과 고위정책결정자들은 시민들의 요구에 민감하게 반응하므로, 시민 중 일부가 어떤 문제를 심각하게 우려한다면 이들의 지지를 얻기 위해 노력하는 누군가에 의해 그 문제가 안보정책문제로 채택되게 된다. 즉, 어떠한 문제든지 정치체제로 침투할 수 있다는 것이다.[29] 최근의 관련 사례로 병영급식수준 문제가 중요한 국방정책의제로 설정되고 국방부에서 이 문제를 적극적으로 해결하기 위해 노력한 것을 들 수 있다. 국방부는 병영급식의 질을 개선하고자 꾸준히 노력해 왔지만, 시민들의 눈높이를 충족하기에는 부족한 측면이 있었다. 그럼에도 병영급식문제는 북한 핵 문제 등 중대한 안보문제에 밀려서 중요한 의제로 설정하지는 못한 상태였다. 이에 소셜미디어를 통해 제기된 병영급식 개선 필요성이 국민적 공감대를 형성하였고, 중요한 사회적 이슈로 부상하자 정부는 병영급식문제를 공식적인 정책의제로 설정하였다. 이후 국방부의 주요정책으로 추진되었고, 병영급식 개선은 2021년 장병들이 뽑은 최고의 정책으로 선정되기도 하였다.[30]

이러한 다원론적 설명에 대해 엘리트론자들은 반대한다. 무엇보다도 어떠한 안보문제든지 공식적인 정책문제가 될 수는 없다는 것이다. 정부의 자원에도 한계가 있기 때문에 모든 문제를 다 처리할 수 없으며, 또한, 시간의 한계로 인해 어쩔 수 없이 소수의 안보문제만 정책의제화 시킨다고 주장한다. 그럼 어떤 문제는 정책의제가 되어 정책적 해결을 위해 신중하게 검토되는데 반해 다른 문제는 방치되는가? 엘리트론에서는 국가안보 문제를 해결하기 위해 노력하는 주도집단이 정치적으로 강력하면 그 문제는 쉽게 정책의제로 설정될 수 있다고 설명한다. 만약 정책문제를 해결하기 위해 주도하는 집단이 정부 내의 정책결정자인 경우는 그 문제의 의제화가 자동적으로 달성된다. 체제이론에서 말하는 문지기(gate-keeper)가 스스로 원하는 것이기 때문이다.

엘리트론은 주로 권력이 국가에 집중된 정치체제를 가진 국가의 상황을 설명하는데 더 적합할 수 있지만,[31] 다원적인 국가에서도 내부동원-엘리트 방식의 의제설정이 빈번하게 일어난다. 예를 들어 Kingdon의 연구는 미국에서도 정부의제설정에서 의회지도자들과 대통령이 가장 중요한 역할을 한다는 것을 발견했다.[32] 또한 대통령의 보좌진과 행정부처의 전문가들은 외부의 비공식 참여자보다 월등하게 큰 영향력을 행사하며, 여론의 초점이 되는 의제를 좌우하는 경우가 많았다. 반면 이익집단, 언론, 학자의 경우 의제설정에서는 정치적 변화를 극복할 수 없으며 정치지도자들에 대항하지도 못하는 경우도 있었다.

전통적으로 국가안보정책 분야에서 엘리트론은 특히 강력한 설명력을 가졌다. 안보와 관련된 의사결정은 고도로 기술적이고 전문적인 지식을 요구하며, 국가의 안위와 직결되는 중대한 결정을 포함하기 때문이다. 따라서, 이 분야에서 의사결정은 종종 대통령, 국가안보실, 관계 행정부처의 담당자나 안보정책전문가와 같은 소수 엘리트에 의해 이루어지는 경우가 많았다. 이들은 국가안보와 관련된 정보에 더 많은 접근 권한을 가지고 있었으며, 오랜기간 실무와 교육을 통해 복잡한 안보환경을 해석하고 대응하는 데 필요한 전문지식을 보유하고 있었다.

그러나 최근에는 국가안보정책 의제설정에서도 다원론이 점점 더 주목받고 있다. 여기에는 몇 가지 중요한 사회변화들이 기인한다. 첫째, 정보의 접근성과 투명성이 증가했다. 과거에는 안보와 관련된 정보와 전문지식이 엘리트 집단에 국한되어 있었지만, 현재는 전문가들이 대중매체와 소셜미디어(예를 들어 유튜브 방송) 등을 통해 복잡한 안보문제를 쉽게 설명하고 해설함으로써, 일반 대중도 이해하고 참여할 기회가 확대되었다. 이는 안보문제에 대한 대중의 인식을 높이고, 더 많은 사람이 정책과정에 관심을 가지게 했다.

둘째, 안보의 개념이 전통적인 군사적 안보에서 경제안보, 환경안보, 사이버안보 등으로 확장되면서, 이러한 새로운 안보 이슈들이 일반 시민들의 생활에도 직접적인 영향을 미치게 되었다. 예를 들어, 기후 변화에 따른 환경안보 문제는 국민의 건강과 생활환경에 직접적인 영향을 주며, 사이버 공격은 개인의 사생활과 경제 활동에 해를 끼칠 수 있다. 이처럼 안보문제가 개인의 삶에 밀접한 관련을 가지게 되면서, 일반 시민들도 안보정책에 대한 의견을 표명하고 참여하려는 욕구가 커졌다.

셋째, 이러한 배경 하에, 정책의 비공식 참여자들, 예를 들어 NGO, 언론, 싱크탱크 등이 정책 결정 과정에 적극적으로 참여하고자 하는 요구가 높아졌다. 이들 조직은 안보정책 과정의 투명성을 강조하며, 다양한 이해관계자들의 목소리가 정책의제설정과 결정 과정에 반영되도록 요구한다. 이러한 변화는 국가안보정책을 둘러싼 복잡한 이슈에 대해 다양한 이해관계자의 참여를 통한 다원론적 접근의 중요성을 부각시키고 있다.

요 약

1 >> 국가안보정책은 국가의 주권과 영토, 국민의 생명과 재산을 보호하고 증진하기 위해 군
사력뿐만 아니라 외교, 정보, 경제적 수단을 포함하는 포괄적인 개념이다. 이는 국제사회
의 복잡성과 상호의존성 증가로 인해 다양한 수단의 상호작용을 필요로 한다.

2 >> 국가안보정책은 공공재의 성격을 가지며 정부 주도로 이루어진다. 또한, 추출정책과 배분
정책의 성격을 가지고 있으며, 국제적 상호작용과 전략적 특성이 있다. 정책 결과의 측정
이 어렵고, 높은 비밀성이 요구된다.

3 >> 국가안보정책의 구성요소에는 정책목표(Ends), 정책수단(Means), 정책대상(Targets),
정책방법(Ways) 등이 포함된다. 정책목표는 국가가 달성하고자 하는 바람직한 상태를
의미하며, 정책수단은 이를 달성하기 위한 다양한 도구들을 포함한다.

4 >> 국가안보정책과정의 공식적 참여자는 의회, 대통령, 행정부처 등이 있다. 의회는 법안 제
정과 예산 결정의 권한을 가지며, 대통령은 정책 결정과 실행의 핵심 역할을 한다. 행정
부처는 정책집행과 정보 제공의 기능을 담당한다.

5 >> 국가안보정책과정의 비공식 참여자에는 이익집단, 언론, 싱크탱크 등이 있다. 이익집단은
자신들의 이익을 증진하기 위해 활동하며, 언론은 여론 형성과 정보 제공의 역할을 한다.
싱크탱크는 정책 아이디어와 분석을 제공하여 정책 과정에 영향을 미친다.

6 >> 정책의제설정은 문제 해결을 위한 공식적인 접근의 출발점으로, 정부가 문제 해결을 위
해 자원을 투입하고자 하는 의지를 나타낸다. 이는 정책 과정의 첫 단계로, 이후의 정책
방향과 방법을 결정짓는다.

7 >> 정책의제설정에서 다원론(Pluralism)은 정치적 영향력과 권력이 사회 각 계층에 분산되
어 있으며, 시민, 언론, 이익집단, 싱크탱크 등이 정책 결정에 참여한다고 본다. 반면, 엘
리트론(Elitism)은 정치적 권력과 영향력이 소수의 엘리트 집단에 집중되어 있으며, 대통
령, 국가안보실, 행정부처의 고위정책결정자들이 주요 정책 결정을 주도한다고 본다.

더 읽으면 **좋은 글**

1 >> 고봉준, "미국안보정책의 결정요인: 국제환경과 정책합의," 『국제정치논총』 50-1 (2010), pp.61-89

- 미사일 방어체계를 안보정책으로 수립하는 데 있어서 국제적 환경과 국내적 정치가 어떤 영향을 미치는지 보여주는 글

2 >> 김태현 역 『결정의 엣센스: 쿠바 미사일 사태와 세계 핵전쟁의 위기』 (서울: 모음북스, 2005)

- 외교정책 모형의 세 가지 형태와, 그것이 쿠바미사일 위기에서 어떻게 드러나는지 보여주는 고전의 번역서

3 >> 현인택 외, 『한국외교정책론』 (서울: 박영사, 2022)

- 한국외교정책을 이론적, 역사적, 정책적으로 조망하며, 이승만 정부부터 문재인 정부에 이르기까지 각 정부의 대외관계 및 정책에 관한 다양한 이슈를 논의

4 >> 한용섭, 『우리 국방의 논리』 (서울: 박영사, 2019)

- 국방정책의 결정과정과 한국 국방정책의 중요한 이슈를 체계적으로 설명해놓은 책

5 >> 장혁, 『한국의 국가안보정책 결정체계』 (파주: 늘봄플러스, 2021)

- 1948년 대한민국 정부 수립 이후 이승만 정부부터 2021년 현재 진행 중인 문재인 정부에 이르기까지의 국가안보정책 결정체계의 변천과정에 대해 정리하고 발전방향을 제시

6 >> Amos A. Jordan, William J. Taylor Jr., Michael J. Meese, and Suzanne C. Nielsen, American National Security (Baltimore: Johns Hopkins University Press, 2009).

- 미 육군사관학교의 국가안보정책론 교재로 활용되고 있으며, 미국의 국가안보 사상으로부터 국가안보정책 참여자와 주요 이슈까지 담고 있음

| 미 주 |

1 한용섭, 『우리 국방의 논리』(서울: 박영사, 2019), p. 78.

2 한용섭, 『우리 국방의 논리』(서울: 박영사, 2019), p. 78.

3 Gabriel A. Almond and Bingham G. Powell Jr., *Comparative Politics: A Developmental Approach* (Boston: Little, Brown and Company, 1980).

4 Theodore J. Lowi, *The End of Liberalism: The Second Republic of the United States* (New York: W. W. Norton & Company, 1969).

5 Atlantic Council, "Elements of National Security Strategy," https://www.atlanticcouncil.org/content−series/strategy−consortium/elements−of−national−security−strategy/.

6 정정길 외, 『정책학원론』(서울: 대명문화사, 2022), p. 37.

7 정정길 외, 『정책학원론』(서울: 대명문화사, 2022), p. 37.

8 Dursun Peksen, "When Do Imposed Economic Sanctions Work? A Critical Review of the Sanctions Effectiveness Literature," Defence and Peace Economics 30, no. 6 (2019), pp. 635−647.

9 정정길 외, 『정책학원론』(서울: 대명문화사, 2022), p. 110을 참고하여 재작성

10 대한민국 헌법 제60조.

11 국회법률정보시스템, "법률안의 입법과정," 검색일 : 2024년 4월 4일, https://likms.assembly.go.kr/law/lawsLawyInqyInfo1010.do?genActiontypeCd=2ACT6010&genDoctreattypeCd=DOCT3000&genMenuId=menu_serv_nlaw_lawt_6010&procWorkId=

12 대한민국 헌법 제54조.

13 대한민국 헌법 제61조, 국회법 제127조 및 국정감사 및 조사에 관한 법률.

14 국회법 제46조의3(인사청문특별위원회), 국회법 제65조의2(인사청문회).

15 우리나라와 미국은 대통령중심제를 가지고 있으며, 일본이나 영국과 같은 내각책임제에서는 수상이 행정수반이 되며, 국가원수로서의 지위는 국왕 또는 대통령에 속한다.

16 Paul C. Light, *The President's Agenda: Domestic Policy Choice from Kennedy to Clinton* (Baltimore: Johns Hopkins University Press, 1999).

17 Paul C. Light, *The President's Agenda: Domestic Policy Choice from Kennedy to Clinton* (Baltimore: Johns Hopkins University Press, 1999).

18 Richard E. Neustadt, Presidential Power and the Modern Presidents: The Politics of Leadership from Roosevelt to Reagan (New York: Free Press, 1990).

19 헌법 제91조 제1항

20 국가안전보장회의법.

21 국가안전보장회의 운영 등에 관한 규정.

22 정정길 외, 『정책학원론』 (서울 : 대명문화사, 2022), pp. 144 – 145.

23 프레이밍이란, 사람들이 세상을 바라보고 이해하는 방식이나 틀에 관한 개념이다. 사회학자 고프만(Goffman, 1974)이 처음 소개한 이 개념은 우리가 어떤 사건이나 현상을 볼 때, 자신만의 가치관이나 관점을 기반으로 해석한다는 생각에서 시작한다. 각자 다른 배경이나 경험을 가지고 있기 때문에, 같은 사건도 사람마다 다르게 해석할 수 있다는 것이다. 언론 프레이밍(media framing)은 이 프레이밍 개념을 뉴스와 같은 언론의 역할에 적용한 것이다. 뉴스를 만들고 보도하는 과정에서, 언론은 특정한 관점이나 틀을 사용해 사건을 전달한다. 이렇게 특정한 방식으로 사건을 '프레임' 즉, 틀에 끼워서 보여주면, 사람들이 그 뉴스를 어떻게 이해하고, 어떤 의견을 형성할지에 영향을 준다. 결국, 언론 프레이밍은 뉴스가 사람들의 생각과 여론에 큰 영향을 줄 수 있다는 것을 보여준다.

24 박기묵, "언론의 공공의제 설정 및 정책결정 과정과 사례적용에 관한 연구," 『한국정책학회보』 24, No. 3(2015).

25 Donald E. Abelson, *Do Think Tanks Matter? Assessing the Impact of Public Policy Institutes* (Montreal: McGill – Queen's University Press, 2002); James A. Smith, *The Idea Brokers: Think Tanks and the Rise of the New Policy Elite* (New York: Free Press, 1991).

26 한국개발연구원(KDI) <정책지식생태계의 선진화 연구>(연구책임자: 우천식 선임연구위원), https://www.kdi.re.kr/research/reportView?pub_no=17456

27 정광호, "정책과정에서의 미국 싱크탱크의 활동과 역할에 관한 예비적 분석," 『행정논총』 44, No. 1(2006).

28 Charles E. Lindblom, *The Policy – Making Process* (Englewood Cliffs, NJ: Prentice – Hall, 1980); Aaron Wildavsky, *Budgeting: A Comparative Theory of Budgetary Processes* (New Brunswick, NJ: Transaction Publishers, 1986).

29 Robert A. Dahl, *Who Governs? Democracy and Power in an American City* (New

Haven, CT: Yale University Press, 1961).

30 "장병들이 뽑은 올해 최고의 병영정책은 '급식 개선'…한쪽에선 '부실급식' 제보," KBS
News, accessed May 30, 2024, https://news.kbs.co.kr/news/pc/view/view.do?ncd=5354547.

31 Ross(1976)은 권력과 부가 보다 집중되고 지도자와 피지배자 사이의 간격이 클수록 내
부동원형이 나타나게 된다고 분석했다.

32 John W. Kingdon, Agendas, Alternatives, and Public Policies, 2nd ed. (New York:
Longman, 2003).

국가안보정책 결정  제11장

이 만 석

1. 국가안보정책 결정과정의 주요 단계와 합리적·분석적 모형의 적용을 이해한다.
2. 다양한 대안적 정책결정 모형(조직행동 모형, 정부정치 모형 등)의 특징과 실제 사례를 학습한다.
3. 쿠바 미사일 위기를 통해 정책결정 모형의 실제 적용과 그 영향을 분석한다.

1. 국가안보정책 결정과정의 주요 단계(정책목표 설정, 정책대안 탐색, 정책대안 분석)를 체계적으로 설명하여 보시오.
2. 조직행동 모형, 정부정치 모형, 점증주의 모형 등의 대안적 정책결정 모형을 비교하고 각 모형의 장단점을 분석하시오.
3. 쿠바 미사일 위기 사례를 통해 다양한 정책결정 모형이 실제로 어떻게 적용되었는지 설명하시오.

- 국가안보정책 결정과정 ● 합리적·분석적 모형 ● 정책목표 설정
- 정책대안 탐색 ● 정책대안 분석 ● 정책환류(Feedback)
- 조직행동 모형 ● 정부정치 모형 ● 점증주의 모형 ● 쿠바 미사일 사태

∷　안보정책결정이란 국가안보이익을 보호, 유지 또는 증진하기 위하여 일정한 정책목표를 달성하고자 바람직하다고 판단되는 정책대안을 선택하는 의사결정권자들의 활동을 의미한다. 이러한 안보정책결정이 이루어지기 위해서는 먼저 특정한 안보관련 이슈가 중요한 정책의제로 인정되어야 한다. 이 과정에 대해서는 제10장에서 논의했다. 이번 장에서는 의제로 선정된 정책이슈에 대해 정책목표를 설정하고, 여러 가지 정책대안을 탐색하고, 이들 정책대안들을 비교·분석하며, 바람직하다고 여겨지는 정책대안을 최종 선택하는 과정을 알아본다. 이를 국가안보정책 결정과정이라고 한다.[1]

본 장의 이어지는 부분에서는 우선 정책 결정과정의 표준이라고 할 수 있는 합리적·분석적 국가안보정책 결정과정을 논의할 것이다. 그러나 이러한 합리적 모형은 여러 가지 핵심적인 조건이 충족되어야 적용될 수 있다. 따라서 제2절에서는 합리적 모형이 전제하는 가정이 충족되지 않는 경우 국가안보정책 결정을 설명하는 모형들을 논의한다. 마지막으로 쿠바 미사일 사태를 참고로 하여 국가안보정책 결정 사례를 논의함으로써 이해를 돕고자 한다.

제 1 절　합리적·분석적 국가안보정책 수립

　　과거에는 전쟁에서의 군사작전이 지휘관의 직관(直觀)에 의해 수행되기도 하였다. 작전의 수행을 지휘관의 군사적 통찰력에 전적으로 의존하는 것이다. 이러한 전투수행방식은 때로는 큰 승리를 거두기도 했지만, 체계적이지 않아서 만약 전투에 패배하였을 경우 어떠한 이유로 실패했는지, 앞으로 무엇을 보완해야 하는지 판단하는 것이 어려웠다. 반면 오늘날 군사작전은 합리적이고 분석적인 작전계획 수립절차를 따른다. 이는 임무의 분석으로부터 적의 전술을 판단하고 대안(전술)을 모색하며, 가장 효과적인 대안을 선택하는 과정을 포함하고 있다. 이러한 합리적·분석적 작전계획 수립은 오판과 실수의 가능성을 줄이고, 효율적인 전투수행을 가능한다.

　　국가안보정책의 수립도 위와 비슷한 경향을 보인다. 현대적 관점에서 안보정책연구의 가장 중요한 관심사는 어떻게 하면 보다 합리적이고 분석적으로 정책을 결정할 것인가이다.[2] 그래야 실수와 오판의 가능성을 줄이고 정책효과를 달성하지 못했을 경우 실패의 원인을 분석하고 보완할 수 있다. 정책이란 주로 정책목표와 정책수단을 연결하는 것이므로, 합리적이고 분석적으로 정책을 결정한다는 것은 정책목표를 달성하기 위한 수단의 선택과 사용방법을 합리적이고 분석적으로 결정한다는 것을 의미한다.[3] 이를 흔히 합리적 정책결정(Rational Policy Making) 또는 분석적 정책결정(Analytical Policy Making)이라고 부른다. 그러나 현실의 정책 결정은 내·외부 참여자의 영향력이나 이해관계, 개인적인 경험과 편견 등의 요소에 큰 영향을 받는 것이 사실이다. 그럼에도 정책 실무자와 전문가들은 가능한 과학적이고 체계적인 근거로 문제해결을 하도록 정보를 제공할 수 있어야 한다. 이러한 노력의 핵심이 합리적·분석적 정책 결정 과정이다.

　　정책분석을 수행하는 데 있어 가장 보편적인 접근방법은 문제의 분석에서 대안의 선택에 이르기까지 일련의 단계로 나누어 파악하는 것이다. 이러한 일련의 단계는 곧 합리적인 정책결정모형에서 제시하고 있는 단계와 맥락을 같이한다. 합리적 정책결정모형에 따르면, 합리적·분석적으로 정책문제를 해결하기 위해 다음과 같은 단계를 밟아야 한다.[4]

첫째, 해결할 정책문제 또는 달성할 정책목표를 명확히 한다.

둘째, 정책대안을 광범위하게 탐색 또는 개발한다.

셋째, 정책대안이 가져올 결과를 예측한다.

넷째, 정책대안의 결과를 비교한다.

다섯째, 최선의 정책대안을 선택하고 실행한다.

이상의 다섯 가지 단계는 합리적·분석적 정책결정이 밟아야 할 단계로 알려져 있다. 이 장의 이어지는 부분에서는 이러한 합리적·분석적 정책결정모형에 대해 더 자세히 논의해보고자 한다.

제 2 절 합리적 정책결정 모형

1. 안보정책 목표설정

안보정책 목표설정이란 국가안보이익을 보호, 유지, 증진하기 위하여 실현하고자 하는 바람직한 상태를 설정하는 것이다. 어떠한 안보정책 목표를 설정하기 위해서는 먼저 정책문제를 정확히 정의할 수 있어야 한다. 또한, 정책목표를 달성하는 데 있어서 저해요인과 촉진요인을 파악하고 그 실현가능성에 대해 판단이 내려져야 한다.[5] 이러한 면에서 정책목표 설정은 선택가능한 정책대안을 탐색하고 분석하며, 최종 선택하는 과정과 연계되어 있다고 볼 수 있다. 따라서 정책목표의 설정은 일단 정책결정과정 초기에 이루어지지만 필요에 따라서 정책과정 전반을 거쳐 계속 검토되고 조정될 수 있다.

예를 들어 북한이 완전히 핵무기를 폐기하는 상태를 우리의 최종적인 정책목표라고 정의하고 설정한다고 가정해보자. 이러한 목표를 달성하는데 있어 촉진요인은 동맹국인 미국의 협력과 지원이라고 생각해 볼 수 있으며, 저해요인은 북한 내부에서 핵무기 포기를 반대하는 강경파의 압력 등으로 생각해 볼 수 있다. 이러한 정책목표는 어떻게 북한의 핵포기를 이끌어낼 것이가에 관한 정책대안과 연계되어 있으며, 완전한 핵포기에 대한 정책목표가 단기적으로 달성이 어려울 때는 단계적 핵포기로 정책목표를 조정할 수도 있다. 물론 이 경우에는 조정된 정책목표가 수반하는 여러 위험과 비용에 대해 충분히 고려해야 한다.

이와 같이 설정된 안보정책 목표는 본질적으로 미래지향적인 성격을 가진다. 또한, 안보정책 목표는 정책을 추진하는 이유를 제공하는 기능적 성격을 가지며, 정책대안의 선택, 정책집행 및 평가의 기준이 되고, 특히 정책의 효과성 판단의 기준이 된다. 따라서 올바른 안보정책 목표의 설정은 정책 성공의 관건이 된다.

2. 안보정책 대안탐색

일단 안보정책목표가 설정되면 이를 달성하기 위한 수단으로서의 정책대안을 탐색하게 된다. 정책대안을 탐색한다는 것은 과거나 현재에 있었던 대안을 발견하는 것뿐만 아니라 새롭게 대안을 탐색한다는 의미도 있다. 만일 더 바람직한 정책대안이 있음에도 이를 탐색하지 못한다면, 정책과정이 아무리 합리적이었다고 하더라도 근본적인 한계성을 지니는 것이다. 이렇게 안보정책 대안을 탐색하는 방법은 크게 다음의 네 가지로 나누어 생각해 볼 수 있다.

가. 과거의 정책 탐색

어떠한 정책목표를 달성하기 유사하거나 동일한 과거 사례에서 고려되었거나 선택되어 일정 정도 성공적이었던 정책대안을 탐색하는 것이다. 예로써, 미국은 한반도 안보위기들에 대응하기 위하여 한국에 대한 안보공약을 재확인한다든지 자신의 항공모함을 인근 해역에 파견하는 등의 대안을 반복적으로 고려하곤 하였다. 이러한 과거 정책으로부터의 대안은 정책의 지속성, 안정성, 정당성 등에 도움을 줄수는 있다. 또한, 갑작스러운 위기상황에 신속히 대응해야 하는 등 정책결정의 시간압박성이 높은 경우 의존할 만하다. 그렇지만 정책환경이 달라졌다든지, 정책문제가 정확히 일치하지 않든지, 무엇인가 새로운 정책목표를 추가한다면, 과거에 성

공적이었던 정책대안이라도 반드시 정책성공을 보장해 주지는 못한다. 이른바 과
거 역사에 의한 교훈을 중시하는 '역사적 비유(historical analogy)'가 가질 수 있는 오
류에 직면할 수 있는 것이다.[6]

나. 타국의 정책탐색

비슷한 정책목표를 달성하기 위하여 다른 나라에서 어떠한 정책대안이 고려
되고 선택되었는가를 살피는 것도 중요한 정책대안 탐색방법 중의 하나이다. 이와
같은 정책대안의 탐색은 실제 상황에서 매우 흔히 일어나게 된다. 예로써, 한반도
에서의 남북한 재래식 군비통제를 위하여 동서독의 사례를 살펴본다든지,[7] 북한의
핵 위협에 대한 대응책 마련을 위하여 유사한 대응사례를 살펴보는 것 등이 있다.

타국의 과거는 물론 현재의 여러 가지 정책대안들을 탐색하면 그중에 바람직
한 것이 포함되어 있을 가능성이 있다. 그렇지만 타국에서 채택되었던 정책대안은
다른 상황적 맥락 속에서도 반드시 성공적 결과를 가져올 수 있다고 보기 어렵다.[8]
정책추진의 주체가 달라지고, 정책환경도 동일할 수만은 없으며, 정책집행을 위해
동원할 수 있는 정책자원이나 기술수준도 다를 수 있다.

다. 모형에 의한 탐색

이는 주로 컴퓨터 프로그래밍을 통해 과학적 모형을 만들고, 정책대안을 탐색
하는 것으로 정책 모델링(Policy Modeling)이라고도 한다.[9] 예를 들어 최적의 군사비,
효과적인 지휘통제 및 통신망 구축, 전력증강을 위한 연도별 사업선정 및 예산할당
등을 판단할 수 있는 과학적 모델을 설정하고, 이를 토대로 어떠한 정책수단을 어
떻게 조합시킬 것인가를 모색하는 것이다. 위 방법을 흔히 시뮬레이션과 모델링
(simulation & modeling)이라고 하기도 한다. 이러한 모델들이 정책목표와 정책수단 간
의 인과관계를 정확히 반영하고, 실제의 정책상황과 유사하게 상황적 변수를 통제
할 수 있다면 정책대안의 타당성은 높아질 것이다.

만약 컴퓨터를 이용한 시뮬레이션과 모델링이 가용하지 않더라도, 정책 전문
가들은 수학적 모형을 통해 정책대안을 탐색하고 효과를 추정한다. 이러한 방법에
주로 사용되는 것이 게임모형(game model), 결정모형(decision model)등이다.

이러한 과학적 모델은 연역적 추론을 가능하게 한다는 점에서 매우 유용하다. 특히 과거 정책사례를 탐색하기 어려운 상황에서 정책대안을 탐색하고 효과를 합리적으로 예측하기 위해서 위의 과학적 모델은 중요한 방법이 될 수 있다. 그러나, 대부분의 과학적 모델은 의 과학적 모델은 정치·사회적 현상을 단순화하여 나타내고, 정책상황의 동태적인 변화를 반영하는 데 있어 한계가 있다는 문제점도 있다.

라. 주관적·직관적 탐색

이는 정책전문가들이 자신들의 그동안 경험과 전문지식에 기초한 직관을 토대로 가능한 정책대안을 마련해 보는 것을 의미한다. 이와 같은 주관적·직관적 탐색의 방법은 특정 정책전문가에 의한 개인적 방법과 여러 정책전문가들의 의견을 수렴하는 집단적 방법이 있을 수 있다. 집단적 방법으로는 세미나(seminar), 패널(panel), 심포지움(symposium), 포럼(forum), 분임토의(syndicate) 등과 같은 토론(discussion), 델파이(delphi) 및 정책 델파이, 브레인스토밍(brainstorming) 등의 방법이 있다. 주관적·직관적 탐색이 덜 객관적이고 덜 체계적이라고는 하나 오랜 경험과 전문성에 토대를 두기 때문에 다양한 상황에서 적응성이 높은 대안을 발견하는 데 도움이 될 수 있다. 아울러 대안의 발견을 위한 시간과 비용을 줄여줄 수 있다.

그렇지만 기존의 경험과 전문성이 풍부하지 않거나, 새로운 정책상황의 차이점을 제대로 인식하지 못하거나, 개인적 또는 집단적 이해관계가 개입하는 경우, 주관적·집단적 탐색에 의한 대안은 합리성이 제한될 수도 있다.

집단적 정책대안 탐색방법

- 세미나: 어떤 주요 주제에 관한 논의 내지 토론이 이루어지는 공식적 모임
- 패널: 토론 주제에 관하여 풍부한 지식과 경험 또는 대표적인 견해를 가진 복수(3~6명)의 사람들이 대규모 집단의 청중 앞에서 의견을 발표하고 이에 관해 토론하는 방법
- 심포지움: 토론 주제에 관하여 복수(2~5명)의 전문가들이 서로 다른 측면에서 전문적 의견을 발표하고 청중들의 질문을 중심으로 질의응답식으로 토론하는 방법
- 포럼: 특정한 주제에 관하여 청중들에게 새로운 자료와 견해를 제공하여 그들의 관심을 촉구하고 자신의 의견을 표명하도록 촉진하는 방법

- 델파이: 전문가들이 익명성을 유지하면서 자유롭게 제시한 의견을 공유하면서 여러 번에 걸쳐 의견을 제시토록 하여 종합적인 의견을 도출하는 방법. 이중 정책 델파이는 델파이 기법을 활용하여 정책문제의 해결을 위한 대안을 개발하고 정책대안의 결과를 예측하기 위하여 주로 대립하는 의견을 드러내고자 하는 데 초점을 맞추는 방법을 의미
- 브레인스토밍:기발하고 다양한 아이디어를 자유분방하게 제안케 함으로써 가능한 한 많은 아이디어를 얻은 다음 이들에 대한 평가와 종합을 시도하는 방법

3. 안보정책 대안분석 및 선택

안보정책 대안분석은 서로 다른 안보정책 대안들을 비교하여 그중 어떠한 것을 최종 선택할 것인가를 판단하기 위한 작업이다. 따라서 안보정책 대안분석에 앞서서 먼저 어떠한 기준을 토대로 비교할 것인지를 정하여야 하는데, 이러한 안보정책 대안비교의 기준이 곧 분석기준이 되는 것이다. 안보정책 대안의 분석기준으로는 크게 정책대안의 소망성(desirability)과 정책대안의 실현가능성(feasibility)이 있다.[10]

먼저 소망성(desirability)이란 어떠한 정책대안이 주어진 정책목표를 달성함에 있어서 얼마나 바람직한가를 의미하는 것으로서, 1) 구체적으로 정책대안이 채택되어 집행될 경우 정책목표가 얼마나 실현될 수 있는가를 평가하는 기준인 효과성(effectiveness), 2) 정책대안을 집행하여 성취하는 편익과 이를 위하여 소요되는 비용과의 관계를 밝히는 기준을 의미하는 능률성(efficiency), 3) 어떠한 정책대안을 통하여 얻게 되는 편익 혹은 효과와 이를 위하여 소요되는 비용이 정책관련 집단에게 얼마나 공정하게 분배되는가를 의미하는 공평성(equity) 등이 중요한 판단기준이다.

다음으로 실현가능성(feasibility)은 어떠한 정책대안을 분석하여 본 결과 효과성, 능률성 또는 공평성 등에 따라서 바람직하다고 판단되더라도 실제 상황에서 실현될 수 있는 것이 중요하다. 이러한 실현가능성은 각각 법적, 경제적, 기술적, 정치적인 측면으로 나눌 수 있다. 먼저 법적 실현가능성이란 소극적 의미에서는 어떠한 정책대안이 국내법 혹은 국제법에 저촉되는 내용을 갖고 있지 않은가의 문제이며, 경제적 실현가능성이란 어떠한 안보정책대안을 집행하는 데 소요되는 재원을 충분

히 마련할 수 있는 것을 의미한다. 기술적 실현가능성이란 어떠한 안보정책대안을 실현하기위하여 소요되는 관련 기술들을 군 내외에서 혹은 국내외에서 획득할 수 있는 것을 의미하며, 정치적 실현가능성이란 어떠한 정책대안의 채택에 대한 상당한 수준의 지지를 확보하는 것을 의미한다.

4. 정책집행

어떠한 정책결정이 이루어지게 되면 그다음은 정책집행이 추구된다. 따라서 단순하게 생각하면 정책집행은 정책결정에 의해 단지 영향을 받을 뿐이다. 그러나 실제 정책상황에 있어서는 그렇게 단순하지가 않다.[11] 다시 말하면 정책집행 자체가 역으로 정책결정에 상당한 영향을 미칠 수 있는 것이다.[12]

그러한 이유로는 첫째, 정책결정이 이루어지기 이전에 이미 정책집행자들이 관여함으로써 정책목표 설정, 정책대안 선택 등에 영향을 미칠 수 있으며, 둘째, 어떠한 정책결정이 이루어진다고 하더라도 그 구체적 내용에 대해서는 정책집행 과정에서 해석되고 구체화되는 경우가 많으며, 이러한 면에서 정책집행은 보다 구체적인 정책결정의 과정으로 볼 수도 있으며, 셋째, 정책집행의 과정에서 발견된 제반 문제점은 피드백 과정을 통하여 정책목표의 재설정, 추가적인 정책대안의 탐색, 정책대안의 수정 및 변경 등의 계기로 작용할 수 있는 것이다.

국가기관과 관료제가 잘 발달된 경우에서는 각종 정책임무에 대한 사무분장이 이루어져 있어 새로운 조직의 구성없이 기존 조직을 이용하여 정책집행을 실시할 수 있다. 그러나 어떠한 안보정책을 추구하고자 하는데 이를 담당할 만한 마땅한 기존 조직이 없거나, 정책임무가 여러 조직에 분산된 경우, 그리고 주어진 정책임무를 담당할 수 있는 조직이 중복되어 있어서 이들 간의 관계를 조정해야 하는 경우, 정책집행담당 조직을 선정, 신설, 통합하는 과정에서 정책집행자들은 영향력을 행사할 수 있게 된다. 대표적인 사례로 북한의 핵위협에 대응하기 위해 우리나라의 전략자산을 통합하여 운용하는 전략사령부를 창설한 것을 들 수 있다.

5. 정책평가와 정책종결

안보정책평가란 어떠한 안보정책이 실제로 집행되어 추구하던 정책목표를 얼마나 달성하였는가를 밝히는 작업이다. 따라서 장차 어떠한 기준, 주체, 시기, 방법에 의하여 평가가 이루어질 것인가를 염두에 두면서 정책결정자들은 대안을 선택하게 될 수 있다. 즉 미래의 평가작업에 대한 전망이 현재의 정책결정에 영향을 미칠 수 있는 것이다. 그뿐만 아니라 정책이 집행되는 과정과 집행되고 나서 이루어지는 평가내용에 따라 정책환류(Feedback)가 발생하면서 기존 정책결정의 내용을 수정, 보완하거나 종결시킬 수도 있는 것이다. 이러한 면에서 정책평가 역시 정책결정에 사전에 또는 사후에 상당한 영향을 미치게 된다.

안보정책 평가의 목적은 다양할 수 있지만 일반적으로 다음의 세 가지를 제시할 수 있다. 첫째, 기존의 정책목표 설정이나 정책대안의 선택이 바람직하였는가를 판단하고 필요에 따라서 변경시킬 수 있는 관련 정보를 획득하거나, 둘째, 현재 진행되고 있는 정책집행을 보다 바람직하게 할 수 있는 전략을 수립하는 데 필요한 정보를 확보하거나, 셋째, 정책의 결정 및 집행에 따른 책임소재를 분명히 밝히기 위한 근거를 마련하는 데 있다. 이러한 안보정책평가의 내용이 어떠하냐에 따라서 새로운 정책결정이 이루어질 수도 있고, 정책집행의 내용이 달라질 수도 있고, 사후의 평가에 따른 책임문제를 사전에 인지케 함으로써 보다 바람직한 정책결정이나 집행을 하도록 유도하는 것이다.[13]

안보정책 평가가 일단 이루어지고 나면 이를 토대로 정책을 지속할 것인지 아니면 종결할 것인지를 판단하게 된다. 정책을 지속하게 될 경우에는 기존의 정책결정이나 정책집행을 계속 유지하든지 아니면 수정, 보완하든 지의 정책환류가 일어나게 된다. 이때 정책집행과정에서의 정책환류의 경우와 마찬가지로 정책문제 재정의, 새로운 의제형성, 정책목표의 수정, 정책대안의 새로운 탐색, 분석 및 선택 등의 변화가 나타날 수 있는 것이다.

한편 안보정책평가의 결과에 따라 정책을 종결시키는 방향으로 나아갈 수도 있다. 정책을 종결시키는 양상으로는 폭발형, 점감형, 혼합형 등이 있다. 첫째, 폭발형 종결은 일시적이고 충격적인 방법에 의하여 기존의 안보정책이 종결되는 것으로서, 정책의 실패에 따른 과감한 정책포기, 정책의 성공에 따른 정책의 종료선언, 한시적인 정책의 기간 종료에 따른 불가피한 정책중단 등이 여기에 해당한다. 예로서 적대국과의 군비통제 협상이 지지부진하던 차에 아예 갑자기 중단하여 버린다든지, 특정한 무기체계 사업의 성공으로 이를 끝마친다든지, 어떠한 군사협력이나 동맹관계가 기한이 종료되어 폐기되는 경우를 들 수 있다.

둘째, 점감형 종결은 어느 한순간에 안보정책이 종결되는 것이 아니라 오랜 기간에 걸쳐 정책이 점차 축소되면서 종결되는 것으로서 여기에는 기존의 정책을 새로운 정책에 부분적으로 승계시키는 것이 포함될 수 있다. 예를 들어 해외에 파견한 병력을 점진적으로 감축시켜 궁극적으로는 완전 철수시킨다든지, 군사적 신뢰구축과 군비통제를 위한 협상을 진행하여 이슈 하나하나를 단계적으로 해결하여 최종합의에 이른다든지의 경우를 들 수 있다.

마지막으로 혼합형 종결은 폭발형과 점감형의 단점을 극복하려는 것으로서 비교적 단기간에 걸쳐 단계적인 절차에 따라 의도적으로 정책을 종결시키는 것을 의미한다. 이와 같은 정책종결은 지나치게 일시적인 정책종결이 가져올 부정적인 여파를 완화하면서 동시에 정책종결이 너무 지지부진하게 이루어지는 문제를 해소하려는 방법이다.

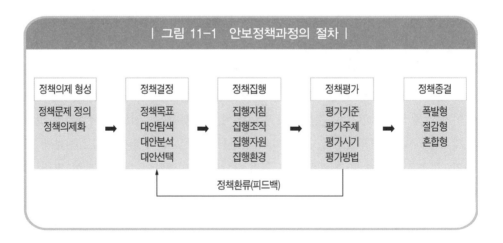

| 그림 11-1 안보정책과정의 절차 |

정책의제 형성	정책결정	정책집행	정책평가	정책종결
정책문제 정의 정책의제화	정책목표 대안탐색 대안분석 대안선택	집행지침 집행조직 집행자원 집행환경	평가기준 평가주체 평가시기 평가방법	폭발형 절감형 혼합형

정책환류(피드백)

제 3 절   대안적 정책결정 모형

지금까지 설명한 합리적 정책결정 모형은 인간 행동이 목적에 부합한다는 생각에 근거하여, 이를 정부 차원으로 확장하여 적용한 이론이다.[14] 이 모형에 따르면, 인간 행동은 최소한 '그 의도에 있어서' 합리적이라는 일상적 가정에서 출발한다. 합리성의 핵심 요소는 일관성이다. 즉, 특정 행동의 목표와 목적 설정, 그리고 대안선택의 기준에 있어 일관성을 유지해야 한다.

이러한 합리적 정책결정 모형이 적용되려면 몇 가지 핵심적인 조건이 충족되어야 한다.[15] ① 국가가 추구할 안보정책의 목표가 명백하게 고정된 가운데, ② 국가는 완벽한 정보, 시간적 여유, 충분한 자원이 뒷받침되는 상황에서 가능한 모든 정책대안을 탐색하고, ③ 국가는 각 대안이 선택되어 집행될 경우의 결과를 정확히 분석하여 내고, ④ 국가는 명확한 정책대안 선택기준을 가지고 각 대안을 비교한 이후에, ⑤ 추구하는 안보정책목표를 실현하는 데 최적인 대안을 최종 선택한다.

그러나 실제의 안보정책을 결정하는 상황과 합리적 행위자모형이 전제하고 있는 통합된 행위자, 전지전능, 합리성의 가정이 일치하지 않는 경우가 많이 있다. 이러한 점에서 합리적 정책결정 모형에 의한 정책결정은 바람직하다고 볼 수는 있으나 현실과는 어느 정도 괴리가 있는 하나의 이상형이라고 볼 수도 있다.

실제의 상황에서는 하나의 국가라고 하더라도 여러 정치세력, 관료집단들이 완전히 통합된 행위자로서 기능하지 못하고 상이한 정책목표 하에 상이한 정책대안을 추구할 수 있으며, 불충분한 정보, 시간적 긴박성, 정책판단 능력의 결여 속에서 최종 결정을 하여야 할 수도 있으며, 최적의 대안이 아닌 어느 정도 만족스러운 대안이면 선택하여 버릴 수도 있는 것이다. 이에 따라 합리적 행위자모형에 대한 비판적 대안으로서 여러 가지 정책결정모형들이 제시되고 있다.

1. 조직행동 모형(Organizational Model)

조직행동 모형은 국가나 정부를 하나의 행위자로 보기보다는 나름의 독자적
영역과 권한을 갖는 여러 개의 조직으로 구성되어 있다고 보는 것이 현실적이라는
인식에 토대를 두고 있다. 그리고 정책의 결정은 나름대로 정형화된 행동절차에 따
라 움직이는 관련 정부조직들의 선택에 의하여 영향을 받으며, 이러한 맥락에서 결
정과정은 곧 조직의 행위로 그리고 정책은 조직과정의 산물로 간주한다. 따라서 조
직과정 모형에 의하면 안보정책결정자들은 관련되는 정부조직들이나 하부조직들
의 입장을 조정하고 통제할 수 있어야 한다. 그러나 이러한 일이 결코 용이하지 않
을 수 있으니, 이는 조직마다 정책결정에 영향을 미치는 고유한 조직목표, 조직문
화, 의사결정절차로서의 표준행동절차(standard operating procedures)를 갖고 있기 때
문이다. 표준행동절차란 어떠한 표준적 상황(standard situations)을 다루기 위하여 마
련된 일상적 절차를 의미한다.[16]

조직과정 모형에 의한 안보정책결정의 과정을 기술하여 보면 다음과 같다. ①
어떠한 안보관련 정책문제가 제기되면 정책결정자는 이를 해결하기 위한 정책목표
를 설정하게 되며, ② 정책결정자의 통제하에 있는 서로 다른 정부조직들은 주어진
정책상황과 정책목표가 각각의 조직목표, 조직문화, 특히 표준행동절차와 어떠한
연관성이 있는가 판단하고, ③ 서로 다른 정부조직들은 가능한 한 최대한으로 자신
의 표준행동절차에 부합된 정책대안을 바람직하다고 제시함으로써 상이한 입장을
표출하게 되며, ④ 정책결정자는 서로 달리 제시된 상이한 정책대안들 중에서 취사
선택 또는 적절히 조정, 혼합하여 최종적인 정책대안을 결정하게 된다.

이와 같은 조직과정 모형에 의하면 발생한 상황이나 정책문제가 이미 설정하
여 놓은 표준적 상황과 일치하는 경우 표준행동절차에 따라 정책결정이 신속하고
손쉽게 이루어질 수 있는 장점이 있다. 또한 정책결정자의 경우 결정내용에 대한
책임문제에서 벗어나기 쉬운 측면도 있다.

그러나 만일 정책상황이 표준적 상황과 상이할 경우 정책결정이 지연되거나
아니면 잘못 이루어질 가능성이 있다. 이는 새로운 상황에 대하여 조직 내에 합의
된 행동절차가 없어 합의를 끌어내는 데 시간이 걸리거나, 아니면 상황의 차이를

간과하고 기존의 표준행동절차에 의하여 결정을 끌어낼 수 있기 때문이다. 또한 표준행동절차에 지나치게 의존하려 할 경우 정책결정의 융통성이 결여되기 쉽고, 정책상의 혁신적 변화보다는 점진적 변화에 머물기 쉽다. 또한 응집력이 강한 조직이 조직의 결속력 유지를 지나치게 강조함으로써 올바른 정책판단을 하지 못하여 결국 대형사고나 위기 등을 초래하는 폐쇄적 집단사고(groupthink)의 폐해가 나타날 수도 있다.

2. 정부정치 모형(Bureaucratic Model)

정부정치모형은 정책결정의 주체가 국가나 조직이 아니며 직위를 가진 개인, 즉 관료들이라고 본다. 관료들은 대체로 자신의 위치, 임무 등에 따라 다양한 문제에 관심을 가지며 자신들만의 고유한 정책 우선순위나 인식체계(parochial priorities and perceptions)를 갖고 있어 이들 사이의 일관된 입장을 기대하기 어렵다는 것이다. 그러한 가운데 관료들은 어떠한 정책결정을 함에 있어서 국가, 조직, 개인목표들을 함께 고려하기 쉬우며, 특히 개인적 이해관계를 중시하는 경향이 있다고 본다. 따라서 최종적인 정책결정은 상이한 이해관계를 가진 정부관료들 사이의 타협과 흥정의 산물이 된다. 이때 각각의 관료들은 자신이 갖고 있는 권력, 재량권, 정치적 수완과 협상술 등을 최대한 발휘하여 자신에게 유리하도록 노력하며, 이러한 면에서 정책결정은 일종의 협상게임이라고 볼 수 있다. 물론 이러한 협상게임은 어느 정도 구조화된 협상의 규칙 아래에서 이루어지는 것으로 본다.[17]

정부정치모형에 의한 안보정책결정의 과정을 기술하여 본다면 다음과 같다. ① 주어진 문제상황 속에서 상이한 관료들은 상이한 정책문제 정의나 정책목표 설정을 하게 되며, ② 각각의 관료집단이나 관료들은 자신들이 수집한 정보나 집단적 혹은 개인적 이해관계를 고려하여 정책대안을 탐색하고 나름대로 바람직하다는 대안을 제시하며, ③ 각각의 관료집단이나 관료들이 제시한 정책대안에 대한 자연발생적인 합의가 어려운 상황에서, ④ 최종적으로 관료집단 간 혹은 관료들 간의 흥정과 협상을 통하여 최종적인 정책대안을 선택하게 되는 것이다.

예를 들어 다른 나라와 군사적 충돌이 발생한 경우, 국방부 관료들은 군사적 승리와 더불어 또 다른 충돌을 억제하기 위하여 군사적 대응책을 강화할 것을 주장하는 반면, 외교부 관료들은 충돌 이전상태로의 회귀를 추구하면서 외교적 협상과 타협을 강조할 수 있다. 한편 재정부 관료들은 군사적 대응이든 외교적 협상이든 지나친 경제적 비용이 소요되는 것을 막는 데 초점을 맞출 수 있다. 왜냐하면 그러한 입장을 취하는 것이 자신의 직위나 임무에 유리하기 때문이다. 이와 같은 상황에서 각 부처 관료들은 적절한 협상과 타협을 시도하게 되며 그 결과 최종결정이 이루어지는 것이다.

이와 같은 정부정치 모형에 의한 정책결정은 관료들 개개인이 정책결정에 대한 재량권을 상당히 갖고 있으며, 관료들이 각자 수집한 정보를 교류하는 데 소극적인 가운데 객관적으로 타당한 정보를 충분히 확보하는 데 한계가 있으며, 여러 관료가 주장하는 상이한 정책대안을 비교 분석할 수 있는 기준설정에의 합의가 어렵거나, 시간적인 제한 속에서 서둘러 최종결정을 하여야 하고, 최고 정책결정권자가 관료들의 이견을 주도적으로 조정, 통제할 수 있는 제도나 능력이 미흡한 경우 나타나기 쉽다.

정부정치 모형에 의한 최종 정책대안은 국가안보이익 차원에서 볼 때 최적의 합리성은 결여될 수 있지만, 주요 관료들 간의 흥정과 타협의 산물이라는 점에서 정책의 안정성과 실현가능성이 높다고 볼 수 있다. 또한 많은 경우 실제로 정부정치모형에 입각한 정책결정이 이루어지고 있다고 볼 수 있다.

3. 점증주의 모형(Incrementalism Model)

점증주의 모형은 정책결정자들이 바람직한 정책대안을 선택함에 있어서 정보의 제한, 시간의 제한, 분석능력의 제한, 대안선택의 명확한 기준의 결여 등과 같은 문제점에 봉착하기 쉬우며, 이러한 상황에서는 과거의 정책대안에서 소폭의 변화가 가미된 대안을 선택하게 되며 이러한 행위가 바람직하다는 입장이다.

이렇게 일단 정책을 결정하여 집행하여 나가는 가운데 시간의 흐름 속에서 새로운 정보가 수집되거나, 분석능력이 향상되거나, 명확한 정책선택의 기준이 마련되면 계속해서 수정, 보완하여 나가면 된다는 입장이다. 이는 마치 진흙 속을 한

걸음 한 걸음씩 간신히 헤쳐나가는 것과 같다고 하여 'muddling through model'이라고 하기도 한다.[18] 이러한 모형은 정책결정에 있어서의 현존정책에서의 소폭의 변화, 비교 분석의 대폭적인 제한(limited comparisons), 계속적인 정책결정(successive comparisons), 부분적·분산적 정책결정(piecemeal-disjointed policymaking) 등으로 특징지어진다.

이와 같은 점증주의 모형에 의한 안보정책결정의 과정을 기술하면 다음과 같다. ① 어떠한 안보문제가 이슈화되어 정책의제로 채택되고 이를 해결하기 위한 정책목표가 설정되면, ② 정책결정자들은 유사한 상황에서 이전에 어떠한 정책대안이 채택되어 어떠한 결과를 가져왔는가를 살펴보고, ③ 이전의 정책대안이 어느 정도 성공적인 것이었다면 이것에서 소폭의 변화가 가미된 새로운 정책대안을 마련하여 제시하고, 그렇지 않으면 과거의 연장선상에서 바람직한 정책대안이 무엇인가를 발견하기 위하여 시간을 끌며, ④ 바람직하다고 생각하는 점증적인 정책대안에 대한 대내외의 정책지지 정도를 살핀 후 커다란 반대가 없으면 일단 최종대안으로 선택하게 되며, ⑤ 최종선택한 정책대안을 집행하는 과정에서 획득한 새로운 정보 및 이의 분석결과를 토대로 정책대안을 점증적으로 계속 수정 보완하여 나간다.

이와 같은 점증주의 모형에 의한 정책결정은 손쉽고 용이할 수 있으며, 정책의 지속성 내지 안정성에 기여할 수 있고, 정책의 실현가능성이 높으며, 급격한 정책변화에서 오는 위험성을 회피할 수 있고, 정책결정과 관련된 첨예한 갈등이 있는 경우 이를 줄여 주면서 시간적 여유를 갖게 할 수 있고, 또한 정책결정자들로 하여금 사후 책임추궁의 염려에서 어느 정도 벗어날 수 있게 한다.

제 4 절 쿠바 미사일 위기로 본 정책결정과정

이번 절에서는 국가안보 정책결정과정의 대표적인 사례인 쿠바 미사일 위기 사건을 바탕으로 정책결정과정을 설명하고자 한다. 특히 그래엄 엘리슨(Graham Allison)과 필립 제리코우(Philip Zelikow)가 『결정의 엣센스(Essence of Decision)』에서 합리적 행위자, 조직행동, 정부정치 모형을 바탕으로 쿠바 사태에 대한 탁월한 분석을 제시하였다.[19] 따라서 위 책의 내용을 중심으로 정책결정과정을 설명하고자 하며, 이에 대해 관심 있는 독자는 위의 책을 읽어보길 권한다.[20]

쿠바 위기의 발단은 1959년으로 거슬러 올라가며, 이는 피델 카스트로가 바티스타 정권을 몰아내고 사회주의 체제를 수립한 시점부터이다. 미국과의 군사적 대결이 불가피한 상황에서 카스트로는 단독으로는 미국의 군사력에 대항하기 어려움을 인식하고, 소련에 안보공약과 무기 지원을 요청하였다. 1962년 소련의 니키타 흐루쇼프가 쿠바에 핵미사일을 배치하기로 결정하였고, 이는 비밀리에 진행되었다. 9월 8일, 첫 핵미사일이 쿠바에 도착하였으며, 이에 대한 증거로 쿠바로 향하는 소련 선박이 급증하였다. 미국은 이에 대응하여 쿠바와의 모든 무역을 전면 금지하였고, 정보자산을 최대한 동원하여 쿠바 내 부대와 무기의 움직임을 감시하였다.

쿠바 미사일 위기가 본격화된 것은 1962년 10월 16일, 미국의 U-2 정찰기가 쿠바에 배치된 소련의 미사일 기지를 촬영하고 그 사진을 분석한 결과가 존 F. 케네디 대통령에게 보고되면서부터이다. 이 정보를 바탕으로 케네디 대통령은 국가안전보장회의 집행위원회(ExComm)를 조직하여 대응방안을 마련하기 시작하였다. 내부 논의 끝에 케네디는 미국 해군에 소련의 무기 수송을 봉쇄하라고 지시하고 전략군에는 비상 경계태세를 갖추도록 명령하였다. 그 후 1962년 10월 22일, 케네디는 대국민 담화를 통해 미사일의 존재를 공개하고, 미사일 철수를 요구하는 한편, 쿠바에서 미사일이 발사될 경우 소련에 대한 전면적인 보복을 경고하였다.

이렇게 위기가 고조되는 가운데, 10월 27일 쿠바 상공에서 미국의 U-2 정찰기가 격추되고 조종사가 사망하는 사건이 발생하였다. 이로 인해 미국 내 여론은 더욱 강경해졌다. 케네디 대통령은 소련에게 쿠바 내 미사일을 작동 불능 상태로 만들 것을 요구하였으며, 소련의 약속이 다음 날까지 이행되지 않으면 군사행동을 시작하겠다는 의지를 명확히 표명하였다. 이와 함께 케네디는 공군에 동원령을 내렸다.

동시에 케네디 대통령은 외교적 담판도 준비하고 있었다. 그는 자신의 동생인 로버트 케네디 법무부 장관에게 도브리닌 주미 소련대사와 비밀 회동을 통해, '터키 내 미국 핵미사일 철수와 쿠바 내 소련 핵미사일 철수라는 거래'가 외부에 노출되지 않는 조건에서 미사일 철수 의사가 있음을 확인하였다. 이 자리에서 로버트 케네디는 다음날 군사행동이 개시될 것임을 소련대사에게 최후 통첩하였다. 결국 10월 28일, 흐루쇼프는 미사일 철수를 선언하였으며, 이로써 핵전쟁의 위기는 일단 락되었다.

이 사건은 이후 미국과 소련의 핵전략에 큰 영향을 미쳤으며, 후속 조치로 미 ─소 핫라인 설치와 부분적 핵실험 금지조약 체결 등이 이루어졌다. 이 사건으로 인해 미─소 양국은 핵전쟁의 위험성을 실감하게 하고 양국 간의 긴장 완화에 기여 하였다. 이 절의 이어지는 부분에서는 앞서 논의한 정책 결정 모형에 따라 왜 미국 이 특정 정책대안을 선택하게 되었는지 분석한다.

1. 합리적 정책결정 모형에 의한 분석

합리적 선택이란 주어진 제약 속에서 가장 효율적인 대안을 선택하는 것으로 정의된다. 이는 결과의 불확실성이 존재할 때, 기대효용을 극대화하는 대안을 선택 함으로써 나타난다. 합리성은 가치의 극대화를 목표로 하는 일관된 판단과 선택을 의미하며, 이러한 결정 과정은 주어진 제약 안에서 이루어진다.

합리적 정책결정 모형은 분석의 기본 단위는 정부가 선택하는 정책이며, 조직 행위자는 합리적이고 일관된 의사결정을 하는 국가 혹은 정부로 간주된다. 따라서 어떤 국가가 특정 행동을 하는 경우, 이는 그 나라의 목표를 달성하는 데 있어 가치 를 극대화하는 최선의 수단으로 선택된 것으로 해석된다. 따라서, 정부는 각 대안 에 따른 비용과 편익을 면밀히 계산하여 가치와 이익을 극대화할 수 있는 최적의 수단을 선택한다.

예를 들어, 어떤 대안에 수반되는 비용이 증가하면, 즉 선택된 행동으로 인해 초래될 결과의 가치가 감소하거나 결과가 나타날 확률이 낮아지면, 정부가 그 대안 을 선택할 확률은 감소한다. 반대로, 어떤 대안의 비용이 감소하면, 즉 선택된 행동 으로부터 초래될 결과의 가치가 증가하거나 그 결과가 나타날 확률이 높아지면, 해 당 정부가 그 대안을 선택할 확률은 증가한다. 이러한 명제들은 정책 결정 과정에 서 합리적 선택의 기준을 명확하게 설명해 주며, 정부의 의사결정 패턴을 이해하는 데 중요한 이론적 기반이 된다.

이 모형을 이용한다면 케네디 정부가 쿠바에 설치된 소련의 핵미사일을 미국에 대한 직접적이고 명백한 위협으로 인식하는 것으로부터 정책사례 분석을 시작할 수 있다. 정책결정의 주체는 대통령과 핵심 멤버들로 구성된 국가안전보장회의 집행위원회(ExComm)로 여기에서 쿠바 위기의 핵심 이슈를 다루었다. ExComm은 소련이 쿠바에 핵미사일을 설치한 의도를 파악하기 위해 네 가지 가설을 설정하였다. 이는 쿠바 방위, 냉전 경쟁, 미사일 전력의 불균형 해소, 그리고 베를린 문제였다. 이 중에서 방어적 가설들은 배제되었고, 쿠바에 소련의 미사일을 배치한 것은 베를린 문제와 연계하여 소련의 공세적 조치로 보는 결론에 도달하였다.

표 11-1 **쿠바 미사일 위기 시 케네디 정부의 정책대안**

대안	내용	장점	단점	선택 여부
소련을 외교적으로 압박	흐루쇼프에게 최후통첩: 군사대결 전 자발적 미사일 제거	유엔에 쿠바 미사일 사찰 주장, 정상회담을 통한 협상	주도권 상실, 협상 기간 중 미사일 기지 완성 가능성, 공세 필요	×
카스트로에게 비밀스럽게 접근하여 설득	양자택일 강요: 소련과 결별 또는 미국의 공격 감수	외교적 수세에 몰릴 위험 낮음	소련과의 관계 파국, 카스트로의 협력 불확실	×
쿠바에 대한 전면공격	카스트로까지 제거하여 문제를 완전히 해결	문제의 근원을 완전히 제거, 장기적 안정성 확보 가능	대규모의 군사작전, 전면적 핵 대결 가능성, 국제적 비난	×
미사일 기지에 대한 공중공습	공중공격으로 미사일기지 파괴, 기습적 속전속결 가능	공습 범위, 소련군 희생, 기습시행 여부, 미사일 제거 가능성	소련의 보복 공격 가능성	○
쿠바 해상봉쇄	해상봉쇄를 통해 쿠바에 군사장비가 제공되는 것을 차단	중간책(단호한 의지+위험 최소화), 흐루쇼프에게 공을 넘김	소련의 베를린 봉쇄 가능, 확전의 위험 (소련함정 정선 불응)	○

소련의 의도에 대응하기 위해 제시된 대안들은 총 여섯 가지였으며, 이 중 '외교적 압력'이나 '대화'는 효과적이지 않을 것으로 판단되어 배제되었다. 군사적 대

응 방안으로는 전면 공격 및 침공이 최후의 방안으로 고려되었고, 공습과 봉쇄 사이에서 치열한 내부 논의가 이루어졌다. 결국, 공습을 예비 대안으로 하고, '봉쇄와 최후통첩'을 선택하여 소련으로 하여금 쿠바에서의 핵미사일 철수를 결정하게 했다.

봉쇄 조치는 미사일 철수를 요구하면서도, 정상회담이나 교섭을 통해 문제를 미루거나 모호하게 만드는 것을 단호히 거부하는 전략이었다. 이러한 봉쇄의 군사적 성격은 문제의 심각성과 긴급함을 부각했으며, 필요한 경우 추가적인 군사행동을 암시하는 조치였다. 이러한 과정은 합리적·분석적 정책결정과정의 전형적인 모습을 보여준다. ExComm은 해결해야 할 정책문제를 명확히 했고, 이에 따라 정책대안을 광범위하게 탐색했으며, 각각의 정책대안이 가져올 결과를 예측하였다. 이후 최선의 정책대안이라고 판단되는 두 가지 방안, 즉 봉쇄와 공습 방안을 가지고 지속해서 소련과 협상을 이어나갔다.

2. 조직(관료)행태 모형에 의한 분석

조직행태모형은 정부 행동을 조직의 산출물로 간주하며, 정부를 하나의 통합된 단일체가 아니라, 서로 느슨하게 연결된 다양한 조직들의 연합체로 본다. 이 모형에 따르면, 정부의 지도자들은 이러한 조직들을 통솔하는 위치에 있다. 이러한 조직행태의 중요한 특징은 사전에 프로그램된 대로 행동한다는 점이다. 이는 특정 상황에서 조직의 행위가 단순히 표준화된 행동 절차의 실행에 지나지 않음을 의미한다.

조직에서의 업무수행은 '순응'을 기준으로 판단된다. 이는 조직 내에서의 직무수행이 얼마나 잘 이루어지는지가 얼마나 잘 순응하는지와 직접적으로 연결되어 있다는 것을 시사한다. 더 나아가, 조직은 불확실성을 회피하며, 순차적으로 업무에 접근하는 경향이 있다. 즉, 미래에 일어날 가능성이 높은 중대 사건을 예측하여 대응하기보다는, 주어진 조건과 환경에 타협하여 업무를 처리하며 자율성을 극대화하는 방식을 취한다.

조직 내에서의 큰 변화는 드물게 발생한다. 베트남전에서의 실패와 같이 외부에서 명백한 실패가 인식되고, 외부의 권위 있는 요구가 있을 때와 내부에서 저항할 명분이 약화될 때, 그리고 조직의 핵심 인사들이 변화를 주도할 사명을 가진 인물들로 교체될 때에만 근본적인 변화가 일어날 가능성이 있다. 이러한 조건들이 맞추어질 때, 조직은 실질적인 변화를 경험할 수 있다는 것이 조직행태모형의 중심적인 주장이다.

조직행태 모형에서의 지배적인 추론패턴은, 한 나라가 어떤 유형의 행동을 취하는 경우, 그 나라를 움직이는 조직들이 과거에도 유사한 행동을 취했으며 미래에도 변함없이 동일한 행동을 취할 것임을 가정한다는 것이다. 이러한 관점은 조직의 행동이 과거의 경험과 연속성에 깊이 뿌리박고 있음을 시사한다. 이러한 모형을 적용한다면 쿠바 핵미사일 위기 동안의 주요 사건을 분석하고 결과를 설명할 수 있다. 특히 소련의 미사일 배치, 미국의 봉쇄 실행, 그리고 소련 미사일의 철수는 조직행태의 관점에서 설명할 수 있는 중요한 사례들이다.

예를 들어, 소련이 전술 핵무기의 존재를 미국에 공개하지 않은 결정은 소련 군부의 조직행태를 통해 이해될 수 있다. 군사적 상식에 비추어 볼 때, 적에게 자신의 준비상태나 결정적인 군사 수단을 알려주는 것은 있을 수 없는 일이기 때문이다. 소련군은 미사일 배치과정에서 표준화된 절차와 규격을 따라 쿠바에 미사일 기지를 설치하였으며, 이 과정은 철저한 보안 절차 하에 이루어졌다. 그러나 미국 정보당국은 정찰기를 통해 획득한 정보로 쿠바에 설치되는 미사일이 소련의 핵미사일임을 쉽게 판단할 수 있었다. 현지에서 미사일 설치임무를 담당한 사령관은 설치완료의 시급성을 인식하여 주간 작업을 강행하였으나, 이로 인해 미국의 정찰기에 노출된 후 급히 위장 조치를 취해야 했다. 이러한 사례들은 정부가 단일한 합리적 행위자가 아닌 여러 하부조직의 집합이며, 각 조직은 자신의 표준 행동절차에 따라 행동하는 경향이 있음을 보여준다.

조직행태 모형을 통해 미국의 쿠바 봉쇄 집행 과정을 분석할 때도 표준화된 행동절차가 얼마나 중요한 역할을 하는지 보여준다. 1962년 10월 22일, 존 F. 케네디 대통령은 전 세계의 미군에 데프콘 3을, 전략부대에는 한 단계 더 높은 데프콘 2를 발령하였다. 이 비상경보는 미군이 핵전쟁에 대비하여 발령한 가장 높은 수준이었으며, 30일 동안 유지된 것은 그간의 역사에서도 유례가 드문 일이었다. 이 기간에 미국의 핵탄두 2,952기가 비상 대기에 들어갔으며, B-52 폭격기는 2,088회 출격하여 총 47,000시간을 비행하고, 4,076회의 공중급유를 단 한 건의 사고도 없이 수행하였다.

케네디 대통령은 정치적 판단에 따라 '봉쇄'를 결정하였지만, 대안의 세부 사항 결정과 집행은 주로 해군에 의해 이루어졌다. 봉쇄 작업은 백만 평방 마일이 넘는 수역에서 180여 척의 선박을 동원해 모든 선박을 확인하고 검역하는 복잡한 작업이었다. 이 과정은 미 해군 대서양함대가 오랫동안 계획하고 연습한 결과로, 실제 상황에서 착오 없이 실행된 사례로 평가되고 있다.

봉쇄의 목적은 소련 지도층에게 문제의 심각성을 인식시키고, 물러설 시간을 제공하여 상황의 속도를 조절하는 것이었다. 그 가운데서, 전략적인 목적을 생각하는 백악관의 정치지도자들과 표준화된 행동절차에 따라 움직이는 해군 사이에는 미묘한 갈등이 발생했다. 정치지도자들은 군사적 임무를 효율적이고 성공적으로 수행하기 위해 개입을 최소화하려 했으나, 이 과정에서 해군과 적지 않은 갈등이 발생하였다. 이러한 내부 갈등은 미국 정부의 조직 산출물들과 문제해결 과정에 중대한 영향을 미쳤다는 것을 쿠바 사태는 보여준다.

3. 정부정치모형에 의한 분석

정부정치모형에 따르면, 정부 조직의 수장들은 각자의 이익과 선호에 따라 경쟁하며, 이는 정치 게임의 형태로 나타난다. 이 게임은 강력한 밀고 당기기의 동력을 제공하며, 협상의 결과로 정책이 형성된다. 이러한 전략적 게임은 단 한 번의 결정으로 종료되지 않는다. 오히려 여러 게임이 동시에 혹은 순차적으로 진행되며, 이 과정에서 다양한 정치적 결과물이 생성된다.

따라서 정부의 정책 결정을 이해하기 위해서는 대리인 문제(주인과 대리인 관계), 참가자(누가 결정 과정에 참여하는가?), 의사결정 규칙, 이슈 프레이밍과 어젠다 설정, 집단사고, 그리고 결정과 행동의 복잡성 등 다양한 인과적 요소를 고려해야 한다고 강조한다. 이러한 요소들은 의사결정의 맥락과 특성을 이해하는 데 필수적이다.

정부의 정책 결정과 행동은 정치적 결과물로서, 복잡한 조직 내 게임의 결과로 이해될 수 있다. 이러한 과정에서 가장 중요한 것은 각 참여자의 전략적 위치와 이들이 어떻게 서로의 행동에 영향을 주고받으며, 최종적으로 어떻게 합의에 도달하거나 갈등을 해결하는지를 파악하는 것이다. 따라서, 정부 내에서의 의사결정은 단순히 명령의 집행이 아니라, 다양한 이해관계자들의 상호작용의 결과물로 볼 수 있다. 이 모델은 정부 내부의 동학(dynamics)뿐만 아니라, 정부가 어떻게 외부의 압력과 기대에 반응하는지를 이해하는 데에도 중요한 통찰을 제공한다.

쿠바 미사일 위기를 분석함에 있어 필수적인 요소는 먼저 경기의 참가자들을 파악하는 것이다. 이 위기에 대응한 미국 참가자들로는 국가안전보장회의의 멤버들과 관련 전문가들이 포함되었으며, 이들은 자유롭고 격렬한 토론을 통해 의사결정 과정을 진행하였다. 반면, 소련에서는 니키타 흐루쇼프가 주관한 최고간부회의가 있었다. 이 회의에는 공식적인 직책을 가진 19명의 소유자들이 참석하였으나, 흐루쇼프의 지배적인 역할을 고려할 때 실제 평균 참석자 수는 이보다 적었을 것으로 추정된다. 이들 대부분은 외교정책이나 국방정책의 전문가가 아닌, 포괄적인 책임을 지닌 인물들이었으며, 직업 외교관이나 현직 군인의 참여는 없었다.

표 11-2 쿠바 미사일 위기 시 미국과 소련의 정책 결정 참가자와 특징

국가	참가자 유형	참가자 세부 내역	특징
미국	국가안전 보장회의 집행위원회 (ExComm)	- 14~16명, 최대 33명 참석 - 기본: 부통령, 국무/국방/재무장관, CIA 국장, 안보보좌관 - 전문가: 합참의장, 유엔대사, 국방부 부장관/차관보, 전 국무/국방장관, 전/현 소련문제 담당 특별대사, 전 독일대사, 미국주재 영국대사 - 특별: 법무장관(대통령 친동생), 대통령 특별자문관	- 케네디 대통령은 합참의 의견을 별도로 청취 - 다양한 의견, 심각한 의견 차이가 있었으나 점차 조율되어 결론에 수렴
소련	최고간부회의	- 19명 참석: 최고소비에트회의 의장, 외교/국방장관 및 부장관, 당중앙위 의장/비서들, 내각회의 의장/부의장, KGB의장	- 참석자는 공식직책 소유자들로, 흐루쇼프의 지배적 역할을 감안할 때 평균 참석자는 더 적음 - 국내 정책을 포함해 넓은 책임을 가진 인물들

미국과 소련의 참가자들은 대통령, 정부의 수장들(장관 및 정부 부처장), 참모진, 그리고 핵심 실무자들로 구성되었다. 이들 각각의 역할과 참여는 쿠바 위기 대응 전략에 결정적인 영향을 미쳤다. 케네디 정부는 봉쇄를 단행하기에 앞서, 발견의 정치와 선택의 정치라는 두 단계를 거쳤다. 쿠바 문제는 케네디 행정부에 큰 정치적 부담이었으며, 피그스만 침공의 실패 이후 쿠바는 미국 안보에 대한 심각한 위협으로 인식되었다. 이로 인해 케네디 대통령에 대한 결단력 부족의 여론이 상·하원 중간선거를 앞두고 고조되었다.

CIA(중앙정보국) 국장 맥콘은 쿠바에 소련 핵미사일의 반입 가능성을 강하게 주장하며 U−2 정찰기의 쿠바 투입을 관철시켜 미사일 발견의 결정적 역할을 하였다. 맥콘은 소신이 뚜렷하고 무뚝뚝한 반공주의자로, 안보 보좌관과 국무장관과는 수차례 대립하였으나, 법무장관인 로버트 케네디와의 긴밀한 관계 덕분에 미사일 위기 시 중요한 역할을 맡게 되었다. 미사일 발견의 시기가 달랐다면 쿠바 미사일 위기의 결말은 크게 달라졌을 것이며, 결국 이러한 발견 시점은 정치적인 밀고 당기기의 결과였다고 볼 수 있다.

쿠바 핵미사일 위기에 대한 미국의 대응 방안은 다양하게 논의되었다. 논의의 폭은 미사일을 무시하자는 소극적인 제안에서부터 공습 및 전면 침공을 포함하는 적극적인 대응까지 이르렀다. 9월 초부터 미국은 공격용과 방어용 미사일을 구별하고 소련에 엄중 경고하는 정책을 추진하였으며, 미사일이 실제로 발견되자 초기의 공습 지지가 점차 '봉쇄'로 수렴하는 최적의 대안으로 결정되었다. 소련 문제에 정통한 전직 외교관의 제안으로 '봉쇄를 최후통첩으로 삼는 안'이 제시되었고 이에 대한 격렬한 토론이 벌어졌다. 결국 케네디는 봉쇄와 공습을 조합하는 안을 선택하였다. 로버트 케네디는 후일 회고록에서 회의 과정에 계급이 없었으며 심지어 회의를 진행하는 사회자도 없었다고 회상하였다.

요컨대, 쿠바 미사일 위기를 분석하는 세 가지 모형—합리적 정책결정 모형, 조직행동 모형, 정부정치 모형—은 정책결정과정이 다양한 모습을 가질 수 있음을 의미한다. 합리적 정책결정 모형은 국가가 하나의 합리적 개체로서 최적의 결과를 달성하기 위해 의사결정을 내린다고 가정했다. 이 모형에 따르면, 케네디 대통령과 그의 고문들이 소련의 핵미사일 위협에 대응하여 다양한 대안을 검토하고 최종적으로 '봉쇄'라는 결정을 내린 과정은, 미국의 국가 이익을 최대화하고자 하는 합리적인 선택의 결과로 볼 수 있다. 반면, 조직행동 모형은 개별 부처와 기관이 갖는 고유의 절차와 목표에 따라 정책이 형성된다고 보며, 정부 내 다양한 조직의 상호작용과 그로 인한 영향을 강조한다. 이는 각 조직의 행동이 표준화된 절차와 이전의 경험에 기반하여 이루어진다는 점을 드러내며, 정책의 일관성과 변화에 대한 저항성을 설명하는 데 유용하다. 정부정치 모형은 권력과 이해관계가 충돌하고 상호작용하는 복잡한 정치적 환경에서 정책이 결정된다고 보고, 이는 정책 결정 과정에서 다양한 이해관계자와 권력 구조가 어떻게 작용하는지를 분석하는 데 중점을 둔다. 쿠바 미사일 위기를 예로 들면, ExComm 내의 심도 있는 논의와 갈등, 그리고 최종적으로 선택된 '봉쇄' 정책은 다양한 이해관계와 권력의 균형을 고려한 결과라고 할 수 있다. 이 모형은 각 참여자의 전략적 행동이 정책 결과에 미치는 영향을 강조하며, 복잡한 정책환경에서 정책 결정의 다면성을 이해하는 데 도움을 준다. 따라서 이 세 가지 모형을 통해 쿠바 미사일 위기와 같은 복잡한 국제 정치 사건을 분석하는 것은 각각의 이론적 관점에서 국가의 정책 결정 과정을 조명하고, 그 함의를 다각도로 이해할 기회를 제공한다. 더욱이, 이러한 분석은 학자들에게만이 아니라 정책 결정자들에게도 중요한 통찰을 제공하며, 효과적인 정책 수립과 실행을 위한 이론적 틀을 마련해 줄 것이다.

1 >> 국가안보정책 결정과정이란 국가안보이익을 보호, 유지, 증진하기 위해 의사결정권자가
바람직한 정책대안을 선택하는 활동. 정책이슈가 의제로 선정된 후 정책목표를 설정하고,
여러 정책대안을 탐색·분석하여 최종 선택하는 과정이다.

2 >> 국가안보정책 결정은 체계적이고 합리적인 절차를 통해 이루어져야 하며, 정책목표 설정,
대안 탐색, 대안 예측, 대안 비교, 최선의 대안 선택의 단계를 거친다. 이는 현대 군사작
전의 계획 수립 절차와 유사하다.

3 >> 정책목표 설정은 국가안보이익을 달성하기 위한 바람직한 상태를 설정하는 과정이다. 이
후 정책대안을 탐색하는데, 이는 과거 정책 탐색, 타국의 정책 탐색, 과학적 모델을 통한
탐색, 주관적·직관적 탐색 등의 방법을 사용한다.

4 >> 정책대안 분석과정에서는 탐색된 대안들을 비교·분석하여 최선의 대안을 선택한다. 분석
기준으로는 소망성(효과성, 효율성, 공평성)과 실현가능성(법적, 경제적, 기술적, 행정적,
정치적)이 있다.

5 >> 국가안보정책 결정과정의 마지막 단계는 정책집행과 환류(Feedback)으로 선택된 정책
대안을 실제로 실행하고, 그 결과를 평가하여 정책을 수정·보완하는 과정을 의미한다.

6 >> 합리적 정책결정 모형 외에도 조직행동 모형(조직의 표준 행동절차에 따른 결정), 정부정
치 모형(정부 관료들 간의 타협과 협상), 점증주의 모형(기존 정책의 점진적 수정), 만족
모형(적절한 수준에서의 만족)을 포함하여 다양한 정책결정 모형이 존재한다.

7 >> 쿠바 미사일 사태는 국가안보정책 결정과정을 이해하기 위한 유용한 사례이다. 케네디
행정부가 쿠바에 배치된 소련의 핵미사일을 발견하고, 정책대안을 검토한 후 최종적으로
해상봉쇄를 선택하여 소련의 미사일 철수를 이끌어내는 과정에서 합리적 정책결정 모형,
조직행동 모형, 정부정치 모형 등의 다양한 정책결정 모형을 관찰할 수 있다.

365

더 읽으면 **좋은 글**

1 >> 고봉준, "미국안보정책의결정요인:국제환경과정책합의," 『국제정치논총』 50-1 (2010), pp. 61-89

　 - 미사일 방어체계를 안보정책으로 수립하는 데 있어서 국제적 환경과 국내적 정치가 어떤 영향을 미치는지 보여주는 글

2 >> 김태현 역 『결정의 엣센스: 쿠바 미사일 사태와 세계 핵전쟁의 위기』(서울: 모음북스, 2005)

　 - 외교정책 모형의 세 가지 형태와, 그것이 쿠바미사일 위기에서 어떻게 드러나는지 보여주는 고전의 번역서

3 >> 현인택 외, 『한국외교정책론』(서울: 박영사, 2022)

　 - 한국외교정책을 이론적, 역사적, 정책적으로 조망하며, 이승만 정부부터 문재인 정부에 이르기까지 각 정부의 대외관계 및 정책에 관한 다양한 이슈를 논의

4 >> 한용섭, 『우리 국방의 논리』(서울: 박영사, 2019)

　 - 국방정책의 결정과정과 한국 국방정책의 중요한 이슈를 체계적으로 설명해놓은 책

5 >> 장혁, 『한국의 국가안보정책 결정체계』(파주: 늘봄플러스, 2021)

　 - 1948년 대한민국 정부 수립 이후 이승만 정부부터 2021년 현재 진행 중인 문재인 정부에 이르기까지의 국가안보정책 결정체계의 변천과정에 대해 정리하고 발전방향을 제시

6 >> Amos A. Jordan, William J. Taylor Jr., Michael J. Meese, and Suzanne C. Nielsen, American National Security (Baltimore: Johns Hopkins University Press, 2009).

　 - 미 육군사관학교의 국가안보정책론 교재로 활용되고 있으며, 미국의 국가안보 사상으로부터 국가안보정책 참여자와 주요 이슈까지 담고 있음

| 미 주 |

1 Amos A. Jordan, William J. Taylor Jr., Michael J. Meese, and Suzanne C. Nielsen, *American National Security* (Baltimore: Johns Hopkins University Press, 2009), p. 335.

2 Frank Fischer and Gerald J. Miller, eds., *Handbook of Public Policy Analysis: Theory, Politics, and Methods* (New York: Routledge, 2017), Ch. 3.

3 Hal Brands, *What Good Is Grand Strategy?: Power and Purpose in American Statecraft from Harry S. Truman to George W. Bush* (Ithaca: Cornell University Press, 2014).

4 정정길 외, 『정책학원론』 (서울: 대명출판사, 2022), p. 330.

5 Michael Moran, Martin Rein, and Robert E. Goodin, eds., *The Oxford Handbook of Public Policy* (Oxford: Oxford University Press, 2008).

6 정책결정을 함에 있어서 과거 사건의 교훈을 중시하는 '역사적 비유'가 갖는 한계에 대해서는 윤정원, "대외정책에 있어서 역사적 비유 사용의 한계," 『국제정치논총』, 48-1 (2008년), pp. 35-66. Jay Bergman, "Perils of Historical Analogy: Munich, Vietnam, and American Use of Force since 1945," Center for Strategy and Technology Occasional Paper 4 (March 1998), pp. 1-30.

7 김학민, 박계호, 나정원, "통일정책과 연계된 남북 군사통합 추진방향 연구: 독일의 군사통합을 중심으로," 『전략연구』 29, no. 3 (2022), pp. 115-150.

8 독일 통일의 예를 들면, 서독 중심의 평화적 독일통일은 주변 강대국의 통일방식에 대한 지지, 서독의 정치·경제·군사적 우위 상황, 동서독 국민 간의 높지 않은 적대감 등의 여건이 작용하였다면, 한반도의 경우 주변 강대국의 통일방식에 대한 합의 부재, 북한의 대남 군사위협의 높은 수준, 한국전쟁으로 인한 남북한 주민 간의 적대성 심각 등과 같은 상황이 존재한다. 따라서 독일의 통일사례를 그대로 한반도의 사례에 적용하기는 어렵다.

9 Mario Arturo Ruiz Estrada and Su Fei Yap, "The Origins and Evolution of Policy Modeling," *Journal of Policy Modeling* 35, no. 1 (2013), pp. 170-182.

10 정정길 외, 『정책학원론』 (서울: 대명출판사, 2022), pp. 386-387.

11 Peter Knoepfel, Corinne Larrue, Frédéric Varone, and Michael Hill, *Public Policy*

Analysis (Bristol: Policy Press, 2011), Ch. 11.

12 Hellmut Wollmann, "Policy Evaluation and Evaluation Research," in *Handbook of Public Policy Analysis*, ed. Frank Fischer and Gerald J. Miller (New York: Routledge, 2017), p. 393.

13 Hellmut Wollmann, "Policy Evaluation and Evaluation Research," in *Handbook of Public Policy Analysis*, ed. Frank Fischer and Gerald J. Miller (New York: Routledge, 2017), pp. 393－395.

14 Clinton J. Andrews, "Rationality in Policy Decision Making," in *Handbook of Public Policy Analysis*, ed. Frank Fischer and Gerald J. Miller (New York: Routledge, 2017), pp. 187－198.

15 Steven Griggs, "Rational Choice in Public Policy: The Theory in Critical Perspective," in *Handbook of Public Policy Analysis*, ed. Frank Fischer and Gerald J. Miller (New York: Routledge, 2017), pp. 199－212.

16 Graham T. Allison, *Essence of Decision: Explaining the Cuban Missile Crisis* (New York: Little, Brown and Company, 1971), pp. 67－96.

17 Graham T. Allison, *Essence of Decision: Explaining the Cuban Missile Crisis* (New York: Little, Brown and Company, 1971), pp. 144－181.

18 Jonathan Bendor, "A Model of Muddling Through," *American Political Science Review* 89, no. 4 (1995), pp. 819－840; Ken Binmore and Larry Samuelson, "Muddling Through: Noisy Equilibrium Selection," *Journal of Economic Theory* 74, no. 2 (1997), pp. 235－265.

19 Graham T. Allison, Essence of Decision: Explaining the Cuban Missile Crisis (New York: Little, Brown and Company, 1971). 이 책의 번역본은 그래엄 앨리슨 등 저, 김태현 역, 『결정의 엣센스』 (파주: 모음북스, 2005).

20 이 외에도 다음을 참고할 것. 이근욱, 『쿠바 미사일 위기』 (서울: 서강대학교 출판부, 2013).

공저자 약력

황진환(黃珍煥)
육군사관학교 정치학 교수
미국 남가주대학교(University of Southern California) 정치학 석사 및 박사
저서: 『한국의 안보와 군비통제』, 『미래전과 군사변혁』, 『아프간 전쟁의 교훈과 미국의 군사변혁』
　　　(역서), 『국가안보론』(공저), 『군사학 개론』(공저), 『북한학』(공저) 등이 있다.

윤정원(尹淨遠)
육군사관학과 정치학 교수
서울대학교 정치학 석사, 미국 조지아대학교(University of Georgia) 국제정치학 박사
저서: 『한미동맹의 분석: 지속과 변화』, 『21세기 한반도 안보문제 분석』, 『국가안보론』(공저),
　　　『북한학』(공저), 『안전보장의 국제정치』(공저) 등이 있다.

김순수(金淳洙)
육군사관학교 정치학 부교수
중국인민대학 국제정치학 석사, 북한대학원대학교 북한학 박사
저서: 『중국의 한반도 안보전략과 군사외교』, 『북한의 對중국 군사협력』, 『북한학』(공저), 『한국전
　　　쟁시 중공군의 전술 분석 및 평가』(역서) 등이 있다.

김인수(金寅洙)
육군사관학교 사회학 교수
연세대학교 사회학 석사, 미국 위스콘신대학교(University of Wisconsin) 사회학 박사
저서: 『군대와 사회』(공저), 『군사학 개론』(공저)등이 있다.

성기은(成基恩)
육군사관학교 정치학 교수
연세대학교 정치학 석사, 미국 아이오와주립대(University of Iowa) 정치학 박사
저서: 『국가안보론』(공저), 『정예강군 육성을 위한 북한 바로 알기』(공저) 등이 있다.

이만석(李萬祏)
육군사관학교 정치학 조교수
미국 UC 버클리대 핵공학 석사, 미국 UC 버클리대 정책학 박사
저서: 『국가안보론』(공저), 『미국의 핵전략』(공저) 등이 있다.

개정판
新국가안보론

초판발행	2014년 3월 10일
개정판발행	2024년 9월 10일

지은이	황진환 외
펴낸이	안종만 · 안상준

편 집	양수정
기획/마케팅	최동인
표지디자인	권아린
제 작	고철민 · 김원표

펴낸곳	(주) **박영사**
	서울특별시 금천구 가산디지털2로 53, 210호(가산동, 한라시그마밸리)
	등록 1959. 3. 11. 제300-1959-1호(倫)
전 화	02)733-6771
f a x	02)736-4818
e-mail	pys@pybook.co.kr
homepage	www.pybook.co.kr
ISBN	979-11-303-2073-1　93340

* 파본은 구입하신 곳에서 교환해 드립니다. 본서의 무단복제행위를 금합니다.

정 가	28,000원